안중근 전쟁, 끝나지 않았다

증보2판

안중근 전쟁, 끝나지 않았다

블라디보스토크에서 뤼순 감옥까지의
안중근 투쟁기록

李起雄 옮겨 엮음

연대기로 보는 안중근, 그리고 그의 시대

뤼순 감옥에서의 검찰관 신문조서
뤼순 법원에서의 공판시말서

한 영국 신문기자의 안중근 공판 참관기
사진으로 보는 안중근의 흔적들

열화당

우리의 위대한 스승 안중근 님께
이 책을 바친다.
그리고 오늘의
우리 젊은이들에게…

"그 일이 목숨을 걸 만한 일인가."
위대한 스승은 물었다.
"그렇습니다."
나는 대답했다.
−1994년 12월 어느 날 일기장에서

안중근 코드, 다시 찾아라

증보2판 서문 − 2019. 3. 1.

1999년 초판이 발행되었고, 십 년 만인 2009년 안중근 의거 백 주년 기념 증보판이 발행되었으며, 그로부터 다시 십 년이 지난 올해가 마침 삼일운동 및 임시정부 수립 백 주년, 그리고 안 의사의 하얼빈 의거 백십 주년이라, 그동안 이의 기념을 위한 증보2판을 조용히 준비해 왔다. 그러니까 이 책이 처음으로 햇볕을 본 지 꼭 이십 년 만에 다시 가다듬어지는 새 증보판인 셈이다.

지난 이십 년 동안, 이 눈물겨운 옥중기록은 약 이만 부 정도가 독자의 손에 전해지면서 사회 문화적으로 우리 국민들에게 엄청난 에너지를 공여했다는 점을 나는 잘 감지해 왔다. 일제 스스로가 자신의 법에 따라 자신의 손으로 엄정하게 기록했다는 '뤼순 감옥에서의 검찰관 신문조서'와 '뤼순 법원에서의 공판시말서'야말로 한 치의 어긋남이 없는 일제 침탈의 실상을 우리에게 생생히 증언하는 한편, 일제가 스스로를 고발하고 있다는 점에서 참으로 역설적인 역사적 자료이다.

우리가 일제 청산이나 일제 고발은 수도 없이 외치면서도 헛바퀴 돌 듯 뚜렷한 해법도 없이 맴돌아 왔다는 것은 참으로 한심한 노릇이다. 그 이유는, 소중한 '기록들' 속에서 찾아내지 못하고 헛발질과 헛기침만 토해내는 풍경에서 우리의 맹점을 역연히 보아 왔던 때문이다. 나는 여기서 다시금 외치고자 한다. "안중근 코드를 찾아라!" 하고. 우리 근현대사 속에서 동양평화의 지혜를 찾으려면 당연히 '안중근의 기록'에서요, 우리 민족의 참된 진로를 '안중근의 주장'에서 찾아야 한다고 굳게 믿는 것이다.

하여, 이 두번째 증보판에서 보태진 것은 그분의 '옥중유묵(獄中遺墨)'이다. 이 유묵은 평범하게 다룰 수 없는 놀라운 자료로서, 심지어 나는 안 의사의 '붓글씨 전쟁'이라고 표현한 바 있다. 영어(囹圄)의 몸에서는, 자신의 의지를 내세워 투쟁할 수 있는 물리적 방법은 전혀 제약 속에 있을 수밖에 없다. 붓과 먹과 벼루 그리고 종이가 옥중에 갇힌 안 의사에게는 총이요 칼이었고, 창이요 방패였다. 무기를 들고 싸우는 전쟁이 아니라 말의 전쟁, 치열한 글 투쟁의 자취들이었다. 그분은 놀랍게도 서법(書法)의 세계를 넘나들며 우리 민족 특유의 이지적인 언설(言說)로써 1909년 10월 26일부터 1910년 3월 26일까지 꼭 다섯 달 동안 써서 감옥의 관계자나 재판 관계자와 이웃 들에게 나누어 주었던 것이다. 백여 년 전에 그렇게 씌어진 흔적들이 그동안 흩어져 있다가, 마치 운명적인 듯, 알 듯 모를 듯 여기 한데 모이게 된 것이다.

붓으로 쓰인 이 문자들은 한국과 일본과 중국이 함께 사용하는 필기 방식으로서, 동아시아의 문자인 한자(漢字)야말로 법정이라는 싸움터에서 벌이는 언설 못지않은, 아니 한 단계 높은 투쟁의 방식이었다고 말할 수 있다. 갇힌 몸임에도 고립감에 시달림 없이 평정심을 잃지 않으면서 자신의 의지와 식견을 붓글씨에 담아 차분히 피력해내었다. 나는 여기 이 서품집(書品集)이 자투리들로 하나하나 무의미하게 엮어지는 조각보가 아니라는 것을 보여 주려고 힘써서 편집하고 배열하였다. 그 내용들은 우연히 태어난 흔적들이 아니라 운명적인 계시요, 우리 민족에게 유의미하며 심오한 묵시록(黙示錄)과도 같은 귀한 존재로서 확실하게 못박고 싶었기 때문이기도 하다.

그분의 말, 글, 글씨에서는 '민족의 혼'이 보인다. 보이면서도 번득인다. 번득이면서도 움직인다. 그 움직임에는 각별한 조리와 이치가 있다. 그분의 짧은 인생은 안타깝지만, 그만큼 삶에 밀도가 있고 야무지다. 따라서 그분의 '역사의 목숨'은 영원하리라.

삼일 백 주년, 임시정부 백 주년, 안중근 의거 백십 주년에 즈음하여 세 종의 책이 출간되는데, 『안중근 옥중 자서전』과 『안중근 전쟁, 끝나지 않았다』

(증보2판) 이 두 권은 또 하나의 책 『백범일지』(정본)와는 달리 모두 옥중에서 기록되었다는 점에서 오묘하게 객관적이다.

강호제현의 질정을 기다린다.

2019년 3월 1일

옮겨 엮은이

출판도시에 늘 계신 안중근 스승께

증보1판 서문 -2009. 10. 26.

새천년이 시작되던 2000년 첫날, 나는 이 책『안중근 전쟁, 끝나지 않았다』
를 출간해 여러분 앞에 선보였다. 그 무렵 출판도시는 기반공사를 마치고 건
축공사가 한창 진행되고 있었는데, 1980년대말부터 십여 년간 쏟았던 노력
이 구체적인 결실로 그 모습을 띠기 시작하던 시기였다. 평소 우리 사회의 제
도와 시스템, 구성원들의 교양이나 상식, 그리고 소통방식 등에 많은 불신과
회의를 느끼던 터라, 건축공사가 막 진행되던 이 중요한 시기는 우리에게 넘
어야 할 큰 고난이었다. 우리는 이 도시가 절제와 균형과 조화가 잘 구현된
지고지선(至高至善)의 이상향이 되기를 꿈꾸며 일해 왔고, 종래에는 '사랑'으
로 가득 찬 삶과 일터의 공간이 되기를 간절히 빌고 또 빌어 온 터였다.

그러한 무렵에 이 책을 출간한 것은, 그리하여 그 동안 마음속으로만 동경
해 왔던 안중근 정신을 내 삶의 구체적인 지침으로 삼은 것은 나에게 큰 용기
와 위안이었고, 모든 일을 깊이 성찰하도록 하는 계기가 되었다.

나는 안중근 정신을 '신독(愼獨)' 이라는 말로 표현하고 싶다. 동양의 고전
『대학(大學)』에서 말하는 "이른바 성의(誠意)라는 것은 자기를 속이지 않는
것이다. …그러므로 군자는 반드시 홀로 있는 곳에서 삼간다(所謂誠其意者毋
自欺也.…故君子 必愼其獨也)", 그리고 『중용(中庸)』에서 말하는 "감춘 것보
다 잘 보이는 것이 없고, 조그마한 것보다 잘 드러나는 것이 없다. 그러므로
군자는 홀로 있는 데서 삼간다(莫見乎隱 莫顯乎微 故君子愼其獨也)"에서 유
래하는 '신독' 이라는 말은, 안 의사의 삶을 진실되게 말해 준다. 그분이 남긴
"戒愼乎其所不睹(아무도 보지 않는 곳에서 경계하고 삼간다)"라는 글씨 역
시, 이토 처단, 대한독립의 염원에 앞서 스스로를 속이지 않고 감추지 않으

인사말을 하는 필자(위)와
한길사 김언호 대표(아래 왼쪽),
이 책의 출간기념 축사를 하는
지식산업사 김경희 대표(아래
오른쪽), 이 도시가 지향해야 할
건축에 관해 말하는 코디네이터
승효상과 건설관리본부장
민선주(p.3 위 오른쪽부터),
안 의사 구십 주기 추도사를 하는
함세웅 신부(p.3 가운데), '감리란
무엇인가'에 관해 발표하는
건축가 민현식(p.3 아래).

안중근 스승 순국 90주기를 추도하며 그분을 출판도시에 모시는 모임. 2000. 3. 26.
출판도시에 처음으로 지어진 건물 '인포룸'에서 안중근 님을 출판도시의 정신적인 감리인으로 모시는 행사를 가졌다.
이날 건축가 민현식(閔賢植)은 '감리란 무엇인가'라는 주제로 짧은 발표를 했다. 감리(監理)란 한 채의 건물을 짓거나
하나의 도시를 만들 때 그 건축을 시작한 기본 정신과 철학이 지속적으로 지켜지도록 하는 일체의 행위로서,
설계는 물론, 시공의 모든 과정, 그리고 건축주가 사용하는 내내 상기하면서 지켜야 하는 것이다. 우리는 이 도시를
절제와 균형, 그리고 사랑으로 충만한 '지혜의 도시'로 만들어 나갈 것을 다짐했으며, 이를 지켜 나가기 위해
안중근 님을 정신적 감리인으로 모신 것이다. 순국 90주기 추도의식과 함께 이 책『안중근 전쟁, 끝나지 않았다』의 출간기념회도
함께 가졌다. 이날의 행사에는 정진숙(을유문화사)·최덕교(창조사)·최선호(세계사)·이유숙(국민서관)·
한철희(돌베개)·김태진(다섯수레) 등의 출판인, 김원·이일훈·김영준 등의 건축가, 한명희(국악원장)·
송하경(성균관대 교수)·최민(한국예술종합학교 교수)·김정헌(한국문화예술위원회 위원장)·
박노해(시인)·안상수(디자이너)·전영표(신구대 교수) 등 학계와 문화예술계 인사들이 참석했다.

안중근 스승의
순국 구십 주기를
추도하며,
그분을
출판도시의
정신적 감리인으로
모시다.

며, 그리하여 자신을 엄격하게 다스리는 철학을 엿볼 수 있는 대목이다. 나는 바로 그러한 정신이 이 도시에 깃들기를 간절히 소망했던 것이다.

내 마음속의 안중근은 역사에서 박제화한 존재가 아니라, 오늘의 구체적인 삶 속에 존재함으로써 이 도시에서 행해지는 출판과 건축, 그리고 삶 속에 깊숙이 자리해 계시는 살아 있는 정신이었다. 그러하기에 나는 출판도시를 추진해 가는 내내 그분께 끊임없이 물어야 했고, 그분의 정신에 어긋남이 없는지 거듭 헤아려야 했으며, 그리하여 '안중근 정신'으로라면 어떠한 일이든 의연하게 해낼 수 있으리라 굳게 믿게 되었다.

이 책을 내던 해 3월 26일, 출판도시에 처음으로 지어진 건물 '인포룸'에서 나는 이 도시를 함께 추진해 오던 여러 출판인, 건축가, 그리고 문화예술계 인사들과 함께 '안중근 스승 순국 90주기를 추도하며 그분을 출판도시에 모시는 모임'을 가졌다. 한 채의 건물을 지을 때 감리인(監理人)을 두듯이, 안중근 님을 이 도시 건설의 정신적 감리인으로 모시는 상징적인 행사였다. 한 채의 건물을 짓는 건축행위는 한 권의 책을 만드는 출판행위와 다름 없다. 책 한 권을 만들면서 그 안에 담기는 내용과 형식이 올바른지, 과장하지는 않는지, 또 모든 것이 서로 조화를 이루고 있는지 되풀이하여 들여다봐야하는데, 하물며 우리가 삶을 영위해 나갈 공간, 많은 사람들과 더불어 살아갈 도시를 건설하는 일에는 더 많은 고민과 성찰과 철학이 뒷받침되어야 했다. 공간이나 건물의 외관뿐 아니라 그것이 담아낼 내용의 정직성과 도덕성, 실용성을 함께 고려해야 했고, 대규모 건설에 따르는 거 과 부정직함, 그리고 현장의 위험성까지도 세심하게 배려해야 했다. 그러므로 우리에게 안중근 정신은 절실했던 것이다.

한 달이 지난 2000년 4월 26일 출판도시를 함께 가꿔 나갈 출판인들과 건축가들은 신의(信義)에 바탕을 둔 '위대한 계약서'를 교환하고 실질적인 건설에 착수했다. '위대한 계약'은 건축주와 설계자가 사사로운 이해관계를 따지기에 앞서 이 도시의 목표와 성공적인 완성을 향해 최선을 다할 것을 다짐하는 상징적인 의식으로, 궁극적으로는 우리 시대에 미만해 있는 건축에의 혐오나 출판에의 불신을 씻어내고, 이 땅에 건강한 출판문화와 건축문화를 세우기 위한 것이었으니, 이 역시 안중근 정신으로 이뤄낸 성과 중 하나였다.

그 해를 마감하면서 아시아출판문화정보센터에 비로소 안중근 님의 작은 흉상을 세워 지금까지 해마다 순국일과 의거일에 추모의식을 갖고 있으며, 또한 출판도시 갈대샛강에 놓인 다리 중 하나를 그분의 아명(兒名)을 따 '응칠교(應七橋)'라 이름짓기도 했다. 그렇게 그분의 말씀과 정신을 좇아 논의하고 일하고 서로를 격려하면서 십 년의 세월이 흘렀으며, 우리 모두는 오늘의 성취를 거둘 수 있었다. 출판도시가 지금의 모습으로 되기까지는 안중근 님의 정신과 가르침에 의탁한 바 크다 할 것이고, 앞으로도 이 도시는 그분의 말씀 따라 완성되고 영위될 것이다.

이 책 초판의 서문을 쓴 지 꼭 십 년이 되는 오늘, 나는 우리의 정신적 스승 안중근 님의 의거와 순국 백 주년을 맞아 새로운 모습으로 다시금 출간한다. 초판의 장정에 다소 변화를 주고, 본문의 오류를 정정했으며, 안 의사의 공판을 생생하게 전달해 주는 자료와 그분의 삶의 흔적을 엿볼 수 있는 사진자료를 첨가했다. 아무쪼록 안중근 전쟁 백 주년을 기리는 2009년과 2010년 두 해에 걸쳐 그분의 정신이 큰 빛이 되고, 우리가 따라야 할 길로 다지는 계기가 되었으면 한다.

더불어 그분의 동양평화사상에 근간한 '안중근평화재단'(가칭)을 머지않아 세울 것임을 이 자리를 빌려 밝혀 둔다. 이 재단에서는 안 의사의 동양평화사상을 오늘에 이루어 나갈 목적으로 '안중근평화상'을 제정하고, 자라나는 세대에게 그분의 정신을 심어 줄 교육사업, 그리고 안 의사에 관한 지속적

'안중근 정신'으로 건설한 출판도시,
이 '책의 도시'는 그분의 정신과
영원히 함께한다.

응칠교(應七橋).
출판도시 내 갈대샛강을 가로지르는
여러 다리 중 하나를 안 의사의
아명(兒名)을 따 '응칠교'라 이름하였다.

파주출판도시 조감도. 2009. 5.
출판도시가 오늘의 모습으로 되기까지,
안 의사의 삶과 정신과 말씀은 우리에게
큰 힘이 되었다. 우리는 그분의 정신에 따라
절제와 균형과 조화, 그리고 사랑이 충만한
책의 도시로 만들어 나갈 수 있었다.

안중근 의사 흉상.
이 도시의 중심에 자리하는
아시아출판문화정보센터 내에,
조각가 심정수(沈貞秀)에게 의뢰하여 완성한
안 의사의 흉상을 세워 매년 순국일과 의거일에
추도해 오고 있다. 더불어 흉상 옆에는
안 의사의 정신과 용기, 그 드높은 기개를
노래한 조지훈(趙芝薰)의 친필 시
「안중근 의사 찬(讚)」을 걸었다.

위대한 계약, 2000. 4. 26.
출판도시 입주예정 출판인들과
설계를 맡은 건축가들이 앞으로 만들어질
이 도시에 건강한 출판문화와 건축문화를
정립해 나갈 것을 약속한다는 취지로
'위대한 계약'에 합의했다.
이는 '안중근 정신'이 이 도시 건설의
지침으로 자리잡은 것이기도 했다.

인 연구와 기록과 출판을 계획하고 있다. 안중근 의거와 순국 백 주년을 기리는 기간 동안에 구체적인 사업이 성취될 수 있기를 기대해 본다.

개정판을 내면서 추가한, 영국의 화보신문 『더 그래픽(The Graphic)』 1910년 4월 16일자에 실린 생동감있는 안중근 공판 관련 기사는, 중앙대 영어교육학과 명예교수 이창국 선생이 번역해 주셨으며, 이 모든 일을 중앙대 역사학과 명예교수 김호일 선생께서 주선해 주셨다. 이 자리를 빌려 두 분께 감사드린다. 한편, 사진자료로 추가한 「사진으로 보는 안중근의 흔적들」은, 내가 오래 전부터 소장해 온 노르베르트 베버(Norbert Weber) 신부의 『고요한 아침의 나라(Im Lande Der Morgenstille)』(1915)에 실려 있는 사진들과, 그 밖의 안 의사 관련 사진들을 취합하여 그분의 삶을 조금이나마 입체적으로 음미할 수 있도록 꾸민 것이다. 그 중 귀중한 사진 석 점을 사용할 수 있도록 도와주신 성 베네딕도회 왜관 수도원의 인영균 원장신부님, 그리고 이를 주선해 주신 조각가 최종태 선생님께 감사드린다. 부록으로 실은 두 자료 모두 안중근 연구자들에게 조금이나마 도움이 되었으면 한다.

끝으로, 나와 함께 이 도시를 만들어 오고 또 앞으로 함께 가꿔 나갈 책마을 출판도시의 모든 분들께 이 자리를 빌려 감사드린다. 더불어 이 책의 초판에서부터 개정판에 이르기까지 나와 더불어 깊게 논의하면서 완성도 높은 책으로 구성하는 데 힘써 준 조윤형 씨와, 이 책의 초판을 다시금 꼼꼼히 읽고 몇몇 오류를 바로잡도록 도와준 백태남 선생, 개정판의 장정을 위해 함께 고민해 준 디자이너 공미경, 이민영 씨에게도 고마움을 전한다.

2009년 10월 26일

옮겨 엮은이

"안중근 전쟁은 계속된다"

초판 서문―1999. 10. 26.

육칠 년 동안 가슴속으로 만지작거리며 출간일자를 미루어 오다가, 드디어 온갖 감회, 주저함을 억누르고 여러분 앞에 이 책을 내놓는다.

'안중근 공판기록'을 처음으로 접한 것은 칠십년대 무렵이었다. 노산 이은상 선생이 엮은 납활자본의 책은 매우 거칠었으며, 더구나 너무나 잘 알려진 인물이라 특별한 내용을 기대하지 않았다는 게 그 당시의 솔직한 심정이었다. 그러나 책장을 몇 장 넘기면서 나의 선입견은 이내 무너졌다. 한 줄 한 줄 읽어 가면서 나도 모르는 새 거침없는 눈물이 흘러나왔다. 처음엔 그 눈물의 연원을 알 수 없었다. 차츰 마음을 가라앉히면서, 나는 그 눈물의 강줄기가 어디에서 발원하고 있는지 알게 되었다. 그것은 이제까지 나의 발길이 닿은 적 없는 '민족'과 '역사'라는 두 말이 근원하고 있는 샘자리였다. 여기서 민족이란 소박한 의미의 '우리'요, 역사 역시 그때 그곳의 '진실'이라 할 것이다. 안중근 공판기를 읽으면서, '우리'의 '진실'을 알아내는 행위야말로 절실히 필요하다고 느꼈다. 일본제국의 법원이 기록 보유하고 있던 이 공판기록의 글줄 마디마디, 그 행간행간에서 읽히는 우리의 한 젊은 인간혼의 외침은, 참담하기 이를 데 없는 당시의 상황에서 울려 퍼진 장엄한 '민족 교향시'였던 것이다.

그리고 세월이 흘렀다. '시작은 미약하였으나 나중은 창대하리라'하는 성경 말씀처럼, 안 의사의 공판기록을 처음 대했던 때의 감동은 1990년대에 접어들면서 다시 한번 거대한 파도가 되어 나를 덮쳤다. 물론 이는 그 당시의 내 처지와 무관하지 않음을 잘 알고 있다. 이른바 '출판단지 건설계획'을 시작하고 추진하면서 부딪쳤던 온갖 난관은 내 인생관과 국가관 그리고 가치관에 커다란 변화를 주었으며, 그 속에서 울려 퍼진 '안 의사의 육성'은 지푸라기라도 잡고 싶었던 나에게 거대한 통나무로 다가왔다. 그야말로 참담한 처지에서 찾은 강렬한 구원의 빛이었다.

기록을 소중히 여기는 민족만이 살아남는다는 사실을 우리는 역사를 통해 알고 있다. 출판단지 조성은 이렇듯 기록을 소중히 여기는 '출판'을 중흥시키는 일이다. 1989년, 우리는 열악한 출판환경을 개선하기 위한 구체적인 전략으로 '출판관련 산업의 협동화 사업계획'에 착안했다. 이 계획은 국가산업단지인 '파주출판문화정보산업단지'라는 문화산업도시를 건설하는 계획으로 발전, 추진하여 오늘에 이르렀다. 이는 기존의 출판구조를 뿌리째 바꾸는 것이어서, 온갖 몰이해와 비협조가 앞을 가로막고 나섰다. 이런 상황은 확신에 차서 일을 계획하고 진행해 온 우리를 적잖은 회의와 좌절에 사로잡히게 했다. 이때 나에게 힘이 되고 위안이 된 것은, 지금의 나보다 더욱 어려운 환경에서도 자기를 지켜내고 초심을 관철시켜낸 안 의사의 삶, 안 의사의 정신이었다. 나는 다시금 마음을 다잡고, 요지부동으로 보이는 정부관료들, 그리고 수많은 관련자들을 설득하고 그들의 동의를 구하는 과정을 수없이 되풀이하면서 결국 지금의 결론에 도달할 수 있었다. 그 십 년의 세월 내내 '안중근 정신'은 내 마음 깊은 곳에 자리잡아 굳건한 버팀목이 되어 주었다.

이제 나는 위대한 스승 안 의사의 정신을 이 한 권의 책에 조심스럽게 담는다. 나의 서툰 일본어 실력과 부족한 역사 지식에도 불구하고 만용에 가까운 이 작업을 감히 결심하게 된 것은, 오로지 내 가슴속에서 끓어오르는 안 의사에 대한 한없는 존경심 때문이었다. 나는 이 한 편의 감동적인 드라마를 가지고 우리 청년들과 대화하려 한다. 한치의 오류도 없는 역사적 사실이요, 어느 글 못지 않게 뛰어난 문학성을 지닌 '대한국인 안중근의 법정 투쟁기록'은 오늘을 살아가는 우리 모두에게 생생한 삶의 교과서가 되리라고 믿었기 때문이다. 나는 이 품격높은 시나리오가 국민교과서로 널리 읽히고, 또 연극·영화 등으로 더욱 아름답게 창작돼, 더 많은 이들이 그의 '정신'을 좇을 수 있었으면 한다.

알다시피 안 의사는 한국 침탈의 원흉인 이토 히로부미를 민족의 이름으로 처단한 애국자이다. 하지만 1909년 10월 26일 하얼빈 역두에서 울려 퍼진 총성은 '안중근 전쟁'의 선전포고에 불과했다. 의거 후 법정에 선 그의 진술 한마디 한마디는, 서른한 살의 '청년 안중근'이 고도의 전략 아래 일본제국을 상대로 벌인 촌철살인의 '공격'이었다. 조국의 운명과 자신의 삶을 일체화한 안 의사는 이 모든 것들을 빈틈없이 계획하고 실행한 고도의 전략전술가였으며, 이 외로운 전쟁을 성공적으로 치러냄으로써 핍박받는 식민지 민족에게 희망과 용기 그리고 자존을 일깨워 준 위대한 지도자였다. 엄혹한 일제 치하에서 자신의 목숨을 내던지면서 끝까지 지켰던 '신념'과, 아무도 실행에 옮기지 못한 거사를 과감히 행한 '용기', 그리고 어떠한 억압에도 굴하지 않았던 '의연함'은 시대를 뛰어넘어 오늘을 살아가는 우리에게 삶의 지표를 제시하고 있다.

"슬프다! 천하 대세를 멀리 걱정하는 청년들이 어찌 팔짱만 끼고 아무런 방책도 없이 앉아서 죽기만을 기다리는 것이 옳을 수 있겠는가. 그러므로 나는 생각다 못해, 하얼빈에서 총 한 발로 만인이 보는 앞에서 늙은 도적 이토의 죄악을 성토하여, 뜻있는 동양 청년들의 정신을 일깨운 것이다."

1909년 11월 6일 뤼순 감옥에 수감 중이던 안 의사가 일본 관헌에게 낸 이 '안응칠 소회(所懷)'는 그 시대를 살아가던 청년들에게 머물지 않고, 시대를 넘어 오늘의 우리에게도 매서운 죽비로 다가온다.

그러나 슬프다. 살아가는 우리 삶의 형국을 보라. 안일함과 무기력함, 사회 곳곳에 만연해 있는 부정과 부패, 점점 더해 가는 비인간적 개인주의, 방만한

소비생활, 자연 파괴, 그리고 줏대없이 부유하는 우리 젊은이들의 행태를 볼 때, 그 어느 때보다 안 의사의 혼과 정신이 커다랗게 느껴진다.

'안중근 전쟁'은 아직 끝나지 않았다. '하얼빈에서 한 발의 총성으로 이토의 죄악을 성토하여, 청년들의 정신을 일깨운' 안 의사를 이어, 이제 우리가 온 몸으로, 온 정신으로 그 전쟁을 치러내야 한다. 우리 사회를 이렇게 만든 우리들 자신이 이토임을 깨닫고, 각자가 '자신의 죄'를 성토해야 하며, 나아가 스스로를 죽이고 새롭게 태어나야 한다.

"길은 본디부터 있던 것이 아니라, 만인이 다니면서 만들어진 것"이라는 루쉰(魯迅)의 말을 떠올리며, 안 의사의 '혼', 안의사의 '정신'을 따르는 수많은 이들의 발걸음으로 만들어지는 우리의 '참다운 미래'를 그려 본다.

나의 영원한 스승 안 의사의 치열했던 기록이, 용기를 잃고 흔들리는 젊은이들에게 널리 읽혀, 그들이 용기를 회복하고 자신있는 삶을 세우는 데 도움이 되었으면 한다.

이 공판기록은 일본제국 관동도독부 지방법원에서 기록한 것으로, 대본으로는 이치가와 마사키(市川正明)의 『안중근과 일한관계사(安重根と日韓關係史)』(原書房, 1979)를 사용했고, 그 중 기록이 축약되어 있는 4,5회 공판시말서 부분은 『안중근사건 공판속기록(安重根事件 公判速記錄)』(滿洲日日新聞社, 1910)의 해당부분을 옮겨 보충했다. 또 그 밖에 여러 자료를 참조하여 정확성을 기하려고 애썼으며, 무엇보다 독자들이 쉽게 읽을 수 있도록 원의를 존중하면서 현대어로 옮겼다. 여러분의 질정을 바란다. 이 작업을 도와준 기영내, 조윤형, 이지현 씨에게 고마움의 뜻을 표한다.

1999년 10월

옮겨 엮은이

일러두기

· 이 책에 실린 「피고인 안응칠의 검찰관 신문조서」와 「안중근 외
 세 명의 공판시말서」는 이치가와 마사키(市川正明)가 펴낸
 『안중근과 일한관계사(安重根と日韓關係史)』(原書房,
 1979)에 실린 기록을 번역한 것이며, 그 중 기록이 축약되어
 있는 제4회 및 제5회 공판시말서 부분은 「안중근사건
 공판속기록(安重根事件 公判速記錄)」(滿洲日日新聞社,
 1910)의 해당부분을 옮겨 보충했다.

· 신문조서와 공판시말서에는 양력과 음력, 러시아력이
 혼재되어 실려 있으나, 내용상 양력 날짜를 확인할 수 없는
 대목도 있어 고치지 않고 그대로 두었다. 다만, 198쪽 3행과
 4행, 199쪽 19행의 '26일'은 원문에 각각 '28일'과 '22일'로
 되어 있던 것을 바로잡은 것이다.

· 126쪽 19행 "한국 이조(李朝) 황실인 이씨는 동북(東北)
 출신으로…"는 원문의 "한국 이조(李朝) 황실인 이씨는
 서북(西北) 출신으로…"를 바로잡은 것이다.

차례

연대기로 보는 안중근,

조부 안인수(安仁壽), 일찍이 진해(鎭海) 현감(縣監)을 지내며, 자선가로서 도내에 명성이 자자하다.
부친 안태훈(安泰勳, 8-9세), 재주와 지혜가 뛰어나 사서삼경(四書三經)에 통달하다.

안태훈(13-14세), 과거공부를 하고 사륙변려체(四六駢儷體)를 익혀 선동(仙童)이라 불리며, 이후 원근에 명성이 널리 퍼지다.

안태훈(18세), 과거에 올라 진사가 되고 조(趙)씨와 혼인하다.
안중근(安重根), 9월 2일 황해도 해주부(海州府) 수양산(首陽山) 아래서 부친 안태훈과 모친 조마리아 사이에서 3남 1녀 중 장남으로 태어나다.

그리고 **그의 시대**

1869 (–10세)

보불전쟁(普佛戰爭) 발발.

미국 군함의 강화도 침공으로 신미양요(辛未洋擾) 시작.
일본, 청일수호통상조약(淸日修好通商條約), 청과의 대등 조약) 체결.
이토 히로부미(伊藤博文), 구미사절단(歐美使節團)으로 미국에 파견됨.

민비(閔妃) 정권 등장.
일본 사이고 다카모리(西鄕隆盛), 정한론(征韓論) 제출.

1874 (–5세)

베트남, 프랑스의 보호국이 됨.

일본, 강화도에서 운요호(雲揚號) 사건을 계획적으로 도발하여, 이후
무력으로 개항을 강요함.

조일수호조규(朝日修好條規) 조인. 이후 부산, 원산, 인천 등 3개항을
차례로 개항함.
일본에 김기수(金綺秀) 등 제1차 수신사(修信使) 파견. 귀국 후 『만국공법
(萬國公法)』 거론됨.
발칸전쟁 발발.

1879 (1세)

아프가니스탄, 영국의 보호국이 됨.

김홍집(金弘集) 등 제2차 수신사 파견.
『조선책략』 유포를 계기로 유림들의 '신사척사상소(辛巳斥邪上疏)' 시작됨.

일본에 신사유람단(紳士遊覽團) 파견.
프랑스, 튀니지의 보호권 획득.
독일 · 오스트리아 · 러시아 삼제동맹(三帝同盟) 성립.
청에 영선사(領選使) 김윤식(金允植)과 유학생 수십 명 파견.
이토 히로부미, 헌법 연구 위해 유럽으로 감.
프랑스군, 베트남 하노이 점령.
조미수호통상조약(朝美修好通商條約) 체결.
독일 · 오스트리아 · 이탈리아 삼국동맹(三國同盟) 성립.
임오군인봉기(壬午軍亂).
박영효(朴泳孝) 등 일본특사수신사 파견.

박영효(朴泳孝) 등의 개화파가 정변을 일으킨 후 선진 문명을 받아들이고자 추진한 해외 유학생에 부친 안태훈이 선발됐으나, 개화파 정권이 삼 일 만에 무너짐으로써 박영효 등은 일본으로 망명하고, 안태훈도 숨어 살다가 가족들과 함께 신천군(信川郡) 청계동(淸溪洞) 산중으로 이사하다.

한문학교에 들어가 팔구 년간 보통학문을 익히다.

어려서부터 줄곧 사냥을 즐기며, 학문으로보다는 장부로서 세상에 이름을 떨칠 뜻을 품다.

조부 안인수가 사망하자, 생전의 정을 잊을 수 없어 애통해 한 나머지 육 개월간 병을 얻어 심하게 앓다.

어느 날 산에서 발을 헛디뎌 절벽으로 굴렀으나, 나뭇가지를 잡고 살아나 첫번째 죽을 고비를 넘기다.

김아려(金亞麗)와 혼인하여, 이후 아들 둘, 딸 하나를 낳다.

사이비 동학당(東學黨, 훗날 일제의 앞잡이인 '一進會'의 前身)에 맞서 부친 안태훈이 의병을 일으킬 때, 부친을 따라 출전하여 선봉 겸 정탐독립대(偵探獨立隊)가 되어 승리하는 데 공을 세우다. 그후 큰 병에 걸렸으나, 두서너 달 만에 소생하여 두번째 죽을 고비를 넘기다.

안태훈, 어윤중(魚允中)과 민영준(閔泳駿)의 모함으로, 수개월간 프랑스인의 천주교당으로 피하다. 이후 성서(聖書)를 접하고 천주교에 입교한 후 고향으로 돌아오다.

바른 말을 잘 한다 하여 번개입(電口)이라는 별호를 얻다.

노루사냥을 하던 중 총기 오발로 총알이 오른손을 관통하는 사고를 겪다.

프랑스 선교사 빌헬름(N. J. M. Wilhelm, 홍석구) 신부로부터 세례를 받고, 토마스(도마, 多默)라는 세례명을 얻다.

1884(6세)

베트남 문제를 둘러싸고 청불전쟁(淸佛戰爭) 발발.
베트남 · 캄보디아 전 영토가 프랑스의 보호령이 됨.
갑신정변(甲申政變). 새 내각을 조직하고 14개조 혁신정강 반포.

영국 함대, 거문도 불법 점령.
독일, 마셜군도 점령.
일본에 제1차 이토 히로부미 내각 성립.

영국, 버마 전 지역을 식민지로 삼음.

1888(10세)

영국군, 티베트 침략.
이토 히로부미, 추밀원 · 귀족원 의장에 취임.

파리에서 국제노동자대회 열림. 국제사회당(제2인터내셔널) 결성.

1892(14세)

미국에서 민중당 결성.
이탈리아에서 노동당 결성.
정부에서 김옥균(金玉均)을 암살하기 위해 이일직(李逸稙) 등을 일본에
파견.
러시아 · 프랑스 간 군사협약 성립.

1894(16세)

고부민란 발생(동학농민전쟁 시발).
동학농민군 저지를 위한 원병 요청에 의해 아산(牙山)에 청군 도착.
일본, 조선에 거주하는 일본인을 보호한다는 명목하에 혼성일개여단 파병.
영일통상항해조약(英日通商航海條約) 조인.
간디, 남아프리카에서 인도국민회의 결성.
청일전쟁(淸日戰爭) 발발.
일본, 대원군을 앞세워 친일정권인 김홍집 내각 수립.
갑오개혁 시작(甲午更張).
드레퓌스 사건 시발.

1895(17세)

청일강화조약(淸日講和條約) 조인.
일본, 삼국간섭에 의해 요동반도를 포기함.
을미사변(乙未事變, 명성황후 시해사건).

아관파천(俄館播遷).
베베르–고무라 각서 조인(일본, 조선에서의 러시아의 우위를 인정).
독립협회(獨立協會) 창립.

1897(19세)

고종(高宗), 경운궁(慶運宮)으로 환궁, 원구단에서 황제즉위식 거행.
대한제국(大韓帝國) 성립.
러시아, 뤼순(旅順) · 다롄(大連) 조차.

홍 신부와 함께 여러 마을을 돌아다니며 선교활동을 하고, 수개월간 프랑스어를 배우며 서구문명에 눈을 뜨다.

서울의 뮈텔(Mütel, 민덕효) 주교에게 대학설립에 대한 의견을 말했으나, 묵살당하다. 이로 인해 천주교는 믿되 외국인은 믿지 않기로 하고, 프랑스어 공부도 그만두다.

옹진(甕津) 군민이 경성(京城)의 전(前) 참판(參判) 김중환(金仲煥)에게 돈 오천 냥을 빼앗기는 억울한 일을 당해, 안중근이 대표로 그를 찾아가 담판을 짓고 해결해 주다.

해주부 지방 대병영(隊兵營) 위관(尉官)인 한원교(韓元校)에게 아내와 재산을 빼앗기는 억울한 일을 당한 친구 이경주(李景周)를 도와주려 했으나, 도리어 이경주가 옥살이를 하게 되다. 이에 부패한 정부에 환멸을 느껴 개혁과 문명, 그리고 민권자유의 필요성을 절감하다.

황해도에 교인을 사칭한 폭도들이 들끓어 천주교가 박해를 받게 되자, 부친 안태훈은 몸을 피했는데, 그때 심화(心火)병을 얻어 수개월 후에 고향으로 돌아오다.

러일전쟁(露日戰爭)이 가속화하면서 날마다 신문, 잡지, 각국의 역사를 상고(相考)하며 국내외 정세를 파악하다.

부친과 국내 상황에 대해 상의한 후, 산둥(山東)으로 건너가 두루 살펴보고, 상하이(上海)의 민영익(閔泳翊)을 찾아가 자문을 구하려 했으나 만나지 못하다.

상하이에서 만난 프랑스인 곽 신부의 '이천만 동포와 함께 본국에서 활동하라' 는 권고로 진남포(鎭南浦)로 돌아오다.

12월, 부친이 사망했다는 소식을 뒤늦게 듣고, 청계동으로 돌아가 수일간 상례(喪禮)를 치르다.

한국이 독립할 때까지 술을 끊기로 맹세하다.

진남포에서 안창호(安昌浩)의 연설을 듣고 문명개화와 국권회복에 대한 필요성을 절감하다.

3월, 청계동에서 진남포로 이사한 후, 재산을 털어 삼흥학교(三興學校)와 돈의학교(敦義學校)를 세우고 직접 교무(教務)를 맡아 보며 교육사업을 하다.

재정 마련을 위해 평양(平壤)에서 석탄상(石炭商)을 했으나, 일본인의 방해로 큰 손해를 보다.

국채보상회(國債報償會)에 가담하여 활동하다.

1899(21세)

대한국국제(大韓國國制) 반포.
한청통상조약(韓淸通商條約) 체결(청과 대등한 관계가 됨).

런던에서 영일동맹(英日同盟) 체결.
일본 제일은행권의 국내 통용을 허가함.

러시아, 용암포(龍巖浦) 불법 점령.

일본군, 한국정부의 중립 선언을 무시하고 한성에 진주.
한일의정서(韓日議定書) 조인(일본의 정치적 군사적 간섭 시작).
러일전쟁(露日戰爭) 발발.
제1차 한일협약(韓日協約) 조인(고문정치 시작).

1905(27세)

일본군, 뤼순 · 펑톈(奉天) 점령.
러시아, '피의 일요일' 사건(제1차 러시아혁명 시발).
일본 함대, 대한해협에서 러시아 함대 격파.
가쓰라-태프트 밀약 성립.
제2차 영일동맹 체결.
러 · 일 간에 포츠머스 강화조약 조인. 이후 일본은 관동주(關東洲) 조차지와
동청철도(東淸鐵道) 남만주지선 및 사할린섬 일부 획득함.
러시아, 모스크바 9월 투쟁.
이토 히로부미, 일본정부의 특파대사로 한성(漢城)에 도착.
일본의 강압하에 제2차 한일협약(乙巳條約) 조인(외교권 박탈).
초대 통감에 이토 히로부미 임명됨.

1906(28세)

전북의 최익현(崔益鉉), 경북의 신돌석(申乭石) 등 국내 각 지역에서
의병 봉기.
일본 관동도독부(關東都督府) 설립.
일본, 남만주철도회사(南滿洲鐵道會社) 설립.

1907(29세)

제1차 러일협약(露日協約) 성립.
이토 히로부미의 압력으로 이완용(李完用) 내각 성립.
고종의 밀사로 특파된 이상설(李相卨) · 이준(李儁) · 이위종(李瑋鍾),
헤이그 만국평화회의에 참석 거부당함.
헤이그 밀사단, 각국 기자단 앞에서 일본의 한국침략 상황을 폭로함.

이토 히로부미(伊藤博文)가 강제로 정미칠조약(丁未七條約)을 맺어 황제를 폐하고 군대를 해산시키자, 무장투쟁의 필요성을 절감하고 북간도(北間島)로 건너가 서너 달 동안 인근 지방을 시찰한 후, 블라디보스토크에 정착하여 청년회의 임시사찰(臨時査察)로 활동하며 의거를 준비하다.

엄인섭(嚴仁燮), 김기룡(金起龍)과 의형제를 맺고 의거를 도모하면서, 여러 지역을 돌아다니며 '일본의 침략에 의한 조선의 참상과 무장투쟁의 필요성'에 대해 연설하다.

한국 최초의 해외 독립군 부대인 '대한 의군'이 창설되어 김두성(金斗星), 이범윤(李範允)이 각각 총독과 대장으로 임명되고, 안중근이 참모중장으로 선출되어, 두만강 지역에서 전쟁을 준비하다.

6월, 두만강을 건너가 함경북도 회령(會寧), 종성(鍾城) 등지에서 일본군과 수차례 의병 전쟁을 하다.

전쟁 중 생포한 일본군 포로를 설득하고, 만국공법(萬國公法)의 정신에 의해 풀어주다.

일본군의 습격으로 의병군이 흩어지면서, 산 속에서 동지 서너 명과 함께 약 십이 일 동안 추위와 굶주림으로 죽을 고비를 수차례 넘기고 가까스로 살아나다. 이후 엔치야(烟秋) 지역에 머물다가, 하바로프스크 방면으로 나아가 기선을 타고 흑룡강 상류 수천여 리를 시찰하다.

수찬(水淸) 등지에서 교육·조직활동을 하며 각 지역을 두루 돌아다니다.

블라디보스토크에서 『해조신문(海朝新聞)』과 『대동공보(大東共報)』 등에 동포들을 대상으로 독립심을 고취하는 글을 투고하다.

엔치야에서 동지 열두 명과 이후 나라를 위해 온 힘을 다할 것을 '단지동맹'으로써 결의하다.

블라디보스토크에서 대동공보사를 거점으로 활동을 모색하던 중, 이토 히로부미의 만주시찰 소식을 듣고, '이토 살해'를 자원하고 우덕순(禹德淳)과 함께 하얼빈(哈爾濱)으로 향하다.

10월 26일 아침 하얼빈역 플랫폼에서 이토 히로부미를 사살하고, 이후 뤼순(旅順) 감옥에 수감되다.

국내, 러시아령(연해주 일대), 하와이 등지에서 수많은 동포들이 안중근의 변호 비용을 마련하다.

12월, 옥중 자서전 『안응칠 역사(安應七 歷史)』를 집필하기 시작하다.(이듬해 3월 탈고)

이토 히로부미, 헤이그 사건의 책임을 추궁하여, 고종 황제를 폐위케 함.

이완용 내각, 이토 히로부미 등과 한일신협약(韓日新協約, 정미칠조약)
조인.

군대해산조칙 발표.

뉴질랜드, 영국의 자치령이 됨.

허위(許蔿)·이강년(李康秊)·이인영(李麟榮), 양주에서 13도창의군을
결성하고 한성 진공을 계획.

1908(30세)

청 광둥(廣東)에서 일본 상품 불매운동이 일어나 화남(華南) 일대로 확산됨.

장인환(張仁煥)·전명운(田明雲), 샌프란시스코 오클랜드역에서 일본의
앞잡이 역할을 한 스티븐스를 저격.

일본, 러시아와 사할린 경계획정서 조인.

오스트리아, 보스니아와 헤르체고비나를 병합.

재러(在露) 의병 백여 명, 회령(會寧) 진공.

청, 서태후(西太后) 사망.

한성에 동양척식주식회사 설립됨.

1909(31세)

미주 한국인 단체, 국민회(國民會)로 통합 발족.

상하이(上海)에서 아편 금지 제2회 국제회의 열림.

독불협정(獨佛協定) 조인.

의병군, 국내 각 지역에서 일본에 크고 작은 타격을 입힘.

부통감 소네 아라스케(曾禰荒助), 통감에 임명됨.

기유각서(己酉覺書) 조인. 이후 한국의 사법 및 감옥 사무를 일본정부에
위탁함.

국내 의병을 진압하기 위한 일본군의 '남한 대토벌 작전' 시작됨.

청일협약(淸日協約) 조인. 이후 간도(間島)가 청에 귀속됨.

이완용, 명동성당 앞에서 이재명(李在明)의 습격으로 중상을 입음.

2월 7일부터 12일까지 관동도독부 뤼순 법원에서 열린 여섯 차례의 공판에서 이토의 죄악과 거사의 정당성을 당당하게 진술하다.

2월 12일, 사형 선고가 내려졌으나, 항소를 포기하고 「동양평화론(東洋平和論)」을 집필하기 시작하다.

홍 신부의 면회로 옥중 고해성사를 하고, 성제대례(聖祭大禮) 및 성체성사(聖體聖事)를 거행하다.

3월 26일, 뤼순 감옥에서 서른두 해의 치열했던 생을 마감하다.

1910(32세)

남아프리카연방, 영국 자치령으로 발족함.

이범윤(李範允) · 홍범도(洪範圖) 등 연해주 연합의병, 국내로 진공하여 일본군과 교전.

유인석(柳麟錫) · 이상설 등, 블라디보스토크에서 13도의군 편성.

제2차 러일조약 조인.

유인석 · 이범윤 등, 성명회(聲明會)를 결성하여 합방 반대투쟁 전개.

총리대신 이완용과 통감 데라우치 마사다케(寺内正毅) 사이에 한일병합조약 조인. 이후 조선총독부 설치됨.

멕시코혁명 발발.

안응칠 외 열다섯 명의 송치서

안응칠 외 15명. 이 사람들은 이토(伊藤) 공작 살해 피고인 및 혐의자로, 이 달 26일 재하얼빈(哈爾濱) 러시아 시심(始審) 재판소 검사로부터 이 사건에 관한 서류 일체와 함께 아래의 증거물이 본 영사관으로 송치됐으며, 메이지(明治) 42년 법률 제52호 제3조에 의거하여 이 피고사건은 외무대신의 명령에 의해 다시 귀청의 관할로 넘겨지므로 피고인의 신병과 함께 서류 및 증거물 전부를 송치한다.

메이지 42년 10월 28일

하얼빈 대일본제국 총영사관
총영사 가와카미 도시히코(川上俊彦)

관동도독부 지방법원
검찰관 미조부치 다카오(溝淵孝雄) 귀하

목록

서류   러시아 관아(官衙)의 취조 서류 일체

증거물 안응칠(安應七)   범행에 사용한 브라우닝식 연발 권총 한 정
          조도선(曺道先)   소지품 일체
          우연준(禹連俊)   소지품 일체
          김형재(金衡在)   서류
          김여수(金麗水)   수첩 및 서류
          유강로(柳江露)   지갑 및 서류
          정대호(鄭大鎬)   수첩 및 서류
          김성옥(金成玉)   서류 및 소지품

동양평화의 교란자 이토를 쓰러뜨리다

피고인 안응칠의 검찰관 신문조서

안응칠 제1회 신문조서. 피고인 안응칠. 이 사람에 대한 살인피고사건에 대해 메이지 42년 10월 30일 하얼빈 일본제국 총영사관에서 검찰관 미조부치 다카오, 서기 기시다 아이분(岸田愛文) 참석하에 통역촉탁 소노키 스에요시(園木末喜) 통역으로 검찰관은 위 피고인에 대해 아래와 같이 신문함.

검찰관 성명, 나이, 직업, 신분, 주소, 본적지 그리고 출생지를 말하라.

안응칠 이름은 안응칠, 나이는 서른한 살, 직업은 포수, 신분은 …, 주소는 평안도 평양(平壤) 성외(城外)이고 본적지와 출생지는 주소와 같다.

검찰관 피고는 한국신민인가.

안응칠 그렇다.

검찰관 피고는 한국의 병적부(兵籍簿)에 기록돼 있는가.

안응칠 병적부에는 없다.

검찰관 피고의 종교는 무엇인가.

안응칠 나는 천주교 신자다.

검찰관 피고는 부모처자가 있는가.

안응칠 없다.

검찰관 한국에서는 일정한 주소나 거처가 있었는가.

안응칠 나는 포수이기 때문에 늘 사방으로 떠돌아다닌다. 그래서 일정한 거처는 없다.

검찰관 토지나 가옥을 소유하고 있는가.

안응칠 소유하고 있지 않다.

검찰관 피고는 한국에서 관리나 그 밖의 공직에 있던 적이 있는가.

안응칠 전혀 없다.

검찰관 피고는 학문을 배웠는가.

안응칠 배우지 않았다.

검찰관 그러면 글을 아는가.

안응칠 조금 안다.

검찰관 글은 어디에서 배웠는가.

안응칠 정식으로 배우지는 않았고, 신문 등을 통해 자연히 알게 되었다.

검찰관 피고는 정치상의 당파관계가 있는가.

안응칠 전혀 없다.

검찰관 피고는 평소에 어떤 자들과 사귀고 있는가.

안응칠 내가 사귀고 있는 사람들은 모두 포수다.

검찰관 그 자들의 이름을 대 보라.

안응칠 평안도 강계(江界) 출신으로 윤치종(尹致宗)이라는 서른 살 정도의 사내와, 평안도 강계 혹은 영변(寧邊) 출신의 홍치범(洪致凡)이라는 스물일고여덟 살 정도의 사내가 있다.

검찰관 그 밖에도 아는 사람이 있으면 말하라.

안응칠 강원도 혹은 함경도 출신의 포수로 김기열(金基烈)이라는 스물대여섯 살 정도의 사내가 있다.

검찰관 피고와 가장 친한 친구는 누구인가.

안응칠 나와 가장 친하게 지내는 친구는 윤치종이다.

검찰관 한국에서 피고가 평소에 가장 존경하는 사람은 누구인가.

안응칠 그런 사람은 특별히 없다.

검찰관 그러면 피고가 평소에 적대시하고 있는 사람은 누구인가.

안응칠 이전에는 별로 그런 사람이 없었는데, 최근에 한 명 생겼다.

검찰관 그게 누구인가.

안응칠 이토 히로부미(伊藤博文)이다.

검찰관 이토 공작을 왜 적대시하는가.

쥐도적

이토를

민족의
이름으로

응징하다.

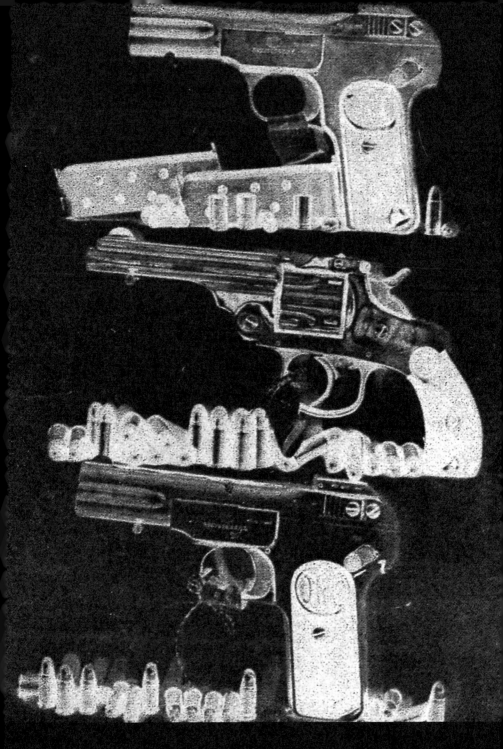

더 말할 것도 없이 곧바로
뚜벅뚜벅 걸어서 용기있게 나가 …
'저것이 필시 늙은 도적 이토일 것이다' 하고
곧 권총을 뽑아 들고, 그 오른쪽을 향해
네 발을 쏘았다.

　　　　　　　　　　　　　——『안응칠 역사』 중에서

안응칠 그 이유는 많다. 즉 다음과 같다.

첫째, 이토는 지금으로부터 십여 년 전 그의 지휘하에 조선의 왕비를 살해했다. 둘째, 지금으로부터 오 년 전 이토가 군대를 동원하여 체결한 5개조의 조약은 한국에 대단히 불리한 조약이었다. 셋째, 삼 년 전 이토가 체결한 12개조의 조약은 모두 한국에 있어서 군사상 매우 불리한 내용이었다. 넷째, 이토는 기어이 조선의 황제를 폐위시켰다. 다섯째, 한국의 군대는 이토에 의해 해산됐다. 여섯째, 이런 조약 체결에 대해 분노한 우리 국민들이 의병을 일으켰는데, 이토는 이에 대해 우리의 죄 없는 많은 양민들을 학살했다. 일곱째, 한국의 정치 및 그 밖의 권리들을 빼앗았다. 여덟째, 한국에서 그동안 사용하던 좋은 교과서들을 이토의 지휘하에 모두 불태웠다. 아홉째, 한국국민의 신문 구독을 금지했다. 열째, 이토는 충당시킬 돈이 전혀 없는데도 불구하고, 한국국민 몰래 못된 한국 관리들에게 돈을 주어 결국 제일은행권을 발행하고 있다. 열한째, 한국국민의 부담으로 돌아갈 국채 이천삼백만 원을 모집하여, 이를 한국민에게 알리지도 않고 관리들 사이에서 분배하거나 토지 약탈을 위해 사용했다던데, 이 또한 한국에 대단히 불리한 사건이다. 열두째, 이토는 동양의 평화를 교란했다. 왜냐하면 일러전쟁(日露戰爭) 당시부터 동양평화 유지라는 명목하에, 한국 황제 폐위 등 당초의 선언과는 모두 반대되는 결과를 초래하여 한국의 이천만 국민 모두가 분개하고 있기 때문이다. 열셋째, 한국이 원하지도 않았는데, 이토는 한국 보호라는 명목으로 한국정부의 일부 인사와 내통하여 한국에 불리한 정치를 하고 있다. 열넷째, 지금으로부터 사십이 년 전 이토는 현 일본 황제의 부군(父君)인 분을 살해했는데, 이는 한국국민 모두가 알고 있는 사실이다. 열다섯째, 이토는 한국국민이 분개하고 있음에도 불구하고, 일본 황제와 세계 각국에 한국은 별 일 없다고 속이고 있다.

이상의 죄목에 의해 나는 이토를 살해했다.

검찰관 한국에는 기차가 개통되었고, 수도 공사 등 기타 위생시설이 완비됐으며, 대한병원도 설립되고, 식산공업(殖産工業)은 점차 왕성해지고 있다. 특히 한국의 황태자는 일본 황실의 배려로 문명의 학문을 닦고 있다. 훗날 황제의 자리에 올라 세계의 여러 나라와 대립했을 때 명군으로서 부끄럽지 않도록 교육을 받고 있는데, 이 점에 대해 피고는 어떻게 생각하고 있는가.

안응칠 한국 황태자가 일본측의 배려로 문명의 학문을 닦고 있다는 점에 대해서는 한국민 모두가 감사하고 있다. 그러나 총명하신 한국의 전 황제를 폐하고 젊으신 현 황제를 세워 좋은 결과를 얻지 못하고 있는 것으로 보아, 그 밖의 지금 물어 본 일에 대해서는 한국의 진보나 편리라고 결코 생각하지 않는다.

검찰관 피고는 한국의 장래가 어떻게 될 것이라고 생각하는가.

안응칠 만약 이토가 살아 있다면 한국뿐만 아니라 일본도 결국 멸망할 것이라고 생각한다. 하지만 이토가 사망한 이상 이후 일본은 충분히 한국의 독립을 보호하여 실로 한국은 부강해질 수 있을 것이며, 그 밖의 동양 각국의 평화 또한 유지될 것이라고 생각한다.

검찰관 진술에 의하면 피고는 실로 한국을 위한 충군 애국지사인데, 피고와 같은 생각을 가지고 있는 사람이 더 있을 것이다. 평소에 그런 사람들과 친하게 지내고 있는가.

안응칠 그런 지사는 많다. 그 중 나는 지위가 가장 낮다. 그 외의 사람들은 나보다 학식도 많고 재산도 많은 분들이어서 나는 별로 친하게 지내지는 못하지만, 그 이름은 들어 왔다. 그런 분들로는 민영환(閔泳煥) 최익현(崔益鉉) 조병세(趙秉世) 김봉학(金奉學) 민긍호(閔肯鎬) 같은 분들이 있는데, 특히 한국의 의병은 다 같은 생각을 가지고 있다.

검찰관 피고는 이범윤(李範允)이라는 자를 아는가.

안응칠 이름은 들어 본 적이 있지만, 만난 적은 없다.

검찰관 이 사람은 지금 피고가 말한 것과 같은 생각을 갖고 있는 사람인가.

안응칠 신문에서 본 바에 의하면, 그는 원래 북간도(北間島)의 관리로 근무하던 사람인데, 러시아에 다녀온 후에 의병에 가담한 것으로 알고 있다. 하지만 정말 그런 생각을 가지고 있는 사람이라고 확실히 말할 수는 없고, 아마도 그런 생각을 가지고 있을 것이라고 생각한다.

검찰관 피고는 한국의 과거, 현재, 미래에 대한 정치적인 사상을 가지고 있는 것 같은데, 이는 다른 사람으로부터 들은 것인가, 아니면 신문을 통해 알게 된 것인가.

안응칠 다른 사람으로부터 들은 것은 아니고, 한국에서 발행되는 『대한매일신문(大韓每日新聞)』 『황성신문(皇城新聞)』 『제국신문(帝國新聞)』과, 미국에서 발행되는 『공립신보(共立新報)』, 그리고 블라디보스토크(浦潮)에서 발행되는 『대동공보(大東共報)』 등의 논설을 읽고 나서 그런 생각이 들었다. 이 중 내가 가장 많이 접한 것은 『대한매일신문』과 『황성신문』이고, 그 외의 신문들은 몇 번 본 정도다.

검찰관 이런 신문들은 언제부터 읽고 있었는가.

안응칠 오륙 년 전 또는 삼사 년 전부터 신문이 손에 들어오게 돼서 읽고 있었다. 계속 열독(閱讀)하지는 않았다.

검찰관 그 신문들은 어디서 어떤 기회에 보게 되었는가.

안응칠 한국에는 어디든지 있는 신문이니까 장소도 일정치 않고, 또 기회랄 것도 없다.

검찰관 그러면 평소에 어디에서든지 신문이 손에 들어오면 읽는 습관이 있는가.

안응칠 신문이 있으면 반드시 보는 것은 아니고, 그때그때 신문이 손에 잡히면 본다.

검찰관 일한협약(日韓協約)이 체결됐을 때 피고는 경성(京城)에 있었는가.

안응칠 삼 년 전에 경성에 갔었다.

검찰관 그렇다면 경성에는 피고와 같은 의견을 가진 사람이 있을 것 같은데, 그런 사람과 친하게 지낸 적이 있는가.

안응칠 나는 그때 처음으로 경성에 갔기 때문에 아는 사람이 없었고, 내 생각을 말할 만한 사람도 없어서 그후로는 다시 경성에 간 적이 없다.

검찰관 피고는 천주교의 세례를 받았는가.

안응칠 받았다.

검찰관 언제 어느 교회에서 받았는가.

안응칠 특별히 교회에서 세례를 받은 것은 아니고, 내가 영변(寧邊)에 있을 때 생명에 관계될 만한 병에 걸린 적이 있었는데, 그때 홍요셉이라는 신부로부터 세례를 받고 병이 낫게 돼서 그후부터 신앙생활을 하게 된 것이다.

검찰관 서양의 선교사에게 설교를 듣거나 세례를 받은 적은 없는가.

안응칠 그런 적은 없고, 경성에 갔을 때 설교를 들으러 교회에 한 번 가 본 적이 있었는데, 그곳 역시 아무도 아는 사람이 없었다.

검찰관 피고는 러시아어, 영어, 중국어 또는 그 밖의 외국어를 구사하거나 읽을 수 있는가.

안응칠 읽을 줄은 모른다. 하지만 일본어와 중국어는 약간 알고 있기 때문에 몇 마디 할 수는 있다. 또 러시아어도 한두 마디 정도는 알고 있다.

검찰관 피고는 술, 담배, 아편을 하는가.

안응칠 담배는 피워도 술과 아편은 하지 않는다.

검찰관 피고는 포수로서 잡은 수확물을 도매상이나 점포에 팔고 있는가.

안응칠 친구들에게 부탁해서 부락에 판다. 내가 직접 팔러 가지는 않는다.

검찰관 피고는 평소에 수확물을 팔거나 물품 등을 사는 단골 가게가 있는가.

안응칠 내가 물품을 사는 단골 가게는 없다.

검찰관 그러면 동료들이 가지고 가서 파는 도매상이 있는가.

안응칠 청진(淸津), 평양, 성진(城津) 등지로 가져가서 팔기 때문에 거래 도매상에 대해서는 모른다.

검찰관 피고의 부모는 피고가 몇 살 때 사망했는가.

안응칠 부모님 모두 내가 두 살 때 돌아가셨다.

검찰관 그렇다면 피고는 누가 키웠는가.

안응칠 어릴 때는 잘 모르고, 내가 일고여덟 살 때는 성외(城外)의 김 도감(都監)이라는 분이 키워 주셨다.

검찰관 피고가 동서(東西)를 분간하게 됐을 때는 누구 집에 있었는가.

안응칠 그때도 역시 김 도감 댁에서 자라고 있었는데, 일을 하라고 해서 그것이 싫어 그 집을 나왔다.

검찰관 김 도감 또는 그의 자손은 지금 어디에 있는가.

안응칠 삼 년 전에 성외에 갔었는데, 그 집에서는 일본인이 살고 있었다. 그 일가족은 어디로 갔는지 모르겠다.

검찰관 평양에는 안(安)이라는 성을 가진 사람이 많은가.

안응칠 많은지 적은지 잘 모른다.

검찰관 피고는 전명운(田明雲)이라는 자를 알고 있는가.

안응칠 신문에서 그 사람의 이름을 본 적이 있는데, 지금은 미국에 있는 것으로 알고 있다.

검찰관 그가 지금 미국에 있는가.

안응칠 미국에서 수감되었다고 들었는데, 자세한 것은 모른다.

검찰관 그가 무슨 일로 수감됐는지 알고 있는가.

안응칠 그와 장인환(張仁煥) 두 사람이 미국에서 스티븐스를 저격했기 때문이라고 신문에서 봤다. 저격한 이유는, 스티븐스가 '한국이 일본의 보호를 받게 된 것은 한국민이 원해서이다' 라는 글을 신문에 논설로 실었기 때문이다.

검찰관 피고는 장인환과 만난 적이 있는가.

안응칠 없다.

검찰관 이토 공이 생전에 한국의 통감(統監)을 사임한 사실을 피고는 알고 있는가.

안응칠 그건 들었다.

검찰관 통감의 후임자는 알고 있는가.

안응칠 부통감인 소네(曾禰)가 통감이 되었다고 들었다.

검찰관 피고 등은 소네 통감의 시정(施政)에 대해 어떻게 생각하고 있는가.

안응칠 그가 어떤 방침을 채택하고 있는지 나로서는 아직 모르지만, 만일 소네도 이토와 동일한 방침을 채택한다면 그 역시 살해당할 것이라고 생각한다.

검찰관 피고는 포수라고 했는데, 앞서부터의 답변에 의하면 포수라고는 생각할 수 없는 점이 많다. 피고의 진술에 의하면, 이번 행위는 세계사에 이름을 남길 작정으로 행한 것 같은데, 그렇다면 본명을 숨김없이 말하는 것이 어떤가.

안응칠 나는 결심하고 대사를 결행한 것이므로 결코 거짓말은 하지 않는다.

검찰관 이번 달 26일 아침 이토 공이 하얼빈 정거장에 도착했을 때, 피고는 권총으로 공을 저격했는가.

안응칠 틀림없다.

검찰관 피고 혼자서 실행했는가.

안응칠 그렇다. 혼자서였다.

검찰관 그때 어떤 흉기를 사용했는가.

안응칠 검은색의 굽은 칠연발 권총이었다.

검찰관 피고가 사용한 흉기는 이것인가.

이때 메이지 42년 영특(領特) 제1호의 1 권총을 제시하다.

안응칠 그렇다.

검찰관 이 권총은 피고의 소유인가.

안응칠 그렇다.

검찰관 어디서 입수했는가.

안응칠 올해 5월경 내가 의병에 가입했을 때 동지가 어디선가에서 사다 준 것이다.

검찰관 피고는 전부터 이토 공을 한국 또는 동양의 적으로 생각하고, 죽이려고 결심하고 저격한 것인가.

안응칠 그렇다. 나는 삼 년 전부터 이토를 죽이려고 결심하고 있었다. 처음에 나는 일본을 신뢰하고 있었는데, 점점 한국이 이토에 의해 불행해져서 내 마음은 변했고, 결국 이토를 적대시하기에 이르렀다. 이는 나뿐만이 아니라 한국의 이천만 동포 모두가 같은 마음이다.

검찰관 피고는 삼 년 전부터 끊임없이 이토 공을 죽이고자 했는가.

안응칠 그렇다. 그러나 나는 힘이 없었고, 기회가 오지 않았다.

검찰관 올 봄 한국 황제 행차 때 이토 공이 호종(扈從)했는데, 그때 평소에 품고 있던 생각을 실행할 기회는 없었는가.

안응칠 그때 나는 함경도 갑산(甲山)에서 이토를 죽일 생각도 했었다. 하지만 총기도 준비가 안 됐고, 먼 길일 뿐만 아니라 호위병도 많았으며, 또 한국 황제께서도 일행에 계셨기 때문에 실행하지 않았던 것이다.

검찰관 피고는 갑산 누구의 집에 있었는가.

안응칠 나는 이 산 저 산을 오가며 지냈고, 인가에는 머무르지 않았다.

검찰관 이번에 이토 공이 하얼빈에 오는 것은 어떻게 알았는가.

안응칠 그건 부령(富寧)에서 『대한매일신문』과 일본 신문을 보고 알았다.

검찰관 그러면 일본 신문도 읽을 줄 아는가.

안응칠 일본 신문은 한자의 뜻이 통하기 때문에 웬만큼 읽을 수 있다.

검찰관 언제 부령을 출발했는가.

안응칠 나는 의병이라 낮에는 길거리를 통행할 수 없다. 그래서 한력(韓曆)으로 8월 그믐에 출발하여 산 속을 통해 경흥(慶興)으로 나왔고, 다시 러시아령(領)인 포세트(馬口威)라는 곳에서 배를 타고 블라디보스토크로 갔다.

검찰관 배를 탈 때 배표에 이름을 썼는가.

안응칠 쓰지 않았다.

검찰관 피고가 블라디보스토크에 도착한 것은 언제인가.

안응칠 지금으로부터 칠팔 일 전이라고 생각한다.

검찰관 블라디보스토크에서는 어디서 숙박하고 있었는가.

안응칠 숙박지를 잡지 않고 정거장에서 지샌 후, 다음날 아침 그곳을 출발해서 이틀을 보내고 거사 전날 밤 하얼빈에 도착했다.

검찰관 범행 전날 밤은 어디서 숙박했는가.

안응칠 하얼빈에 와서 조금 산책을 한 후, 정거장에서 중국인에게 이토가 오냐고 물어봤더니, 온다고 해서 떡을 사 먹고 거기서 밤을 새웠다.

검찰관 그렇다면 피고는, 그때가 바로 삼 년 동안의 결심을 실행할 시기라는 것을 예상하고 있었는가.

안응칠 그렇다.

검찰관 피고는 하얼빈에서 한국인이 드나드는 집에서 숙박하지 않았는가.

안응칠 인가에서 숙박한 적은 없다.

검찰관 피고는 프리스탄 6번가의 김여수(金麗水)라는 자의 집에서 숙박한 적은 없는가.

안응칠 그런 적이 없고, 그런 이름을 들어 본 적도 없다.

검찰관 김여수는 함경북도 명천읍(明川邑) 동문외(東門外)에 사는 자인데, 모르는가.

안응칠 모른다.

검찰관 프리스탄 8번가의 본명 방사첨(方士瞻)이라는 자를 아는가.

안응칠 모른다.

검찰관 치과 의사인 이등방(伊藤方)이라는 자를 아는가.

안응칠 모른다.

검찰관 프리스탄 2번가의 이진옥(李珍玉)이라는 자를 아는가.

안응칠 모른다.

검찰관 프리스탄 공원 앞에 사는 정서우(鄭瑞雨)라는 자를 모르는가.

안응칠 모른다. 나는 하얼빈에 아는 사람이 한 명도 없다.

검찰관 김여수의 집에서 피고의 이름이 적힌 수첩이 나왔는데, 어떻게 된 것인가.

안응칠 나는 그 사람을 모른다.

검찰관 이 수첩을 모르는가.

이때 메이지 42년 영특 제1호의 26 수첩을 제시하다.

안응칠 모른다. 하지만 거기에 적혀 있는 것은 내 이름이 맞다.

검찰관 피고는 우덕순(禹德淳)이라는 자를 아는가.

안응칠 모른다.

검찰관 피고의 포수 동료들 중 이토 공이 하얼빈에 오는 것을 알고 하얼빈으로 온 자가 있는가.

안응칠 하얼빈으로 온 사람은 나 하나뿐이다.

검찰관 지금까지 이토 공을 해치고자 했다면 피고 한 사람이 아니라 다른 몇몇 동지들도 함께 왔을 것으로 생각되는데, 어떤가.

안응칠 나의 동지들은 모두 그런 마음을 갖고 있다. 하지만 총기도 하나밖에 없었고, 또 여비도 필요했기 때문에 나중에 오고 싶으면 오라고 하고 나만 온 것이다.

검찰관 피고와 같은 한국인 중 창춘(長春) 또는 펑톈(奉天) 쪽으로 간 자는 없는가.

안응칠 모른다.

검찰관 피고의 현재 복장은 블라디보스토크에 있던 당시부터 그러했는가.

안응칠 그렇다. 이대로였다. 그러나 칼라와 바지는 러시아 관헌에게 빼앗겼다.

검찰관 외투는 없는가.

안응칠 없다.

검찰관 모자는 쓰고 있었는가.

안응칠 넓적한 모자를 쓰고 있었다.

검찰관 구두도 신고 있었는가.

안응칠 지금 신고 있는 것을 신고 있었다.

검찰관 범행 당시 사용한 권총은 어디에 넣고 있었는가.

안응칠 오른쪽 주머니에 넣고 있었다.

검찰관 총알은 일곱 발을 장전할 수 있는 것인가.

안응칠 그렇다.

검찰관 정거장 입구에서 플랫폼으로는 어떤 기회에 들어갔는가.

안응칠 일본인이 많이 들어가고 있었는데, 내 차림새가 일본인과 비슷해서 함께 들어갈 수 있었다.

검찰관 이토 공이 타고 있던 기차가 도착할 때까지는 어디에 있었는가.

안응칠 정거장 대합실에 있었다.

검찰관 이토 공이 도착할 무렵 환영 인파가 모두 정렬하고 있었을 때, 피고는 어디에 있었는가.

안응칠 모두 정렬해서 기차가 오기를 기다리고 있을 때도 나는 대합실에 있었다.

검찰관 피고는 이토 공의 얼굴을 평소에 자세히 본 적이 있는가.

안응칠 직접 본 적은 없고 사진을 봤을 뿐이다.

검찰관 사진을 통해 어떤 특징이라도 기억하고 있었는가.

안응칠 콧수염 등의 모습으로 알았다.

검찰관 사진과 비교해서 그가 이토 공이라는 것을 어떻게 알았는가.

안응칠 이토가 타고 있던 기차가 도착하자마자, 나는 즉시 병대(兵隊)의 뒤로 가서 서 있었다. 그런데 기차에서 누군가가 내려 환영단 앞을 지나간 다음 돌아서려 했다. 그때 나는 그가 이토라는 것을 알아채고, 이 열로 늘어선 뒷 열의 병사들 사이에서 몰래 권총을 꺼내 쐈다.

검찰관 피고가 저격할 당시 이토 공 일행은 어떤 모습으로 걷고 있었는가.

안응칠 일행보다 이토가 조금 앞서 걷고 있었다.

검찰관 이토 공이 피고의 앞을 지나갈 때 쐈는가. 또 그 거리는 어느 정도였는가.

안응칠 내 앞을 조금 지나간 후에, 두 칸 반 정도 떨어져 있는 곳에서 팔꿈치 윗부분을 겨누고 서너 발 쐈다.

검찰관 총을 쏠 때 피고는 어떤 자세였는가.

안응칠 서 있었다.

검찰관 피고는 권총으로 사람을 쏠 때, 머리를 겨누지 않고 팔꿈치 윗부분을 겨눠 쏘면 가슴에 명중한다는 것을 연구해서 알고 있었는가.

안응칠 나는 평소에 포수로서 총을 쏘기 때문에 경험상 팔꿈치 윗부분을 겨누면 명중한다는 것을 알고 있었던 것이지, 누구로부터 배운 것은 아니다.

검찰관 사람을 쏠 때, 정면에서 겨누면 발각되므로 조금 지나간 후에 뒤에서 쏘는 것이 더 유리하다는 것은 평소부터 알고 있었는가.

안응칠 특별히 배운 것은 아니다. 단지 조금 지나간 후에 쏠 기회를 얻었던 것이다.

검찰관 피고가 발사한 권총의 총알이 이토 공에게 명중했는가.

안응칠 나는 모른다.

검찰관 그렇다면 이토 공이 쓰러진다든지, 또는 응급조치를 받는다든지 하는 현장을 보지 못했는가.

안응칠 못 봤다. 그 즉시 나는 러시아 장교에게 총을 쥐고 있던 손을 붙잡혀서 쓰러졌다.

검찰관 쓰러질 때 또다시 총을 쐈는가.

안응칠 체포될 때 총은 땅 위에 던져졌다.

검찰관 많은 사람이 있는 곳에서 총을 쏘는 것이니, 이토 공 이외의 사람에게도 위험이 미칠 것이라는 예상은 하고 있었는가.

안응칠 이토의 주위에 있는 사람이 희생될 것이라는 생각은 하고 있었다.

검찰관 피고가 사진으로 보고 상상했던 이토 공과 실제로 본 이토 공의 모습이 일치하던가.

안응칠 약간 다른 부분이 있었다. 특히 생각했던 것보다 왜소한 사람이었다.

검찰관 피고는 이토 공이라는 것을 알고 저격한 다음, 쓰러질 때까지 총알을 모두 발사했는가.

안응칠 내가 사용했던 권총은 방아쇠를 한 번만 당기고 그대로 있으면 모두 발사되는 장치가 되어 있다.

검찰관 피고가 발사한 결과, 이토 공은 어떻게 됐는지 알고 있는가.

안응칠 전혀 모른다. 그 결과는 아무한테도 듣지 못했다.

검찰관 피고는 이토 공의 생명을 잃게 했는데, 그러면 피고의 생명은 어떻게 할 생각인가.

안응칠 나는 원래 내 몸에 대해 생각해 본 적이 없다. 이토를 살해한 후 나는 법정에 나가서 이토의 죄악을 일일이 진술하고, 이후 나 자신은 일본측에 맡길 생각이었다.

검찰관 피고가 사용한 권총은 친구 누구로부터 샀는가.

안응칠 윤치종이라는 동지가 일본 제일은행권 사십 엔 정도에 사서 나에게 준 것이다. 하지만 어디서 샀는지는 모른다.

피고인 안응칠. 위와 같이 읽어 들려 주고 승낙 후 자서(自署)하다. 메이지 42년 10월 30일 하얼빈 일본제국 총영사관에서. 단 출장 중이므로 소속관서의 인(印)을 사용하지 못함. 관동도독부 지방법원. 서기 기시다 아이분. 고등법원 검찰관 미조부치 다카오. 통역촉탁 소노키 스에요시.

안응칠 제2회 신문조서. 피고인 안응칠. 이 사람에 대한 살인피고사건에 대해 메이지 42년 11월 14일 관동도독부 감옥에서 검찰관 미조부치 다카오, 서기 기시다 아이분 참석하에 통역촉탁 소노키 스에요시 통역으로 검찰관은 전회에 계속해서 피고인에 대해 아래와 같이 신문함.

검찰관 피고의 조부는 진해(鎭海)라는 곳에서 군수(郡守)를 지냈는가.

안응칠 그렇다.

검찰관 피고의 부친의 이름은 태건(泰健)으로 태훈(泰勳)이라 하며, 오 년 전에 사망했다는데 맞는가.

안응칠 그렇다.

검찰관 피고의 부친도 천주교 신자였는가.

안응칠 그렇다.

검찰관 피고의 모친은 조(趙)씨인가.

안응칠 그렇다.

검찰관 피고에게는 정근(定根)과 공근(恭根)이라는 두 아우가 있는가.

안응칠 그렇다.

검찰관 정근은 경성에서 공부를 하고 있고, 공근은 진남포(鎭南浦)에서 교사를 하고 있는가.

안응칠 그건 잘 모른다.

검찰관 피고의 아내는 김홍섭(金鴻爕)이라는 자의 딸인가.

안응칠 그렇다.

검찰관 피고에게는 각각 다섯 살과 두 살 난 자식이 있는가.

안응칠 다섯 살 난 자식은 있다. 하지만 나는 삼 년 전에 집을 나왔기 때문에 두 살 난 아이는 모른다.

검찰관 피고의 처자가 지금 하얼빈에 와 있는데, 알고 있는가.

안응칠 모른다.

검찰관 피고의 신상에 대해서는 두 아우로부터 들어 알고 있으니 숨김없이 말하라.

안응칠 거짓말은 결코 하지 않는다.

검찰관 하얼빈에서 신문했을 때 피고는 처자가 없다고 했는데, 그것은 거짓말이었나.

안응칠 나는 삼 년 전부터 처자는 없는 셈 치고 동양의 평화만을 위해 온 힘을 다하고 있었기 때문에 없다고 한 것이다. 하지만 실제로 처자는 있다.

검찰관 피고는 사서오경(四書五經)과 『통감(通鑑)』도 읽었다고 하는데, 사실인가.

안응칠 경서를 다소 읽었고, 또 『통감』도 읽었다.

검찰관 그 외에 어떤 책을 읽었는가.

안응칠 그 외에는 『만국역사(萬國歷史)』와 『조선역사(朝鮮歷史)』를 읽었다.

검찰관 피고는 상하이(上海) 또는 즈푸(芝罘)에 간 적이 있는가.

안응칠 오 년 전에 갔었다.

검찰관 무슨 일로 갔는가.

안응칠 여행하러 갔다.

검찰관 그 비용은 누가 냈는가.

안응칠 집에 있는 돈을 가져갔다.

검찰관 거기서는 어떤 사람을 방문했는가.

안응칠 상하이에서는 일본 여관 만세관(萬歲館)에서 숙박하고, 이름은 정확히 알지 못하는 프랑스 선교사를 방문했을 뿐, 그 외의 사람을 방문한 적은 없다.

검찰관 피고는 유럽에 간 적은 없는가.

안응칠 그런 적은 없다.

검찰관 피고는 프랑스에서 로마로 가고 싶다는 편지를 친구에게 보낸 적이 있는가.

안응칠 있다.

검찰관 그 친구는 누구인가.

안응칠 내 두 아우의 집으로 그 편지를 보냈다.

검찰관 피고의 동생이 말하기로는, 피고는 안창호(安昌浩)라는 자와 아는 사이라고 하던데 사실인가.

안응칠 그 분과는 두세 차례 만났을 뿐이다. 별로 친하지는 않다.

검찰관 안창호는 납품학회(納品學會) 회원인가.

안응칠 그렇다. 평안도나 황해도 사람은 누구든지 납품학회 회원이 아닌 이가 없다.

검찰관 이갑(李甲), 유동열(柳東說), 안창호 등은 모두 납품학회 회원인가.

안응칠 그런 말은 들었지만, 그 사람들 모두는 모른다.

검찰관 피고는 한재호(韓在鎬)와 송병운(宋秉雲)이라는 자를 아는가.

안응칠 알고 있다.

검찰관 피고는 그 두 사람과 의논해서 삼합의(三合議)라는 조직을 만들려고 한 적이 있는가.

안응칠 그렇다. 하지만 그것은 석탄을 파는 상업회사다.

검찰관 그 사업은 실패했는가.

안응칠 그렇다.

검찰관 피고가 평양을 떠난 것은 언제쯤인가.

안응칠 경성에서 소동이 일어났을 때, 그걸 보고 출발했다.

검찰관 그때 어디서 어디로 갔는가.

안응칠 처음에 경성으로 갔다가, 다시 부산(釜山)으로 내려갔고, 거기서 배를 타고 원산(元山)으로 갔다가, 그 다음엔 경흥의 웅기(雄基)라는 곳으로 갔다.

검찰관 원산에서는 선교사 집에서 오륙 일 정도 머물렀는가.

안응칠 선교사를 찾아가긴 했지만 머무르지는 않았다.

검찰관 그 선교사는 학신기라는 사람인가.

안응칠 그렇다. 프랑스인이다.

검찰관 그리고는 어디로 갔는가.

안응칠 웅기에서 북간도로 갔다.

검찰관 그 다음에는 어디로 갔는가.

안응칠 여기저기 돌아다녔다.

검찰관 이범윤의 집에도 갔는가.

안응칠 그곳에는 두세 달 동안 있었지만, 그를 만나지는 못했다.

검찰관 그동안 최재형(崔在亨) 최봉준(崔鳳俊) 이상설(李相卨) 이위종(李瑋鍾) 전명운 이춘삼(李春三) 유인석(柳麟錫) 홍범도(洪範圖) 그리고 차도선(車道善) 등을 만난 일은 없는가.

안응칠 거기서는 홍범도만을 만났다.

검찰관 홍범도는 뭘 하는 자인가.

안응칠 함경도 의병의 거물이다.

검찰관 피고는 포세트, 엔치야(烟秋) 그리고 훈춘(琿春) 근방에 있었던 적은 없는가.

안응칠 포세트는 그냥 지나갔을 뿐이고, 훈춘에는 하루나 이틀 정도 머물렀다.

검찰관 피고는 자(字)가 평순(平淳)인 정제악(鄭濟岳)과 정경무(鄭警務) 그리고 현인석(玄仁錫)을 알고 있는가.

안응칠 알고 있다.

검찰관 일본 헌병 수비대가 정경무, 현인석 등과 전쟁을 한 적이 있다는 것을 피고는 알고 있는가.

안응칠 전쟁을 했다는 얘기를 들은 적은 있지만, 나는 가담하지 않았다.

검찰관 그러나 연명록(連名錄)에는 피고의 이름이 있던데, 어떻게 된 것인가.

안응칠 서명은 했다. 하지만 전쟁에 가담했다는 것은 모르는 일이다. 또 이 사람들은 전쟁에 가담할 만한 사람이 아니라고 생각하지만, 이 사람들과 부하들이 전쟁에 나가고 있다고 들었다.

검찰관 북간도에 있었다면 용정촌(龍井村)에서 동지들을 규합한 적이 있었을 것 같은데 ….

안응칠 용정촌에 간 적은 있지만, 동지들을 모은 적은 없다.

검찰관 경성에 있을 때 중부(中部) 다동(茶洞) 달하(達何)의 집에 있었던 적이 있는가.

안응칠 그런 사람의 집에 머물렀던 적은 없다.

검찰관 피고는 김종한(金宗漢), 민형식(閔衡植), 김재기(金才基)의 아들 김 모(某), 이종건(李鐘乾), 유종모(柳宗模), 안창호, 강영기(姜泳), 이동휘(李東輝)

등과 친하게 지낸 적이 있는가.

안응칠 김종한, 김재기, 이종건, 이동휘 그리고 안창호는 알고 있지만 나머지는 모른다.

검찰관 피고와 그들은 동지로 지내며 서로 오가는 데 돈이 필요했을 텐데, 그 돈은 누구에게서 나오는가.

안응칠 친구들 중에 돈을 갖고 있는 사람으로부터 융통해서 쓰고 있다.

검찰관 돈은 강영기, 김동억(金東億) 등에게서 나오는 것이 아닌가.

안응칠 그런 사람은 이름을 들어본 적도 없다.

검찰관 부령에 준창호(俊昌號)라는 배를 가지고 있는 최봉인(崔鳳仁)이라는 사람을 아는가.

안응칠 그 사람과는 한 번 만난 적이 있는데, 최봉인이 아니라 최봉준(崔鳳俊)이라는 호상(豪商)이다.

검찰관 그 자로부터 돈이 나오는 것이 아닌가.

안응칠 그렇지 않다. 그는 오로지 장사만을 하고 있다.

검찰관 피고는 작년에 노보키에프스크에서 동지 네 명과 의논한 후, 이토 공작을 죽이기로 맹세하고 손가락을 자른 일이 있지 않은가.

안응칠 그곳에 모여서 한국의 독립을 위한 의논을 했지, 이토를 살해할 그런 의논만을 한 것은 아니다. 또 손가락을 자른 것은 그때가 아니라, 올 봄에 맹세할 때였다.

검찰관 그 손가락을 자를 때 피고는 어디서 어떤 맹세를 했는가.

안응칠 국가를 위해 온 힘을 다할 결심을 표시하기 위해, 러시아와 중국의 경계인 엔치야라는 곳에서 손가락을 잘랐다.

검찰관 그때 함께 손가락을 자른 동지는 누구누구인가.

안응칠 나 혼자 결심하고 잘랐다.

검찰관 피고와 함께 김기열, 홍치범, 윤치종 등이 손가락을 자르지 않았는가.

안응칠 그렇지 않다.

검찰관 피고와 함께 자른 것은 아니더라도, 한국의 애국지사 등을 따라 그후에 손가락을 자른 사람은 없는가.

안응칠 그런 일은 모른다.

검찰관 피고는 재작년 경성의 소동을 보고 북간도에 두 달 동안 머문 뒤 어디로 갔는가.

안응칠 북간도 부근의 중국, 러시아, 함경도 등지를 돌아다녔다.

검찰관 블라디보스토크에서는 개척리(開拓里) 계동학교(啓東學校) 앞 이치권(李致權)의 집에 머물던 적이 있는가.

안응칠 있다.

검찰관 그 이치권이라는 자는 피고들과 동지인가.

안응칠 그 사람은 음식점을 하는데, 생각이 어떤지는 잘 모른다.

검찰관 피고는 그의 집에서 피고의 아내에게나 아우에게 편지를 보낸 적이 있는가.

안응칠 있다.

검찰관 진남포 세관에 있던 사람으로, 작년 9월부터는 중국 세관 포브라니치나야에 있는 정대호(鄭大鎬)라는 자를 아는가.

안응칠 안다.

검찰관 피고는 그 자로부터 고향의 소식을 들은 적이 있는가.

안응칠 나는 석 달 전에 그에게, '나는 국가를 위해 내 몸을 잊고 있지만, 너는 돈벌이를 하고 있으니 내 처자의 신상을 돌봐 달라'고 말한 적이 있다.

검찰관 정대호가 피고에게 '이리저리 돌아다니거나 폭도에 가담하지 말라'고 충고한 적이 있었는가.

안응칠 그런 적이 있었다.

검찰관 그때 정대호가 말한 취지는 무엇이었는가.

안응칠 그는 나에게 '왔다갔다하지 말고 돈이나 벌어서 집에서 편하게 사는 게 제일인데, 왜 그렇게 사서 고생을 하느냐'고 했다.

검찰관 어디서 그런 얘기를 했는가.

안응칠 포브라니치나야에서였다.

검찰관 그때 피고는 뭐라고 대답했는가.

안응칠 나는 '국가를 위해 헌신하는 것이니, 그런 말은 하지 말라'고 했다.

검찰관 정대호에게는 처와 노모가 있다는 사실을 알고 있는가.

안응칠 알고 있다.

손가락을 끊어 피의 맹세를 하다.

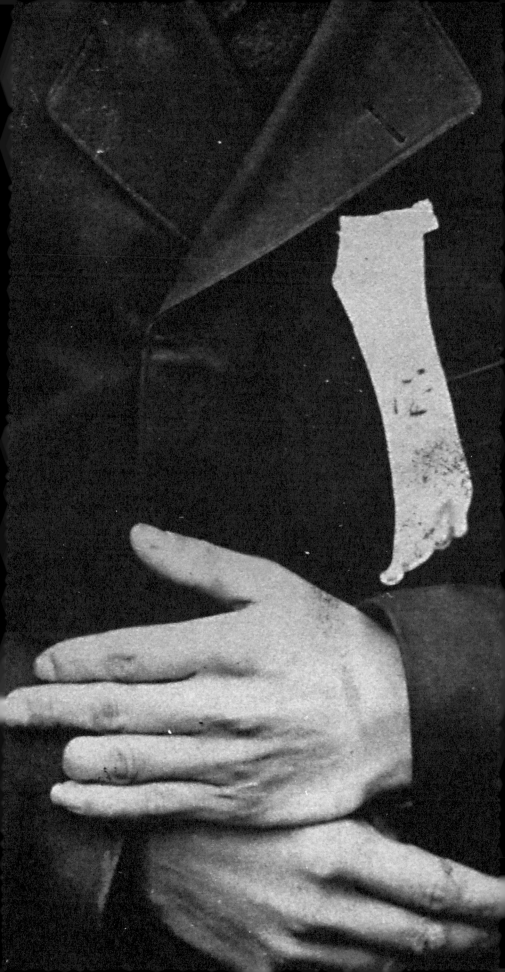

검찰관 정대호는 돈을 벌어 가족과 함께 편안하게 살 생각만 하는 사람인가.

안응칠 그렇다. 그는 늘 돈벌이 얘기만 했지, 우리들의 사상과는 전혀 다른 사람이다.

검찰관 피고가 이번 범행을 저지르기 약 한 달 전에, 두 동생에게 '나는 지금 외국에 머물고 있다. 돈 천 원만 보내고, 내 식구들과 같이 오기 바란다. 그리고 만일 돈이 안 되면 식구들만 보내라'는 편지를 보낸 적이 있는가.

안응칠 그렇다.

검찰관 피고는 국가를 위해 몸을 바친다고 했는데, 그러면서 외국에 거주하며 돈과 식구들을 보내라고 하는 것은 피고의 말과 어긋나는 것으로 생각되는데, 무슨 이유인가.

안응칠 국가를 위해 가족을 잊겠다고 한 것은 전혀 같이 살지도 않겠다는 것이 아니다. 되도록 가족들과 함께 살면서 기회를 봐서 실행할 생각이었다. 나폴레옹도 전쟁터에서 아내의 돈으로 일을 처리한 사례가 있다.

검찰관 피고의 편지에 대한 답장이 왔는가.

안응칠 안 왔다.

검찰관 올해 8월 정대호가 포브라니치나야의 세관에서 삼 주 동안의 휴가를 얻어, 고향에 있는 처자를 데리러 간다는 얘기를 들은 적이 있는가.

안응칠 들었다.

검찰관 그는 8월 중에 포브라니치나야에서 펑톈으로 갔는데, 안봉선(安奉線)의 불통으로 돌아온 일이 있었다. 이에 대해 들은 적이 있는가.

안응칠 그런 말은 들었다.

검찰관 그때 정대호는 포브라니치나야로 돌아왔고, 피고는 정대호의 집에서 숙박하지 않았는가.

안응칠 그렇다. 숙박했다.

검찰관 그때 피고는 아내에게나 아우들에게, 이번에 정대호가 귀국했다가 돌아올 때 함께 오라고 편지를 보냈는가.

안응칠 편지는 그보다 앞서 보냈는데, 아우 앞으로 보낸 것으로, 만일 아내가 온다고 하면 그 뜻대로 해 달라는 것이었다.

검찰관 정대호가 출발한 후의 일인가.

안응칠 출발하기 전이었다.

검찰관 가족의 동행을 피고가 정대호에게 직접 부탁한 적도 있었는가.

안응칠 있었다. 처음에 정대호가 가족을 데려오라고 권하기에, 나는 그에게 만일 가족들이 온다고 하면 데려와도 좋다고 했다. 그것은 8월에 그가 출발할 때의 일이었다.

검찰관 피고는 정대호가 10월 9일 포브라니치나야를 출발하여 귀국한다는 소식을 듣고서, 또는 출발할 때 그를 만나 이야기한 적이 없는가.

안응칠 10월 9일에 출발한다는 것은 몰랐다. 또 그를 만나 얘기한 적도 없다.

검찰관 이번에 정대호가 23일에 평양을 출발하여 초하강(草河江), 펑톈, 창춘을 거쳐 27일에 하얼빈에 도착한다는 것을 들었는가.

안응칠 모른다.

검찰관 피고의 처자가 정대호와 동행하여, 27일에 하얼빈에 도착해서 한국민회장 김성백(金成白)의 집에 가 있다는 것은 알고 있는가.

안응칠 모른다.

검찰관 피고는 이 편지에 심증이 안 가는가.

이때 메이지 42년 영특 제1호의 13의 1 편지를 제시하다.

안응칠 편지는 본 적이 없지만, 이 편지에 씌어 있는 동하(東夏)라는 사람은 나와 같이 이곳에 와 있는 사람이다.

검찰관 그 동하라고 하는 자가 이 자인가.

이때 유강로(柳江露)의 사진을 제시하다.

안응칠 그렇다. 이 사람이 틀림없다.

검찰관 이 편지에는 숙부라고 했는데, 어떻게 된 것인가.

안응칠 내가 나이가 많기 때문에 그렇게 쓴 것이지, 친척관계는 아니다.

검찰관 이 편지의 내용과 같이 피고는 동하와 함께 하얼빈으로 갔는가.

안응칠 그렇다. 그가 약을 사러 하얼빈으로 간다고 했고, 또 그는 러시아 말을 잘했기 때문에 여러모로 도움이 될 것 같아서 함께 가게 된 것이다. 그리고 기차 안에서 그가 나에게 '무슨 일로 하얼빈에 가느냐'고 묻기에, '너희들이 알 바가 아니다'라고 말했다.

검찰관 그와는 어디서부터 같이 갔는가.

안응칠 포브라니치나야에서부터이다.

검찰관 포브라니치나야 누구의 집에서 동하에게 같이 가자고 말했는가.

안응칠 블라디보스토크에서 하얼빈으로 가던 도중 그의 집에 들러서 말했다.

검찰관 동하의 아버지는 의사인가.

안응칠 그렇다.

검찰관 이름은 무엇인가.

안응칠 유경집(劉敬緝)이라고 한다.

검찰관 유경집의 집에서 김성백의 셋째동생이 병치료를 하고 있었는가.

안응칠 그렇다. 나도 잠깐 만났다.

검찰관 김성백에게 그의 동생 김성엽(金成燁)으로부터 무슨 부탁이 없었는가.

안응칠 아무 부탁도 없었다.

검찰관 김성엽은 동하에게 무슨 부탁을 했는가.

안응칠 약을 사다 달라고 했다.

검찰관 포브라니치나야에서부터 피고와 동하 외에 또 한 사람이 같이 가지 않았는가.

안응칠 우(禹)씨라는 사람과 함께 갔는데, 그 사람은 잘 모르는 사람이다.

검찰관 그 우라는 자가 이 자인가.

  이때 우연준의 사진을 제시하다.

안응칠 이 사람이었던 것 같다

검찰관 이번에 하얼빈에서부터 피고와 함께 호송되어 왔으니 분명히 말할 수 있지 않은가.

안응칠 나와 같이 이곳으로 호송되어 온 사람임에는 틀림없다.

검찰관 포브라니치나야에서 출발할 때 피고는 가방을 가지고 있었는가.

안응칠 가지고 가서 동하에게 주었다.

검찰관 어떤 가방인가.

안응칠 청색 천으로 만든, 꽃 모양을 붙인 한 자 정도 크기의 가방이다.

검찰관 동하에게는 하얼빈 어디서 주었는가.

안응칠 정거장에서 주었다.

검찰관 피고는 하얼빈에 언제 도착했는가.

안응칠 이토가 도착하기 전날 밤 아홉시쯤에 왔다.

검찰관 정거장에는 누가 마중을 나왔던가.

안응칠 아무도 나오지 않았다.

검찰관 하얼빈에는 그 이전에 도착한 것이 아닌가.

안응칠 이토가 도착하기 전날이 틀림없다.

검찰관 그리고 피고는 기차를 타고 우연준 외에 다른 한 명과 함께 지야이지스고 (蔡家溝)로 갔는가.

안응칠 그렇다.

검찰관 그 정거장에 있는 음식점에서 하룻밤 묵었는가.

안응칠 그렇다.

검찰관 그러면 포브라니치나야에서 출발하여 하얼빈에 도착한 날은 이토 공이 도착하기 전날이 아니지 않는가.

안응칠 일단 하얼빈으로 와서 그후 지야이지스고로 갔다가, 거기서 하루 묵고 다시 하얼빈으로 온 날이 바로 이토가 도착하기 전날이었다.

검찰관 그러면 피고가 우연준과 유동하(劉東夏)와 함께 포브라니치나야에서 처음으로 하얼빈에 온 날은 며칠경인가.

안응칠 음력 9월 11일로 기억한다.

검찰관 피고는 하얼빈에 와서 묘지 개장(改葬)에 관한 얘기를 들었는가.

안응칠 내가 도착한 다음날에 묘소를 옮긴다는 말을 들었다. 그러니까 나는 묘지 개장일 전날 아홉시에 하얼빈에 온 것이다.

검찰관 하얼빈에 도착한 날 밤은 누구 집에서 잤는가.

안응칠 김성백의 집에서 잤다.

검찰관 유동하와 우연준과 함께 그의 집으로 갔는가.

안응칠 그렇다.

검찰관 러시아 관청에서 취조한 내용에 의하면, 김성백의 집 옆은 제본소(製本所)인데 그곳에 있는 여자가 말하기로는, 그날 밤 김성백의 집에 네 명의 손님이 와서 자기가 문을 열어 들어오게 했다는데, 어떻게 된 것인가.

안응칠 네 명이 아니라 세 명이었다.

검찰관 그때 조도선(曹道先)이라는 자도 같이 가지 않는가.

이때 조도선의 사진을 제시하다.

안응칠 이 사람은 나와 같이 가지 않았고, 김성백의 집에서 다음날 아침에 만났다.

검찰관 그러면 조도선은 김성백의 집에 먼저 와 있었는가.

안응칠 조도선은 김성백의 집에서 사는 게 아니라, 오랫동안 하얼빈에서 살고 있던 사람으로, 약국 집에서 산다는 말을 들었다. 그는 내가 김성백의 집에 도착한 다음날 왔는데, 이는 내가 그를 만나려고 동하를 시켜 불러오게 해서 만난 것이다.

검찰관 24일 아침 우연준, 조도선과 함께 기차를 타고 지야이지스고로 갔는가.

안응칠 그렇다.

검찰관 무슨 일로 갔는가.

안응칠 이토가 온다고 해서 정찰하러 갔다.

검찰관 우연준은 연해주(沿海州)의 지사(知事)가 발급한 여권을 가지고 있었고, 조도선은 예니세이 현(縣)의 지사가 발급한 여권을 가지고 있었는가.

안응칠 그건 모른다.

검찰관 피고는 여권을 가지고 있었는가.

안응칠 나는 없었다.

검찰관 지야이지스고 정거장의 경찰 관리인 군조(軍曹) 세민이라는 사람이 피고 등 동행자 세 명의 여권을 보았다고 하는데, 어떻게 된 것인가.

안응칠 나는 여권을 가지고 있지 않았다. 그리고 다른 두 사람이 가지고 있었는지 아닌지 잘 모른다.

검찰관 그때 러시아어로 말한 사람은 조도선인가.

안응칠 그렇다. 그가 통역을 했다.

검찰관 지야이지스고역 정거장에서 셋이 무슨 얘기를 했는가.

안응칠 조도선이 러시아 말을 할 줄 알기 때문에, 나는 그에게 '정대호가 오니 짐 등을 맡아 달라' 고 부탁했다.

검찰관 정대호가 오는 것은 알고 있었는가.

안응칠 동하한테 들었다. 나는 대사가 누설될 것을 걱정하여 일부러 정대호의 일을 조도선에게 얘기한 것이다.

검찰관 피고와 우연준 그리고 조도선 이렇게 셋이 이토 공을 죽이기로 계획한 것이 아닌가.

안응칠 그런 적 없다. 조도선은 하얼빈에서 처음 만난 사람이다.

검찰관 우연준에게도 얘기한 적이 없는가.

안응칠 그에게는 한국의 이(伊)씨라는 사람이 돈 백만 원을 가지고 도망가서 그를 잡으러 간다고 하여 데려간 것이다. 또 조도선은 러시아어를 잘하기 때문에 통역으로 데려갔다

검찰관 우연준과 조도선을 지야이지스고로 데려가지 않고, 피고 혼자 가도 될 텐데 왜 그랬는가.

안응칠 나는 처음에 창춘으로 가서 이토를 살해할 생각이었는데, 그곳은 여러모로 사정이 좋지 않았기 때문에 지야이지스고에서 하차한 것으로, 이 사람들은 내가 그랬다는 것을 모른다.

검찰관 이토 공은 지야이지스고역에 내리지 않는데, 피고는 왜 거기서 내렸는가.

안응칠 창춘에서 실행할 생각이었는데, 그곳에는 일본병도 많고, 또 지리적 여건이 안 좋아서 지야이지스고에서 내린 것이다. 그리고 두 사람에게는 정대호가 온다고 일러 두고, 나는 여비를 마련해 오겠다고 말하고 혼자 하얼빈으로 돌아갔다.

검찰관 피고가 가지고 있던 권총은 브라우닝식으로, 총알에는 십자(十字)가 그어져 있다. 또 우연준이 가지고 있던 권총도 같은 모양으로, 총알 끝에 십자가 그어져 있는 점으로 보면 둘이 공모한 것으로 생각되는데, 그렇지 않은가.

안응칠 우연준에게는 이씨라는 사람이 돈을 가지고 도망가서 그를 잡으러 간다고 하고 총알을 줬기 때문에 내 것과 같은 것이다.

검찰관 피고는 지야이지스고에서 하룻밤 묵고, 25일에 하얼빈으로 돌아간 것인가.

안응칠 그렇다.

검찰관 피고가 하얼빈으로 돌아가기 전에, 지야이지스고에서는 이토가 언제 그곳을 지나 언제 하얼빈에 도착한다는 것을 알았는가.

안응칠 지야이지스고에서 『원동보(遠東報)』를 보니, 다음날 이토가 하얼빈으로 온다는 기사가 있었다. 시간은 하얼빈에 와서 알았다.

검찰관 몇 시쯤 도착한다고 하던가.

안응칠 여덟시나 아홉시쯤이라고 했다.

검찰관 조도선이 유동하에게 '지야이지스고에서 기다린다. 저들이 하얼빈에 도착하거든 전보를 쳐라' 라는 전보를 쳤는가.

안응칠 그건 조도선에게 부탁해서 내가 친 것이다. 그 전보는 '지야이지스고에서 기다린다. 하얼빈에 볼 일이 있거든 전보를 쳐라' 라는 것으로, 유동하에게 친 것이다.

검찰관 그 전보의 발신 용지는 누가 작성했는가.

안응칠 조도선이다.

검찰관 그 전보는 25일 피고가 지야이지스고를 출발하기 전에 쳤는가.

안응칠 그렇다.

검찰관 왜 유동하에게 그런 전보를 쳤는가.

안응칠 정대호도 올 것이고, 또 내가 하얼빈으로 갈 때 돈이 모자랄지도 모르므로, 부족하면 보내 달라고 하기 위해서였다.

검찰관 유동하로부터 회답이 있었는가.

안응칠 있었다.

검찰관 어떤 내용의 전보였는가.

안응칠 자기로서는 돈을 마련할 수 없으니, 돌아와 달라는 내용이었다.

검찰관 그 전보는 유동하 혼자의 생각으로 친 것인가.

안응칠 그렇다. 회답은 내가 지야이지스고에서 받았다.

검찰관 그 전보에 씌어 있는 전문(全文)을 말해 보라.

안응칠 나는 러시아어를 모르기 때문에 번역해서 받아 보았는데 '돈은 마련 안됨. 돌아오는 것이 좋겠음' 이라는 내용이었던 것으로 생각된다.

검찰관 러시아 관청에서 번역한 유동하의 전보는 '내일 아침에 온다' 라고 돼 있고, 돈에 대한 얘기는 씌어 있지 않던데, 어떻게 된 것인가.

안응칠 조도선이 번역해서 나에게 준 것은 돈에 대한 얘기가 씌어 있었다고 생각한다. 그리고 내가 지야이지스고에서 오후 네시쯤 유동하에게 전보를 쳤고 회답은 그날 일곱시쯤 왔기 때문에 다음날 하얼빈으로 돌아간 것이다.

검찰관 유동하가 전보를 쳤을 때 피고는 하얼빈에 없었는가.

안응칠 물론 없었다.

검찰관 전보는 25일에 쳤으니 회답은 피고가 출발한 후에 온 것이 아닌가.

안응칠 그렇지 않다. 전보는 음력 9월 11일에 쳤고, 회답도 그날 왔다.

검찰관 전에 말한 러시아 군조 세민의 말에 따르면, 25일 피고가 지야이지스고역에서 기차를 타고 출발한 후, 두 시간 정도 지나서 조도선이 하얼빈의 유동하에게 전보를 쳤고, 또 그날 회답이 왔는데, 전보를 쳤을 때에도 회답이 왔을 때에도 피고는 없었다고 했다. 어떻게 된 것인가.

안응칠 그건 거짓말이다. 내가 전보를 쳤으며, 또 회답도 보고 출발했다.

검찰관 지야이지스고에서 피고 등 셋이 하차했을 때 차표는 삼협하(三峽河)행 표였는가.

안응칠 역 이름은 모르지만 지야이지스고를 조금 지나서 있는 역으로, 거기까지 가는 표를 샀다.

검찰관 왜 삼협하까지의 차표를 샀는가.

안응칠 나는 러시아 말을 모르기 때문에 조도선에게 부탁했는데, 그는 큰 역 중에서 숙박할 수 있는 역의 표를 샀다고 했다.

검찰관 25일, 즉 이토 공이 도착하기 전날 밤에 피고는 어디서 숙박했는가.

안응칠 김성백의 집에서 묵었다.

검찰관 전에 정거장에서 묵고, 또 정거장에 있는 찻집에 두 번이나 들어갔다고 한 것은 거짓말인가.

안응칠 그건 거짓말이었다.

검찰관 피고가 앞서 25일 밤에 정거장에서 자고 또 찻집에 들어갔다고 해서, 러시아 관헌에서는 정거장에 있는 중국인과 다방 주인 등을 취조하여 모두 곤욕을 치르고 있으니, 숨김없이 사실대로 진술하라.

안응칠 이토는 한국 보호가 한국 이천만 동포의 희망이라고 소리 높여 말하며 세계를 속이고 있다. 그런데 내가 이렇게 말했다고 해서 속였다고 말할 정도의 가치가 있다고 볼 수 있겠는가.

검찰관 피고와 함께 지야이지스고에서 숙박했던 조도선과 우연준은, 26일 지야이지스고역에서 이토 공이 피고에 의해 저격됐다는 사실을 러시아 관리로부터 듣고 군조 세민에게 '우리가 이 역에 온 이유는 이토를 살해하기 위해서였다. 다른 한 명이 하얼빈으로 돌아간 것도 그 목적이었다'라고 말하며 기뻐했다고 하는데, 사실인가.

안응칠 나는 모른다.

검찰관 피고는 실제로 우연준, 조도선과 함께 이토를 살해하기로 공모하지 않았는가.

안응칠 앞서 말한 대로 공모했던 것은 절대 아니다. 또 조도선과 우연준이 이토가 죽은 것을 기뻐할 것은 당연한 것으로, 오로지 이 사람들뿐만 아니라 한국인이라면 이토의 죽음을 기뻐하지 않을 사람은 없다.

검찰관 우연준과 조도선이 기쁜 나머지 그렇게 말했다는 것인가.

안응칠 군조의 말은 믿을 수 없다. 우연준과 조도선이 그런 말을 했는지 안 했는지는 모른다.

검찰관 유동하에게는, 피고가 전보를 치면 회답하라고 미리 부탁했는가.

안응칠 그런 적은 없다.

검찰관 그러면 유동하로부터 회답이 온 것은 무슨 까닭인가.

안응칠 무슨 생각으로 회답을 보냈는지 모르겠다. 나는 약속한 적 없다.

검찰관 피고가 친 전보는 암호가 아닌가.

안응칠 아니다. 처음에 창춘으로 갈 예정이었는데 지야이지스고에서 하차했기 때문에 그걸 알린 것이다.

검찰관 만약에 피고가 그런 의미로 전보를 쳤다면, 유동하로부터 온 회답에 내일 아침에 저들이 올 것이라는 의미가 씌어 있을 수 없을 텐데, 어떻게 된 것인가.

안응칠 나는 유동하의 회답을 돈이 마련되지 않으니 자기가 있는 곳으로 돌아오라는 의미로 알았다. 또 조도선은 러시아어를 잘 하기 때문에 틀림없다.

검찰관 유동하는 러시아어를 아는가.

안응칠 안다.

검찰관 그의 러시아어 실력은 앞서 제시한 편지를 쓰는 데 지장이 없을 정도인가.

안응칠 그는 러시아 글을 알고 있기 때문에 편지를 쓰는 데는 지장이 없다.

검찰관 23일 유동하와 함께 하얼빈으로 오기 전에, 피고는 블라디보스토크에 있었는가.

안응칠 블라디보스토크에서 하룻밤 묵고 왔다.

검찰관 그곳의 숙소는 개척리 학교 앞 이치권의 집이었는가.

안응칠 그날 밤은 정거장에서 잤다. 밤에 출발하는 기차가 있다고 해서 기다리고 있었는데, 밤에 출발하는 차가 없어서 거기서 밤을 새우고, 아침 아홉시 기차로 출발했다.

검찰관 블라디보스토크에서 우연준과 같이 갔는가.

안응칠 그는 도중에 소완구니라는 곳에서부터 동행했다.

검찰관 그렇다면 블라디보스토크에서는 피고 혼자서 왔는가.

안응칠 그렇다.

검찰관 어디서 블라디보스토크로 간 것인가.

안응칠 포세트에서이다.

검찰관 거기서는 누구 집에 있었는가.

안응칠 한인(韓人) 여관의 김(金)씨라고 하는 사람의 집에서 묵었는데, 이름은 모른다.

검찰관 그 집에서는 며칠 묵었는가.

안응칠 하룻밤 묵었다.

검찰관 어디서 그곳으로 갔는가.

안응칠 경흥에서 갔다.

검찰관 경흥에서는 어디서 숙박했는가.

안응칠 조선인 여관이었는데 이름은 모른다.

검찰관 경흥은 어디에서 갔는가.

안응칠 부령에서이다.

검찰관 부령에는 오래 있었는가.

안응칠 나는 부령과 그 부근인 갑산 등지를 계속해서 오가고 있었다.

검찰관 부령에서는 어떤 사람들과 사귀고 있었는가.

안응칠 홍치범, 김기열, 윤치종이라는 사람들이다.

검찰관 김기열은 몇 살인가.

안응칠 스물대여섯 살 정도이다.

검찰관 키는 큰가. 또 콧수염이 있는가.

안응칠 키는 작고 마른 편이며, 콧수염이 약간 있다.

검찰관 그는 어떤 특징이 있는가.

안응칠 아무 특징도 없다.

검찰관 손가락은 잘려 있었는가.

안응칠 아니다.

검찰관 윤치종은 어떤 특징이 있는가.

안응칠 그는 나이는 스물여덟아홉 살 정도이고 키가 크며 콧수염이 약간 있는 자로, 그 외의 특징은 없다.

검찰관 손가락은 다 있는가.

안응칠 손가락이 잘려 있지는 않았다.

검찰관 홍치범은 어떤 사람인가.

안응칠 그는 얼굴이 길고 키가 크며 콧수염이 있는 스물대여섯 살 정도의 자로, 그 외의 특징은 없다.

검찰관 앞서 언급한 세 명은 나이대로 보였는가, 아니면 더 젊어 보였는가.

안응칠 젊어 보였다.

검찰관 그 자들은 지금 어디에 있는가.

안응칠 나는 그들과 부령에서 헤어졌고, 그 사람들은 의병이기 때문에 늘 사방으로 돌아다닌다.

검찰관 피고가 부령을 떠난 것이 언제인가.

안응칠 약 한 달 전이라고 생각하는데, 확실히는 모른다.

검찰관 하얼빈에 온 날을 알고 있으니, 그때부터 계산해 보면 대략 알 것이 아닌가.

안응칠 하얼빈에 도착하기 약 이십 일쯤 전에 떠났다.

검찰관 이토가 하얼빈에 온다는 것은 어디서 어떤 기회로 알았는가.

안응칠 부령에서 일본 신문과 『대한매일신문』을 보고 그런 사실을 알게 됐고, 또 사람들한테도 들었다.

검찰관 블라디보스토크 방면에서 누군가가 와서 알려 주지는 않았는가.

안응칠 그런 적 없다.

검찰관 부령을 떠날 때 김기열, 윤치종, 홍치범에게는 이토 공을 살해하기 위해 떠난다는 말을 하고 왔는가.

안응칠 떠날 때 나는 '이토를 죽이기 위해서는 어디까지라도 따라가 목적을 달성하고 오겠다'라고 말하고 왔다.

검찰관 그들이 같이 가겠다고 하지 않았는가.

안응칠 여비도 없고, 또 총도 없어서 같이 가지 못했다.

검찰관 피고가 이토를 저격한 권총은 전부터 가지고 있던 것인가.

안응칠 그렇다.

검찰관 부령을 떠날 때 돈은 얼마나 가지고 있었는가.

안응칠 친구들에게 빌린 삼십 원이 채 못 되는 돈을 가지고 있었다.

검찰관 피고가 경흥, 포세트, 블라디보스토크 등지에서 숙박했을 때, 하얼빈으로 가는 목적을 사람들에게 말했는가.

안응칠 누설될까 봐 아무에게도 말하지 않았다.

검찰관 피고는 블라디보스토크에서 발행되는 『대동공보(大東共報)』를 평소에 보고 있었는가.

안응칠 한국에 있을 때는 아예 볼 수가 없었는데, 러시아령에 가서는 쉽게 볼 수 있었다. 또 부령에 있을 때는 가끔 볼 수 있을 정도였다.

검찰관 피고는 신문에 논설을 내고, 또 『대동공보』 기자와 친하게 지낸 적이 있는가.

안응칠 그런 적 없다. 그러나 그 신문사의 사원과는 블라디보스토크에서 가끔 만난 적이 있다.

검찰관 그 사원은 누구인가.

안응칠 보통 이 서방이라고 부르는 이계(李桂)와 김씨라는 사람과 유씨라는 사람이 있는데, 그 둘의 이름은 잘 모른다.

검찰관 그 신문사의 사장은 사이판스라는 자가 아닌가.

안응칠 원래는 그 사람이었는데 지금은 누구인지 모른다.

검찰관 지금의 지주(持主)는 한본뉴라는 자가 아닌가.

안응칠 그건 모른다.

검찰관 김형재(金衡在)라는 자가 그 신문에 관계하고 있지 않은가.

안응칠 모른다.

검찰관 피고가 우연준과 만난 정거장의 이름이 뭐였는지 다시 한 번 말해 보라.

안응칠 소완구니이다.

검찰관 김성백의 집에서 26일 아침 몇 시쯤에 나왔는가.

안응칠 오전 일곱시쯤에 나왔다.

검찰관 그때 복장은 어떠했는가.

안응칠 지금 이 옷에 외투를 입고 칼라를 붙이고 모자를 쓰고 있었다.

검찰관 그때의 모습은 이랬는가.

이때 러시아 관헌으로부터 송치될 당시, 모자를 쓰고 칼라를 붙인 피고 안응칠의 사진을 제시하다.

안응칠 그렇다. 이 차림에 외투를 입고 있었다.

검찰관 칼라는 어디서 떼었는가.

안응칠 이곳에 가지고 와 있다.

검찰관 칼라는 정거장에서 스스로 떼었는가, 아니면 다른 사람이 떼었는가.

안응칠 정거장에서 체포됐을 때 복장이 모두 벗겨졌고, 그후 다시 옷을 입었는데, 일본 영사관에서 또다시 벗겨진 채로 조사를 받았다.

검찰관 일본 영사관에서 사진을 찍었을 때 칼라는 붙이지 않았던데, 어떻게 된 것인가.

안응칠 순사에게 빼앗겼다.

검찰관 이토가 탄 열차가 도착할 때까지는 어디서 기다리고 있었는가.

안응칠 삼등 대합실에서 차를 사서 마시고 있었다.

검찰관 언제 플랫폼으로 나갔는가.

안응칠 이토가 하차해서 플랫폼을 왔다갔다하고 있을 때다.

검찰관 피고는 처음에 플랫폼 어느 쪽으로 나갔는가.

안응칠 일등 대합실 출입구에서 플랫폼으로 나갔는데, 이토가 저쪽으로 갔다가 다시 돌아오고 있었다. 그래서 나는 러시아 병대 사이에서 기다리고 있다가, 이토가 내 앞을 지나갈 때 병대 사이에서 저격했다. 병대가 줄지어 서 있는 앞으로는 나가지 않았다.

검찰관 러시아 관리가 말한 바에 의하면, 피고는 병대가 줄지어 서 있는 앞으로 나와 한 발을 내딛고 허리를 굽혀서 총을 쐈다고 하는데, 어떻게 된 것인가.

안응칠 그렇지 않다. 병대 앞으로 나올 이유가 없다. 전혀 틀린 말이다.

검찰관 피고는 총을 쏠 때 오른쪽 팔꿈치를 왼손으로 받치고 균형을 맞추어 쐈는가.

안응칠 아니다. 왼손으로 받치지 않고, 한 손으로 쐈다. 그리고 총을 쏜 후에 나는 병대의 앞으로 나와 있었다고 생각하는데, 그건 병사들이 총소리를 듣고 대열을 흐트러뜨리며 뒤로 물러났기 때문이다.

검찰관 가장 먼저 이토를 노리고 쐈는가.

안응칠 그렇다.

검찰관 몇 발 정도를 쐈는가.

안응칠 네 발 정도라고 생각한다.

검찰관 그때 이토 공과 같이 있었던 가와카미(川上) 총영사에게도 총알이 명중했는데, 그것은 이토를 쏜 후에 쏜 것인가.

안응칠 그건 모르겠다. 그러나 나는 이토를 첫번째로 쐈고, 이어서 그 옆에 있는 사람들을 향해서 쐈다.

검찰관 후에 옆에 있는 사람들을 향해 몇 발 정도를 더 쐈는가.

안응칠 두세 발 정도라고 생각한다.

검찰관 총알은 모두 발사해 버렸는가.

안응칠 다 발사했는지 아니면 한 발 정도 남았는지 그건 모르겠다.

검찰관 체포될 때 러시아 장교와 함께 쓰러졌는가.

안응칠 그렇다.

검찰관 그때 피고는 주머니에서 해군 나이프를 꺼냈는가.

안응칠 그런 적 없다. 나이프를 가지고 있었지만 꺼내지는 않았다.

검찰관 체포됐을 때 이토가 죽었다는 소식을 듣고 피고는 신에게 감사한다며 가슴에 성호를 그었는가.

안응칠 그렇다. 그후 나는 대한만세를 불렀다.

피고인 안응칠. 위와 같이 읽어 들려 주고 승낙 후 자서하다. 메이지 42년 11월 14일 관동도독부 감옥에서. 단 출장 중이므로 소속관서의 인을 사용하지 못함. 관동도독부 지방법원. 서기 기시다 아이분. 고등법원 검찰관 미조부치 다카오. 통역 촉탁 소노키 스에요시.

안응칠 제3회 신문조서. 피고인 안응칠. 이 사람에 대한 살인피고사건에 대해 메이지 42년 11월 15일 관동도독부 감옥에서 검찰관 미조부치 다카오, 서기 기시다 아이분 참석하에 통역촉탁 소노키 스에요시 통역으로 검찰관은 전회에 계속해서 위 피고인에 대해 아래와 같이 신문함.

검찰관 피고는 노래를 지은 일이 있는가.

안응칠 있다.

검찰관 그 노래는 '장부(丈夫) 처세(處世)에 기지(其志) 대(大)하다' 라는 데에서 부터 시작되는가.

안응칠 그렇다.

검찰관 그 노래는 이것인가.

이때 메이지 42년 영물(領物) 제1호의 10의 1 노래를 제시하다.

안응칠 그렇다.

검찰관 이건 누가 썼는가.

안응칠 내가 썼다.

검찰관 이 노래를 한글로도 번역했는가.

안응칠 그렇다.

검찰관 노래 중에 '서절(鼠竊)' 이라고 한 아래에 빈 칸이 두 곳 있는데, 그 빈 칸에는 '이등' 이라는 두 글자를 써 넣을 생각이었나.

안응칠 그렇다. 빈 칸 두 곳에는 '이등' 두 자를 써 넣을 생각이었는데, 비워 놓은 이유는 거사의 성사 여부를 몰랐기 때문이었다.

검찰관 이 노래는 언제 썼는가.

안응칠 하얼빈에서 지야이지스고로 가기 전날 썼다.

검찰관 김성백의 집에서 썼는가.

안응칠 그렇다.

검찰관 이 노래는 우연준에게도 보여주었는가.

이때 메이지 42년 영물 제1호의 10의 2 노래를 제시하다.

안응칠 보여주었다.

검찰관 김성백과 유동하에게도 보여줬는가.

안응칠 그 두 사람에게는 보여주지 않았다.

검찰관 이 노래는 유동하가 쓴 것이 아닌가.

안응칠 내가 쓴 것이다.

검찰관 이 노래는 블라디보스토크의 대동공보사(大東共報社) 앞으로 돼 있는데, 그 신문사로 보낼 생각으로 쓴 것인가.

안응칠 그렇다. 그러나 거사의 성사 여부를 모를 때였기 때문에 발송은 하지 않았다.

검찰관 발송하지 않고 누구에게 맡겨 두었는가.

안응칠 내가 가방에 넣어 가지고 있었는데, 그후 유동하의 손에 들어가서 그가 가지고 있었는지도 모르겠다.

검찰관 누구에게 발송하여 전하려 했는가.

안응칠 누구에게도 발송을 부탁하지는 않았다. 내가 가지고 있었던 이유는, 거사가 성취되면 자연히 내가 당신들에게 취조를 받을 것이고, 그때가 되면 그 노래는 신문사 앞으로 돼 있으니, 당연히 신문사로 갈 것으로 믿고 있었기 때문이다.

검찰관 또 그 외에 블라디보스토크 대동공보사의 이강(李剛)이라는 사람에게 보내는 편지를 한 통 쓴 적이 있는가.

안응칠 그렇다. 그건 노래를 짓기 전에 쓴 것이다.

검찰관 그 편지가 이것인가.

이때 메이지 42년 영물 제1호의 11 편지를 제시하다.

안응칠 그렇다.

검찰관 이 편지 겉봉에 씌어 있는 노문(露文)은 누가 썼는가.

안응칠 그건 유동하가 썼다고 생각한다.

검찰관 이 편지에 의하면 '9일 오후 여덟시 이곳에 잘 도착해서 김성백의 집에서 숙박하고 있습니다. 『원동보』를 보니 이(伊)씨는 9월 12일 관성자(寬城子)를 출발하여 특별열차로 13일 오후 열한시 하얼빈에 도착할 예정입니다. 우리들은 조도선과 함께 가족을 마중하러 가기 위해 관성자로 간다고 하고, 관성자역에 몇십 리 못 미친 모(某)역에서 거사할 예정이니 알고 있기 바랍니다. 일의 성사 여부는 하늘에 달렸으나 다행히 동포들의 기도로 도움을 받고자 합니다. 그리고 김성백으로부터 돈 오십 원을 빌렸으니 갚아 주시기 바랍니다'라고 했고, '대한독립 만만세'라고 씌어 있다. 그리고 피고와 우덕순이 함께 서

"장부가
세상에
처함이여,
그
뜻이
크도다."

그때 나는 홀로 여관방 등불 밑
차디찬 침상 위에 앉아, 잠깐 동안
장차 행할 일을 생각하며 강개한 마음을
이길 길 없어 노래 한 수를 읊었다.

——『안응칠 역사』 중에서

불소자는 감히 어머님께 한 말씀 올리려 합니다. 엎드려 바라옵건대, 소자의 막심한 불효와 자식된 도리를 다하지 못한 죄를 용서하여 주시옵소서.

드릴 말씀은 허다하오나, 훗날 천당에서 기쁘게 만나 뵈온 뒤 누누히 말씀드리겠습니다. 부디 배려를 거두시옵고 마음 편안히 지내시옵소서.

— 어머니께 보낸 옥중 편지 중에서

우리들은 이 이슬 같은 허무한 세상에서
천주의 안배로 배필이 되었으나, 다시
헤어지게 되었소. 부디 세상에 처하여 심신을
평안히 하고, 영원의 낙을 바랄 뿐이오.

— 아내에게 보낸 옥중 편지 중에서

명한 후 이름 밑에 날인했으며, 또 '오늘 오전 여덟시에 남행함. 유동하와 함께 포브라니치나야에서 이곳으로 와 있으니, 이후 일의 성사여부에 대해서는 본사로 알리겠습니다' 라는 내용이 있는데, 이대로인가.

안응칠 그렇다. 문사(文詞) 중에 이씨라고 한 것은 이토이다. 그리고 그 글은 모두 내가 쓴 것이다.

검찰관 그것은 언제 쓴 것인가.

안응칠 9월 11일경이었다고 생각한다.

검찰관 피고의 이름 밑에 찍은 도장은 영어로 '코리안 토마스' 라고 돼 있는데 맞는가.

안응칠 그렇다.

검찰관 그 도장은 피고의 것인가.

안응칠 그렇다.

검찰관 '토마스' 는 다른 사람의 이름이 아닌가.

안응칠 그것은 나의 천주교 세례명이다.

검찰관 『만국역사』에 나오는 지사인인(志士仁人)의 이름이 아닌가.

안응칠 그건 로마의 토마스라는 성인의 이름이다. 그는 아시아까지 진출해서 교세를 확장한 사람으로, 나는 그 이름을 사용한 것이다.

검찰관 연명자(連名者)인 우덕순도 이 편지를 보았는가.

안응칠 쓸 때 보았다.

검찰관 우덕순은 이번에 피고 등과 함께 이곳에 압송돼 있는 우연준인가.

안응칠 그렇다.

검찰관 편지는 우덕순이 쓴 것이 아닌가.

안응칠 아니다. 다 내가 썼다.

검찰관 우덕순의 이름은 누가 썼는가.

안응칠 그것도 내가 썼다.

검찰관 우덕순의 이름 밑에 있는 날인은 우덕순의 것인가.

안응칠 그렇다. 내가 편지에 찍기 위해 내놓으라고 해서 받아서 찍은 것이다. 그때 그는 옆에서 그걸 보고 있었다.

검찰관 우덕순의 도장에는 '한양(漢陽)' 이라고 새겨져 있던데 무슨 의미인가.

안응칠 그건 모른다.

검찰관 이번에 이토 공을 살해하는 것은 우덕순과도 의논한 것인가.

안응칠 그에게는 한국인 중 머리를 짧게 자른 자가 돈을 가지고 도망가서, 잡으러 가는 것이라고 말하고 데리고 간 것이다. 결코 이토를 살해하는 일에 대해 공모하지는 않았다.

검찰관 그렇다면 이 편지에 우덕순의 이름을 적을 필요는 없다고 생각하는데, 안 그런가.

안응칠 내가 편지를 쓰고 나서 '그대의 이름을 써도 좋겠는가' 라고 물었더니, 좋다고 해서 이름을 쓰고 도장을 달래서 찍은 것이다.

검찰관 하지만 피고가 끝에 십자가 그어진 총알을 우덕순에게 주었다는 사실과 이 편지를 종합해 보면, 피고와 우덕순이 공모한 것으로 생각되는데, 어떻게 생각하는가.

안응칠 나는 우덕순을 속이고 데려갔다. 그래서 지야이지스고에서부터는 혼자 되돌아간 것이다.

검찰관 이토 공은 하얼빈으로 오기로 정해져 있었으니, 우덕순과 지야이지스고 까지 동행할 필요는 없었다고 생각되는데, 어떻게 생각하는가.

안응칠 지야이지스고로 간 것은 상황을 알아보기 위해서였다.

검찰관 이 편지에 의하면 처음에는 지야이지스고에서 실행할 예정이었던 것으로 보이는데, 어떻게 된 것인가.

안응칠 지야이지스고는 그 편지에 있는 관성자역에 몇십 리 못 미친 곳이 아니다. 그보다는 멀다.

검찰관 피고가 이 편지를 쓸 때 우연준에게 보여주고 도장까지 찍게 한 것으로 봐서, 돈을 가지고 도망간 사람을 잡기 위해 동행했다고는 생각되지 않는데, 안 그런가. 이런 분명한 증거가 있는데도 불구하고 사실을 감추는 것은 피고의 지사로서의 명예와도 관계된다고 생각하는데, 어떻게 생각하는가.

안응칠 지금 답변한 대로이므로 그 이상은 생각에 맡길 수밖에 없다.

검찰관 이 편지에 의하면 피고가 하얼빈에 도착한 시간은 9일 오후 여덟시인데 맞는가.

안응칠 아마 그때쯤 도착한 것 같다.

검찰관 피고가 편지에 찍은 토마스라고 새겨져 있는 도장은 어디에 두었는가.

안응칠 그 도장은 내가 가지고 있던 가방이나 지갑 속에 넣어둔 것으로 생각되는데, 어쩌면 이토를 저격하고 러시아 장교에게 체포될 때 잃어버렸는지도 모른다.

검찰관 그 지갑은 이것이 아닌가.

안응칠 맞다. 그것이다.

검찰관 이 지갑은 어디에 두었는가.

안응칠 김성백의 집에 두었다.

검찰관 이 안에 도장은 들어 있지 않던데, 어떻게 된 것인가.

안응칠 분실했는지도 모르겠다.

검찰관 그 도장은 이전부터 가지고 있었는가.

안응칠 그렇다.

검찰관 피고는 우연준과 함께 블라디보스토크에서 출발한 것이 아닌가.

안응칠 그렇지 않다. 소완기에서부터 같이 갔다.

검찰관 그러면 둘은 소완기에서 기차를 타기 시작한 것인가.

안응칠 우연준이 어디서 탔는지는 모르지만, 나는 그가 타고 있는 것을 거기서 처음으로 알았다. 블라디보스토크에서는 사람이 많이 타고 있어서 그가 있는지는 몰랐다.

검찰관 소완기라는 곳은 블라디보스토크에서 하얼빈으로 가는 도중에 하얼빈과 가까운가, 아니면 포브라니치나야와 가까운가.

안응칠 블라디보스토크에서 포브라니치나야로 가는 도중인데, 그 거리는 잘 모르겠다.

검찰관 블라디보스토크에서 몇 시간 정도면 소완기에 도착하는가.

안응칠 일고여덟 시간 정도라고 생각하는데 확실히는 모르겠다.

검찰관 그 소완기라고 하는 곳은 소왕령(小王嶺)이라는 곳인가.

안응칠 잘은 모르겠지만, 그곳이라고 생각된다.

검찰관 포브라니치나야에서는 우연준과 같이 하차했는가.

안응칠 그는 하차하지 않았다.

검찰관 그러나 하얼빈에는 우연준과 피고가 같이 도착하지 않았는가.

안응칠 그렇다.

검찰관 그렇다면 포브라니치나야에서 하차해서 의사집에 들렀다는 사실로 보아 같이 내린 것으로 생각되는데, 그렇지 않은가.

안응칠 기차가 한 시간 반쯤 정차하는 동안에 나 혼자 의사집에 갔다 왔고, 그 이후 다시 동행한 것이다.

검찰관 유동하와 우연준도 피고의 동지가 아닌가.

안응칠 유동하는 아무것도 모르는 사람이고, 우연준은 전에 진술한 대로이다.

검찰관 우연준은 어디에 살고 있는가.

안응칠 원래는 경성 사람인데 늘 사방으로 돌아다니고 있기 때문에 정착해서 사는 곳은 모른다.

검찰관 우연준은 블라디보스토크 개척리 471의 조장원(趙璋元)이라는 자의 집에서 살지 않는가.

안응칠 모른다.

검찰관 피고도 개척리 이치권의 집에 있었으니 모를 리가 없다고 생각하는데, 안 그런가.

안응칠 이치권의 집에는 잠시 있었으며, 또 개척리는 넓기 때문에 나는 모른다.

검찰관 유강로는 피고와 포브라니치나야에서부터 같이 온 적이 없고, 또 그의 이름은 동하라고 하지 않는다던데, 어떻게 된 것인가.

안응칠 모른다. 사실대로 대답하지 않는 것 같다.

검찰관 피고가 몸짓으로 말하지 말라고 지시한 것이 아닌가.

안응칠 그런 적은 절대 없었다. 그와는 하얼빈에서 헤어져 만나지 못했다.

검찰관 이번에 이곳으로 올 때 같은 기차를 타고 왔을 것이 아닌가.

안응칠 나와 그는 떨어져 있었고, 또 그 사이에 순사가 있었기 때문에 그런 일은 있을 수 없었다.

검찰관 유강로가 자신은 유동하라고 하지 않는다고 해서 러시아 관헌으로 하여금 그의 집으로 사진을 보내어 확인하는 등 여러가지 수고를 하고 있다. 지금 유강로를 불러낼 테니 사실대로 말하라고 지시하는 것이 좋을 것이다.

안응칠 그건 내가 말하겠다. 나는 러시아 말을 모르기 때문에 통역을 부탁한 것 뿐인데, 그로 인해 남에게 괴로움을 끼치게 된 것이다. 유강로 같은 아이는 아무엇도 모른다.

검찰관 그러면 우연준은 러시아어를 알고 있는가.

안응칠 그는 모른다.

검찰관 통역을 위해 동행한 것이라면 러시아어를 모르는 우연준을 데리고 갈 필요는 없다고 생각되는데, 어떻게 생각하는가.

안응칠 우연준은 기차로 같이 가게 돼서 동행한 것이다.

검찰관 그렇다면 더더욱 지야이지스고까지 같이 갈 필요는 없었다고 생각되는데, 안 그런가.

안응칠 나는 우연준의 생각을 모르기 때문에 거짓말을 해서 시험해 보기 위해 동행한 것으로, 이처럼 큰 일에 가담할 수 있는 사람인지 아닌지를 알아보기 위해서였다.

검찰관 시험 결과 담력이 있는 자라면 그와 함께 결행할 생각이었는가.

안응칠 그럴 생각이었다.

검찰관 그렇다면 24일 밤 지야이지스고에서 자고 25일 하얼빈으로 온 것인데, 그때까지의 시험 결과 우연준은 믿을 수 없는 사람이라고 생각했는가. 피고의 생각은 어떠했는가.

안응칠 나는 이런 큰 일을 이야기하기에는 부족한 사람이라고 생각했다.

검찰관 피고는 총알을 언제 그에게 나눠 주었는가.

안응칠 지야이지스고에 도착하기 전에 기차 안 실외 승강대에서 일고여덟 발 정도를 주었다.

검찰관 우연준에게 이번 일에 대해 말해도 될지 아닌지 아직 판단하지 못했을 때, 그에게 총알을 주었단 말인가.

안응칠 나는 우연준에게 한국의 이씨라는 사람이 돈을 가지고 도망가서 그를 잡으러 가는 것이라고 말하고 동행했던 것이기 때문에, 만약 그가 도망가면 발사할 것이라고 말하고 총알을 준 것이다.

이때 유강로를 입정시켜 피고와 대면시키다.

검찰관 이 자는 포브라니치나야의 의사의 자식으로 유동하라 하며, 또 피고가 통역을 위해 하얼빈으로 데리고 간 사람이 틀림없는가.

안응칠 틀림없다.

검찰관 이 사람은 글을 쓸 줄 아는가.

안응칠 깊이 알지는 못한다.

이때 유강로를 퇴정시키다.

검찰관 피고가 올해 4월 3일 정근과 공근에게 띄운 편지의 사본을 보면, 그 중 '나는 작년 봄 유럽으로 가서 수개 국을 유람하고 입추(立秋)에 러시아령(領)으로 와서 지금 머물고 있다' 라는 내용이 있는데, 피고는 정말 유럽에 갔는가.

안응칠 나는 삼 년 동안 집을 나와 있었기 때문에 그 핑계로 동생들에게 거짓말을 한 것이지, 실제로 가지는 않았다. 그러나 일찍이 나는 유럽에 갈 예정이었다.

검찰관 또 '하원(下元)에 유럽으로 향한다. 그리고 파리에서 이탈리아의 로마로 갈 것이다' 라는 문구가 편지 중에 있는데, 어떻게 된 것인가.

안응칠 그렇게 썼다.

검찰관 실제로 갈 생각이었는가.

안응칠 그렇다.

검찰관 출발준비는 돼 있었는가.

안응칠 여비 등의 준비는 안 돼 있었다.

검찰관 그 편지에 '만약 회답을 보내려면 정 형, 즉 정대호에게 말하면 분실할 일은 없을 것이다' 라고 썼는가.

안응칠 편지를 띄우려면 정대호에게 말하라고 쓴 것은 기억난다.

검찰관 그렇다면 피고는 평소에 정대호와 친했는가.

안응칠 사귄 지 삼 년 되었다.

검찰관 그렇다면 정대호도 피고의 동지가 아닌가.

안응칠 그는 어느 나라 사람과도 잘 사귄다. 그래서 알게 된 것이지, 나와 동지는 아니다.

검찰관 『대동공보』의 이강이라는 자는 사장인가, 기자인가.

안응칠 사장도 기자도 아니다. 잡보(雜報)를 쓰거나 시를 쓰는 사람이다.

검찰관 피고의 뜻을 써서 보낼 정도의 사람이라면 피고의 동지일 것 같은데, 그렇지 않은가.

안응칠 그렇지는 않다. 만약에 내가 목적을 달성하면 신문지상에 공개하여 널리 알리게 할 생각으로 편지를 쓴 것이다.

검찰관 평소에 이강이라는 자와 친하게 지냈는가.

안응칠 그렇다.

검찰관 대동공보사에 있는 사람 중 그 외에 친하게 지내는 사람이 있는가.

안응칠 그 외에 친하지는 않지만 알고 있는 사람은 많다.

검찰관 그들은 누구인가.

안응칠 이강과 유(劉)씨라는 사람과 김(金)씨라는 사람 등 세 명으로, 그 외에는 알고 있어도 이름은 모른다.

검찰관 그 유라는 자와 김이라는 자는 신문기자인가.

안응칠 대동공보사에서 일을 하고 있다고는 들었지만, 기자인지 아닌지는 모른다.

검찰관 그 신문사의 사장은 누구인가.

안응칠 대동공보사는 합자회사(合資會社)이다.

검찰관 편집장은 누구인가.

안응칠 이름은 모른다.

검찰관 피고는 하얼빈의 동흥학교(東興學校) 사람과도 친하게 지냈는가.

안응칠 그곳에는 아는 사람이 없다.

검찰관 김성옥(金成玉)이라는 자를 모르는가.

안응칠 모른다.

검찰관 이 사람은 조도선이 숙박하고 있던 약국의 주인이 아닌가.

안응칠 이름은 몰라도 성은 김(金)이라고 들었고, 그 사람과는 한 번 잠깐 만났을 뿐이다.

검찰관 그는 피고의 동지가 아닌가.

안응칠 아니다.

검찰관 피고가 하얼빈으로 와서 이번 일을 결행할 것을 그에게 말한 적은 없는가.

안응칠 지야이지스고 방면을 오가고 있었기 때문에 그럴 여유는 없었다. 그리고 이번과 같은 비밀스런 일은 형제라도 사이가 나쁘면 말하지 않는데, 하물며 다른 사람에게 말하겠는가.

검찰관 위에서 말한 동흥학교에는 탁공규(卓公圭)라는 자가 있는데, 알고 있는가.

안응칠 이름은 들어 왔지만, 만난 적은 없다.

검찰관 동교(同校) 교사이고, 동시에 신문 통신원이며 신문을 번역하고 있는 김형재(金衡在)라는 자를 알고 있는가.

안응칠 그 사람은 만나서 알고 있다.

검찰관 이번에 하얼빈에 와서 일을 결행할 때까지의 사이에 그를 만난 적이 있는가.

안응칠 10일 아침 김성백의 집에서 만났다.

검찰관 무슨 얘기를 했는가.

안응칠 그는 김성백의 집에서 술을 마시고 있었는데, 나는 술을 마시지 않기 때문에 그 자리를 떴다. 그래서 별 얘기는 하지 못했다.

검찰관 이전부터 친하게 지내던 사람이 아닌가.

안응칠 처음 만난 사람이다.

검찰관 이번 피고의 범행에 대해 의논한 적은 없는가.

안응칠 그런 적 없다.

검찰관 김여수(金麗水)라는 자를 아는가.

안응칠 모른다. 이름을 들어 본 적도 없다.

검찰관 피고는 하얼빈으로 온 9일부터 이토를 살해한 13일까지의 사이에 김성백을 만난 적이 있는가.

안응칠 있다.

검찰관 그와는 무슨 얘기를 했는가.

안응칠 식사할 때 만났을 정도며, 별 얘기도 하지 않았다.

검찰관 전부터 그를 알고 있었는가.

안응칠 한 번 만난 적이 있다.

검찰관 피고의 동지가 아닌가.

안응칠 그는 러시아에 귀화한 사람이다.

검찰관 피고는 김성백에게 돈 오십 원을 빌렸는가.

안응칠 편지에는 빌려 달라고 썼지만 실제로 돈을 빌리지는 않았다. 또 돈을 빌릴 수 없어서 편지도 보내지 않았다.

검찰관 13일 아침 정거장에서 이토를 저격하고, 방향을 바꾸어 다시 총을 쏜 이유는 무엇인가.

안응칠 앞서 걸어가고 있던 사람이 사진에서 본 이토와는 다른 것 같아서, 그를 이토라고 방심하면 안 될 것 같기에 확실히 하기 위해 그 뒤에 있던 신사를 향해 총을 쏜 것이다.

검찰관 피고가 총을 쐈을 때 일본인 중 도망간 자는 없었는가.

안응칠 소란했기 때문에 그런 사람이 있었는지는 모른다.

검찰관 피고가 가지고 있던 브라우닝식 권총은 칠연발인가, 팔연발인가.

안응칠 칠연발이다.

검찰관 그 총을 조사해 보니 약협(藥莢)이 일곱 개 있었고, 발사되지 않은 총알이 한 발 있었는데, 어떻게 된 것인가.

안응칠 나는 내가 목표로 삼은 사람을 쐈기 때문에, 그후에는 더 쏠 필요가 없어서 멈춘 것이다.

피고인 안응칠. 위와 같이 읽어 들려 주고 승낙 후 자서하다. 메이지 42년 11월 15일 관동도독부 감옥에서. 단 출장 중이므로 소속관서의 인을 사용하지 못함. 관동도독부 지방법원. 서기 기시다 아이분. 고등법원 검찰관 미조부치 다카오. 통역촉탁 소노키 스에요시.

안응칠 제4회 신문조서. 피고인 안응칠. 이 사람에 대한 살인피고사건에 대해 메이지 42년 11월 16일 관동도독부 감옥에서 검찰관 미조부치 다카오, 서기 기시다 아이분 참석하에 통역촉탁 소노키 스에요시 통역으로 검찰관은 전회에 계속해서 위 피고인에 대해 아래와 같이 신문함.

검찰관 우연준, 즉 우덕순이 노래를 지은 일이 있는가.

안응칠 그건 모른다.

검찰관 우연준이 지었다고 생각되는 노래가 피고가 유동하에게 준 지갑 속에서 나왔는데, 어떻게 된 것인가.

안응칠 나는 우연준이 노래를 지은 일을 모른다.

검찰관 그 노래가 바로 이것인데, 모르는가.

이때 메이지 42년 영물 제1호의 12 노래를 제시하다.

안응칠 전혀 모른다.

검찰관 우연준이 짓지 않았다면 피고가 지은 것인가.

안응칠 나는 이 노래를 본 적이 없다.

검찰관 우연준은 호를 '우우산인(禹又山人)' 이라 하는가.

안응칠 전혀 모른다.

검찰관 피고가 노래를 지었고, 우연준도 노래를 지은 것이 아닌가.

안응칠 나는 전혀 모른다.

검찰관 어제 유동하는, 9일 밤 김성백의 집에서 잘 때 피고가 권총을 몸에 지니고 있는 것을 보았다고 했는데, 사실인가.

안응칠 유동하가 권총을 보았는지 아닌지 나는 모른다.

검찰관 피고는 김성백의 집에 권총을 가지고 갔는가.

안응칠 나는 평소에 권총을 지니고 있기 때문에 김성백의 집에도 가지고 갔다.

검찰관 유동하가 부친에게 보내는 편지를 피고가 초안을 잡아 주어 쓰게 했는가.

안응칠 초안을 잡아 주지는 않았다. 그가 편지를 쓸 줄 모른다고 해서 한자(漢字)만을 가르쳐 주었다.

검찰관 편지의 초안을 잡아 준 것이 아닌가.

안응칠 초안을 잡아 주지 않았다.

검찰관 유동하가 피고의 심부름으로 조도선을 부르러 간 적이 있지 않은가. 유동하는, 10일 날 피고와 우연준이 나갔다가 조도선과 함께 돌아왔고, 그날 밤엔 피고와 우연준과 조도선이 함께 김성백의 집에서 잤다고 말하는데, 사실인가.

안응칠 내가 유동하에게 조도선을 불러 달라고 말했는데, 그가 정말 부르러 갔는지는 모르겠다. 10일 내가 김성백의 집으로 돌아올 때, 근처에서 조도선을 만나서 같이 김성백의 집으로 온 것은 사실이다.

검찰관 피고와 우연준이 의자에 걸터 앉아 탁자에서 이강에게 보내는 편지를 쓰고 있었을 때, 유동하와 조도선은 조금 떨어져 앉아 있었는데, 유동하가 피고가 쓰고 있던 그 편지를 보려 하자, 피고가 보지 말라며 저리로 가라고 나무랐다고 하는데, 사실인가.

안응칠 편지는 내가 썼지, 우연준이 쓰지는 않았다. 그리고 내가 유동하를 나무랐는지 아닌지는 기억나지 않지만, 만일 나무랐다고 하더라도 남의 편지를 옆에서 훔쳐보는 것을 나무라는 것은 당연한 일이라고 생각한다. 또 조도선과 유동하가 뒤에 앉아 있었는지도 모르겠고, 내가 의자에 걸터 앉아 탁자에서 편지를 쓰고 있었던 것은 사실이다.

검찰관 편지를 봉하기 전에, 유동하에게 보여주며 이강 앞으로 노문(露文)으로 겉봉을 쓰게 했는가.

안응칠 그렇다. 그러나 편지를 봉투에 넣고 쓰게 했는지, 넣기 전이었는지는 잘 기억나지 않는다.

검찰관 피고가 노래가 들어 있는 편지와 용건을 쓴 편지 두 통을 유동하에게 주며 '다른 사람에게 부탁하면 안 되고, 네가 직접 띄워라'라고 일렀다고 유동하가 말하는데 사실인가.

안응칠 나는 그에게 편지를 주지 않은 것으로 기억한다. 만약에 주었다면 발송하지 않고 남아 있을 리가 없다고 생각한다.

검찰관 피고가 '대동공보사 앞으로 돼 있는 편지는 즉시 띄워라. 또 이강 앞으로 돼 있는 편지는, 네가 12일 지야이지스고에서 김성백의 집으로 돌아왔을 때, 정거장에서 총소리가 나거든 바로 띄워라'라고 일렀다고 유동하가 말하는데 사실인가.

안응칠 그런 말을 한 기억은 없다. 만약 정거장에서 총소리가 나거든 바로 띄우라고 했다면, 그가 왜 그 편지를 가지고 있었겠는가. 그런 일 없다.

검찰관 유동하는 정거장에서 한국인이 이토를 살해했다는 소식을 듣고 두려운 나머지 편지를 띄우지 않았다고 하는데, 어떻게 생각하는가.

안응칠 나는 그에게 편지를 준 적이 전혀 없다.

검찰관 유동하는 어제 피고가 사실대로 말하라고 해서 위와 같이 말한 것으로, 거짓말이라고는 생각되지 않는데, 어떻게 생각하는가.

안응칠 결코 나는 편지를 준 일이 기억나지 않는다고 해서, 준 적이 없다고 말하는 것이 아니다.

검찰관 피고도 유동하가 거짓말을 하지 않는다고 생각하는가.

안응칠 그가 거짓말을 하는지 안 하는지 나로서는 모를 일이다.

검찰관 그렇다면 유동하는 거짓말을 해서 피고를 죄에 옭아매려 한다고 생각하는가.

안응칠 그것도 모를 일이다. 그가 두려워서 거짓말을 했는지도 모른다. 그러나 그가 나를 죄에 옭아매려고 그렇게 말한 것은 아니라고 생각한다. 어쨌든 그는 어리기 때문에 모순된 말을 하는 것 같다.

검찰관 유동하는, 11일 날 피고가 지야이지스고로 떠나면서 '내가 전보를 쳐서 가족이 오는지와 이토 공이 언제 오는지를 물을 테니, 언제 오냐고 묻는 전보를 치거든, 이토라는 이름이 없더라도 그에 관한 일로 알고 반드시 회답을 보내라'라고 말하며, 자기에게 돈 오 원을 주고 갔다고 진술했는데 사실인가.

안응칠 그런 말을 한 적은 전혀 없다. 또 돈은 삼 원인가 사 원인가를 주었다.

검찰관 이토라고 말하지 않아도 전보를 치거든 회답을 해 달라고 말하지 않았는가.

안응칠 그런 말도 하지 않았다. 전보에 대해서는 그에게 한 마디도 하지 않았다.

검찰관 일본력으로 10월 24일 피고는 지야이지스고에서 전보를 두 번 쳤는가.

안응칠 한 번 쳤다.

검찰관 그러나 유동하는 처음에 '여기서 기다리고 있으니 가족이 오거든 연락해라'라는 전보가 오고, 다시 '언제 오는가'라는 전보가 왔다고 했는데, 어떻게 된 것인가.

안응칠 그건 유동하가 거짓말을 한 것이다. 러시아 관청에서도 전보는 한 통밖에 압수하고 있지 않은 것을 보더라도 두 번이 아닌 것은 분명하다.

검찰관 유동하로부터 '내일 아침에 올 것이다'라는 회답이 있었는가.

안응칠 그렇다. 그건 내가 받았다.

검찰관 12일, 즉 일본력으로 25일 피고 혼자 하얼빈으로 돌아와서, 유동하에게 '정거장에서 들으니 이토는 내일 온다고 하는데, 왜 오늘 온다는 전보를 쳤느냐'며 야단을 쳤다는데 사실인가.

안응칠 나는 그에게 '나더러 돌아오라는 전보인지 아닌지 몰라서 오늘 왔다'는 말을 했을 뿐이다.

검찰관 피고는 25일 밤 유동하와 둘이서 잘 때, 다른 사람이 없는 것을 다행히 여기며 '이토는 한국의 원수이기 때문에 내일 그를 살해할 것이다'라고 하면서 기뻐했다고 유동하가 진술했는데 사실인가.

안응칠 그런 적 없다. 그날 밤엔 김성백과 그의 동생과 나와 유동하 이렇게 넷이 같이 잤다.

검찰관 그리고 피고는 다음날 새벽 네시쯤 일어나서, 유동하를 깨워 '내가 총을 갖고 있다는 사실을 다른 사람에게 말하지 말라. 또 이토를 죽인다는 사실도 너밖에는 아는 사람이 없으니, 만일 이 사실을 입 밖에 내면 너를 죽일 것이다'라고 말했다고 유동하가 진술했는데 사실인가.

안응칠 그런 말을 한 기억이 없다. 다만 나는 말조심을 하라고 했을 뿐이다. 아마도 그는 전보를 압수당하고 해서 겁이 나서 거짓말을 한 것 같다.

검찰관 피고는 26일 아침 김성백의 집을 나올 때 신에게 기도를 드리고 있었다고 하는데 사실인가.

안응칠 그것도 유동하가 거짓말을 한 것이다. 나는 기도할 때 소리내서 하지 않고 마음속으로 한다. 또 그날 아침에 특별히 신에게 기도한 적은 없다.

검찰관 그렇다면 유동하가 거짓말을 했다는 것인가.

안응칠 전부가 거짓말은 아니고, 반 이상은 거짓말이다. 그쯤은 웃어 넘겨 버리기 바란다.

검찰관 유동하가 거짓말을 한 것이라면 그에게 다시 물어보겠다.

안응칠 그러기 바란다.

검찰관 『대동공보』의 이강이라는 자는, 돈 오십 원을 보내 달라고 할 만큼 피고와 각별한 사이인가.

안응칠 별로 친하지는 않다. 내가 이토를 죽이면 블라디보스토크에 있는 동포들이 대신 돈을 갚아줄 것이라고 생각했고, 또 이 사람은 신문사에 있으니 잘 살펴 줄 것 같아서, 그 사람 앞으로 편지를 보냈던 것이다.

검찰관 이강이라는 사람은 피고가 전에 보통 이 서방이라고 한다던 이식인가.

안응칠 맞다. 그 사람이다.

검찰관 유동하는 나이도 어리면서 거짓말이나 하는 괘씸한 자다. 피고는 어떻게 생각하는가.

안응칠 나는 그가 두려워서 거짓말을 한 것이라고 생각한다.

검찰관 어제 피고는 사실대로 말하라고 유동하에게 주의를 주었는데, 그후에도 그의 진술이 반 이상이나 거짓말이라면 효과가 없었던 것이 아닌가.

안응칠 전부가 거짓말이라는 것은 아니다. 다만 일부 잘못이 있었다고 생각한다.

그는 두려운 나머지 입에서 나오는 대로 말한 것 같다.

검찰관 피고는 한국을 위한 지사인인(志士仁人)으로 자임했다. 사심(私心)이 없다면 우연준도 피고의 동지라는 것을 분명히 진술하는 것이 결백하다고 생각하는데, 안 그런가.

안응칠 나는 한국을 위해, 나아가서는 세계를 위해 이토를 죽인 것이지, 명예를 위해 행한 것은 아니다. 만일 명예를 위해서라면 집에서 편안하게 쉬는 것이 상책이라고 생각한다. 또 우연준에 대해서는, 그가 이토를 살해할 생각이 있는 사람인지 아닌지 나로서는 잘 모른다.

검찰관 우연준은 피고가 지은 노래와 비슷한 노래도 지었으니, 확실히 피고와 동지라고 생각되는데, 피고는 그의 마음을 떠 보기 위해 동행했다는 등의 믿기지 않는 진술을 함으로써, 피고가 지사인인으로 자임하는 취지에 어긋나고 있다고 생각한다. 피고는 그런 인물이라고 인정받아도 좋은가.

안응칠 나는 결코 우연준과 공모해서 결행한 것이 아니고, 또 그에게 내 마음을 터놓은 적도 없다. 나는 지금 사실대로 말하고 있는 것이니, 어떻게 인정받아도 어쩔 수 없는 일이다.

검찰관 친구의 죄를 피고가 말하기는 어려울지 모르나, 파렴치한 죄는 아니니 피고가 사실대로 말한다고 해도 우연준은 피고를 원망하지 않을 것이다. 또 피고에 대한 증거는 우연준에 대한 증거로, 그 증거가 명백히 있는 이상 숨길 필요는 없다고 생각한다. 안 그런가.

안응칠 우연준이 나와 같은 생각으로 행한 것이라면 나는 숨김없이 말하겠으나, 나는 그와 함께 결행한 것이 아니다. 만일 그가 지사로서 나와 같은 생각을 가지고 있다면, 그에게 물어보면 대답해 줄 것이라고 생각한다.

검찰관 그렇다면 우연준은, 피고의 생각을 말하기에는 부족한 자라고 생각했는가.

안응칠 그렇다.

검찰관 그렇게 부족한 자와 연명(連名)으로 이강에게 편지를 보내면 피고의 명예에 지장이 있지 않은가.

안응칠 편지는 결행하기 전에 보낸 것이고, 또 이토라는 글자도 씌어 있지 않았다. 이토라는 글자를 쓰지 않은 점을 보면, 우연준이 나와 같은 생각이 아니라는 것은 분명하다.

검찰관 그렇다면 왜 편지를 우연준에게 보여줬는가.

안응칠 그런 적 없다.

검찰관 피고는 어제 우연준에게 보여줬다고 진술하지 않았는가.

안응칠 그런 말은 안 했던 것으로 기억한다. 또한 우연준은 한자를 모르는 사람
이다. 그러나 내가 쓴 노래는 잠깐 보여준 적이 있다. 더욱이 편지를 그에게
보여줬다고 하더라도 내용 중에 이토라는 글자는 씌어 있지 않았다.

검찰관 이토라고 쓰지는 않았어도 '이씨'라고 쓰지 않는가.

안응칠 이씨라는 사람이 돈을 가지고 도망가서 잡으러 가는 것이라고 우연준에
게 말해 두었기 때문에, 그는 그렇게 여기고 있을 것으로 생각했다.

검찰관 그 이씨라는 자가 특별열차로 올 리는 없다고 생각하는데, 이에 대해서는
어떻게 생각하는가. 또 피고의 진술은 일치하지 않고 있다. 그렇지 않은가.

안응칠 우연준은 한자를 잘 모르기 때문에, 그런 내용은 모른다.

검찰관 그렇다면 우연준의 서명 날인까지는 할 필요가 없었다고 생각하는데, 안
그런가.

안응칠 그렇기 때문에 그의 도장을 빌려서 찍은 것이다.

검찰관 그런 아무것도 모르는 자의 도장을 찍어서 어쩔 셈이었는가.

안응칠 그렇기 때문에 나는 편지는 보내지 않고, 시험해 보기 위해 지야이지스고
까지 동행한 것이었다.

피고인 안응칠. 위와 같이 읽어 들려 주고 승낙 후 자서하다. 메이지 42년 11월 16일 관동도독부 감옥에서. 단 출장 중이
므로 소속관서의 인을 사용하지 못함. 관동도독부 지방법원. 서기 기시다 아이분. 고등법원 검찰관 미조부치 다카오. 통역
촉탁 소노키 스에요시.

안응칠 제5회 신문 및 안응칠, 우연준, 유동하 대질신문조서. 피고인 안응칠. 이 사람에 대한 살인 피고사건에 대해 메이
지 42년 11월 18일 관동도독부 감옥에서 검찰관 미조부치 다카오, 서기 기시다 아이분 참석하에 통역촉탁 소노키 스에요
시 통역으로 검찰관은 전회에 계속해서 위 피고인에 대해 아래와 같이 신문함.

검찰관 피고는 우연준이 지은 노래를 받았는가.

안응칠 받지 않았다.

검찰관 우연준은 '10일 밤에 노래를 쓰고 있었는데, 김성백에게 돈을 빌리러 갔던 유동하가 돌아왔다. 그래서 쓰다 만 것을 마저 써서 주머니에 넣었다가, 다시 안응칠인가 유동하에게 주었다' 라고 진술했다. 또 유동하는 11일 아침 하얼빈 정거장에서 피고로부터 봉투 하나를 건네 받았다고 했다. 이 점으로 볼 때, 피고가 우연준으로부터 노래를 받아서 봉투에 넣어 유동하에게 준 것으로 생각되는데, 어떻게 된 것인가.

안응칠 그때는 대단히 바쁘고 어수선했기 때문에 자세히 기억나지는 않지만, 우연준이 쓴 노래는 본 적이 없는 것 같다.

이때 우연준을 입정시켜 다음과 같이 안응칠과 대질신문하다.

검찰관 (우연준에게) 유동하는, 안응칠이 피고가 지은 노래를 11일 아침 지야이지스고로 떠날 때 정거장에서 주었다고 하는데 틀림없는가.

우연준 틀림없다.

검찰관 누구에게 주었는지 확실히는 기억하지 못하는가.

우연준 안응칠이 유동하에게 주었다고 생각하는데, 확실히는 기억이 안 난다.

검찰관 노래를 지은 후 안응칠에게 보여준 적은 없는가.

우연준 안응칠에게 보여주지는 않았다. 10일 밤에 써서 가지고 있다가, 정거장에서 주었다.

검찰관 뭐라고 말하고 주었는가.

우연준 그때는 기차가 출발할 때라 대단히 바빴기 때문에, 주머니에서 꺼내서 그냥 '이것' 이라고 말하고 주었다.

검찰관 봉투에 넣어서 주었는가.

우연준 봉투에는 넣지 않고 그대로 주었다. 장난삼아 쓴 것으로, 찢어 버려도 상관없다고 생각하고 정거장에서 준 것이다.

검찰관 (안응칠에게) 피고가 지은 노래를 우연준에게 보여주었는가.

안응칠 보여주지 않았다.

검찰관 우연준은 한글로 번역한 것을 보았다고 하는데, 어떻게 된 것인가.

안응칠 내가 쓰고 있는 것을 보았는지는 모르지만, 보여준 적은 없다.

검찰관 (우연준에게) 피고는 안응칠이 지은 노래를 보았는가.

우연준 안응칠이 쓰고 있는 것을 보았지, 그가 보여준 것은 아니다.

검찰관 (안응칠에게) 우연준이 지은 노래와 피고가 지은 노래를 같이 이 봉투에 넣어, 정거장에서 유동하에게 준 것이 아닌가.

이때 메이지 42년 영특 제1호의 10 봉투를 제시하다.

안응칠 내 편지는 봉투에 넣었다. 하지만 풀칠을 해서 봉했는지 아닌지, 또 유동 하에게 주었는지 아니면 가방에 넣었는지 기억나지 않는다. 그리고 우연준의 노래에 대해서는 모른다.

검찰관 유동하는 정거장에서 봉한 것을 피고로부터 받았다고 하는데, 어떻게 된 것인가.

안응칠 유동하에게 주었다면 겉봉을 썼을 텐데, 씌어 있지 않은 것으로 봐서 그 에게 주지는 않았다고 생각한다.

검찰관 씌어 있지 않아도 유동하는 겉봉을 쓸 수 있지 않은가. 안 그런가.

안응칠 나는 유동하에게 주었는지 아닌지 기억나지 않는다.

이때 유동하를 입정시켜 안응칠, 우연준과 다음과 같이 대질신문하다.

검찰관 (유동하에게) 보다시피 겉봉이 노문(露文)으로 씌어 있지 않다. 이 봉투는 피고가 11일 아침 정거장에서 받은 것인가.

이때 메이지 42년 영특 제1호의 10 봉투를 제시하다.

유동하 그렇다.

검찰관 그때 풀칠이 돼 있었는가, 아니면 열려 있었는가.

유동하 풀칠이 돼 있었다.

검찰관 뭐라고 하면서 주던가.

유동하 우편으로 부치라고 했다.

검찰관 그걸 받은 곳은 대합실이었나. 그리고 그때는 기차가 출발할 때였는가.

유동하 기차를 탄 후 기차 안에서 받았다.

검찰관 그때 우연준으로부터 봉투에 넣지 않은 것을 받은 일은 없는가.

유동하 받은 적 없다.

검찰관 (우연준에게) 유동하는 지금 들은 대로 피고로부터 봉투에 넣지 않은 것 을 받은 적이 없다고 말한다. 따라서 피고가 봉투를 건네 준 자는 안응칠일 것 이다. 안 그런가.

우연준 안응칠에게 주었는지, 유동하에게 주었는지 기억이 안 난다.

검찰관 유동하는 받지 않았다고 하는데, 그래도 유동하에게 주었을지도 모른다고 말하는가.

우연준 유동하가 받지 않았다고 하면 주지 않았을 것이라고 생각되지만, 안응칠에게 준 기억도 없다.

검찰관 누구에게 주었는지 잘 생각해 보라.

우연준 아무리 생각해 봐도 안응칠의 가방 속에 넣었는지, 아니면 다른 사람에게 주었는지 기억나지 않는다.

검찰관 이토 공에 관한 노래를 안응칠이 짓고 피고도 지었으니, 주었다면 안응칠에게 주었을 것으로 생각되는데, 그래도 기억나지 않는가.

우연준 아무리 생각해 봐도 기억이 없다.

검찰관 (유동하에게) 피고는 이와 같이 봉투에 넣지 않은 것을 받은 적이 없는가.

이때 메이지 42년 영특 제1호의 12 노래를 제시하다.

유동하 두 통의 봉투에 넣은 것 외에 이런 것을 받은 적은 없다.

검찰관 (안응칠에게) 조도선에게 정대호의 가족을 마중하러 지야이지스고로 간다고 말한 것은, 조도선이 김성백의 집으로 와서인가, 아니면 피고가 조도선의 집으로 가서인가.

안응칠 10일이라고 생각되는데, 조도선의 집에서도 이야기했고 길에서도 이야기했고 또 김성백의 집에서도 이야기했다.

검찰관 조도선의 집에는 우연준도 같이 갔는가.

안응칠 그렇다.

검찰관 길에서 조도선에게 이야기할 때 역시 우연준도 함께 있었는가.

안응칠 그때는 없었다.

검찰관 김성백의 집에서 이야기할 때는 있었는가.

안응칠 그 이야기는 김성백의 집에서 여러 번 했기 때문에, 우연준도 있었다고 생각한다.

검찰관 유동하도 있었는가.

안응칠 유동하도 있었으니 들었을 것이다.

검찰관 (유동하에게) 김성백의 집에 조도선이 왔을 때, 안응칠이 정대호를 마중하러 간다고 말하는 것을 들었는가.

유동하 조도선, 안응칠, 우연준 이렇게 셋이 김성백의 집으로 돌아왔을 때, 안응칠이 누군가를 마중하러 간다고 말하는 것을 들었다. 그러나 정대호라고는 듣지 못했다. 또 나의 누이가 김성백의 동생 알렉산더의 처이기 때문에, 그들과는 친척이라서 김성백의 가족들이 살고 있는 집에도 자주 드나들었다. 그렇기 때문에 계속해서 안응칠과 같이 있지는 않았다.

검찰관 피고의 누이가 김성백의 동생의 처인가.

유동하 그렇다. 김성백의 넷째 동생의 처이다.

검찰관 결혼식을 올렸는가, 아니면 아직 날만 정했을 뿐인가.

유동하 약속만 하고 식은 올리지 않았다.

검찰관 (안응칠에게) 조도선의 집에 가서 정대호를 마중하러 간다고 말한 것은 피고인가, 아니면 우연준인가.

안응칠 우연준도 말했고, 나도 말했다.

검찰관 (우연준에게) 조도선에게 정대호를 마중하러 간다는 말을 한 사람은 피고가 아니라, 안응칠이 조도선을 밖으로 불러내어 이야기한 것이라고 했는데, 어떻게 된 것인가.

우연준 나와 안응칠이 함께 조도선에게 말했다. 안응칠이 조도선을 불러내어 이야기한 것은 지야이지스고로 가는 도중 기차 안에서의 일이다.

검찰관 (안응칠에게) 피고는 지야이지스고로 가는 도중에, 기차 안에서 조도선을 밖으로 불러내어 무슨 이야기를 한 적이 있는가.

안응칠 조도선과 같이 가끔 밖으로 나가, '여기가 어디냐'고 물으면 '어디이다'라고 하는 정도의 이야기를 했다.

검찰관 뭔가 비밀 얘기를 하지는 않았는가.

안응칠 비밀 얘기는 하지 않았다.

검찰관 (우연준에게) 피고는 지난번에, 밖에서 안응칠이 조도선에게 이토 공을 살해할 이야기를 했다는 것을 안응칠로부터 들었다고 말했는데 틀림없는가.

우연준 내가 안응칠에게 '이토를 살해할 얘기를 조도선에게 했느냐'라고 물었더니, 잠자코 있다가 '그 얘기는 했다'라고 말하기에, 나는 이야기한 것으로 생각하고 있었다.

검찰관 (안응칠에게) 우연준은 지금 들은 대로 말하는데, 어떻게 된 것인가.

안응칠 나는 우연준에게 그런 말을 한 적이 없다. 또 조도선에게 나의 목적을 말한 적도 전혀 없다. 우연준과 같은 미치광이가 하는 말은 믿을 수 없다.

검찰관 (우연준에게) 안응칠은 지금 들은 대로 말하는데, 어떻게 된 것인가.

우연준 안응칠과 조도선이 밖에서 들어올 때 내가 안응칠에게 그 얘기를 했냐고 물었더니, 그 얘기는 했다고 말하기에, 나는 당연히 조도선에게 이토를 살해할 얘기를 한 것으로 생각하고 있었다. 그런데 안응칠은 내가 말한 '그 얘기'를 다른 일로 생각하고 잘못 대답한 것 같다.

검찰관 김성백의 집에서 안응칠이 조도선에게 이토를 살해할 이야기를 했는가.

우연준 그건 모른다.

검찰관 조도선을 속여 정대호의 가족을 마중하러 간다고 말하고 지야이지스고로 데려가서 통역을 시키기로 한 것은, 피고와 안응칠이 사전에 협의하고 있었던 것인가.

우연준 정대호라고는 말하지 않고, 다만 누군가를 마중하러 간다고 말한 것인데, 나와 안응칠이 조도선을 속이기로 약속하지는 않았다.

검찰관 피고와 안응칠은 이토를 살해할 작정으로 지야이지스고로 가는 것이었는데, 조도선을 데리고 간 것은 완전히 속인 것이 아닌가.

우연준 그렇다. 결국 속인 것이 되었다.

검찰관 (안응칠에게) 조도선을 속인 것은 우연준이 말하는 대로인가.

안응칠 그렇다.

검찰관 우연준에게 '유동하는 나이가 어리기 때문에 적합하지 않다'고 말했는가.

안응칠 나는 '약을 사러 온 유동하는 다른 곳으로 갈 형편이 안 되니 조도선을 데려가겠다'고 했다. 그랬더니 우연준이 '조도선은 러시아어를 할 줄 아느냐'고 묻기에, '물론 가능하다'고 하니, 우연준은 '그렇다면 조도선을 데려가자'고 했다.

검찰관 (우연준에게) 조도선을 데려간 이유는 지금 안응칠이 말하는 대로인가.

우연준 그렇다.

검찰관 그렇다면 조도선에게는 이토를 살해할 계획을 밝히지 않고, 통역을 시키기 위해 데리고 간 것인가.

우연준 그렇다. 조도선에게는 출발하기 전에 같이 가자고 말했다.

검찰관 (안응칠에게) 블라디보스토크를 출발할 때 우연준의 권총과 피고의 권총을 피고가 같이 가지고 있었는가.

안응칠 그렇지 않다. 나는 내 총만 가지고 있었다.

검찰관 (우연준에게) 피고가 지난번에 피고의 권총을 안응칠이 가지고 갔다고 말한 것은 어떻게 된 것인가.

우연준 내 총은 안응칠의 가방 속에 넣어 가지고 가서, 하얼빈에서 내가 꺼낸 것이다.

검찰관 (안응칠에게) 지금 우연준이 말한 것은 틀림없는가.

안응칠 수건 같은 것들은 내 가방에 넣었고, 가방은 우연준과 함께 사용하고 있었지만, 권총을 넣었는지 아닌지는 모른다.

검찰관 블라디보스토크에서 하얼빈으로 갈 때 우연준의 권총에 총알을 넣어 준 적이 있는가.

안응칠 그런 적 없다.

검찰관 (우연준에게) 피고는 어제 안응칠에게 총알을 넣어 받았다고 말했고, 안응칠은 지금 들은 대로 말하는데, 어떻게 된 것인가.

우연준 지난번에도 확실하게 안응칠이 넣어 주었다고는 말하지 않았다. 총을 안응칠의 가방에 넣어 두었는데, 내 총알이 안응칠이 가지고 있던 것과 같다고 들었기 때문에 '안응칠이 넣어 두었구나' 하고 생각되어서 그렇게 말한 것이지, 안응칠에게 넣어 받은 것은 아니다.

검찰관 (안응칠에게) 피고는 끝에 십자형의 홈을 낸 총알을 우연준의 권총에 채워 주었는가.

안응칠 지야이지스고로 갈 때 기차 안에서 다섯 발 모두 채워 주었다.

검찰관 그 외에 또 우연준에게 총알을 준 일이 있는가.

안응칠 몇 발 안 되지만, 기차 안에서 그에게 총알을 주었다.

검찰관 (우연준에게) 피고는 처음부터 총알을 가지고 있지 않았는가.

우연준 내 것은 가지고 있었다.

검찰관 (안응칠에게) 피고가 십자형의 홈이 있는 총알을 우연준의 총에 넣어 준 이유는 무엇인가.

안응칠 이토를 죽이기 위해서였다.

검찰관 홈을 낸 총알이 위력적이기 때문에, 피고가 가지고 있던 것을 나눠 주었
　　　는가.

안응칠 나는 원래 끝에 홈이 난 총알만 가지고 있었다.

검찰관 끝에 홈을 낸 총알은 명중하면 상처가 더 크게 나기 때문인가.

안응칠 내 총알은 다 끝에 홈이 나 있다. 특별히 상처를 크게 할 목적은 아니었
　　　고, 다만 그런 총알을 샀을 뿐이다.

검찰관 어디서 샀는가.

안응칠 윤치종에게 부탁해서 샀다.

검찰관 윤치종은 그 총알을 어디서 샀는가.

안응칠 그건 모른다.

검찰관 윤치종으로부터 어디서 총알을 받는가.

안응칠 올해 4, 5월경 회령(會寧)에서 받았다.

검찰관 회령 어디서 받았는가.

안응칠 나는 의병으로 사방을 돌아다니고 있었기 때문에 특정한 인가(人家)에서
　　　받지는 않았다. 산 속에서 받은 것으로 기억한다.

검찰관 피고는 블라디보스토크에서 8일 아침에 출발했는가.

안응칠 아마 그랬던 것으로 생각된다.

검찰관 블라디보스토크에서 기차 승차권은 누구에게 부탁해서 샀는가.

안응칠 내 것은 내가 사고, 우연준의 것은 우연준이 샀다.

검찰관 피고는 러시아 말을 모르기 때문에 유동하에게 동행을 부탁했던 것이고,
　　　또 지야이지스고에는 조도선을 동행했을 정도이니, 블라디보스토크에서는 누
　　　구에겐가 부탁해서 승차권을 샀을 것 같은데, 그렇지 않은가.

안응칠 블라디보스토크에서는 돈을 내고 '하얼빈'이라고만 말하면 승차권을 살
　　　수 있기 때문에, 특별히 다른 사람에게 부탁할 것까지는 없다.

검찰관 요금은 어떻게 알았는가.

안응칠 한문으로 적혀 있기 때문에 알 수 있다. 또 나도 중국어는 조금 알고 있
　　　고, 블라디보스토크 사람들도 보통 중국어를 조금은 알고 있다.

검찰관 (우연준에게) 블라디보스토크에서 출발할 때, 차표는 피고가 직접 샀는가.

우연준 그렇다. 통역 없이 내가 직접 샀다.

검찰관 (안응칠에게) 우연준에게 이토를 살해하기 위해 간다는 이야기는 어디서 했는가.

안응칠 내가 숙박하고 있는 숙소로 우연준을 데리고 와서 말했다.

검찰관 우연준은 자신이 묵고 있던 고준문(高俊文)이라는 자의 집에서 들었다고 하는데, 어떻게 된 것인가.

안응칠 아니다. 우연준을 나의 숙소로 데리고 와서 말했다.

검찰관 (우연준에게) 안응칠은 지금 들은 대로 말하는데, 어떻게 된 것인가.

우연준 안응칠이 나를 찾아왔으며, 그의 숙소로 함께 가서 그 이야기를 들었다. 내가 앞서 말한 것은 틀리다.

검찰관 (안응칠에게) 우연준과 그 이야기를 한 곳은 이치권의 집인가.

안응칠 그렇다. 거기서 블라디보스토크를 출발하기 전 날 밤에 우연준에게 말했다.

검찰관 피고는 이치권의 집에 언제 갔는가.

안응칠 앞서도 말한 대로 여기저기에서 머무르다가 우연준과 이야기하던 날 그의 집으로 돌아갔다.

검찰관 이치권의 집으로 가기 전에는 어디에 있었는가. 지금 다시 한 번 말해 보라.

안응칠 그 전에는 포세트에서 팔 일 정도 있었고, 그 전에는 못고비치에 있었다.

검찰관 못고비치에서는 누구의 집에 있었는가.

안응칠 여관을 운영하는 김(金)씨라는 사람의 집에 있었다.

검찰관 그 전에는 어디에 있었는가.

안응칠 경흥에 있었다.

검찰관 경흥에는 며칠 동안 있었는가.

안응칠 그곳에서는 남 몰래 이곳저곳을 돌아다니고 있었다.

검찰관 경흥에서는 여관에 있었는가, 아니면 누구의 집에 있었는가.

안응칠 그때는 의병으로 있었기 때문에 숙소는 정해져 있지 않았다. 여기저기로 정찰이나 모금을 하러 다니며 모르는 사람 집에서 숙박했다.

검찰관 경흥 이전에는 어디에 있었는가.

안응칠 부령(富寧) 지방에 있었다.

검찰관 이번에 이토 공을 기필코 죽이려고 결심하고 출발한 최초의 장소는 어디인가.

안응칠 부령 지방에 있었을 때다. 그 지명은 모른다.

검찰관 부령에서 경흥까지는 하루면 갈 수 있는가.

안응칠 수일 걸렸는데, 정확히 며칠간인지는 기억나지 않는다.

검찰관 경흥에서 포세트까지는 며칠이면 갈 수 있는가.

안응칠 육지로 갔기 때문에 이삼 일 걸렸다.

검찰관 포세트에서 블라디보스토크까지는 며칠 걸리는가.

안응칠 배로 가면 하루가 걸린다.

검찰관 부령에서 이토 공이 만주로 온다는 소문을 듣고 출발했는가.

안응칠 그렇다.

검찰관 블라디보스토크로 갔을 때, 이토 공이 며칠날 하얼빈에 도착한다는 것은 알고 있었는가.

안응칠 확실히는 몰랐다. 대략 십수 일 후에 오리라고 생각하고 있었다.

검찰관 지야이지스고에 하차해서, 남쪽에서 오는 기차가 있느냐고 조도선을 시켜 알아본 일이 있는가.

안응칠 그 역을 출발하는 시각은 몇 시인지, 또 저쪽에서 오는 기차는 며칠날 도착하는지를 알아보았다.

검찰관 이토 공이 탄 기차는 며칠날 온다고 들었는가.

안응칠 그건 듣지 못했고, 신문을 통해 알고 있었다.

검찰관 몇 시에 도착할 예정이라고 하던가.

안응칠 조도선은 '러시아 사람이 말하기로는 기차가 오늘 올지 내일 올지 모른다고 한다'고 말했다.

검찰관 11일 밤에 그 역에서 숙박할 것을 우연준, 조도선과도 상의했는가.

안응칠 내가 숙박한다고 말했다.

검찰관 그리고 조도선을 시켜서 그 역의 관원에게 숙박하고자 한다고 부탁했는가.

안응칠 그렇다.

검찰관 (우연준에게) 지야이지스고에서 숙박하게 된 경위는 지금 들은 대로인가.

우연준 나는 찻집에 들어가서 차를 마시고 있었기 때문에 숙박한다고 말한 일은 모른다.

검찰관 그러나 숙박하기로 했다는 말은 안응칠이나 조도선으로부터 듣지 않았는가.

우연준 그 방은 전보를 치는 방이었는데, 내가 '여기서 숙박하느냐'고 물었더니, 안응칠이 '그렇다'고 하며 나와 조도선에게 아래로 내려가서 자라고 했다. 그래서 나는 아래로 가서 잤다.

검찰관 (안응칠에게) 피고는 이층에서 자고 우연준과 조도선은 아래층에서 잤는가.

안응칠 그렇다.

검찰관 그 다음날인 12일에는 찻집을 나와 어디론가 산책하러 갔는가.

안응칠 화장실에만 갔을 뿐, 산책하러 가지는 않았다.

검찰관 찻집과 플랫폼과는 얼마쯤 떨어져 있는가.

안응칠 약 이십 미터 정도이다.

검찰관 숙박한 다음날 피고 혼자 하얼빈으로 돌아간 이유는 무엇인가.

안응칠 유동하가 친 전보의 의미를 알 수 없었고, 돈도 조금 부족했기 때문이다.

검찰관 지야이지스고에는 병력이 많아서 실행하기 힘들 것 같았기 때문에, 하얼빈의 상황은 어떤지 보려고 돌아갔던 것이 아닌가.

안응칠 그렇다. 상황을 보려고 갔다.

검찰관 출발할 때 우연준에게 뭐라고 말했는가.

안응칠 '나는 하얼빈으로 가니, 너는 이곳에 있으라'고 말했다.

검찰관 피고와 우연준은 동지로서 블라디보스토크를 떠나 있었던 것이니, 피고가 하얼빈으로 되돌아가려면 우연준에게 무슨 말인가 하고 갔을 것으로 생각되는데, 어땠는가.

안응칠 '하얼빈의 상황을 살펴볼 테니, 너는 이곳에 있으라'고 말했다.

검찰관 그렇다면 후에 상황을 전보로 알린다든가 하는 것에 대해 서로간에 의논이 있었을 텐데, 어땠는가.

안응칠 전보에 대한 이야기는 하지 않았다. '내가 내일 오후까지 어떻게든 연락할 테니, 만약 연락이 없거든 너도 되돌아오라. 겨를이 있으면 반드시 연락은 하겠다' 라고 말했다.

검찰관 (우연준에게) 안응칠이 하얼빈으로 되돌아갈 때 무슨 말을 했는가.

우연준 지난번에 말한 대로 '여기서 기다리는 것은 소용이 없을 것 같다. 또 여비도 조금 부족하니, 내가 하얼빈으로 가겠다' 라고 말했다.

검찰관 (안응칠에게) 유동하로부터 온 전보에 대해서는 우연준에게 이야기했는가.

안응칠 전보를 받았을 때 우연준은 자고 있었지만, 나는 그에게 '이 전보가 무슨 뜻인지는 모르겠으나, 여비가 부족하니 하얼빈으로 가 보겠다' 라고 말하고 떠났다.

검찰관 (우연준에게) 안응칠은 피고에게 전보에 대한 이야기를 했다고 하는데, 어떻게 된 것인가.

우연준 돈이 부족하다는 말은 들었지만, 전보에 대한 이야기는 듣지 못했다.

검찰관 (안응칠에게) 피고는 우연준에게 전보에 대한 이야기를 한 것이 틀림없는가.

안응칠 확실히 우연준에게 이야기했다고는 말할 수 없고, 혼잣말처럼 말했다.

검찰관 지야이지스고에 내렸을 때 우연준과 피고는 각각 권총을 휴대하고 있었는가.

안응칠 내 권총은 내가 가지고 있었다. 우연준의 것은 모르겠다.

검찰관 (우연준에게) 피고는 피고의 권총을 가지고 내렸는가.

우연준 하얼빈에 도착한 후에는 옷 안주머니에 넣어 가지고 있었다.

검찰관 (안응칠에게) 피고는 권총을 어디에 넣고 있었는가.

안응칠 나도 옷 주머니 속에 넣고 있었다.

검찰관 조도선은 권총을 어디에 넣고 있었는가.

안응칠 그건 모른다.

검찰관 (우연준에게) 조도선은 권총을 어디에 넣고 있었는가.

우연준 모른다.

검찰관 (안응칠에게) 피고는 조도선에게 권총을 주었는가.

안응칠 준 적 없다.

결행 전야 —

가자 하얼빈으로!

Harbin Station

"만일 내일의 기회를 놓치면

다시는 일을 도모하기가 어려울 것이다.

그러니 우덕순 자네는 여기 머물고,

나는 오늘 하얼빈으로 돌아가서

두 곳에서 거사를 도모하면 충분히 편할 것이다.

그대가 성공하지 못하면 내가 성공할 것이요,

내가 성공하지 못하면 그대가 꼭

성공해야 한다."

— 『안응칠 역사』 중에서

검찰관 피고는 하얼빈으로 돌아가면서, 동지인 우연준은 왜 지야이지스고에 남겨 두었는가.

안응칠 일단 하얼빈으로 돌아간 것이었고, 그곳의 상황에 따라 다시 지야이지스고로 되돌아올 생각이었다.

검찰관 우연준과 같이 가지 않더라도, 피고 혼자서 결행할 작정이었는가.

안응칠 물론 그렇다.

검찰관 우연준은 같이 결행하기에 부족한 사람이라 단념했기 때문에 피고 혼자 하얼빈으로 되돌아간 것이 아닌가.

안응칠 그렇지는 않다.

검찰관 지난번에 피고가 '우연준을 시험해 봤더니 믿을 수 없는 사람이었다' 라고 한 말은 거짓이었나.

안응칠 그때는 본의의 진술이 아니었다.

검찰관 블라디보스토크를 출발할 때부터 우연준은 믿을 만한 자라고 생각하고 있었는가.

안응칠 그렇다.

검찰관 피고 혼자서도 대사를 결행할 생각이었다면 굳이 우연준과 동행할 필요는 없다고 생각되는데, 그렇지 않은가.

안응칠 대사를 결행하는 데는 사람이 많은 편이 유리하므로 동행한 것이다.

검찰관 블라디보스토크를 출발할 때 피고가 우연준에게 함께 가자고 했는가, 아니면 피고의 이야기를 듣고 우연준이 자진해서 동행했는가.

안응칠 내 의중(意中)을 밝혔더니, 우연준이 '그대가 간다면 나도 가겠다' 라고 말했다.

검찰관 (우연준에게) 안응칠이 말한 대로인가.

우연준 그렇다. 안응칠이 간다고 해서 동행한 것이다.

검찰관 피고는 그토록 열렬한 생각을 가지고 지야이지스고에 가 있었으면서, 13일 아침 이토 공이 지야이지스고역을 통과할 때 자고 있었다는 것은 사기를 매우 떨어뜨리는 셈이 아닌가. 또 안응칠에 대해서도 면목이 없는 일이 아닌가.

우연준 지금에 와서 안응칠에게는 부끄러운 일이다. 하지만 이토가 지야이지스고역에 하차하는 것도 아니었고, 또 내가 숙박하고 있는 집은 많은 병력이 배치되어 둘러싸고 시끄럽게 떠들고 있었는데, 그 숙소의 주인도 그때의 상황을 얘기해 주므로, 도저히 실행하기는 불가능하다고 생각하고 일어나지도 않고 자고 있었던 것이다.

검찰관 피고는 그때 권총에 총알을 장전해 놓고 있었는가.

우연준 처음부터 총알을 장전해 놓고 있었으며, 그때도 총알을 빼내지 않고 그대로 장전돼 있었다.

검찰관 그렇다면 방아쇠를 당기면 총알이 발사되도록 해 놓고 있었는가.

우연준 품 속에 넣어 두었기 때문에, 발사될 것을 염려하여 안전장치를 걸어 두었다.

검찰관 피고가 지은 노래는 매우 대단한 것인데, 노래와 행동은 전혀 다른 것 같다. 이에 대해 어떻게 생각하는가.

우연준 나는 처음부터 대사를 결행할 작정으로 노래를 쓴 것이지, 장난은 아니었다. 그렇다고 신문에 낼 작정도 아니었다.

검찰관 (안응칠에게) 우연준은 생각이 강고하고 훌륭한 자로, 예를 들어 러시아 병사가 있어도 일의 성패와 관계없이 열차에라도 한 발을 가할 사람이라고 생각하는가.

안응칠 나는 그가 이토를 죽일 만한 힘이 있는 사람이라고 생각하고 동행했다.

검찰관 우연준은 이토 공이 통과했음에도 불구하고 자고 있었는데, 피고는 그의 행동에 대해 어떻게 생각하고 있는가.

안응칠 병사들이 엄중히 감시하고 있었기 때문에 결행할 수 없었던 것이다. 그리고 둘이서 한 사람을 죽이는 것이기 때문에, 우연준이 하지 못하면 내가 결행할 것이었다. 만일 반대로 내가 지야이지스고에 남아서 병사들에게 감시당하고 있었다면, 도리어 우연준이 이토를 쏘았을 것이고, 그렇게 되면 나는 그에게 부끄러운 일을 한 셈이 되었을 것이다.

검찰관 (우연준에게) 피고는 이런 결심을 했으면서, 왜 애초에 사실을 감추고 안응칠을 모르는 자라고 말했는가.

우연준 나는 안응칠과 같은 목적으로 출발했다. 그런데 나는 한 발도 쏘지 못했기 때문에 부끄러워서 안응칠을 모르는 사람이라고 말했던 것이다.

검찰관 피고는 죄를 면하기 위해 거짓말을 한 것이 아닌가.

우연준 그렇지는 않다.

검찰관 조도선이 지야이지스고에서 권총을 조사받았을 때, 총알이 장전돼 있었는가.

우연준 그의 권총에 대해서는 눈치채지 못했다.

검찰관 러시아 병사가 피고가 가지고 있던 권총에서 총알을 빼냈는가.

우연준 모른다. 하지만 나는 총알을 장전한 채 안전장치를 걸어 두었었다.

검찰관 (안응칠에게) 피고가 이강에게 보낸 편지의 취지는 단지 신문에 보도해 달라는 것이 아니라, 피고의 결행과 이후의 일까지 보도해 달라는 것이었고, 또 빌린 돈 오십 원을 갚아 달라고 한 점으로 보면, 이강은 사전에 피고의 결행할 생각을 잘 알고 있었던 것 같은데, 안 그런가.

안응칠 그런 의미로 볼는지 모르겠으나, 나는 그런 의미로 쓴 것은 아니다. 한문은 보기에 따라서 의미가 달라진다.

검찰관 피고는 고국의 처자에게 돈을 부치고 있었는가.

안응칠 한 번도 돈을 부친 적이 없다.

검찰관 피고의 처자는 누가 돌봐 주고 있는가.

안응칠 내 집에는 수백 석의 수확이 있는 전지(田地)가 있다. 따라서 생활은 되기 때문에 돌봐 줄 사람이 필요치 않다.

검찰관 그 전지는 어디에 있는가.

안응칠 신천(信川)의 문화(文華)라는 곳에 있다.

검찰관 그 땅은 소작을 부치고 있는가, 아니면 피고의 집에서 직접 농사를 짓고 있는가.

안응칠 내 아우들이 짓고 있다.

검찰관 아우라면 정근과 공근을 말하는 것인가.

안응칠 그렇다. 그러나 내가 집을 나온 뒤에는 누가 짓고 있는지 모른다.

검찰관 피고의 처자는 신천에 있는가.

안응칠 진남포(鎭南浦)의 내 집에 있다.

검찰관 신천에 있는 전지의 수입은 진남포로 가지고 오는가.

안응칠 배로 보내 온다.

검찰관 피고는 부모가 있는가.

안응칠 어머니가 진남포에 계시다.

검찰관 이번에 정대호의 어머니라며 정대호가 데리고 온 자가 아닌가.

안응칠 그건 모른다. 다만 내 어머니는 젊은 편이시다.

검찰관 정대호가 어머니라며 데려온 자는 예순 살 남짓으로, 귀와 눈이 어두운 사람인데 맞는가.

안응칠 내 어머니는 마흔두 살 정도이시고, 귀도 눈도 건강하셨다. 하지만 삼 년 동안이나 만나지 못했기 때문에 지금은 어떤지 모르겠다. 또 전지도 내가 집을 나온 후에 팔았는지도 모른다.

검찰관 집에서 피고에게 가끔 소식이 있었는가.

안응칠 작년 가을 정대호가 부임할 때, 그가 집에서 소식이 있었다는 편지를 보내 준 것이 처음이었다.

검찰관 피고가 마지막으로 집에 소식을 보낸 것은 언제인가.

안응칠 올해 여름과 가을 7, 8월경에 두 번 소식을 보냈을 뿐이다.

검찰관 올해 4월에 정근, 공근에게 편지를 보냈던데, 그것과 합쳐서 두 번인가.

안응칠 그렇다.

검찰관 가을에 보낸 편지는 누구에게 보낸 것인가.

안응칠 아우에게 보낸 것이다.

검찰관 피고가 보낸 편지의 사본이 여기 있는데, 모두 올해 4월 3일로 돼 있다. 어떻게 된 것인가.

안응칠 그때의 편지는 무슨 말을 쓴 것인지 기억이 안 나지만, 어쨌든 편지는 두 번밖에 보내지 않았다고 생각한다.

검찰관 이곳에 있는 편지의 사본 중 정근에게 보낸 것에는 '공근이가 사범학교를 졸업하고 교원으로 있다고 하는데, 젊은 나이에 제대로 가르침을 받지 않고 교원 노릇을 하는 것은 분수를 모르는 일이니, 교원을 그만두고 진학하는 것이 좋겠다'라는 내용이었고, 또 공근에게 보낸 편지에는 '나는 집을 나온 지 삼 년이 됐다. 네가 교사를 하고 있다고 하는데, 아직 젊으니 고등학교에 들어가는 것이 좋을 것 같다. 나는 작년에 유럽에 갔다가 지금은 러시아령에 머무르고 있고, 이후에는 이탈리아 쪽으로 갈 작정이다'라고 씌어 있다. 이 외에도 편지를 보낸 적이 있는가.

안응칠 그 편지 외에 또 한 번 올해 가을에 편지를 보낸 것 같다.

검찰관 그 편지는 정대호가 귀국하니 피고의 아내가 온다고 하면 오라는 것과, 돈 천 원을 보내라는 내용의 편지였는가.

안응칠 그렇다. 그 편지를 쓰던 당시 나의 취지는 '정대호로부터 들은 바에 의하면 가족이 모두 무사하다고 하니 매우 다행이지만, 나는 부모도 형제도 없다고 생각하고 이 한 몸 잊고 생활하고 있으니, 결코 내 일에 대해서는 근심하지 말라'는 것과, 또 동생에 대해서는 '앞으로는 법률학교 따위보다는 공업 쪽이 더 나으니, 그 쪽의 공부를 하라'는 것이었다.

검찰관 그때 돈 천 원을 보내라는 말도 적었는가.

안응칠 그렇다.

검찰관 피고는 블라디보스토크의 최봉준(崔鳳俊)이라는 자를 아는가.

안응칠 그는 『해조신문(海朝新聞)』의 사장이다.

검찰관 그가 말한 바에 의하면, 피고는 혼츄레기, 슌과 하바로프스크 사이를 오가고 있다고 하는데 맞는가.

안응칠 그렇다.

검찰관 피고는 부령, 경흥, 포세트, 블라디보스토크 등지를 돌아다닐 때, 어떻게 생활하고 있었는가.

안응칠 의병으로 돌아다니고 있었다.

검찰관 그렇다면 피고는 포수가 아니지 않은가.

안응칠 사냥은 했지만 포수는 아니다. 직업이 뭐냐고 묻는다면, 의병이라고 말할 수밖에 없다.

검찰관 (우연준에게) 피고는 블라디보스토크에서 무엇을 하고 있었는가.

우연준 잎담배를 팔고 있었다.

검찰관 피고의 친척인 조장원(趙璋元)은 재산이 있어서 대금(貸金)을 하고 있는가.

우연준 그는 노인으로 매우 가난하다.

검찰관 (안응칠에게) 우연준과 함께 대사를 결행할 것을 약속할 만큼 이전부터 그와 친하게 지내고 있었는가.

안응칠 작년부터 아주 친한 사이가 됐다.

검찰관 우연준은 의병에 가담한 일이 있는가.

안응칠 의병은 아니다.

피고인 안응칠, 유동하, 우연준. 위와 같이 읽어 들려 주고 승낙 후 모두 자서하다. 메이지 42년 11월 18일 관동도독부 감옥에서. 단 출장 중이므로 소속관서의 인을 사용하지 못함. 관동도독부 지방법원. 서기 기시다 아이분. 고등법원 검찰관 미조부치 다카오. 통역촉탁 소노키 스에요시.

안응칠 제6회 신문조서. 피고인 안응칠. 이 사람에 대한 살인피고사건에 대해 메이지 42년 11월 24일 관동도독부 감옥에서 검찰관 미조부치 다카오, 서기 기시다 아이분 참석하에 통역촉탁 소노키 스에요시 통역으로 검찰관은 전회에 계속해서 위 피고인에 대해 아래와 같이 신문함.

검찰관 피고는 올해 4월 포브라니치나야에 있는 정대호의 집에서 삼사 일 머문 적이 있는가.

안응칠 있다.

검찰관 작년 9월 정대호가 진남포에서 포브라니치나야로 부임할 때, 그는 피고의 친척 이춘삼(李春三)이 전하는 말을 피고에게 알렸다. 그래서 피고도 정대호가 포브라니치나야로 부임한 것을 알고, 그의 집으로 갔던 것인가.

안응칠 정대호로부터 '포브라니치나야에서 이곳으로 와 있는데, 놀러 오지 않겠느냐'라는 편지가 와서 갔던 것이다. 그리고 내 친척 중에 이춘삼이란 사람은 없다. 또 정대호로부터 아무런 소식도 듣지 못했다.

검찰관 정대호의 집에 머물던 중, 그가 왼손 무명지를 자른 까닭을 물은 적이 있었는가.

안응칠 그런 일은 기억하지 못한다.

검찰관 정대호는 피고로부터 단지동맹(斷指同盟)을 해서 손가락을 잘랐다는 말을 들었다고 사람들에게 말하고 있는데, 맞는 말인가.

안응칠 정대호가 그런 말을 들었다고 하면 내가 말했을지도 모르지만, 나는 그런 말을 한 기억이 없다.

검찰관 그리고 그때 피고는 정대호에게 손가락을 자른 사람은 열한 명이라고 말했다는데 사실인가.

안응칠 나는 그런 말을 한 기억이 없다.

검찰관 정대호에게 그런 말을 하지 않았다고 하더라도, 손가락은 이상설(李相卨), 엄인섭(嚴仁燮), 김태훈(金泰勳)이란 자들과 함께 자른 것이 아닌가.

안응칠 그런 적은 더욱 없다. 그 당시 이상설은 헤이그(海牙)에 가 있었고, 엄인섭은 수천 리나 떨어진 곳에 있었으므로, 그런 일은 할 수도 없었다.

검찰관 그 당시 이상설과 엄인섭은 블라디보스토크에 있지 않았는가.

안응칠 그렇지 않다. 이상설은 현재 평화회의로 헤이그에 가 있고, 엄인섭은 수찬(水淸)에 있다.

검찰관 김태훈은 어디에 있었는가.

안응칠 그런 사람은 모른다.

검찰관 손가락을 자를 때 피고는 '나는 삼 년 내로 한국 밖에서 이토를 죽일 것이다. 만일 목적을 이루지 못하면 바보이니, 사죄하기 위해 자살하겠다' 라고 말한 일은 없는가.

안응칠 그런 일은 결코 없다. 나는 혼자서 맹세하고 손가락을 잘랐으며, 그 이유를 다른 사람에게 말한 적 없다.

검찰관 피고는 정대호의 집에 머물던 중, 귀를 앓아 고름이 나온 적이 있는가.

안응칠 한 번 그런 적이 있었지만, 정대호의 집에 있을 때였는지 아닌지는 잊었다.

검찰관 그때 피고는 정대호에게 '나는 『대동공보』에 논설을 내고 있다. 또 거년회(去年會)를 조직하여 어느날 그 토론회의 의장이 되었는데, 그때 한 사람이 자리에서 일어나 나가는 것을 꾸짖었더니, 그가 화를 내며 내 귀를 때렸다. 그래서 귀를 앓게 되었다' 라는 이야기를 한 적이 없는가.

안응칠 그런 말을 했는지는 기억나지 않는다. 또 나는 신문에 논설을 낸 적도 없다. 삼 년 전에 블라디보스토크에서 거년회의 토론회를 방청하러 갔을 때, 어떤 사람과 싸운 적은 있지만, 그 토론회의 의장이 된 적은 없다.

검찰관 올해 4월경에 그런 일이 없었는가.

안응칠 올해 그런 일은 더더욱 없었다.

검찰관 정대호는 올해 그런 일이 있었다는 말을 피고에게 들었다고 하는데, 어떻게 된 것인가.

안응칠 정대호가 거짓말을 할 사람은 아니라고 생각하지만, 나는 그에게 그런 일을 말한 기억이 전혀 없다.

검찰관 그리고 그때 피고는 '블라디보스토크에 있었는데, 하숙비가 궁해서 엔치야(烟秋)에 있는 최재형(崔在亨)의 집에 얹혀 살면서 블라디보스토크를 왕래하고 있다' 라고 정대호에게 말한 적이 없는가.

안응칠 나는 '블라디보스토크에는 숙소로 묵을 만한 곳이 없고, 또 엔치야에도 숙소가 없으니, 만일 내게 편지를 보내려거든 신문사로 보내면 된다' 라고 말했다. 그리고 최재형의 집에 머물렀던 적도 없고, 또 그에 대해 말을 한 적도 없다.

검찰관 최재형이라는 자는 상당한 재산을 가지고 있고, 또 러시아 관헌으로부터 블라디보스토크 방면의 한국민을 단속하라는 명을 받아 잘 돌봐 주어, 모두가 최 도헌(都憲)이라고 경칭하여 부르는 자가 아닌가.

안응칠 그렇다. 그 사람이다. 그는 러시아령에서 사십 년 정도 관리로 있었기 때문에 도헌이라 불리며, 한국의 군수와 같은 역할로 근무하고 있다. 그리고 한국인뿐만 아니라 러시아인의 단속도 하고 있다.

검찰관 그는 배일사상(排日思想)이 강한 사람으로, 『대동공보』 등에 매월 백오십 원 정도를 내고 있지 않은가.

안응칠 러시아나 러시아 사람들에게 배일사상이 있는 것은 당연하다. 그리고 러시아로 귀화한 사람들은 『대동공보』 등에 기부금을 내고 있다. 하지만 최재형이 매월 백오십 원씩이나 내고 있는지는 모른다.

검찰관 올해 8월에도 피고는 정대호의 집에 간 적이 있는가.

안응칠 있다. 그때는 올해 7월이라고 생각한다.

검찰관 그때 피고는 정대호에게, 이범윤(李範允)이 기부금을 횡령해서 그와 피고의 사이가 나빠졌다는 말을 하지 않았는가.

안응칠 이범윤이 기부금을 써 버렸다는 말은 가끔 들었지만, 그 이야기를 정대호에게 했는지는 기억나지 않는다.

검찰관 그리고 피고는 '엄인섭과 함께 의병을 일으켜 회령, 종성(鍾城) 등지에서 일본군과 서너 차례 교전했고, 또 이범윤의 부하로 있었는데 그가 기부금을 착복하는 바람에 그의 휘하를 이탈했다' 는 말을 정대호에게 한 적이 있는가.

안응칠 그런 말을 한 기억은 없다. 또 그런 사실도 없다. 엄인섭이 일본군과 교전했다는 말은 들었지만, 당시 나는 북간도(北間島)에 있었기 때문에 전투와는 무관하다. 또 이범윤과 절교한 일도 없고, 그와는 원래부터 친한 사이도 아니었다.

검찰관 정대호는 피고로부터 그런 이야기를 들었다고 사람들에게 말하고 있는데, 어떻게 된 것인가.

안응칠 그런 사실이 없는데, 내가 이야기할 까닭이 없다.

검찰관 그 당시 피고는 북간도에 있었다고 했는데, 어디에 있었는가.

안응칠 당시 나는 훈춘(琿春)과 다도고우라는 곳을 오가고 있었다.

검찰관 누구의 집에 있었는가.

안응칠 숙소는 없었다. 이곳저곳의 부락에서 연설하며 학교의 설립을 권유하고 있었으므로 동가숙서가식(東家宿西家食)했으며, 어떤 때는 아는 사람의 집에서 묵기도 했다.

검찰관 그 숙소는 어디이며, 또 아는 사람은 누구인가.

안응칠 이름은 잊어 버렸지만 훈춘에서는 김(金)씨라는 사람과 최(崔)씨라는 사람의 집에서, 또 다도고우에서는 윤(尹)씨라는 사람의 집에서 숙박했다.

검찰관 피고는 앞서 부령에서 한국 신문 또는 일본 신문을 보고 이토 공이 온다는 사실을 알았다고 했는데, 그때는 이토 공의 기사를 게재한 신문은 아직 도착하지 않았을 터이다. 이토 공이 온다는 것은 전보나 다른 방법으로 알게 된 것이 아닌가.

안응칠 그때 신문에도 기사가 있었고, 또 소문도 있었다.

검찰관 피고는 실제로 부령에서 온 것이 아니라, 블라디보스토크에 있다가 거기서 하얼빈으로 온 것이 아닌가.

안응칠 부령에서 온 것이 틀림없다. 그건 우연준에게 물어 봐도 알 것이다.

검찰관 우연준은 피고와 블라디보스토크에서 우연히 만났다고 말하고 있으니, 당연히 그런 일은 모를 텐데, 어떻게 안다는 것인가.

안응칠 우연준이 그렇게 말했을지도 모르지만, 나는 부령에서 온 것이 틀림없다.

검찰관 피고는 일본의 근세사를 읽어 보았는가.

안응칠 대략 읽어 알고 있다.

검찰관 그렇다면 이토 공작이 어떤 일을 했는지 알고 있는가.

안응칠 잘한 일도 잘못한 일도 다 알고 있다.

검찰관 이토 공도 예전에는 피고가 가지고 있는 생각과 거의 같은 사상을 가지고 있었다. 즉 배외사상(排外思想)이 강해서 가로(家老)를 죽이려고까지 했었는데, 한번 서양에 가서 그 문명을 보고는 이전의 생각을 고쳤다고 한다. 그런 일이 근세사에 있는 것을 보았는가.

안응칠 그런 일은 모두 알고 있다.

검찰관 이토 공은 서른 살이 못 됐을 때 동지 여섯 명과 함께 영국으로 가서 대여섯 달 머무는 동안,『타임스』신문에서 영국, 미국, 프랑스, 네덜란드(和蘭) 네 나라가 연합해서 함대를 편성하여 일본의 시모노세키(下關)를 포격한다는 기사를 보고, 학문을 그만두고 일본으로 돌아와 배외사상이 있는 사람에게까지 전쟁을 해서는 안 된다고 제지했는데, 이 때문에 변절한 자라 하여 그를 죽이려고 한 일이 있었다. 이런 역사를 알고 있는가.

안응칠 그 일도 알고 있다. 일본이 처음으로 네덜란드와 무역을 시작했다는 사실, 이토가 미국에도 건너가 크게 얻은 것이 있었다고 하는 일, 그리고 일본으로 돌아가서 단발(斷髮)을 행했다는 일도 알고 있다.

검찰관 이토 공은 메이지 24, 5년 이래로 일본에서도 자유당(自由黨) 등으로부터 적대시당하고, 피고가 이토 공을 죽이게 된 이유와 같은 이유로 상당한 반대가 있었으며, 특히 일러전쟁(日露戰爭) 후 이토 공의 동상은 어떤 자들에 의해 대(臺)에서 끌어 내려져 코까지 때려 부수어진 일이 있었는데, 그 일도 알고 있는가.

안응칠 알고 있다.

검찰관 일청전쟁(日淸戰爭)과 일러전쟁은 동양평화를 위해 하는 것이라고 일본이 선언한 일은 알고 있는가.

안응칠 그렇다. 동양평화를 유지하고, 또 한국의 독립을 도모한다는 것이었다.

검찰관 일한협약(日韓協約)도 한국의 독립을 도모하기 위한 선언이라는 것을 알고 있는가.

안응칠 그런 선언이라는 것은 알고 있지만, 믿어지지 않는다.

검찰관 피고는 국제공법(國際公法)을 알고 있는가.

안응칠 전부는 모르고, 일부분 알고 있다.

검찰관 일본이 아무리 제멋대로 해도, 국제협약에 가입하고 있는 만국(萬國)이 묵시(默視)하지 않을 것이라는 것도 알고 있는가.

안응칠 그것도 알고 있다.

검찰관 그렇다면 일본이 동양평화를 부르짖으며 한국을 멸망시킨다든가 또는 병합한다든가 해도, 만국이 감시하고 있기 때문에 그렇게 될 수 없다는 것도 알고 있는가.

안응칠 나는 일본이 한국을 병합하고자 하는 야심이 있음에도 불구하고, 열국이 묵시만 하고 있는 이유도 알고 있다.

검찰관 일청전쟁에서 일본이 승리를 얻어 대만(臺灣) 외에 요동반도(遼東半島)를 점령하려고 했을 때, 프랑스·독일·러시아 삼국동맹이 일본의 요동 점령에 이의를 제기하여, 마침내 이를 청국에 환수케 한 일을 알고 있는가.

안응칠 알고 있다. 그 때문에 일러전쟁이 일어났던 것이다.

검찰관 그러면 일본 혼자서는 다른 나라를 병합하지 못하도록 열국이 감시하고 있는 것이 아닌가.

안응칠 감시하고 있게 돼 있다.

검찰관 조선도 예로부터 수백 년 역사를 가지고 독립한 나라이다. 그러므로 일본이 열국의 감시가 있음에도 불구하고 병합하려 하는 것은 불가능하다. 이는 조금만 생각해 보면 알 수 있을 것이라고 생각하는데, 피고는 어떻게 생각하는가.

안응칠 병합은 될 수 없을 것이다. 그런데 이토가 미쳐 있기 때문에 병합하고자 했던 것이다.

검찰관 일청전쟁은, 청국 출병에 대해 한국이 독자적으로 막을 수 없었기 때문에 일본이 한국을 위해 출병한 결과 야기한 것으로, 한국은 독자적으로 행할 수 없는, 즉 자력이 없는 나라라는 것을 알고 있는가.

안응칠 그건 알고 있다.

검찰관 또 일러전쟁도, 일본이 요동 반도를 청국에 환수하자, 러시아가 관동주(關東洲)를 조차(租借)하여 군사를 두고, 또 뤼순항(旅順港) 내에 군함을 배치하여 한국에 출병하려고 위협하여 일어난 것으로, 한국이 지극히 자위력이 없기 때문에 마침내 일본이 러시아와 전쟁을 하게 된 셈인데, 이에 대해 어떻게 생각하는가.

안응칠 그건 그렇다.

검찰관 그러면 한국은 자력으로 청국 또는 러시아와 대항할 수 없는 것으로, 만일 다른 나라가 한국을 점령하는 일이 생기면 일본은 매우 불리한 위치에 서게 되기 때문에 보호하고 있는 실정인데, 이는 어떻게 생각하는가.

안응칠 그건 그렇다.

검찰관 한국에 자력이 없기 때문에, 일본이 보호하여 장차 한국을 자주 독립의 문명국으로 만들고, 일본 자국의 안전을 도모할 필요에서 통감제도까지 두어 한국을 보호하고 있는 것인데, 이를 모르는가.

안응칠 그렇다는 것은 알고 있다.

검찰관 한국인도 어린 나이에 부모와 떨어진 자에게는 후견인을 두어 그 아이를 보호하지 않겠는가.

안응칠 그렇다.

검찰관 만약 그 아이가 명가(名家)의 자손이라면, 다른 사람이 엄중하게 그 아이를 감시하고 편달을 더해 충분한 교육을 시킬 것이다. 그렇지 않은가.

안응칠 그렇다.

검찰관 그 아이가 그 뜻을 받아 열심히 공부하여 지능을 연마하고 몸을 근신(謹愼)하여 재산을 다스릴 수 있게 되면, 후견인을 없애고 독립하여 가정을 꾸려 나갈 수 있으나, 만약 공부하지 않는데다 재산을 다스리지 못하고 방탕한 생활을 한다면, 언제까지고 후견인을 두지 않으면 안 되는 것이 아닌가.

안응칠 그렇다.

검찰관 그렇다면 한국은 독립해서 스스로를 지킬 수 없는 어린아이와 같으며, 따라서 일본이 후견인이 되어 보호하고 있는 것이므로, 한국이 그 뜻을 잘 받들고 있다면 통감제도도 오래 둘 필요가 없는 것이다. 그러나 만일 한국이 후견인의 뜻에 반하여 행동한다면 영영 통감제도를 폐지할 수 없게 되는데, 그 이유는 알고 있는가.

안응칠 일본으로서는 그렇지만, 한국의 입장에서 말하면 그렇지 않다.

검찰관 열국이 승낙하고 있는 보호, 즉 통감제도는 한국이 세계의 대세를 자각하게 되면 필요 없게 되지만, 깨닫지 못하고 완명(頑冥)한 생각을 가지고 있다면 끝내 통감제도도 폐지할 수 없게 되는 것이다. 결국 일본이 한국을 망하게 하는 것이 아니라, 한국이 스스로 망하게 되는 것인데, 이를 알고 있는가.

안응칠 그것이 한국인이 갖고 있는 생각 중 하나라는 것은 나도 알고 있다.

검찰관 그렇다면 통감정치에 대해 분개할 이유가 없으며, 오히려 자국민의 무능함을 깨우치지 않으면 안 되는 것이 아닌가.

안응칠 나는 일본이 한국에 대해 야심이 있건 없건, 그런 일은 안중에 두고 있지 않다. 다만 동양평화라는 것을 안중에 두고, 잘못된 이토의 정책을 미워하는 것이다. 한국은 오늘날까지 진보하고 있다. 다만 독립해서 스스로를 지킬 수 없는 것은 한국이 군주국(君主國)이라는 점에 기인하며, 그 책임이 위에 있는지 밑에 있는지는 의문이다.

검찰관 독립해서 스스로를 지킬 수 없다는 것을 아는 이상, 한국을 일본이 보호하는 것은 당연한 일이라고 생각하는데, 어떻게 생각하는가.

안응칠 그건 당연하다. 그러나 그 방법이 아주 잘못 돼 있다. 즉 박영효(朴泳孝)와 같은 인물을 조약을 집주(執奏)하지 않았다 하여 제주도로 유배하고, 현재 이완용(李完用) 이지용(李址鎔) 송병준(宋秉畯) 권중현(權重顯) 이근택(李根澤) 신기선(申箕善) 조중응(趙重應) 이병무(李秉武) 따위의 하등 쓸모없는 자들을 내각에 두어 정치를 시키고 있다. 이는 정부의 잘못으로, 정부를 근본부터 타파하지 않으면 한국은 스스로를 지킬 수 없는 것이다.

검찰관 한국 이조(李朝)의 황실인 이씨는 동북(東北) 출신으로, '서북 사람은 정치에 관여해서는 안 된다'는 유훈을 남겼는데, 과연 그렇다면 한국국민은 자국의 황실을 원망하는 것이 된다고 생각한다. 이에 대해 어떻게 생각하는가.

안응칠 그런 일이 있기 때문에 서북인이 불평을 하는 것이다. 그러나 국민으로서 황실에 대해 그런 말을 해서는 안 된다.

검찰관 그렇다면 일본이 황실의 선언에 기초하여 보호정책을 시행하고 있으므로, 이를 따르지 않는 것은 소위 국민이 황실에 불평을 호소하는 것이 되는데, 이런 일은 해서는 안 되는 것이 아닌가.

안응칠 황실에 대해 불경한 일은 할 수 없지만, 자신의 의견을 말하는 것은 상관없다고 생각한다. 또 정부에 대해 의견을 말하는 것은 권리이다.

검찰관 피고는 동양평화라고 말하는데, 동양이란 어디를 말하는가.

안응칠 아시아 주를 말한다.

검찰관 아시아 주에는 몇 나라가 있는가.

안응칠 중국, 일본, 한국, 타이, 버마 등이 있다.

검찰관 피고가 말하는 동양평화란 어떤 의미인가.

안응칠 모두가 자주독립할 수 있는 것이 평화이다.

검찰관 그렇다면 그 중 한 나라라도 자주독립하지 못하면 동양평화라고 말할 수 없다는 말인가.

안응칠 그렇다.

검찰관 일본이 세계 열국에 선언하고 있는 것에 의하면, 한국 보호는 동양평화를 위해 하는 것인데, 이에 대해 어떻게 생각하는가.

안응칠 일본은 세계 열국에 그렇게 선언하고 있는 것 같다.

검찰관 일본이 세계 열국에 그렇게 선언했는데, 실제로 한국을 병합하려고 하면 열국이 이를 묵인할 것이라고 생각하는가.

안응칠 예를 들어 말해 보겠다. 한 마을에 삼형제가 살고 있는데, 그 중 첫째는 가장 많은 재산을 가지고 있고, 둘째는 가난하며, 막내는 다소의 재산을 가지고 있다. 그러던 어느날 가난한 둘째의 가족이 서로 싸우고 있었는데, 첫째가 와서 말렸다. 그런데 막내가 와서는, 말리고 있는 큰형이 작은형을 폭행하는 것으로 오해하고 마침내 큰형과 싸우게 되었다. 이웃 사람이 이를 보다 못해 싸움을 말려 그치게 했는데, 첫째는 이를 고맙게 여겨 싸움을 중재해 준 사람에게 전지(田地)를 사례로 주었다. 그러자 막내는 이를 불만으로 생각하고, 즉 자신을 빈정대는 것으로 생각하고 우마(牛馬)를 사들이고 몸을 치장하는 등 사치를 하여 빚을 지게 되었다. 그후 막내는 자포자기하여 늘 사람들과 싸움질만 하고 다니므로, 사람들은 그를 싸움쟁이라 했다. 그는 많은 빚을 져서 어쩔 수 없게 되었는데, 그러던 중 한 가지 간책(奸策)을 내었다. 즉 작은형의 재산을 횡령하기 위해 사람들에게 '작은형이 나에게 후견인이 되어 달라고 말하는데, 어떻게 했으면 좋겠습니까' 라고 물었다. 그랬더니 사람들은, 그가 싸움쟁이라 끌려 들어가지 않으려고 좋다고 했다. 이에 막내는 만족하고 마침내 후견인이 되어 둘째의 집으로 들어가 전지를 제멋대로 경작하고 횡포를 부리며 박해를 가하는지라, 둘째는 늘 비통해하고 있었다. 그러던 중 사람들이 모여 그 막내

"나 안중근의
궁극적인 목적은
'동양평화
유지'에
있다."

를 징계하여 다스릴 의논을 하게 되었는데, 그 중 어떤 사람은 '막내를 다스리는 김에 두 형의 재산도 횡령하는 것이 어떠냐'고 말했고, 또 그 이웃에 있던 사람은 '그 막내의 일가족 모두가 나쁜 것이 아니라, 그 집에 있는 이토란 놈이 나쁘다'고 말했다. 즉 이 세 가족은 형제라는 것은 분명하므로, 한마음으로 사람들에게 맞서면 세 가족을 안전히 유지할 수 있는 것으로, 현재 동양 각국이 모두 손잡고 힘을 같이 하면, 인구가 오억은 되니 어떤 나라도 당해낼 수 있다. 이치가 이런데도 일본은 자기가 주리고 있다고 해서 남을 먹이로 하여 합심을 방해하고 있는 것과 마찬가지다. 즉 이토가 하는 짓은, 위에서 말한 작은형을 먹이로 삼는 막내와 같은 것으로, 그 정책이 잘못되었기 때문에 한국에는 폭도가 일어나고 국민의 거주도 안전하지 못하는 등 보호정책의 실적이 조금도 오르지 않고 있는 것이다. 게다가 중국의 감정까지 해쳐, 현재 중국에서는 일청전쟁의 원수를 갚으려고 모두가 기대하고 있는데, 이는 내가 중국을 순회하면서 분명히 알게 된 일이다. 또한 미국에도 노동자를 무더기로 보냈기 때문에 미국으로부터도 일본은 배척당하고 있고, 러시아도 일본에 대해 결코 좋게 생각하고 있지 않다. 특히 한국국민도 한번 일본과 전쟁을 벌여 현재의 불행을 만회하려고 밤낮으로 고심하고 있다는 것은 말할 나위도 없는 일이다. 게다가 러시아도 공중비행기와 전기기구 등을 단연코 발명하여 일본과 전쟁을 벌일 준비를 하고 있다고 들었다. 일본이 영국과 동맹관계에 있다고 하지만, 영국은 자국의 이익 때문에 동맹하고 있는 것이므로 이에 의존해서는 결코 안 될 것이다. 그리고 미국인 중에는, 일본의 재정만큼을 한 개인이 가지고 있는 경우조차 있다. 따라서 미국, 중국, 러시아가 연합하여 일본에 맞선다면, 일본은 이에 대항하지 못할 것이다. 이러한 상태라 열국은 조만간 일본에 대항할 각오로 묵인하고 있는 것이라고 생각한다. 또 한국도 독립할 수 없다고만은 할 수 없다. 근래에 미국과 포르투갈(葡萄牙)이 마침내 독립할 수 있었던 사례도 있다. 이토의 정책은 크게 잘못돼 있다.

검찰관 피고가 말하듯이 일본이 열국에 대항할 수 없다면 일본은 더더욱 열국에 한 선언을 지킬 것이니, 일본의 야심을 의심하거나 이토 공의 야심을 의심할 여지가 없다고 생각되는데, 이에 대해서는 어떻게 생각하는가.

안응칠 그건 그렇지만, 열국과 한국 사이에서 이토가 여러가지 간책을 운용하고 있었다.

검찰관 이토 공을 죽이면 일본이 한국에 대해 시행하고 있는 보호정책, 즉 통감 정치가 폐지될 것이라고 생각하고 있는가.

안응칠 그렇게 생각하고 있다.

검찰관 이토 공이 죽었다 해도, 통감정치가 폐지될 까닭이 없다. 세계 열국과의 약속이 있기 때문에, 이를 파기하지 않는 이상 보호협약은 결코 소멸하지 않는 것이다. 거기까지는 미처 생각하지 못했는가.

안응칠 그 협약은 이토가 병력으로 황상(皇上)을 협박하여 강제로 승낙케 한 것이다.

검찰관 한국이 독립할 수 없기 때문에 이를 강박(强迫)하여 협약케 한 것으로, 조약이 강박에 의해 성립된 예는 많으며, 결코 불법이 아닐 뿐만 아니라 당연한 것인데, 어떻게 생각하는가.

안응칠 그건 그렇지만, 이토가 한국국민의 희망이기 때문에 보호하고 있다고 말함으로써 일본 황제를 비롯하여 일본국민을 기만했다. 그래서 이토를 죽이면 일본도 자각할 것이라고 생각하고 그를 죽인 것이다.

검찰관 만약에 중국은 말할 것도 없고 러시아에 대항할 힘도 없는 한국을 그대로 방치한다면, 한국은 멸망할 수밖에 없다. 이는 곧 동양평화에 해가 되는 것이므로 일본이 보호하고 있는 것이다. 피고는 이런 사리를 모르고 있다고 생각하는데, 어떻게 생각하는가.

안응칠 결국 이토의 방법이 나빴기 때문에 한국이 오늘날과 같은 상태에 이른 것으로, 만약 간책을 부리거나 강제협약을 하지 않았다면, 말할 것도 없이 동양은 지극히 평화로울 것이라고 생각한다.

검찰관 강제협약이라고 말하지만 이는 한국이 스스로를 지킬 수 없었던 결과이며, 실제로 일본에서도 안세이(安政) 연간에 미국이 군함을 몰고 와서 억지로 불리한 조약을 승낙케 한 일이 있다. 그때 일본국민은 분노하여, 그 조약을 체결한 이이(井伊) 대로(大老)를 살해한 일이 있다. 그러나 그를 죽였다고 해서 그 조약이 결코 소멸한 것이 아니다. 실제로 십 년 전까지 그 조약은 지속되고 있었다. 즉 이것도 강제로 조약을 체결했던 하나의 예다. 그리고 그후 이토 공과 이노우에(井上)라는 사람이 그 조약을 개정하려고 했으나 이루지 못했고,

오쿠마(大隈)라는 사람이 그 조약 개정의 국면에 임하여 '외국인도 일본 재판관이 다스린다'는 조항을 더해 크게 양보하여 조약 개정의 목적을 이루려고 했으나, 국내에 다수의 반대자가 있어서 개정되지 못했다. 그때 피고와 같이 사리를 모르는 자가 일본에도 있어, 오쿠마를 매국노라 하여 그에게 폭탄을 던졌는데, 그 때문에 그는 한쪽 다리를 잃게 됐다. 즉 하나의 정책을 시행하려 하면 반드시 일부 사람이 반대하는 따위의 일은 흔히 있는 것이다. 그 반대하는 자들은 세계의 대세를 깨닫지 못하고 국제법 등의 사상이 부족하기 때문에, 결국 훗날에 이르러 후회하게 된다. 실제로 피고도 이토 공을 죽인 것을 언젠가는 후회할 때가 있을 것이다. 실로 피고도 사리를 몰랐던 결과에서 나온 행동에 지나지 않는다. 피고는 잘 생각해 보는 것이 좋을 것이다.

안응칠 당시 일본의 조약과 현재 한국의 조약과는 성질이 다르다. 한일협약은 거의 형제 동지 사이에서 한쪽이 다른 한쪽을 먹이로 하고자 한 것이다. 실제로 이토는 삼 년 동안 한국의 인재를 다 죽이고 있다.

검찰관 세계 여러 나라의 역사를 보더라도 정치에 반항하는 사람을 죽인 사례는 결코 적지 않다. 이를 가지고 정책이 잘못됐다고 말할 수는 없는 것이다. 이런 일은 원래 정치에 수반하는 일로, 이상하다고 할 것도 없는 것이다.

안응칠 그것은 서양 등에 있는 나쁜 사례다.

검찰관 유독 서양뿐만 아니라 중국이나 조선에도 그런 예가 있는데, 어떻게 생각하는가.

안응칠 이토가 한국을 보호한 실적은 조금도 없다.

검찰관 보호한 실적이 있는지 없는지 지금은 아직 모른다. 그건 이후에 나타나는 것이다. 즉 한국이 일본의 보호를 받게 된 이래로 식산공업은 발달하고 있고 위생, 교통 기타 내정도 점차로 완비되고 있다. 그러나 피고처럼 본국에 살지 않는 자는 그 혜택을 받지 못하기 때문에 모를 것이라고 생각한다. 안 그런가.

안응칠 위생, 교통의 완비 그리고 그 밖에 학교 등의 설립이 있었던 일은 나도 알고 있다. 그러나 이는 모두 일본인을 위해 한 것이지, 한국을 위해 노력한 것은 아니라고 생각한다.

검찰관 피고는, 저 『사기(史記)』에도 나와 있는 것처럼, 역수(易水)의 형가(荊軻)가 진(秦)나라의 시황을 죽이려고 갔던 것과 같은 비가강개(悲歌慷慨)의 무리이며, 세계의 대세를 이해하지 못하는 자라고 생각되는데, 어떻게 생각하는가. 잘 생각해 보는 것이 좋을 것이다.

안응칠 나는 그렇게 생각하지 않는다. 한국은 상당히 발전하고 있다고 생각한다.

검찰관 한국이 발전하고 있다는 것은 피고만의 생각이지, 실제로는 결코 그렇지 않다. 그대로 내버려 두면 진보하지 않기 때문에 일본이 보호하고 있는 것이다. 피고는 이를 모르고 있는 것 같은데, 어떻게 생각하는가.

안응칠 일본도 진보하기 이전에는 마찬가지였으며, 메이지 초년경에는 문명하지도 않았고 진보하지도 않았다.

검찰관 그래서 일본은 스스로 깨닫고 진보와 발전을 도모한 결과 오늘날과 같이 된 것이고, 또 일본이 한국을 보호하는 실정이 된 것이다.

안응칠 나는 전혀 생각이 다르다. 여하간 일본의 한국에 대한 정책은 잘못됐다고 믿는다.

검찰관 한국 국기에 피고 등이 손가락을 자른 피로 '대한국 독립만만세'라고 써서 대동공보사(大東共報社)에 두었다고 하는데 사실인가.

안응칠 그런 일은 전혀 없다.

검찰관 그 일은 정대호에게도 피고가 이야기했다고 하는데, 어떻게 된 것인가.

안응칠 정대호가 거짓말한 것이다.

이때 정대호를 입정시켜 다음과 같이 안응칠과 대질신문한다.

검찰관 (정대호에게) 피고는, 단지동맹이라고 말하는 것으로 안응칠 외 열 명이 손가락을 잘랐다는 말을 안응칠로부터 듣고, 전옥(典獄)에게 말했다고 했는데 틀림없는가.

정대호 안응칠로부터 단지동맹으로 손가락을 잘랐다고 들었다.

검찰관 언제 그 이야기를 들었는가.

정대호 4월 그믐에 왔을 때 들었다.

검찰관 안응칠은 왜 그런 말을 했는가.

정대호 내가 안응칠의 손가락이 잘려 있는 것을 보고 그 까닭을 물었더니, 그 이야기를 해주었다.

검찰관 왜 단지동맹을 했다고 하던가.

정대호 의병이 될 목적으로 했다고 말했다.

검찰관 (안응칠에게) 정대호는 지금 들은 대로 말하는데, 어떻게 된 것인가.

안응칠 나는 그런 말을 한 기억이 없다.

검찰관 (정대호에게) 또 안응칠이, 이범윤이 기부금을 써 버렸기 때문에 그를 단념했다는 말과 엄인섭과 함께 회령, 종성 등지에서 일본군과 세 차례 교전했다는 말을 피고에게 한 적이 있는가.

정대호 그 이야기도 안응칠로부터 들었다.

검찰관 (안응칠에게) 지금 들은 대로인데, 어떻게 된 것인가.

안응칠 다시 한 번 말하지만, 그런 말을 한 기억이 없다.

검찰관 (정대호에게) 안응칠이, 열 명과 함께 손가락을 자른 피로 한국 국기에 '대한국 독립만만세'라고 써서 대동공보사에 둔 것은, 한국의 독립을 회복하기 위해서였다고 한 말을 전옥에게 이야기한 것은 틀림없는가.

정대호 그렇다. 그 이야기는 다 안응칠에게 들었다. 그러나 국기를 대동공보사에 두었다고 들었는지, 아니면 자기가 가지고 있다고 들었는지 그 점은 잘 기억나지 않는다.

검찰관 (안응칠에게) 지금 들은 대로인데, 어떻게 된 것인가.

안응칠 손가락을 자른 피로 국기에 글씨를 썼는지, 또 그걸 어디에 두었는지 기억나지 않는다. 대동공보사에는 두지 않았을 것이다.

검찰관 국기에는 열한 명의 피로 썼는가.

안응칠 열 명 앞에서 내가 혈서를 썼다.

검찰관 피고를 포함해서 열한 명인가.

안응칠 그렇다.

검찰관 (정대호에게) 안응칠은 지금 들은 대로 열 명 앞에서 안응칠이 혈서를 쓴 것이지, 열한 명이 모두 손가락을 자른 것은 아니라고 하는데, 어떻게 된 것인가.

정대호 열한 명이 썼다고 들었다.

검찰관 (안응칠에게) 정대호는 이렇게 말하는데, 어떻게 된 것인가.

안응칠 열 명이 내가 말하는 것을 믿지 않으므로, 그 앞에서 내가 혈서를 쓴 것이다.

검찰관 피고 혼자서라면 동맹이 아니지 않은가.

안응칠 열한 명 모두 뜻을 같이한 사람이다.

검찰관 그 열 명의 이름을 대 보라.

안응칠 강기순(姜起順), 박봉석(朴鳳錫), 정원주(鄭元周), 그리고 그 외의 사람들은 이름을 모른다. 김(金)씨라는 사람이 서너 명 있었고, 그 밖에 유(柳)씨, 조(趙)씨, 이(李)씨라는 세 사람과 황길영(黃吉榮)이라는 사람이 있었다.

검찰관 유(柳)라는 자는 유인석(柳麟錫), 박이라는 자는 박태암(朴泰巖)이나 박영갑(朴永甲) 또는 박대성(朴大成)이 아닌가.

안응칠 그 사람들은 아니다.

검찰관 김이라는 자들은 김인수(金仁洙), 김낙훈(金洛勳), 김석영(金石永), 김치보(金致甫)가 아닌가.

안응칠 아니다.

검찰관 이(李)라는 자는 이위종(李瑋鍾), 조라는 자는 조창호(趙昌鎬)가 아닌가.

안응칠 아니다.

검찰관 피고가 어디에 있을 때 손가락을 잘랐는가.

안응칠 청국과 러시아의 경계인 카리(下里)라는 곳에 있을 때이다.

검찰관 손가락은 언제 잘랐는가.

안응칠 작년 12월인지 올해 1월인지에 잘랐다.

검찰관 (정대호에게) 안응칠은 손가락을 언제 잘랐다고 말하던가.

정대호 그건 듣지 못했다.

검찰관 안응칠이 피고에게 그런 비밀을 이야기한 것으로 보면, 안응칠과는 어지간히 친하게 지내고 있던 것 같은데 ….

정대호 안응칠과는 친하다.

검찰관 그러면 이번에 안응칠의 처자를 데려온 것은 무슨 사정이 있었던 것이 아닌가.

정대호 안응칠이 내가 있는 곳으로 와서, 자기는 타지에 있을 것이라며 '네가 돌아간다니 하는 말인데, 만일 내 처가 오겠다고 하면 데려와 달라'고 부탁해서 동행한 것이다.

검찰관 진남포에는 있을 수 없다는 이유로 동행한 것이 아닌가.

정대호 그런 것은 아니다.

검찰관 (안응칠에게) 유동하는 약 사 년 전에 원산(元山)에서 포브라니치나야로 갔는가.

안응칠 그건 모른다.

검찰관 (정대호에게) 지금 들은 유동하의 일을 알고 있는가.

정대호 팔 년 전에 원산에서 그의 아버지에게 들었다.

> 피고인 정대호. 위의 정대호에 관한 부분을 읽어 들려 주고 승낙 후 자서하고 퇴정시키다.

검찰관 (안응칠에게) 7일 밤 피고의 집에서 우연준과 이토 공을 죽일 이야기를 할 때, 그곳에 누군가가 와 있지 않았는가.

안응칠 아무도 없었다.

검찰관 우연준은 무슨 이유로 이토 공을 죽이겠다고 하던가.

안응칠 내가 먼저 이야기를 꺼냈는데, 이토에 관한 일은 모두 다 알고 있기 때문에, 그에게는 아무말도 하지 않았다.

검찰관 대동공보사에서 부령으로 전보를 친 일이 있는가.

안응칠 나는 부령의 시골 산촌에 있었기 때문에 전보는 도착하지 않는다. 또 나의 거처도 알지 못했고, 이곳에서는 러시아어로 된 전보이기 때문에 만일 왔어도 알 수 없었을 것이다. 그리고 따로 신문사에서 나에게 통지해 올 이유도 없다.

검찰관 피고의 편지에 의하면, 전부터 신문사 사람과 약속이 있는 것 같던데, 어떻게 된 것인가.

안응칠 나는 처음부터 편지는 보내지도 않았고, 노래는 신문사로 보내면 신문에 실어 줄 것으로 생각하고 썼던 것으로, 신문사와는 아무런 관계가 없다.

검찰관 블라디보스토크 방면에서 조사하면 곧 알 수 있으니 사실대로 진술하라. 오늘도 피고는 국기에 혈서를 쓴 일을 정대호를 대면시켜서야 비로소 말했다. 지금까지도 숨기고 있는 사실이 많을 것 같은데, 숨김없이 진술하기 바란다.

안응칠 다소 거짓말을 했다 해도, 이토의 거짓에 비하면 아무것도 아닌 일이라고 생각한다. 하지만 나 개인에 관해서는 결코 거짓을 말하지 않았다. 다만 다른 사람과의 관계에 대해 다소 거짓을 진술한 것은 사실이다.

> 피고인 안응칠. 위와 같이 읽어 들려 주고 승낙 후 자서하다. 메이지 42년 11월 24일 관동도독부 감옥에서. 단 출장 중이므로 소속관서의 인을 사용하지 못함. 관동도독부 지방법원. 서기 기시다 아이분. 고등법원 검찰관 미조부치 다카오. 통역 촉탁 소노키 스에요시.

검찰관 피고는 작년 3월 21일 발행된 『해조신문』에 투고(投稿)한 일이 있는가.

안응칠 날짜는 기억나지 않지만, 한 번 투고한 적 있다.

검찰관 그때 해조신문사에는 장지연(張志淵)이라는 자가 있었는가.

안응칠 있었다고 생각한다.

검찰관 피고는 투고 첫 부분에 '인심(人心)의 결합(結合)에 의해 국권(國權)을 흥륭(興隆)케 해야 한다는 적절(適切)한 귀지(貴紙) 사설(社說)에 대해, 소감(所感)이 있어 천견(淺見)을 고(顧)하며 감(敢)히 일어(一語)를 기서(寄書)한다' 라고 썼는가.

안응칠 예전의 일이라 어떤 글이었는지 잘 기억나지 않는다.

검찰관 그리고 그 투고 중에 '옛날 어떤 나라의 왕이 죽음에 임박하여 자손을 불러 모아 놓고, 회초리를 주고 하나씩 꺾게 했더니 모두 다 꺾었다. 다시 이것을 한 묶음으로 해서 꺾게 했더니, 이번에는 꺾지 못했다. 국왕이 말하기를, 만약 내가 죽은 뒤에 너희들이 마음을 하나로 합하지 않으면 다른 사람에 의해 꺾이게 될 것이고, 마음을 하나로 합하면 결코 다른 사람에 의해 꺾이지 않을 것이다' 라는 말을 썼는가.

안응칠 그 이야기의 의미는 나도 잘 알고 있으므로 투고에 썼을지도 모르지만, 지금은 잘 기억나지 않는다.

검찰관 그 이야기는 일본에도 있는데, 일본의 것을 쓴 것인가, 아니면 서양의 것을 쓴 것인가.

안응칠 로마사에 있는 것이다.

검찰관 우연준은 『대동공보』의 사원이었는가.

안응칠 모른다. 하지만 그는 신문사 사원이 될 사람이 전혀 아니다.

검찰관 우연준은 대동공보사에서 신문대(新聞代) 수금일을 하고 있었다고 진술하는데 사실인가.

안응칠 그런 일은 모른다.

검찰관 이 달 7일 발행된 『대동공보』에 집금계 우연준을 해고했다는 사고(社告)

가 나와 있다는데, 이를 모르는가.

안응칠 모른다.

검찰관 피고는 그저께 말한 '일본은 일한협약에 의해 사심(私心) 없이 한국을 위해 노력하고 있다'는 것을 생각해 봐도 납득할 수 없는가.

안응칠 겉으로는 그렇지만 이토의 속마음은 그렇지 않기 때문에, 납득이 가지 않는다.

검찰관 이상설, 이준(李儁), 헐버트가 헤이그 평화회의에 참석하여 한국의 독립을 주장하고 통감정치를 폐지해 달라고 말했으나, 열국이 이를 받아들이지 않았다. 이 사실을 피고는 알고 있는가.

안응칠 한국의 제의에 대해서는 평화회의에서 많은 논의가 있었다. 그래서 결국 각국 대표자들은 한국의 뜻을 잘 들어 주어 자국 정부와 충분히 협의하기로 했는데, 중도에 회의가 폐회되어 받아들여지지 않았던 것이지, 그 제의가 열국에 용납되지 않아서 각하(却下)된 것은 아니다. 이 사실은 평화회의 일지(日誌)에서도 보았다. 그리고 지금 들려 준 세 명 외에 이위종(李瑋鍾)이란 사람도 참석하고 있었다.

검찰관 그러나 그 평화회의 이후에도 일본의 시정에 대해 열국은 어떤 이의도 제기하지 않았으니, 일본에는 사심이 없다는 것을 알 수 있지 않은가.

안응칠 평화회의에서 이위종이 한국문제에 대해 연설하자, 영국 사신이 이에 답하여 말하기를 '이집트에서는 훌륭한 식사를 할 때 탁자 위에 해골을 올려 놓는 예가 있다. 이는 우리가 지금은 이렇게 음식을 먹고 있지만 훗날에는 이 해골과 같이 되는 것이니, 평소에 이를 유념하지 않으면 안 된다는 것이다. 즉 미래를 잊지 않기 위한 것이다. 이번에 한국이 제출한 일은 우리들도 염두해 두지 않으면 안 된다'고 말했는데, 이에 프랑스 사신도 찬성하여, 같이 군함을 파견해서 한국을 구하자고 말했다. 그런데 다른 두세 나라의 사신이 '평화회의 석상에서 그런 전쟁과 관련한 이야기를 하면 되겠느냐'고 말해, 마침내 진행되던 회의가 폐회되어 그만두게 되었던 것이다.

검찰관 그러나 그 평화회의 후 이 년 여 세월이 지나고 있는 오늘, 열국이 한국에 관한 일본의 정책에 이의가 없다는 것은, 결코 일본에 사심이 없다는 무엇보다 좋은 증거가 아닌가.

안응칠 평화회의는 각국에서 문제를 제출하여 토론하는 것인데, 한국은 그 회의에 가입되어 있지 않기 때문에, 한국은 가입돼 있는 나라를 대표자로 정해서 문제를 제출하기로 했다. 그래서 한국은 미국의 사신을 대표자로 정하여 위와 같이 이야기했으나, 미국은 자국이 제출한 문제조차 해결하지 못하고 폐회가 되어, 한국문제는 또다시 미결로 남아 있게 되었다. 따라서 열국도 현재까지는 별다른 말도 하지 않고 있는 것이라고 생각한다.

검찰관 이번에 피고에게 피살된 이토 공의 일에 대해 세계 각국의 군주나 대통령, 정치가 또는 유명한 신문이 모두 '일본은 동양평화의 주창자로, 스스로 한국 보호의 임무에 당면하여 일한협약 범위 내에서 정사(政事)를 창시(創始)하고 있다'고 하는 등, 일본을 비난하는 자는 아무도 없다. 게다가 이번에 이토 공이 불시에 살해당했다 해서 모두 애도의 뜻을 표하며, 한국인은 참으로 완명하여 한국의 장래를 그르칠 것이라고 말하고 있다. 이같은 세계 각국의 언론은 이토 공에게 사심이 없다는 증거이다. 이에 대해 피고는 어떻게 생각하고 있는가.

안응칠 나는 지금과 같은 신세가 돼 있으므로 각국의 상황은 조금도 모르지만, 각국이 지금 들려준 대로 말하고 있다고 해도, 실제로 이토를 위해 슬퍼하는 것이 아니다. 원래 이토는 동양의 평화를 문란케 한 사람으로, 열국은 이를 절호의 기회로 삼아 분란이라도 생기면 그 기회에 편승하여, 다른 나라가 자국으로 귀속될 것이라고 크게 기대하고 있었는데, 이토가 죽었기 때문에 그 기회를 얻을 수가 없게 돼서 슬퍼하고 있는 것이라고 생각한다.

검찰관 이 사진에 있는 사람은 피고의 처자인가.

이때 정대호가 누님이라 부르던 여자와 그녀의 자식 두 명이 함께 찍은 사진을 제시하다.

안응칠 그렇다. 그러나 이 작은 아이는 내가 집에 있었을 때 아직 태어나지 않았기 때문에 모른다.

검찰관 피고는 현재의 처지가 되어, 이 사진을 보고 어떤 느낌이 드는가.

안응칠 별반 아무렇지도 않다.

피고인 안응칠. 위와 같이 읽어 들려 주고 승낙 후 자서하다. 메이지 42년 11월 26일 관동도독부 감옥에서. 단 출장 중이므로 소속관서의 인을 사용하지 못함. 관동도독부 지방법원. 서기 기시다 아이분. 고등법원 검찰관 미조부치 다카오. 통역 촉탁 소노키 스에요시.

참고인 안정근 신문조서. 참고인 안정근. 안응칠 조도선 우연준 김여수 유동하 정대호 김성옥 탁공규(卓公圭) 김형재 김증근(金增根) 김택신(金澤信) 홍청준(洪淸濬) 장수명(張首明) 방사첨(方士瞻) 이진옥(李珍玉) 정서우(鄭瑞雨)에 대한 살인 피고사건에 대해 메이지 42년 12월 19일 관동도독부 지방법원에서 검찰관 미조부치 다카오, 서기 다케우치 가쓰모리(竹內靜衛) 참석하에 통역촉탁 소노키 스에요시 통역으로 검찰관은 위 참고인에 대해 아래와 같이 신문함.

검찰관 성명, 나이, 직업, 주소지를 말하라.

안정근 이름은 안정근, 나이는 스물여섯 살, 직업은 없고, 주소는 평안도 진남포 용정동(龍井洞) 36호이다.

검찰관 본적지는 어디인가.

안정근 황해도 신천 청계동(淸溪洞)이다.

검찰관 안중근은 그대와 형제관계인가.

안정근 그렇다. 나의 형이다.

검찰관 중근이 이토 공을 암살했는데, 일본의 법률은 다른 형제에게는 아무 상관 없이 보호해 주고 있으니, 그렇게 알라.

안정근 알겠다.

검찰관 지금부터 본 건에 대해 심문하겠으니, 모든 일을 솔직하게 진술하라.

안정근 알았다.

검찰관 신천에 소유하고 있는 땅이 있는가.

안정근 청계동에는 없고, 거기서 오십 리가량 떨어진 곳에 백 두락(斗落) 정도가 있다.

검찰관 매년 수확은 어느 정도인가.

안정근 풍년이면 백 석, 흉년이면 사오십 석가량 된다.

검찰관 종교는 무엇인가.

안정근 천주교이다.

검찰관 형제가 다 천주교를 믿고 있는가.

안정근 그렇다.

검찰관 언제 귀의했는가.

안정근 약 십 년 전이다.

검찰관 어디서 누구로부터 세례를 받았는가.

안정근 프랑스인 홍 신부로부터 신천의 청계동에 있는 교회에서 받았다.

검찰관 부친은 안태훈(安泰勳)이라 하는가.

안정근 그렇다.

검찰관 부친은 사망했다고 하는데, 그대가 몇 살 때인가.

안정근 스물한 살 때이다.

검찰관 부친과 같은 교회에서 세례를 받았는가.

안정근 그렇다.

검찰관 부친은 원래 한국의 군수(郡守)라고 하는 관리로 근무하고 있었는가.

안정근 군수가 아니다. 과거에 급제한 진사(進士)다.

검찰관 조부는 관리로 근무했는가.

안정근 진해(鎭海) 군수를 지냈다.

검찰관 이름을 말해 보라.

안정근 안인수(安仁壽)라 한다.

검찰관 부친 안태훈이 청계동에서 전쟁을 했던 일이 있는가.

안정근 갑오년(甲午年)에 동학당(東學黨)과 전쟁을 했는데, 약 백 명 정도로 동학
당을 쳐서 승리했다.

검찰관 정부의 명(命)을 받고 싸웠는가.

안정근 그렇다. 순찰사(巡察使)의 명에 의해 의병장으로 임명됐다.

검찰관 어떤 은상(恩賞)이라도 있었는가.

안정근 어렸을 때라, 그건 모른다.

검찰관 부친의 기질은 온화한 편인가, 아니면 강의(剛毅)한 편인가.

안정근 성질은 보통이다. 전쟁 같은 것을 좋아할 분은 아니었는데, 동학당 때문
에 어쩔 수 없이 싸웠을 것이다.

검찰관 학문은 어떠한가.

안정근 당시 한학(漢學)은 잘 하셨다.

검찰관 신천에 당파 같은 것이 있어서, 그 우두머리로 임명된 자라거나 하여 신
천에서 중요시되던 사람이었는가.

안정근 동학당에 승리하여 당시 인근 사람들에게 존경받고 있었다.

검찰관 당파는 무엇인가. 또 사색(四色) 중에 있었는가.

안정근 사색 중에 있었고, 당파는 없었다.

검찰관 그대는 어떤 교육을 받았는가.

안정근 칠팔 년간 한문을 배우고, 경성에 있는 양생의숙(養生義塾)에서 법률을 배우고 있었는데, 이번 사건 때문에 정학당했다.

검찰관 형 중근은 어떤 교육을 받았는가.

안정근 삼사 년간 한문을 배웠다.

검찰관 형은 프랑스어를 할 줄 아는가.

안정근 프랑스인에게 수개월 배운 것 같은데, 프랑스어를 할 줄 안다고 말하기는 어렵다.

검찰관 형의 기질은 어떠하며, 또 정치, 역사 등에 있어서는 어떤 사상을 가지고 있었는가.

안정근 별로 그런 것에 관한 사상은 없었고, 그저 곡물이나 석탄 등을 파는 상업을 하고 있었다.

검찰관 그대 형제 셋은 언제까지 함께 살았는가.

안정근 삼 년 전까지는 진남포에서 함께 살았고, 그 후부터는 따로 살았다.

검찰관 부친이 살아 있을 적에 진남포로 이사했는가.

안정근 진남포로 이사한 것은 오 년 전이며, 아버지는 그 해에 돌아가셨다.

검찰관 왜 진남포로 이사했는가.

안정근 형이 우리들을 교육시키기 위해 이사한 것인데, 자기는 상업을 하기 위해서였다.

검찰관 형은 효자이고, 그대들에게 친절하며, 처자에게도 사랑이 깊은 사람이었는가. 또 형제들과는 의견이 잘 맞지 않았는가.

안정근 형은 생계를 위해 온 힘을 다했다. 하지만 부모에게 특별히 효행을 했다고 할 수는 없고, 또 우리들과도 화목한 편은 아니었다.

검찰관 형은 자기 의견이 확고한 사람인가.

안정근 그렇다. 자기가 하고자 하는 일은 별로 상의하지 않았고, 부모의 명령도 듣지 않은 적이 많았다.

검찰관 평소에 어떤 사람과 사귀고 있었는가.

안정근 신천에 있을 적에는 사냥을 좋아해서 포수들과 사귀었고, 진남포에 와서부터는 여관 주인들과 사귀고 있었다. 특히 한재호(韓在鎬), 한상호(韓相鎬)

형제와 친하게 지내고 있었다.

검찰관 국가를 위해 한 몸을 바친다든가, 나랏일 때문에 강개(慷慨)하여 가족을 돌볼 틈이 없다는 등의 말을 할 사람은 아닌가.

안정근 집에 있을 때는 그런 일은 없었다. 단지 상업에만 종사하고 있었다. 그리고 집을 나갈 때는, 그저 잠깐 갈 곳이 있다고 말하고 나가 버렸다.

검찰관 지방의 정치가와 사귀고 있지 않았는가.

안정근 그건 잘 모른다. 진남포에서는 없었는데, 경성이나 평양 등지에서는 어땠는지 모르겠다.

검찰관 납품학회(納品學會)의 회원이었는가.

안정근 그렇게 들었다.

검찰관 안창호(安昌浩)와는 사귀고 있지 않았는가.

안정근 친한지는 알 수 없으나, 안창호가 진남포에 왔을 때 형이 인사를 했다는 말은 들었다.

검찰관 삼 년 전에 형이 진남포를 떠날 때, 어디에 간다고 말하고 나갔는가.

안정근 블라디보스토크로 간다고 들었다.

검찰관 집을 떠난 후에 때때로 편지를 보내 왔는가.

안정근 한 번인가 두 번 보냈다. 올해 들어서는 한 번 편지가 왔다.

검찰관 올해 4월 3일에 편지가 왔는가.

안정근 4월에 왔는데, 날짜는 기억나지 않는다.

검찰관 편지는 어떻게 보내 왔는가.

안정근 편지는 올해 2월경과 4월경 그리고 8월경에 왔다. 처음에 온 것은 우편이었다고 생각되며, 4월경에 온 편지는 임치정(林蚩正)이, 그리고 8월경에 온 편지는 정대호가 나에게 보낸 편지 속에 동봉해 있었다.

검찰관 임치정은 어떤 사람인가.

안정근 대한매일신보사(大韓每日申報社)의 회계계(會計係)에 있는 사람이다.

검찰관 형이 평소에 그 사람과 친하게 지냈는가.

안정근 친한지 아닌지는 모른다.

검찰관 정대호는 알고 있었는가.

안정근 진남포에 있었을 때부터 알고 있다.

검찰관 블라디보스토크의 숙소는 알려 왔는가.

안정근 계동학교(啓東學校) 앞 이치권(李致權)의 집이라고 했다.

검찰관 정대호가 작년에 쑤이펀허(綏芬河)로 부임할 때, 형에게 소식을 전해 달라고 부탁했는가.

안정근 그렇다. 수년간 소식이 없다며, 이치권의 집에 형이 있을 테니 상황을 물어 알려 달라고 했다. 또 형에게, 편지를 보내라는 말을 전해 달라고 부탁했다.

검찰관 그래서 형으로부터 회답이 있었는가.

안정근 정대호로부터 온 작년의 편지에는 '이치권의 집에 물어 봤지만 몰라서 알아보고 있는 중이다' 라는 소식이 있었다. 그런데 그후 2월에 형으로부터 소식이 왔고, 또 정대호의 편지에 동봉해서도 왔다.

검찰관 정대호가 누구에게 보낸 편지인가.

안정근 나에게 보낸 편지이다.

검찰관 4월에 받은 편지에, 정대호가 전하는 말을 들었다는 것과 유럽으로 간다는 등의 내용이 있었던 것을 기억하는가.

안정근 기억한다.

검찰관 형은 그 편지에, 그대들에게 공부를 열심히 하라 하고, 국가를 위해 온 힘을 다하며, 자기에 대한 일은 걱정 말라고 썼는가. 그리고 그대는 그 편지를 보고 어떤 생각이 들었는가. 형의 사상이 변했다고는 생각하지 않았는가.

안정근 형이 집에 있었을 때는 돈벌이만 생각하고 있었는데, 이런 편지가 와서 '현재 대단한 역경에 빠져, 만사가 여의치 않구나' 하고 생각했다.

검찰관 그대는 회답을 보냈는가.

안정근 속히 귀국하라는 회답을 보냈다고 기억한다.

검찰관 올해 8월에 '외국으로 이주하려고 하니, 돈 천 원을 마련해서 보내라. 만약 마련되지 않거든 처자나 보내라' 라는 편지가 왔는가.

안정근 왔다.

검찰관 '정대호가 가족을 데리러 갈 것이니, 그때 처자를 딸려 보내라' 라는 편지가 왔는가.

안정근 8월에 온 정대호의 편지에 동봉한 것에 그런 내용이 있었다고 기억한다.

또 정대호의 편지에도 그런 내용이 있었다.

검찰관 그러면 '정대호가 귀국하면 처자를 딸려 보내겠다' 라는 회답을 보냈는가.

안정근 '보내겠다'고 회답을 했다.

검찰관 9월에 정대호가 돌아갈 때, 형의 처자를 동행시키기로 했는가.

안정근 그렇다.

검찰관 정대호가 진남포까지 왔는가, 아니면 형의 처자를 평양으로 데려가서 부탁했는가.

안정근 평양으로 데려가서 부탁했다. 정대호가 진남포로 오지는 않았다.

검찰관 누가 데려갔는가.

안정근 내가 데려갔다.

검찰관 평양에서 정대호를 만났는가.

안정근 만났다.

검찰관 그때 형의 처자를 정대호의 누이라고 하고 데려가기로 상의했는가.

안정근 그런 상의는 없었다. 다만 형수를 보내기로 했기 때문에, 부탁했을 뿐이다. 하기는 내가 형수를 데려간 것은 아니다. 한 번 정대호를 만나 그쪽의 형편을 듣고, 걱정할 필요가 없는 것 같아 진남포로 전보를 쳐서 숙부가 형수를 평양으로 데려갔다.

검찰관 정대호는 그대의 형수를 자기가 부임한 곳으로 데려가서, 형을 불러 맡길 작정이었는가, 아니면 블라디보스토크까지 데려갈 작정이었는가.

안정근 형이 블라디보스토크에서 쑤이펀허까지 온다고 해서, 정대호는 거기까지 데려가기로 하고 출발했다. 그리고 형편에 따라서는 형이 펑톈(奉天)까지 마중 나온다고 했다.

검찰관 그 여비는 어디서 융통했는가.

안정근 진남포에 사는 임군보(林君甫)라는 사람에게 오십 원을 빌렸다.

검찰관 숙부라는 사람은 누구를 말하는가.

안정근 김능권(金能權)이다. 또 그의 형인 김하권(金河權)도 같이 갔다.

검찰관 김하권은 무슨 일로 갔는가.

안정근 그는 자기 용무로 갔다.

검찰관 형이 이토 공을 암살한 사실에 대해 그대는 어떻게 생각하고 있는가.

안정근 나라에 공로가 있는 사람을 죽인 것은 잘못이라고 생각한다.

검찰관 그대의 형 중근은 이토 공이 한국에 해가 되는 것으로 보고 있는가. 숨김 없이 바른대로 진술해도 괜찮다.

안정근 이토는 일본의 세력을 믿고 있기 때문에 무리(無理)가 있어도 복종할 수 밖에 없다. 하물며 그는 한국에 관한 모든 일을 개정하여, 학교도 점차 설립하는 등 한국을 위해 온 힘을 다하는 사람이니, 물론 유익한 사람이라고 생각한다.

검찰관 중근은 이토 공이 급격하기 때문에 해가 된다고 하는데, 그대의 의견은 어떠한가.

안정근 대체로 형의 생각과는 다르다. 따라서 형의 행동은 오늘의 잘못을 초래했다.

안정근. 위와 같이 읽어 들려 주고 승낙 후 자서하다. 서기 다케우치 가쓰모리. 고등법원 검찰관 미조부치 다카오. 통역 촉탁 소노키 스에요시.

참고인 안공근 신문조서. 참고인 안공근. 위 안응칠 조도선 우연준 김여수 유동하 정대호 김성옥 탁공규 김형재 김증근 김택신 홍청준 장수명 방사첨 이진옥 정서우에 대한 살인피고사건에 대해 메이지 42년 12월 20일 관동도독부 지방법원에서 검찰관 미조부치 다카오, 서기 다케우치 가쓰모리 참석하에, 검찰관은 참고인이 일본어를 구사할 수 있으므로 통역 없이 다음과 같이 신문함.

검찰관 성명, 나이, 직업, 주소를 말하라.

안공근 이름은 안공근, 나이는 스물세 살, 직업은 없고, 주소는 평안도 진남포 용정동 36통 5방이다.

검찰관 본적지는 어디인가.

안공근 황해도 신천 청계동이다.

검찰관 안중근은 그대의 형인가.

안공근 그렇다.

검찰관 안중근이 이토 공을 암살한 사실에 있어서, 일본 법률은 형제에게는 아무런 영향도 미치지 않으니 안심하고 솔직하게 진술하라.

안공근 알았다.

검찰관 그대는 어떤 교육을 받았는가.

안공근 진남포에서 학교를 다닌 뒤 경성사범학교(京城師範學校)에 들어갔고, 졸업 후 진남포의 공립학교에서 교편을 잡았으나, 이번 사건으로 그만두었다.

검찰관 천주교도로서 형 중근은 '토마스'라고 불렸는가.

안공근 그렇다.

검찰관 형을 안응칠이라고도 부르는가.

안공근 그건 이번 사건을 통해 처음으로 알았다.

검찰관 안중근이 하얼빈에서 이토 공을 살해한 일에 대해 어떻게 생각하는가.

안공근 아주 잘못한 것이라고 생각한다.

검찰관 이토 공은 한국 태자(太子)의 스승으로서 거의 자신의 자식과 같이 교육하는 한편, 통감으로서 자신을 잊고 한국 계발에 종사하고 있는데, 이런 사실은 그대도 알고 있는가.

안공근 알고 있다.

검찰관 일본에서도 이토 공을 공격하지 않는 것은 아니다. 통감이 된 후 한국인 중에는 이토 공을 오해하는 자가 많을 것이라 생각되나, 이토 공은 한국을 위해 온 힘을 다했고, 대관(大官)들에게 충고와 지도를 했으며, 또 남북행행(南北行幸) 때도 인민을 가르쳐 깨닫게 했다. 또한 세계 각국에도 그의 방침을 발표하고 있는데, 이런 사실도 알고 있는가.

안공근 알고 있다.

검찰관 중근은 블라디보스토크로 가기 전에 어떤 일을 하고 있었는가.

안공근 여러가지 일을 하고 있어서 일정하지 않았다.

검찰관 진남포에서는 석탄상(石炭商)을 한 적이 있는가.

안공근 있었다. 하지만 그건 실패하고 말았다.

검찰관 부모형제와의 사이는 어땠는가.

안공근 형은 배짱이 센 사람이었는데, 그다지 나쁜 일은 없었지만 그렇다고 화목하지는 않았다.

검찰관 부부 관계는 어땠는가.

안공근 나쁘다고 말할 수는 없으나, 화목하지는 않았다.

검찰관 중근은 평소 행실이 나쁜가.

안공근 그렇지 않다. 정부(情婦)는 없었지만, 늘 밖으로만 돌았기 때문에 부부 사이도 자연 화목하지 않았다.

검찰관 왜 늘 밖으로 나갔는가.

안공근 진남포로 와서부터는 사냥을 좋아해서 늘 외출을 했다. 그 외의 이유는 없는 것 같다.

검찰관 중근이 나라에 대한 정치적 사상을 품게 된 것은 언제쯤인가.

안공근 집에 있을 때는 별로 그런 생각을 하지 않았다.

검찰관 안창호라는 자가 연설을 하기 위해 진남포로 왔는가.

안공근 그렇다.

검찰관 안창호와 안응칠과는 친한 사이인가.

안공근 형이 안창호의 연설에 감동하고 있었던 것은 사실이지만 별로 친하지는 않았다.

검찰관 안창호가 진남포로 온 것은 언제쯤인가.

안공근 재작년 여름경이다.

검찰관 경성에서 일본과 한국간에 전쟁이 있었는가.

안공근 있었다. 안창호가 온 것은 그 전으로 5, 6월경이었다.

검찰관 중근은 전쟁 중에 경성을 출발하여 블라디보스토크로 갔다고 하는데 맞는가.

안공근 형은 그 전에 평양으로 간다고 말하고 떠났고, 블라디보스토크로 출발한 것은 어디에서였는지 모른다.

검찰관 형 중근으로부터 편지가 왔는가.

안공근 한 번 왔다가 그후 단절됐는데, 올해 음력 2월경부터 다시 두세 차례 편지가 왔다.

검찰관 정대호의 편지에 동봉해서 온 편지가 있다고 하는데, 그건 언제였는가.

안공근 8월과 9월에 두 번 온 것으로 기억한다.

검찰관 형 중근이 자기의 생각을 나타낸 편지를 보냈다고 하는데, 그때가 8월이었는가.

안공근 그렇다고 생각한다.

검찰관 그 편지에는 '형은 범인이다. 내 한 몸에 대해서는 걱정하지 말아라' 라고 씌어 있었는가.

안공근 그렇다.

검찰관 그 편지를 읽고 어떤 생각이 들었는가.

안공근 형이 집에 있을 때는 돈벌이만 생각하고 있었는데, 그런 편지가 오니, 형이 모든 일이 여의치 않아 곤란해 하고 있는 것으로 생각했다.

검찰관 그대의 부친은 안태훈이라 하며, 과거에 급제하여 진사가 됐는가.

안공근 그렇다.

검찰관 부친은 한국정부로부터 징계 처분을 받은 일이 없는가.

안공근 그런 일은 없고, 갑오년에 동학당과 싸워 크게 승리를 한 일은 있다. 징계 처분을 받은 일은 없다.

안공근. 위와 같이 읽어 들려 주고, 승낙 후 자서하다. 서기 다케우치 가쓰모리. 고등법원 검찰관 미조부치 다카오.

안응칠 제8회 신문조서. 피고인 안응칠. 이 사람에 대한 살인피고사건에 대해 메이지 42년 12월 20일 관동도독부 감옥에서 검찰관 미조부치 다카오, 서기 다케우치 가쓰모리 참석하에 통역촉탁 소노키 스에요시 통역으로 검찰관은 전회에 계속해서 위 피고인에 대해 아래와 같이 신문함.

검찰관 피고가 진남포로 이사한 것은 지금으로부터 오 년 전의 일이라고 하던데 사실인가.

안응칠 아니다. 사 년 전의 일이다.

검찰관 장사를 하기 위해 그곳으로 갔는가.

안응칠 처음에는 외국으로 이주하기 위해 집을 나와, 청국으로 갔다가 진남포로 돌아온 것으로, 아버지가 돌아가셔서 친구의 권유로 그 이듬해 봄에 다시 가족과 합친 것이다.

검찰관 부친은 신천에서 사망했는가.

안응칠 진남포로 가던 도중 재령(載寧)에서 돌아가셨다.

검찰관 그때 부친은 몇 살이었는가.

안응칠 마흔네 살이셨다.

검찰관 피고와 피고의 부친은 신천에 있을 때 세례를 받았는가.

안응칠 그렇다. 천주교를 믿기 시작한 지 십사 년이 된다.

검찰관 선교사는 누구인가.

안응칠 프랑스인 홍 신부라고 한다.

검찰관 황해도에서는 프랑스의 천주교가 성행하고 있는가.

안응칠 그렇다.

검찰관 평소 피고의 부모형제와는 의견이 잘 맞았는가.

안응칠 특별이 불화(不和)가 있지는 않았지만, 내 성질이 급하고 배짱이 셌기 때문에 부모형제와 의견이 잘 맞지는 않았다.

검찰관 정근의 말에 의하면, 피고가 신천에 있을 즈음에는 총기 등을 휴대하고 사냥을 하며 놀고 있었는데, 진남포로 이주해서부터는 한재호, 한상호의 주선으로 장사를 하며, 두 아우만은 공부를 시키겠다고 말한 적이 있었다고 하는데 사실인가.

안응칠 장사를 했지만 이익도 없었고, 게다가 7개조의 조약이 체결됐기 때문에 외국으로 이주할 생각으로 장사고 뭐고 그만두었다.

검찰관 정근의 말에 의하면, 피고는 불어를 할 줄 안다고 하던데 사실인가.

안응칠 십 년 전쯤에 한국인을 문명하게 만들기 위해 경성에 천주교 대학을 설립할 계획을 세우고, 프랑스 선교사와 의논했는데, 반대 의견이 있어서 이루지 못했다. 당시 나는 불어를 배우고 있었는데, 그 일 때문에 그만두어 지금은 모두 잊어버렸다.

검찰관 피고가 신천이나 진남포에 있을 즈음에는 국사(國事)나 정치 등의 일로는 별로 분주하지 않았던 것 같은데, 그렇지 않은가.

안응칠 그렇다. 5개조약이 성립하고부터 처음으로 깨닫고, 시기는 늦었지만 열심히 하면 다른 사람보다 앞설 수 있다고 생각하고, 그 후부터는 바쁘게 살기 시작했다.

검찰관 5개조 협약의 성립에 대해 스스로 연구했는가, 아니면 사람들에게 물어서 조약의 성격이나 목적을 알게 됐는가.

안응칠 사람들로부터 듣고, 또 신문에서도 보았다.

검찰관 피고는 진남포에서 안창호의 연설을 들은 적이 있는가.

안응칠 들었다.

검찰관 그 연설을 들은 것은 5개조 협약이 성립되기 전인가, 아니면 그 후인가.

안응칠 5개조 협약이 성립되고 나서 7개조 협약이 성립되기 전의 일이다. 내가 외국으로 가려고 생각하고 진남포에 가 있을 즈음이었다.

검찰관 일러전쟁초 6개조의 일한국방동맹규정서(日韓國防同盟規定書)에 의하면, 한국은 일본의 충언을 받아들이고, 일본은 한국의 독립을 보호하기로 돼 있는데, 피고는 이를 알고 있는가.

안응칠 알고 있다.

검찰관 그 의정서와 5개조 협약이 어떤 이유로 성립됐는지 알고 있는가.

안응칠 그에 대한 개인적인 생각은 있다.

검찰관 지금으로부터 칠 년 전 일(日)·영(英) 양국간에 청(淸)·한(韓) 두 나라에 대한 독립과 영토 보전 그리고 두 나라의 상공업에 대한 기회 균등의 조약이 체결됐다는 사실을 알고 있는가.

안응칠 상세히는 모른다.

검찰관 이들 협약 등에는 한국의 독립과 더불어 황실의 안녕과 존엄을 유지한다는 선언이 있다는 것을 알고 있는가.

안응칠 그건 알고 있다.

검찰관 작년 2월 이토 공이 통감부에서 한국의 원로를 소집하여 연설한 사실을 신문을 보거나 사람들에게 들어서 알고 있는가.

안응칠 잘 알고 있다.

검찰관 이토 공이 올해 1월 한국 황제의 행차에 호종하여 남(南)으로는 부산, 북(北)으로는 의주(義州)까지 갔을 때, 각지에서 한국인의 오해가 없도록 일한(日韓) 양 제국의 관계와 통감의 정신을 여러 차례 연설했는데, 이를 신문 등을 보거나 사람들에게 들어서 알고 있었는가.

안응칠 그 일은 조금 들었다.

검찰관 신문을 보았는가.

안응칠 그렇다. 하기야 러시아령에는 한국 신문이 연착되거나 아예 도착하지 않는 경우가 있기 때문에 상세히는 보지 못했다.

검찰관 이토 공이 한국의 원로를 소집한 석상에서 한 연설의 대요(大要)에 의하면 '나는 한국을 곁에서 도와주며 인도할 목적으로 정치를 하고 있지, 한국이 멸망하기를 바라지는 않는다. 또한 폭도들의 진의(眞意) 진정(眞情)에 대해서는 처음부터 많은 동정을 표하고 있지만, 그들은 단지 나라의 멸망에 대해 걱정하는 데 그치며, 아직 나라를 구하는 방법은 모른다. 만약 저 폭도들이 오늘의 뜻을 깨닫지 못한다면, 그 결과는 분명 한국의 멸망을 초래하는 데 이를 것이다. 즉 한국을 생각하고 한국에 충성을 다한다는 점에 대해 말하면, 내 뜻도 그들 폭도의 뜻과 조금도 다를 바가 없다. 다만 그 수단을 달리 할 뿐이다. 한국의 대신 중 단발을 권유하는 사람도 있으나, 한국에는 이 습속(習俗)으로써 직업을 얻어, 먹고 사는 자가 아주 많다. 그런데 하루아침에 단발을 행하면, 직장을 잃고 굶주림에 빠질 사람이 많을 것이다. 따라서 나는 단발여행(斷髮勵行)을 찬성하지 않는다. 지사인인(志士仁人)은 살신위인(殺身爲仁)한다. 나는 한국을 위해 지사인인으로 자임하고 있다. 옛날 정(鄭)나라에 자산(子産)이라는 사람이 나라를 다스렸는데, 처음에는 그에 반대하는 사람이 많았다. 그러나 후에 정나라의 백성들은, 자산은 일을 아는 사람이며 우리에게 음식을 주는 사람은 자산이라고 말했다. 나는 자산의 마음으로 한국에 임하고 있다. 오늘날 나의 정책에 대해 이런저런 말을 하는 자가 있을지 모르지만, 분명히 그 조짐을 깨닫게 되었다' 라고 말하고 있는데, 피고는 그래도 이를 한바탕 겉치레의 말이라고 생각하는가.

안응칠 그건 모두 거짓말로, 만약 내가 그곳에 있었다면 반대 연설을 했을 것이다.

검찰관 올해 1월 대구에서의 연설에서 이토 공은 '만약 다른 나라를 망하게 하려는 정책을 감추고 그 나라에 임하여 돌보아 주는 자가 있다면, 어떻든 그 국민의 교육을 진보케 하고 산업을 발전케 하는 것을 비롯하여, 특히 국민의 마음을 안도시키는 수단을 취할 이유가 있겠는가. 제군이 반복해서 숙고해도 의심할 여지가 있을 도리가 없다. 오늘날 일본이 한국에 요구하는 것은, 한국의 지금까지의 타세(墮勢)를 일변(一變)하여, 국민을 지식으로 이끌고 산업으로 인도함으로써 일본과 같이 은택을 입게 하는 것으로, 힘을 합하면 동양을 지키는 데 한층 더 강해질 것은 묻지 않아도 알 일이다' 라고 말했는데, 피고는 이를 거짓이라고 말하는가.

안응칠 실제로 그런 뜻이라면 한국 관민(官民)에 대해 현실적으로 힘써 행해야 할 것인데, 단지 구실에만 그칠 뿐이다. 그러므로 한국민이 반감을 품는 것이다.

검찰관 올해 1월 평양에서의 연설에서 이토 공은 '옛날 신라가 흥성했을 때, 일본은 실제로 한국으로부터 배우는 처지였다. 그 당시 일본에 유입된 물질적 문명은 분명히 일본에 속했다. 제군에게 바라는 바는 마음을 비우고 들어 달라는 것이다. 일본이 한국을 보호, 원조하고 한국의 문화와 물질적 발전을 꾀함은 곧 국력이 크고 작음에 기인하는 것이다. 아무리 배일사상이 생겨도, 또 반대 의견이 일어나도 한국의 국력을 신장하지 않고, 헛되이 언론만으로는 어떻게 할 수 없는 것이 아닌가. 한국에서는 지금까지 동포 이천만이라고 말하나 실제로 각지의 경찰에 의해 조사된 인구는 구백육십여만, 개괄하여 천만이며, 광무(光武) 9년의 조세 총액은 삼백사십칠만여 원이었고 광무 10년, 즉 통감부가 만들어졌을 때는 그 총액이 천십삼만여 원이었다. 작년은 구백사십팔만여 원이었고, 금년의 세입회계는 이천백사십삼만여 원이다. 그 세입의 주가 되는 것은 일본정부로부터의 차입금이다. 한국인 중 다수는, 일본으로부터 관리를 한국에 채용하는 것은 한국을 탕진하게 하는 것이라고 생각하는데, 그들이 어찌 알겠는가. 그 관리들에게는 일본으로부터의 차입금으로 급여하는 등 한국 계발을 위해 그만큼 큰 자본을 투입하고 있는 것으로, 또 차입급이라고 말하지만 무이자로 사용하고 있다'라고 말했는데, 이에 대해서는 어떻게 생각하는가.

안응칠 말은 그렇게 했는지 모르지만, 실제로는 그대로 행해지지 않고 있다. 너무 분하고 못마땅해서 견딜 수가 없다. 세계의 독립국 중에서 법부(法部)와 외부(外部)의 권한이 없는 나라는 없다.

검찰관 조선 이전의 시대인 신라, 고려 때는 원(元)·명(明)에 예속되어 원·명의 정삭(正朔)을 받들고 있지 않았는가.

안응칠 그렇다.

검찰관 고려말에 이르러 현 황제 이(李)씨의 선조인 이성계(李成桂)는 요동을 치라는 명을 받았는데, 회군하여 고려를 벌하고 조선의 왕이 된 일을 알고 있는가.

안응칠 알고 있다. 그것은 조선을 건국한 것이다.

검찰관 이조(李朝)에 이르러서도 그 국왕을 계승할 때마다 중국의 봉책(封冊)을 받고 그 정삭을 받들어 조공(朝貢)하지 않았는가.

안응칠 그렇다.

검찰관 한국에서는 늘 왕(王)이라 칭하되 제(帝)라 하지 않고, 왕이 죽어도 붕(崩)했다 하지 않고 홍(薨)했다 하며, 또 군주의 관계를 표시하는 문자를 폐하(陛下)라 하지 않고 전하(殿下)라 하고, 중국의 조선왕에 대한 대우는 병부(兵部)의 상서(尙書)에 해당한다고 되어 있는데 맞는가.

안응칠 맞다.

검찰관 그렇다면 이미 그때부터 조선에는 독립의 실체가 없던 것이 아닌가.

안응칠 그렇다. 그때는 부용국(附庸國)으로 취급당하고 있었다.

검찰관 지금으로부터 십 년 전에 대한국국제(大韓國國制)가 발포(發布)되었는데, 국왕이 그 사직종묘(社稷宗廟)에 고한 선언문에는 세계 만국이 공인한다고 하고, 군주국으로서 만세에 걸쳐 불역(不易)하며, 국호를 '대한(大韓)'이라 고친다고 되어 있다. 즉 중국의 간섭을 떠나 독립국이 된 것은 그때 비롯한 것인데, 알고 있는가.

안응칠 알고 있다.

검찰관 그런 지위가 될 수 있었던 것은, 일청전쟁의 결과 중국의 간섭으로부터 독립시켜 준 일본제국의 우의에서 나온 것이 아닌가.

안응칠 그건 그렇다.

검찰관 그러면 지금으로부터 구 년 전인 메이지 33년에, 러시아가 일본 외교의 틈을 타 한국에 간섭하여 마산포(馬山浦)에서 군항과 군항 부속건물을 설치하는 조약을 체결하려고 했던 일과, 지금으로부터 육 년 전 러시아가 한국을 협박하여 용암포(龍巖浦)에 이십오만 평의 대지를 조차하려고 했던 일을 알고 있는가.

안응칠 그것도 알고 있다.

검찰관 그렇다면 한국은 독립의 실체가 없기 때문에 그런 일이 발생하는 것이 아닌가.

안응칠 그렇다. 실력이 없으면 그런 일이 생긴다.

검찰관 이와 같이 중국과 러시아가 한반도에 미치는 세력에 의해 일본이 입는 영향은 대단히 위험한 것이며, 한국과 접한 일본제국의 해상권은 수포로 돌아가게 된다. 그렇기 때문에 한국을 어느 나라의 세력하에도 둘 수 없고, 반드시 독립국으로 설 수 있게 하지 않으면 안 된다는 것이 일본의 국시(國是)로, 그 결과 다수의 재산과 생명을 걸고 일러전쟁에 이르게 되었던 것이다. 피고는 이런 취지를 모르는가.

안응칠 그렇게 되어 있는 일 · 청 · 한 · 러의 관계도 근년에 이르러 알았다.

검찰관 일본이 한국과 화친해 가지 않으면 안 된다는 국시는 근년에 비롯한 것이 아니라 아주 오래 전에 비롯한 것이다. 지금으로부터 삼십사 년 전인 메이지 8년에 조선 강화도(江華島)에서 일본 군함을 조선인이 포격한 사건이 일어났을 때, 무단파(武斷派)는 조선에 대한 죄를 물어 전쟁을 하지 않으면 안 된다고 주장했고, 당시 정부는 동요하여 사이고 다카모리(西鄕隆盛) 육군대장이 관직을 팽개치고 본국으로 돌아왔는데, 이때 이토 공은 아직 정부의 수뇌부는 아니었지만 선배들 밑에서 조선에 대해 군사를 일으켜서는 안 된다는 의견을 주장했다. 이 일은 이토 공이 메이지 40년 5월에 한국의 제2차 내각이 성립되었을 때 연설했던 것이다. 조선을 독립시켜 돕고자 하는 것이 국시가 된 것은 그때부터였고 계속해서 변치 않는 역사를 보았을 것인데, 피고는 이런 사실을 모르는가.

안응칠 이토가 그런 연설을 했는지는 모르며, 그런 역사가 있는지도 모른다.

검찰관 지금으로부터 이십칠 년 전 임오란(壬午亂)이 일어났던 사실을 피고는 알고 있는가.

안응칠 알고 있다.

검찰관 그 후 제물포조약(濟物浦條約)이 체결됐는데, 그 중에 조선이 일본에게 오십만 원의 배상금을 지불하기로 돼 있는 조항을 알고 있는가.

안응칠 조약이 체결됐다는 것은 알고 있지만, 오십만 원에 대한 조항은 모른다.

검찰관 지금으로부터 이십오 년 전에 일어났던 갑신란(甲申亂)을 알고 있는가.

안응칠 알고 있다.

검찰관 그 난이 일어나기 전에 제물포조약의 오십만 원 중 미불금이 사십만 원이었는데, 조선이 난처할 것이라 하여 내정개혁을 위해 일본이 조선에 어공(與

供)했던 일은 알고 있는가.

안응칠 모른다.

검찰관 조선에는 당화(黨禍)라는 것이 있다. 서인(西人)의 당파가 정치에 관여하게 되면 동인(東人)을 박해하고, 동인이 관여하게 되면 서인을 박해한다. 또 동인 중에는 남인(南人), 북인(北人)의 당파가 생겨, 서로 싸워 이씨 치하 삼백 년 동안 분란이 극심하여 백성들의 지능계발을 등한히 했다. 또 그 후에는 외척이 권력을 장악한다든지 혹은 환관무녀(宦官巫女) 등 부인들의 세력에 의해 정치가 늘 좌우되어 내치가 크게 문란했기 때문에, 조선의 국력이 신장되지 못한 것을 피고는 알고 있는가.

안응칠 상세히 알고 있다. 조선의 백성들은 뇌리에 새기고 있는 바이다.

검찰관 조선의 독립은 조선의 국력충실(國力充實)이 근본이 되며, 그 충실은 사람들의 지식이 계발되고 식산공업을 성대하게 하는 데 기인한다는 것도 피고는 알고 있는가.

안응칠 알고 있다.

검찰관 그렇다면 오늘날의 한국의 상황은, 밖으로는 외교 능력이 없고, 안으로는 과격한 폭도를 진압할 병력이 없으며, 내정은 문란하고, 재판은 당이 좌우하여 부당한 행위를 하니 생명과 재산을 맡기기에는 부족하다. 또 관리는 돈으로 그 직(職)을 사서 국민들로부터 세금 징수를 멋대로 하고 있다. 따라서 조선을 강고하게 하려면 이런 폐해가 있는 병제, 사법, 내정을 개정하고, 문화를 성대히 하여 사람들의 지식을 발달시킬 필요가 있음을 알고 있는가.

안응칠 알고 있다.

검찰관 현재 한국에 대해 행하는 일본제국의 정책은 한국을 자주독립케 하지 않으면 안 된다는 우의적인 국시에 의해 통감부를 설치하여 곁에서 도와줄 수 있도록 하고 있는 것인데, 피고는 이를 알지 못하는가.

안응칠 그것도 알고 있다. 그러나 일본의 목적이 다른 데 있다는 것을 알고 있다.

검찰관 내정개혁에 있어서 가장 먼저 해야 할 것은 관중(官中) 부중(府中)의 구별을 분명히 하여 부인이나 환관이 정치에 간섭할 기회를 없게 하는 것이다. 또 당화가 생기지 않게 하고 사법과 행정의 혼란을 막기 위해서는 이 둘의 구별을 뚜렷이 하고, 문화를 밝게 하기 위해서는 문명의 배움을 받은 교사를 초빙하여 경성을 비롯한 기타 각지에 학교를 설립해야 하며, 자본의 운용을 용이하게 하기 위해서는 금융기관을 만들어야 하고, 위생에 대해서는 병원을 설치하고 음료수와 하수도의 개량을 꾀해야 하며, 교통기관으로서 우편과 철도의 설계를 시행하고, 일반관리에 대해서는 청렴강직으로써 계칙(戒飭)하여 점차 그 실리를 얻어야 한다. 그리고 그 밖에 특히 필요한 군대와 외교에 대해서는 지금까지의 경험상 한국에 독립운용의 능력이 없으므로, 일본제국이 대신 질서 정연하게 행하고 있다. 피고는 이 점에 대해 이해하지 못하는가.

안응칠 갖가지로 말하면 그렇지만, 이에 대해 나에게 말해 보라고 하면, 그 이상의 반대되는 주장이 있다.

검찰관 피고는 자기의 생각만이 유일한 진리라고 생각하고 있는가.

안응칠 그렇게 생각한 적 없다. 내 의견을 들어 보면 알 것이다.

검찰관 피고는, 사회의 상황과 자국의 역사도 모르면서 단지 신문만을 보고 생각을 정립시키는 것은 사실과 다를 수 있다고 생각하지 않는가.

안응칠 신문만은 아니다. 사람들의 말도 듣고 사실도 관찰한 뒤 생각한 것이다.

검찰관 피고는 삼 년 전에 블라디보스토크에 있었으므로 실제로 자국의 상황을 알지 못했을 것이다.

안응칠 아니다. 외국인의 의견도 듣고 신문도 보아서 알고 있었다.

검찰관 그렇다면 역시 피고만의 일정한 생각에 기초한 것이 아닌가.

안응칠 그렇지 않다. 확실한 증거에 의해 생각이 형성된 것이다.

검찰관 10월 26일 피고가 이토 공을 암살한 보도가 경성에 도착하자, 한국 황제는 '흉패(兇悖)의 무리가 세계 형세에 어두워 종종 일본의 두터운 인정을 멸시했는데, 드디어 전에 없던 괴이한 일을 빚어 냈다. 이는 짐의 국가 사직을 해치는 자다' 라는 조칙을 발표하셨는데, 피고는 그래도 국가에 충의(忠義)하다고 말하는가.

안응칠 조칙은 나왔겠지만, 본인이 나쁜지 어떤지는 재판이 끝난 뒤가 아니면 모른다.

검찰관 한국 황제는 피고의 행동은 전국의 안위(安危)에 관한 것이라고 심통해 하시며 위와 같은 조칙을 발표하신 것인데, 그래도 그 그릇됨을 깨닫지 못하는가.

안응칠 나의 행동이 죄악인지, 아니면 국가에 공로를 다한 것인지는 훗날에 이르러 분명해질 것으로, '나라에 싸움이 없으면 그 나라는 망하고, 한 가정에 싸움이 없으면 그 집은 쇠한다'는 격언도 있는데, 지금 황제 폐하께서 혹시 나의 행위에 대해 반대되는 생각을 하고 계실지도 모르나, 나는 오로지 국가를 위해 온 힘을 다한 것이다. 그리고 조칙도 통감부를 거쳐 나오는 것이므로, 과연 그것이 황제의 진의인지 아닌지 믿을 수 없다.

검찰관 이토 공을 죽임으로써 보호조약이 파기되리라고 생각하는가.

안응칠 그런 생각은 없다. 보호조약의 취지는 한국민 모두가 주지하고 있고 감사하는 바이다. 그런데 이토가 통감으로 부임하여 행하는 거의 모든 것이 잘못한 것이기 때문에 그렇게 많은 인명을 잃었는지도 모른다. 그리고 나는 이에 대해 호소하려 해도 길이 없고 곳이 없으므로, 이를 일본 황제를 비롯한 세계 각국에 성명(聲明)하려는 수단으로 결행한 것으로, 나 일개인의 원한은 털끝만큼도 없다.

검찰관 인명을 빼앗는 일은 가장 참혹한 것이며, 가족과 친척을 비탄에 빠지게 하고, 그 나라에 손실을 주며, 암살의 보도는 세상 사람들을 전율케 하는 죄악임을 알고 있는가.

안응칠 알고 있다.

검찰관 피고가 이토 공을 죽인 일도, 같은 양상의 결과를 초래하리라는 것을 알고 한 것인가.

안응칠 이토를 죽인 것이 사람의 도리에 반하는 것이라고 믿지 않는다. 이토 때문에 죽은 수만 명을 대신하여 이토 한 사람을 죽인 것이다.

검찰관 어떻게 이토 공이 수만 명을 죽였는가.

안응칠 메이지 유신에 즈음한 변란 때 일·청, 일·러 양 전쟁에서 수만 명의 인명을 잃게 하고, 일본의 선제(先帝)를 독살했으며, 통감으로 한국에 와서부터는 수만 명을 살해했다.

검찰관 어떻게 선제를 독살한 일을 아는가.

안응칠 책 제목은 잊었지만, 일본인이 만든 책에 씌어 있다.

검찰관 나라가 있으면 피치 못할 경우에 전쟁이 일어나고 인명을 잃음은 당연한 일이며, 또한 전쟁은 이토 공 한 사람의 행위라고 말할 수 없는 게 아닌가.

안응칠 그건 그렇지만, 일·청, 일·러 양 전쟁은 한국을 위해서라고 말하고 일으켰던 것이다.

검찰관 한국인으로서 피살됐다고 하는 것은 폭도를 처형한 것에 불과한 것으로, 폭도로 잘못 간주되어 피살된 자에 대해서는 사실이 밝혀진 후 금품을 주어 유족을 두터이 위로했고, 멋대로 선량한 백성을 죽인 일은 없는데, 어떻게 생각하는가.

안응칠 이토가 한국을 위해 인민을 죽였다는 것은 알고 있다. 내가 이토를 죽인 것도 한국을 위해서이며, 결국은 같은 수단에서 나온 것이다.

검찰관 한국을 위해서라는 생각에서 나온 점은 이토 공과 같지만, 공을 죽인 것이 한국을 위한 것이라고 말하는 것은 피고의 완고한 생각에서 나온 것으로, 사실의 관찰을 잘못한, 즉 무지하고 천박하기 때문일 것이다.

안응칠 사람에 따라서는 생각을 달리하거나 수단을 달리 한다. 나는 이 수단을 취하는 것이 동양의 평화를 얻는 것이라고 믿고 있었다. 이토가 수단이 맞지 않는다 하여 폭도를 죽인 것도, 내가 한국을 위해 이토의 행위가 수단에 맞지 않는다 하여 죽인 것과 결국 동일하다.

검찰관 정부의 행위와 일개인의 행위는 구별이 있는 것이 아닌가.

안응칠 현재 한국의 제도가 완전한 정부의 시정이라고 하겠지만, 결코 그렇지 않다. 결국 이토 한 사람의 힘으로 어떻게라도 되는 것으로, 즉 이토 일개인이 한 것이나 다름없다. 나는 삼 년 전부터 국민의 진의를 성명하기 위해, 만약 자주적인 군함과 병력이 있으면 이토를 쓰시마(對馬) 해상에서 맞이하여 저격할 희망으로 있었다. 그러나 그런 일은 할 수 없기 때문에 지금까지 눈물을 삼키고 있었는데, 이번에 겨우 그 목적을 달성한 것으로, 나의 이번 행위는 나일개인의 생각뿐만 아니라 한국 이천여만 동포의 대표로서 결행한 것이다.

검찰관 일국의 정치를 함에 있어서 반대자가 있음은 면치 못하는 것으로, 당국자는 자기의 경험과 지식에 기초를 두고 국가의 이해득실에 따라 일부의 의향에 반하더라도 외교조약을 체결하고 내정을 개정하는 경우가 있다. 피고가 자기의 의식에 맞지 않는다 하여 반대하고 과격한 행동을 취함은, 생각이 천박하고 편협해서 그렇게 하는 것이라는 것을 아직도 깨닫지 못하는가.

안응칠 나는 나의 생각이 틀리지 않음을 확신하고 있다. 이토가 정부를 압박했기 때문에 정부 본래의 진의가 아니었듯이, 보호협약도 마찬가지이다.

검찰관 1883년 8월, 지금으로부터 이십육 년 전에 프랑스가 베트남(安南) 정부와 보호조약을 체결시킬 때의 경우는, 상당히 엄한 방침을 취하여 '이십사 시간 내에 회답하라. 수락하지 않을 때는 베트남의 수도 순화부(順化府)를 파괴하겠다'고 말했고, 1881년 5월, 지금으로부터 이십팔 년 전에 프랑스가 아프리카의 튀니지와 보호조약을 체결할 때는, 오후 네시에 조약의 조건을 말하고 그날 밤 아홉시까지 그대로 승낙하지 않으면 튀니지의 수도를 병력으로 탈취하겠다고 했다. 일한 보호조약이 다소의 이해득실을 말하고 이에 응하지 않을 수 없게 했다고 해도, 위와 같이 엄하지는 않았으며 취사선택의 여유를 주었던 것이다. 그리고 메이지 37년에 공수동맹(攻守同盟)이 된 것은 일본의 충언을 받아들인다는 약속에 따라 한국도 그 제안을 용납한 것으로, 폭행이나 협박에 의해 부득이 협약한 것이 아니라는 것은 역사가 증명하는 바이다. 그런데 피고는 자기의 생각만을 정당하고 잘못된 것이 아니라고 고집하고 있는데, 이는 잘못이 아닌가.

안응칠 일한조약은 결코 평온하게 체결된 것이 아니다. 병력으로 협박하여 체결된 것이다.

검찰관 피고는 그런 상황을 실제로 목격하고 말하는 것인가.

안응칠 보지는 않았지만, 실제 상황을 모르는 사람은 없다.

검찰관 단지 항간에 떠도는 소문만에 의한다면, 사실의 여부를 정확히 알기는 어려운 것이 아닌가.

안응칠 소문만을 믿거나 신문에 의해서만 아는 것이 아니다. 실제로 병력으로 협박하여 협약한 사실은 학교의 역사 교과서에도 기록돼 있는 숨길 수 없는 사실이다.

검찰관 피고는 어떤 신문을 보았는가.

안응칠 여러 종류를 보고 있었다.

검찰관 어떤 신문의 기사를 정확하다고 믿는가.

안응칠 신문은 사람에 따라 그 선택을 달리하고 있다. 실제로 한국국민은 일러전쟁 전까지는 적당한 친구로 일본을 좋아했고, 또 한국의 행복으로 믿고 있었다. 우리들 따위도 결코 배일사상 같은 것은 가지고 있지 않았다. 그런데 일러전쟁 후 일본이 러시아로부터 배상금을 받는 바람에 분란이 있어나기 시작했는데, 이토는 그 대신 한국을 탈취해 버리자고 주장하여 그 결과 한국에 그 방침을 채용하게 되었다. 오늘 내가 이와 같이 몸을 그르치게 된 것도 다 이토의 행위에 기인하는 것이다. 일러전쟁 전까지는 이천여만의 동포가 일본의 종민(從民)임을 기뻐하고 있었다.

검찰관 한국인이 일본인이 되면 한국의 독립을 잃게 되는 것이 아닌가.

안응칠 종민이 아니라 일본의 좋은 식민지가 된다는 것이다.

검찰관 그러면 한국의 인민은 무언중에 일본의 종민이 된다는 말인가.

안응칠 그렇지 않다. 이토의 시정이 마땅히 따를 만하다면, 한국국민은 모르는 사이에 일본인민에 동화한다는 의미이다.

검찰관 피고가 생각하듯 인민이 모르는 사이에 일본에 동화할 때도, 피고는 일본에 반대할 것이었나.

안응칠 내가 생각한 것처럼 되었다면, 나는 아무런 눈치도 채지 못하고 산으로 들어가 사냥이나 하며 안일하게 살고 있었을 것이다. 나의 독립선언이 있었을 때 같음은 스스로에게 아무런 반향도 느끼게 하지 못했을 것이다.

검찰관 피고는 일본에 급격히 예속되는 것은 안 되고, 점차로 완만하게 예속되는 것은 괜찮다는 의미인가.

안응칠 이토가 정말 한국을 보호하고 독립케 할 의사가 있었다면, 한국민은 아무런 문제의식도 일으키지 않고 지내고 있었을 것이다. 또 이토가 처음부터 한국인을 속이고 은밀히 한국을 합병 혹은 연방으로 할 방침이었다고 해도, 한국민은 이를 깨닫지 못했을 것이다. 그런데 이토는 급격히 잠식하려고 했기 때문에 국민의 주의를 일으킨 것이다.

검찰관 이토 공은 오늘날 일부 한국민의 반감을 사고 있다고 하나, 이는 한국의 백 년을 위해 계획을 세우고 실행하는 것이다. 현재 한국을 정말로 합병하려고 한다면 별로 어려움을 느끼지 않는다. 헛되이 국정을 개선하고 곁에서 도와줄 필요가 없는 것이다. 피고의 말과 같이 모르는 사이에 취하는 것을 모를 이토 공이 아니다. 한국민을 보호하고 각성시켜 국민들에게 분발하여 힘쓰도록 채찍질을 가하는 등 세계를 향해 일본이 한국의 독립·안녕과 황실의 번영을 보장하고 있는 점을 보더라도, 이토의 행위는 일본의 국시와 일치하며, 또

한 공이 고결하다는 것을 알 수 있을 것이다. 가령 남의 재산을 훔칠 때, 그 사람이 자고 있으면 가만히 훔쳐 가는 것이 득책(得策)임은 아무리 무지한 사람이라도 안다. 일부러 피해자나 인근 사람들에게 경계하도록 하고 훔치려는 방법을 취할 까닭이 없지 않은가.

안응칠 이토의 행위는 잘못된 것이다. 왜냐하면 예컨대 먼저 적을 경계하러 와 있던 자가 도리어 도적질을 하는 것과 마찬가지이기 때문이다.

검찰관 또한 신문은 영리적으로 발행하는 것이기 때문에, 종종 사실의 유무조차 틀리거나 돈이나 애증에 의해 기사가 좌우되는 일이 있다. 따라서 단지 신문에만 의존해서 사실을 판정하는 것은 맞다고 할 수 없다. 특히 그 신문이 정당의 기관지일 경우 같은 때에는, 일부러 반대당에 관한 기사의 날조, 가필 등 그 보도가 사실과는 동떨어지는 것인데, 이런 사실을 피고는 모르는 것이 아닌가.

안응칠 일본인은 신문을 믿지 않는지 모르지만, 현재의 상태에서 한국인은 신문을 상당히 믿고 있다.

검찰관 신문을 '사회의 목탁'이라고 함은 신문의 이상이다. 세상의 문화가 진보함에 따라 그런 경지에 도달할 수도 있지만, 일본의 신문은 생긴 지 삼십여 년 정도로, 아직도 이 이상에 가까워지지 못했다. 일본뿐만 아니라 삼사백 년이나 된 서양 신문, 특히 『런던 타임스』 같은 것도 사실과 다른 내용이 있어서 세간을 미혹케 하는 일이 있다. 한국에 신문사업은 있지만, 현재의 발달정도로 보면 아주 낮은 수준에 있기 때문에 사실과 다른 내용이 있음은 당연한 일이다. 이런데도 착오가 없다고 하는 것은 과신이 아닌가.

안응칠 세계의 대신문인 『런던 타임스』 같은 것에도 사실과 다른 내용이 없다고 하기는 어렵다. 이 점은 알고 있지만, 오늘날 한국인이 신문을 믿는 것은 일본이 신문을 믿으라고 가르쳤기 때문이다. 오늘 발행한 신문은 믿고, 내일 발행할 신문은 믿지 말라고 하는 것은 이해하기 어려운 점이다.

검찰관 이제까지 설명했는데도 못 알아들은 모양인데 잘 생각해 보는 것이 좋을 것이다.

안응칠 알았다.

검찰관 단지동맹은 언제 몇 명이 했는가.

안응칠 작년 10월 12일 카리(下里, 엔치야 부근. 인가가 오륙 채 있는 소부락)라는 곳에서 열두 명이 했다.

검찰관 그 자들의 주소, 성명, 연령, 직업을 말하라.

안응칠 강기순, 사십 세 전후로 의병이고 경성 사람이다. 정원식, 의병으로 나이는 삼십여 세이고 주소는 모른다. 박봉석, 삼십사 세로 농부이고 함경도 사람이다. 유치홍(劉致弘), 사십 세 전후로 농부이고 함경도 사람이라고 생각된다. 김해책(金海責), 포수이면서 의병이고 함경도 사람으로 나이는 이십오륙 세 정도이다. 김기룡(金基龍), 평안도 사람으로 이발사이고 나이는 삼십 세 전이며 평안도 경무관(警務官)을 지낸 적이 있다. 백남규(白南奎), 농부이고 함경도 사람으로 나이는 이십칠 세이다. 황길병(黃吉炳), 농부이고 함경도 사람으로 나이는 이십칠팔 세 정도이다. 조순응(趙順應), 농부이고 함경도 사람으로 나이는 이십오륙 세 정도이다. 김천화(金千華), 노동자이면서 의병으로 원적은 모르고 나이는 이십오륙 세 정도이다. 강두찬(姜斗鑽), 노동자로 평안도 사람이고 나이는 이십오륙 세 정도이다. 이상 나를 포함해서 모두 열두 명이다.

검찰관 그 중 누가 맹주인가.

안응칠 나다.

검찰관 카리 누구의 집에 모였는가.

안응칠 김(金) 모라는 사람의 집이다. 상세히는 모른다.

검찰관 어떤 뜻의 맹서였는가.

안응칠 정천동맹(正天同盟)이라 하여 국가를 위한 일을 하자는 것이었다.

검찰관 연판장(連判狀)이라도 만들었는가.

안응칠 연판장은 따로 만들지 않았다. 동맹취지서를 내가 썼는데, 지금은 어떻게 됐는지 모른다.

검찰관 동맹할 때 손가락을 잘랐는가.

안응칠 그렇다. 무명지를 잘랐다.

검찰관 그 피로 한국 국기에 '대한독립'이라는 글씨를 썼는가.

안응칠 그렇다.

검찰관 그 기는 누가 보관하고 있는가.

안응칠 김(金)의 집에서 썼는데, 어떻게 했는지는 모른다. 동맹취지서와 같이 동맹자 중 누군가가 가지고 있을 것이다.

검찰관 하얼빈에서 이번 범행을 하기 전에는 블라디보스토크에 있었는가.

안응칠 그렇다. 그러나 영주하고 있었던 것은 아니다.

검찰관 블라디보스토크에서의 숙소는 개척리(開拓里)에 있는 이치권의 집인가.

안응칠 그렇다.

검찰관 블라디보스토크에 있기 전에는 어디에 있었는가.

안응칠 엔치야에 있었다.

검찰관 전에 부령에 있었다고 말한 것은 틀리는가.

안응칠 그때는 우연준을 구할 목적으로 허위로 진술했던 것이다. 지금은 그가 자수했기 때문에 진실을 말하는 것이다.

검찰관 엔치야에서는 누구의 집에 있었는가.

안응칠 음식점을 하는 송(宋) 모라는 사람의 집인데, 이름은 모른다.

검찰관 그곳에서 얼마쯤 머물고 있었는가.

안응칠 당시 블라디보스토크 근방을 왔다갔다하고 있었다.

검찰관 엔치야를 중심으로 해서 블라디보스토크 방면을 배회한 것은 언제쯤이 며, 며칠간인가.

안응칠 처음 엔치야로 갔던 것은 작년 봄이었다.

검찰관 작년 봄 이래로 두만강(豆滿江)을 건너 남쪽으로 갔던 적은 없는가.

안응칠 한 번 회령 부근까지 갔었다. 그때는 2월이었으며, 의병으로 전쟁을 하기 위해서였다.

검찰관 의병으로 전쟁을 했는가.

안응칠 두 번 싸움이 있었다.

검찰관 그때 대장은 누구였는가.

안응칠 김제맹(金濟孟)이라는 사람이다.

검찰관 의병 연명부에 피고의 이름을 기재했는가.

안응칠 잘은 모르지만 기재했을 것이다.

검찰관 싸움에서 두 번 패했는가.

안응칠 최초의 싸움에서는 일본병 네 명을 포로로 하는 등 승리한 편이었는데, 이때 나는 참가하지 않았다. 다음 전쟁에는 나도 나갔지만 결과는 어땠는지

대 한

태극기에

피로쓴

독 립

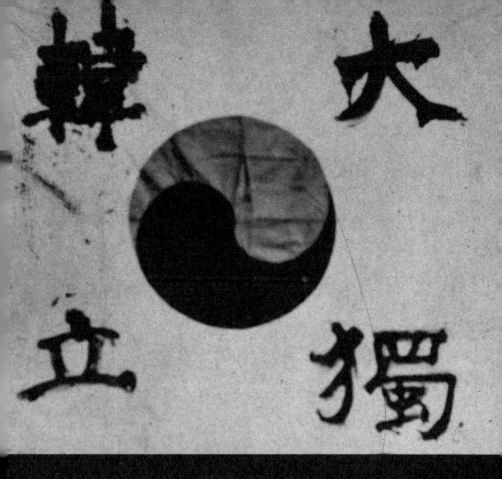

"오늘 우리들이 손가락을 끊어

맹세를 같이 지어 증거를 보인 다음,

마음과 몸을 하나로 묶어 나라를 위해 몸을 바쳐 기

어이 목적을 달성하도록 하는 것이 어떻소."

… 마침내 열두 사람이 각각 왼손 약지를 끊어, 그

피로 태극기에 글자 넉 자를 크게 쓰니

바로 '대한독립'이었다.

—『안응칠 역사』중에서

모른다.

검찰관 그 의병은 어떻게 해산했는가.

안응칠 병력도 소진되고 일본군의 공격이 거셌기 때문에, 자연히 해산되고 말았다.

검찰관 다시 엔치야로 돌아간 것은 언제인가.

안응칠 작년 6월 하순인가 7월 초순쯤이다.

검찰관 그 즈음부터 이번에 하얼빈으로 갈 때까지는 무슨 직업으로 생계를 이어가고 있었는가.

안응칠 학교를 방문하고 각 부락에서 연설을 하거나, 호조르포에 가거나 하면서 그냥 살아가고 있었다.

검찰관 앞에서 말한 전쟁 때 엄인섭도 갔는가.

안응칠 그 사람은 다른 방면으로 갔다.

검찰관 이범윤은 가지 않았는가.

안응칠 가지 않았다. 늘 집에만 있었다.

검찰관 피고가 가지고 있던 권총은 의병활동을 할 때 손에 넣었다고 했는데 사실인가.

안응칠 거사에 사용한 권총은 엔치야에서 윤치종과 교환한 것이다.

검찰관 이번 범행을 위해 엔치야를 출발한 것은 언제인가.

안응칠 엔치야를 출발한 당일 블라디보스토크에 도착하여 그곳에서 숙박했는데, 다음날에도 기차의 형편상 떠나지 못하고, 그 다음날 블라디보스토크를 출발하여 하얼빈으로 갔다.

검찰관 엔치야에서, 이토 공이 블라디보스토크로 간다는 것을 신문에서 보거나 다른 사람으로부터 들었는가.

안응칠 엔치야에서는 듣지 못했다. 블라디보스토크에 가서 알았다.

검찰관 피고는 '윤치종이 이토가 온다는 기사를 실은 신문을 엔치야에 있을 즈음에 보았다'는 말을 전옥(典獄)에게 한 적이 없는가.

안응칠 앞서 부령에서 그런 적은 있었다고 말했지만, 물어 봤다는 얘기를 한 적은 없다.

검찰관 최근에 엔치야에서 블라디보스토크로 간 것은 어떤 용무였는가.

안응칠 블라디보스토크에는 늘 왔다갔다하고 있었는데, 그때는 엔치야에 너무 오래 있었다고 말하고 왔다.

검찰관 그 여비는 어떻게 마련했는가.

안응칠 엔치야에서 블라디보스토크까지는 일 원 오십 전만 있으면 되는데, 그쯤 은 늘 가지고 있었다.

검찰관 엔치야에 있었을 때 포세트나 경흥(慶興)으로 갔던 적은 없는가.

안응칠 포세트에는, 블라디보스토크로 가는 도중에 선착장이 있는 곳까지 갔었 던 적이 있고, 경흥에는 간 적이 없다.

검찰관 포세트에 있는 최재형의 집에 갔던 적이 있는가.

안응칠 그 사람은 엔치야에 있다. 그를 알고는 있었지만 나와는 의견이 다르고, 대단한 부자로 러시아에 귀화했기 때문에 서로 왕래하지는 않았다.

검찰관 블라디보스토크로 갈 때 육로로 갔는가.

안응칠 포세트에서 배로 갔다.

검찰관 부령에 있을 때 윤치종, 홍치범(洪致凡), 김기열(金基烈)이 같이 있었다 고 했는데 사실인가.

안응칠 사실이다. 윤치종은 엔치야에서 만났다. 그러나 모두 일정한 주소는 없 다.

검찰관 김기열과 김기룡은 같은 사람인가.

안응칠 다른 사람이다.

검찰관 블라디보스토크를 출발한 후 이토 공이 블라디보스토크로 올지도 모른다 는 것을 알았는가.

안응칠 그렇다. 『대동공보』와 『원동보(遠東報)』를 보고 알았다.

검찰관 블라디보스토크에서 하얼빈으로 가는 여비는 얼마를 어디서 조달했는가.

안응칠 황해도 혹은 경성 사람으로 의병장을 하고 있는 이석산[李錫山, 혹은 이 강산(李剛山). 삼십사 세쯤]이라는 사람으로부터 백 원을 빌려 가지고 갔다.

검찰관 그 사람은 어떤 특징이 있는가.

안응칠 별로 없다. 예쁘게 생긴 얼굴로 키는 나와 같은 정도이고, 코 밑과 볼 밑 에 수염이 있다.

검찰관 그 사람과는 늘 왕래하며 만나고 있었는가.

안응칠 내가 엔치야를 출발하기 십 일쯤 전에 그가 엔치야로 와서 알게 되었다. 돈을 빌린 것은 두번째 만났을 때였다.

검찰관 뭐라고 말하고 돈을 빌렸는가.

안응칠 이토가 오는 것을 알고 돈이 필요해서 곤란해 하고 있었는데, 마침 그가 돈을 가지고 있다는 것을 알고, 그를 만나 사정을 말하지도 않고 '갑자기 큰 돈이 필요하니 빌려 달라. 만약 빌려주지 않으면 이 총으로 쏘고 나도 죽겠다' 라고 말했더니 백삼사십 원을 내놓았다. 그래서 그 중 백 원을 훗날 갚겠다고 말하고 받은 것이다.

검찰관 이석산은 무엇을 하려고 돈을 가지고 블라디보스토크로 왔는가.

안응칠 한국인의 동향 파악을 위해서라고 했다.

검찰관 의병을 일으켰기 때문에 무기나 탄환을 구입하기 위해 왔다는 말을 들은 적은 없는가.

안응칠 본인으로부터는 듣지 못했고, 소문으로는 들었다. 하지만 사실인지 아닌지는 믿어지지 않았다.

검찰관 백(白)이라는 여관에 숙박하고 있었는가.

안응칠 어떤 집인지는 모르지만 밥을 파는 집이었다. 물론 그 부근의 한국인은 다 밥을 팔고 있다.

검찰관 피고가 그를 만난 집은 피고가 있던 곳으로부터 어느 방향에 해당하는가.

안응칠 북쪽으로 삼사백 보쯤 떨어진 곳이다.

검찰관 피고의 숙소와 나란히인가, 아니면 그 반대쪽인가.

안응칠 나의 숙소를 나와서 네거리를 지나 북쪽으로 가면 큰길에서 조금 들어 간 곳이다.

검찰관 거기서 권총을 들이대고 돈을 빌려 달라는 말을 했는가.

안응칠 그렇다. 이석산이 기거하던 방에서 그랬다.

검찰관 이석산이 그곳에 있다는 것은 어떻게 알았는가.

안응칠 그가 엔치야로 왔을 때, 내가 머물 곳을 물었더니, 블라디보스토크의 유음석(劉陰錫)이라는 학자의 제자가 있는 곳에 있겠다고 했기 때문에, 알고 그곳으로 찾아갔던 것이다.

검찰관 그곳은 여관인가.

안응칠 아니다. 밥을 파는 곳이다. 이석산은 숨어 다니기 때문에 여관에는 숙박하지 않는다.

검찰관 그 집은 개척리에 있는 집인가.

안응칠 그렇다.

검찰관 그 집의 구조는 어떠한가.

안응칠 실지(實地)를 보지 않아서 모르지만, 조선식의 지붕마루를 길게 지은 집이다.

검찰관 권총을 꺼내어 강요하는 소리가 옆방에 들릴 구조가 아닌가.

안응칠 그런 구조는 아니다. 대문을 들어가 바로 첫번째에 있는 조용한 방이었다.

검찰관 그 돈을 빌린 것은 블라디보스토크를 출발하기 전 날 저녁때인가.

안응칠 그렇다.

검찰관 이석산에 관한 일은 충분히 믿기 어렵다. 틀림없이 사실대로 진술하라.

안응칠 모두가 사실이다.

검찰관 이토 공이 하얼빈에서 블라디보스토크 방면으로 간다는 기사는 러시아력으로 10월 11일(양력 10월 24일)자 『원동보』에 기재되어 있는데, 그 신문이 블라디보스토크에 도착한 것은 5일 밤일 수밖에 없다. 따라서 피고가 『원동보』를 보고 알았다고 말한 것은 믿을 수 없다. 피고는 언제 『원동보』를 보고 알았는가.

안응칠 『원동보』는 당일 블라디보스토크에 도착한다.

검찰관 11일은 피고가 지야이지스고에 갔던 날이다. 가령 하루 만에 도착했다고 해도 볼 수 없었을 텐데, 어떻게 된 것인가.

안응칠 나는 확실히 블라디보스토크에서 『원동보』를 보았다. 날짜는 기억나지 않는다.

피고인 안응칠. 위와 같이 읽어 들려 주고 승낙 후 자서하다. 메이지 42년 12월 20일 관동도독부 감옥에서. 단 출장 중이므로 소속관서의 인을 사용하지 못함. 관동도독부 지방법원. 서기 다케우치 가쓰모리. 고등법원 검찰관 미조부치 다카오. 통역촉탁 소노키 스에요시.

안응칠 제9회 신문조서. 피고인 안응칠. 이 사람에 대한 살인피고사건에 대해 메이지 42년 12월 21일 관동도독부 감옥에서 검찰관 미조부치 다카오, 서기 다케우치 가쓰모리 참석하에 통역촉탁 소노키 스에요시 통역으로 검찰관은 전회에 계속해서 위 피고인에 대해 아래와 같이 신문함.

검찰관 이것이 러시아력으로 10월 9, 10, 11일자『원동보』인데 피고가 본 것이 이것인가.

이때 메이지 42년 영특 제1호 31의 1, 2, 3을 제시하다.

안응칠 그렇다. 이 신문들은 다 보았다. 그 밖에 9일 이전의 신문에서 이토가 온다는 기사를 보았다. 이 10일, 11일자 신문은 하얼빈에서 보고, 9일자 신문은 블라디보스토크에서 보았다. 그리고 상세한 내용은『대동공보』에서 보았다.

검찰관 이석산으로부터 백 원을 강제로 얻어내어 어떻게 했는가.

안응칠 기차비와 의복비 그리고 음식비로 썼다.

검찰관 이석산으로부터 돈을 얻은 후, 고준문(高俊文)의 집으로 찾아가서 우연준을 피고가 있는 곳으로 데려왔는가.

안응칠 그렇다. 돈을 얻어 일단 이치권의 집으로 돌아왔다가, 우연준을 찾아갔다.

검찰관 고준문의 집에서 우연준을 만나 목적을 말했는가, 아니면 이치권의 집으로 데려와서 말했는가.

안응칠 데려와서 말했다.

검찰관 다음날 아침 둘이 기차에 탈 때까지, 우연준이 고준문의 집으로 돌아간 적이 있지 않나.

안응칠 없었다. 우연준을 데려온 밤에 출발할 생각으로 정거장에 갔는데, 기차가 없어서 다음날 아침에 출발한 것이다.

검찰관 우연준은 고준문의 집에 숙박료 등을 내지 않고 왔는가.

안응칠 그건 모른다.

검찰관 피고는 이치권의 집에서 숙박료 등을 어떻게 했는가.

안응칠 지불해야 할 돈이 얼마 안 되는 것이어서, 그냥 출발했다.

검찰관 피고가 출발하기 전에 누군가 피고를 찾아온 사람은 없었는가.

안응칠 나를 찾아온 사람은 없었고, 내가 여러 사람을 방문했다. 그 중 신문사에 있는 김치보(金致甫, 상업. 50세)라는 사람과 상해옥(上海屋)이라는 의복점에서 이름은 모르지만 한국인처럼 보이는 사람 그리고 이범양(李範陽, 노동자. 50세 정도)을 방문한 것은 기억하고 있다.

검찰관 피고들은 특별한 용무가 있어서 그들을 방문했는가.

안응칠 별 용무는 없었고, 모두 아는 사람이라 그저 찾아간 것이다.

검찰관 그들에게 말하지는 않았지만, 피고의 생각으로는 작별을 하기 위해서가 아닌가.

안응칠 그렇지는 않다. 그냥 찾아갔을 뿐이다. 당시 이토가 온다는 말이 있어서, 과연 그 말이 사실인지 알아보기 위해서이기도 했는데, 그때는 이석산으로부터 돈을 빌리기 전이었다.

검찰관 그 신문사에서는 누구를 만났는가.

안응칠 김만식(金萬植)을 만났다. 다른 사람도 만났지만, 이름은 기억나지 않는다.

검찰관 그때 이강(李剛)과 유진율(俞鎭律)도 만나지 않았는가.

안응칠 이강은 병 중이라 나오지 않았고, 유진율은 신문사에 매일 오는 사람이 아니라, 그날 나오지 않았기 때문에 만나지 못했다.

검찰관 신문사 등을 방문한 것은 여비를 조달하기 위해서가 아니었나.

안응칠 신문사를 방문한 것은 이토가 오는지 안 오는지를 알아보기 위해서였고, 그 외의 곳은 일반적인 상황을 살펴보기 위해 갔던 것이다.

검찰관 이석산으로부터 돈을 받아낸 것은, 앞서 언급한 곳들을 방문하고 나서 하얼빈에서 결행할 것을 결심한 결과 그렇게 한 것인가.

안응칠 하얼빈에서 결행할 결심은 블라디보스토크에 도착한 밤부터 한 것이다. 신문사 등을 방문하면서 비로소 여비가 필요함을 느끼게 되었고, 그래서 이석산에게 돈을 빌리러 갔던 것이다.

검찰관 이석산에게 강제로 청하는 것보다 아는 사람에게 돈을 빌리는 것이 편하지 않았는가.

안응칠 내가 방문한 사람들은 돈을 가지고 있지 않았고, 나에게 빌려 줄 리도 없었다. 또 사정을 밝히고 부탁하면 바로 체포될 것 같아, 이석산에게도 사정을 밝히지 않았던 것이다.

검찰관 블라디보스토크를 출발할 때의 복장은 어땠는가.

안응칠 와이셔츠를 입은 평상복 차림에 이곳에 가지고 온 모자를 쓰고 있었고, 외투는 가지고 있지 않았다.

검찰관 지금 입고 있는 양복은 어디서 샀는가.

안응칠 외투는 하얼빈에서 샀고, 바지는 블라디보스토크를 출발할 때 샀다. 또 상의는 가지고 있던 것이다.

검찰관 외투는 누가 샀는가.

안응칠 내가 중국인한테 샀다.

검찰관 어디서 샀는가.

안응칠 하얼빈은 처음이기 때문에 지명은 모른다. 중국인 상점에서 샀다.

검찰관 피고의 상의는 이상설에게 얻은 것이 아닌가.

안응칠 그렇지 않다. 이건 운동복으로, 그는 이런 옷을 가지고 있지 않다.

검찰관 피고가 출발할 때 이치권은 있었는가.

안응칠 출발하던 날 아침에는 없었고, 그 전날 밤 그는 내실에 있었다.

검찰관 전날 밤 이치권과 이야기한 적이 있는가.

안응칠 전날 밤엔 정거장에 갔다가 사람들의 눈을 피해서 돌아왔고, 이치권과는 아무런 이야기도 하지 않았다.

검찰관 포세트에서 출발하여 블라디보스토크에 도착했던 날에는 이치권과 이야기를 했는가.

안응칠 그날은 이야기한 적이 있다.

검찰관 어떤 이야기를 했는가.

안응칠 내가 이치권의 집에 도착하여 이토가 오냐고 물으니, 그는 '온다는 기사가 신문에도 나와 있던데, 자네는 이토가 온다고 해서 왔는가'라고 되물었다. 그래서 나는 아니라고 말하고, 또 의심받으면 좋지 않다고 생각하여 '이번에 처를 얻을 작정으로 왔으니 중신을 해 달라'고 부탁했다. 그러자 그는 '그렇게 급히 서둘러도 지금은 그럴 만한 사람이 없다'고 했다. 그래서 나는 부자에 미인으로 나폴레옹의 부인 같은, 거기다 프랑스의 독립을 주장한 나랑과 같은 사람을 중신해 달라고 말했더니, 저쪽도 웃고 있었다.

검찰관 나랑이라면 프랑스가 영국으로부터 공격을 받았을 때, 프랑스의 독립을 위해 활동했던 잔 다르크를 말하는가.

안응칠 아니다. 프랑스 혁명 때 활동한 사람으로, 프랑스에는 여걸이 두 명 있는데, 한 사람은 잔이고, 내가 말한 사람은 그가 아니라 나랑이다. 그러나 이 말은 농담으로 말한 것으로, 저쪽도 웃고 있었다.

검찰관 피고가 말하는 사람은 루이 십사 세를 죽이고 혁명을 일으켰던 자유의 여신이라는 사람인가.

안응칠 아마 그녀일 것이라고 생각한다. 어쨌든 나랑은 여걸 두 명 중에 한 사람으로, 그녀를 예로 들어 말했던 것이다.

검찰관 우연준과는 전부터 아는 사이인가.

안응칠 그렇다. 작년 봄경부터 알게 되었다.

검찰관 어디에서 처음으로 만났는가.

안응칠 블라디보스토크에서이다.

검찰관 우연준은 늘 블라디보스토크에 있었는가.

안응칠 그렇다. 그러나 장사로 나돌아다니고 있었다.

검찰관 그 이전에는 만난 적이 없는가.

안응칠 재작년에 처음으로 블라디보스토크에 갔었는데, 그 즈음에 그를 만났는지, 아니면 작년 봄에 만났는지 분명히 기억하고 있지는 않다.

검찰관 언제부터 의기투합하여 한국의 현실에 대한 억울하고 분한 얘기들을 나누게 되었는가.

안응칠 작년 봄경부터이다. 서로 왕래하며 친해졌다.

검찰관 그 즈음 우연준은 무슨 장사를 하고 있었는가.

안응칠 권련초 장사를 하고 있었다.

검찰관 어디서 하고 있었는가.

안응칠 그는 담배를 팔며 돌아다녔는데, 그가 늘 내가 있는 곳으로 왔지, 내가 그의 집으로 간 적은 없었기 때문에 모른다.

검찰관 우연준은 학식도 있고, 일본이나 한국 등의 역사에 대한 지식도 가지고 있는가.

안응칠 그렇게까지는 아니지만 러시아령에 있는 노동자들과 비교해 보면 보다 나은 사람이다.

검찰관 중국어를 읽고 쓸 수 있는가.

안응칠 못한다. 한문도 그리 많이는 알지 못한다.

검찰관 그러면 우연준은 학식도 없고 견문이 천박한 자가 아닌가.

안응칠 그건 그렇지만 전혀 학식이 없다고 말할 수는 없다.

검찰관 조선 역사의 큰 흐름도 모르고 일·청 양국의 역사와 구미(歐美) 각국의 발달상황도 모른다면, 전혀 학식이 없는 것이 아닌가.

안응칠 그렇다. 학자가 보면 그렇지만, 아예 무식한 사람이 보면 그는 유식한 사람이다.

검찰관 우연준의 의지는 강고한가.

안응칠 그렇게 강고하지는 않지만, 여하간 상당하다.

검찰관 의지가 견인불발(堅忍不拔)하여 간난신고(艱難辛苦)에도 견디어낼, 그런 사람이라고는 보이지 않던데, 어떠한가.

안응칠 나도 본인의 의지에 대해 상세히는 모르지만, 어떻든 사람의 의지는 대사(大事)에 부딪힐 때 비로소 알 수 있다.

검찰관 용기와 담력이 있는 사람이라고 생각하는가.

안응칠 이번 사건으로 비로소 알았지만, 그렇게 용기나 담력이 있다고는 생각되지 않는다.

검찰관 그렇다면 피고는 어떻게 견문과 지식이 천박하고 의지와 담력이 어떤지도 모르는 사람에게 흉금(胸襟)을 털어놓고 같이 국사를 도모하며, 나아가 이토 공을 살해하려는 대사건을 상의할 수 있는가. 그럴 만한 사나이가 아니지 않는가.

안응칠 나는 전혀 견문이 없고 용기가 없는 무식자라고 말하지는 않았다. 그는 노동자보다는 나은 일을 하고 있다. 또 블라디보스토크에서는 우연준보다 나은 사람이 없다. 또 지식이 없는 사람은 이번 일과 같은 상의를 해도 마음내켜 하지 않는다.

검찰관 피고는 평소에 우연준과의 만남을 통해, 그가 이번 일에 대해 상의하기에 충분한 사람이라고 간주했는가.

안응칠 그렇다. 그리고 나랏일은 한마디로 말해도 여러가지 일이 있다. 그는 이토를 살해하는 일을 상의하기에 충분하다고 인정했다.

검찰관 우연준을 숙소로 데려와서 무슨 이야기를 했는가.

안응칠 '이번에 이토가 오는데, 나는 그를 살해할 작정이다. 평소에 자네는 이토에 대해 억울하고 분한 마음이 있는 것으로 알고 있는데, 같이 결행하지 않겠는가'라고 말하고, 또 '자네는 고국에 처자를 버리고 왔으니, 다시 귀국할 수는 없을 것이다. 이번에 나라를 위해 충성을 다하는 것이 어떻겠는가'라고 했더니, 그는 좋다고 하고 같이 결행하겠다며 승낙했다.

검찰관 그때 처음에 우연준은 주저하는 기색이 없었는가.

안응칠 그는 무슨 일이고 즉시 기꺼이 승낙하는 사람은 아니다. 이번 일도 기꺼이 승낙하는 기색은 아니었지만, 그렇다고 주저하며 생각한 적도 없었다. 또 그런 뜻이 있었다면 이번과 같은 결행은 할 수 없는 것이다.

검찰관 처자나 친족에 대한 말을 하지 않았는가.

안응칠 출발시각이 촉박했기 때문에 그런 말은 하지 않고, 곧 응하여 출발에 동의했다.

검찰관 그 이야기를 한 것은 몇 시쯤인가.

안응칠 해가 졌을 때였으니 일곱시나 여덟시쯤이라고 생각되는데, 분명하지는 않다.

검찰관 이석산으로부터 돈을 빼앗은 뒤인가.

안응칠 그렇다.

검찰관 우연준이 준비한다고 말하고 일단 고준문의 집으로 돌아가지 않았는가.

안응칠 그렇다. 일단 돌아갔다.

검찰관 우연준이 다시 왔을 때, 그는 어떤 준비를 하고 왔는가.

안응칠 이불을 지고 비누와 수건을 가지고 왔다.

검찰관 권총은 어떻게 했는가.

안응칠 그건 늘 몸에 지니고 있었기 때문에, 그때도 가지고 있었다.

검찰관 권총의 총알에 대한 이야기는 없었는가.

안응칠 그때는 바빴기 때문에 아무런 이야기도 하지 않았다.

검찰관 여비 등에 대해서는 어땠는가.

안응칠 여비는 걱정 말라고 내가 말했다.

검찰관 우연준은 돈을 얼마나 가지고 있었는가.

안응칠 묻지 않았다. 여비가 없다고 해서, 나는 그건 걱정 말라고 했다.

검찰관 피고가 손에 넣은 백 원의 내력에 대해, 블라디보스토크에서나 기차 안

혹은 지야이지스고에서 우연준에게, 운 좋게 돈이 손에 들어온 것은 좋은 조짐으로 좋은 결과를 얻을 것이라는 말을 한 적이 있는가.

안응칠 그런 말은 어디서건 전혀 하지 않았다.

검찰관 우연준이 피고의 동지라면, 고려할 것 없이 사실 그대로를 이야기해도 괜찮을 것이라고 생각되는데, 안 그런가.

안응칠 동지이기는 하지만, 필요 없는 말이었기에 하지 않았다. 또 말하고 나서 만일 거짓말이라고 하면 곤란하다고 생각했고, 바쁘기도 했으며, 또 기차 안에는 다른 사람들도 있고 해서 거리낌없이 이야기할 수 없었다.

검찰관 정거장에 환송인은 없었는가.

안응칠 없었다. 숙소의 주인도 모른다.

검찰관 아침 일찍 나올 때, 가는 곳을 숙소에 말하고 나와야 하는 것이 아닌가.

안응칠 출발할 때 이치권은 학교 공사 청부 감독으로 외출해서, 집에 없었다.

검찰관 기차표는 누가 샀는가.

안응칠 내가 샀다.

검찰관 말은 어떻게 통했는가.

안응칠 말은 모르지만 표는 '포브라니치나야' 라고 하거나 '하얼빈' 이라고 말하고 돈을 내면 살 수 있다.

검찰관 차비는 얼마인지 어떻게 알 수 있었는가.

안응칠 정거장에 요금표가 있고, 옆에 있는 한국인에게 물어도 알 수 있다. 또 포브라니치나야에 갔던 적이 있었기 때문에 알고 있었다.

검찰관 뭐라고 말하고 차비 이야기를 했는가.

안응칠 별 말은 하지 않았고, 그저 행선지와 돈을 내면 알고 팔아 준다.

검찰관 돈이 부족할 때는 어떻게 하는가.

안응칠 말을 몰라서 종종 손해를 보는 일이 있기 때문에, 정거장에 한문으로 씌어 있는 요금표를 보거나, 아니면 한국인 부락에 가서 물어 보면 손해보지 않고 살 수 있다. 그리고 포브라니치나야에서부터는 유동하를 데려갔다.

검찰관 이석산으로부터 받은 돈의 종류는 어떠했는가.

안응칠 러시아 화폐였다. 이십오 원짜리 지폐 두 장과, 그 밖에 십 원, 오 원, 일 원짜리 지폐가 있었고, 은화도 조금 있었다.

검찰관 이석산이 러시아 화폐를 가지고 있을 까닭이 없지 않은가.

안응칠 러시아령에서는 러시아 화폐가 아니면 통용되지 않기 때문에 가지고 있던 것이다.

검찰관 하지만 이석산은 북한(北韓)에서 오지 않았는가.

안응칠 그건 그렇다. 그가 어떻게 교환했는지는 모른다.

검찰관 피고가 탔던 기차는 우편열차인가, 보통열차인가.

안응칠 기차의 구별은 나는 모른다.

검찰관 몇등 차표를 샀는가.

안응칠 블라디보스토크에서 소왕령(小王嶺)까지는 둘 다 삼등을 샀고, 거기서 포브라니치나야까지는 둘 다 이등 차표를 샀다.

검찰관 왜 직행 차표를 사지 않았는가.

안응칠 그 이유는 포브라니치나야에서는 세관에서 일일이 검사를 하는데, 삼등은 엄격하고 일등과 이등은 허술하기 때문이었고, 또 이등 직행을 사면 비용이 많이 들기 때문에 그런 방법을 취한 것이다.

검찰관 그러면 소왕령에서 하차하여 다시 차표를 살 시간이 있었는가.

안응칠 그렇다. 삼십 분간 정차했다.

검찰관 소왕령에서 포브라니치나야까지 이등 차표를 살 때는 어떻게 말이 통했는가.

안응칠 소왕령에는 통역으로 근무하는 한국인이 있다. 그들에게 물어서 샀다.

검찰관 블라디보스토크에서는 몇 시에 출발했는가.

안응칠 오전 여덟시인가 아홉시쯤이었다.

검찰관 기차비가 보통보다 많이 드는 기차에 타지 않았는가.

안응칠 특별열차가 차비가 많이 든다는 것은 알고 있다. 내가 탔던 것은 보통 요금을 지불한 것이었다.

검찰관 통역을 동행한다는 이야기는 어디서 했는가.

안응칠 따로 이야기하지는 않았다. 포브라니치나야에서 하차하여, 내가 유동하를 데려갔다.

검찰관 기차 안에서 러시아어 통역이 없으면 불편할 것이라는 말이 나와서 데려가기로 한 것이 아닌가.

"이토처단,"

일념의 결행길.

안응칠 소왕령을 출발하기 전인지, 그 후인지는 잊었지만 그런 이야기를 했다.

검찰관 누구를 데려간다는 말을 했는가.

안응칠 '통역이 없으면 불편하니, 누구든 한 사람 데려가면 좋겠다'고 말했을 뿐이지, 이름을 거론하지는 않았다.

검찰관 데려갈 사람이 포브라니치나야에 있다고 말하지 않았는가.

안응칠 그렇게 말했는지 어떤지는 기억나지 않지만, 아마 안 한 것 같다.

검찰관 그 기차는 포브라니치나야에 몇 시에 도착했는가.

안응칠 날이 저물었으니 여덟시나 아홉시쯤이다.

검찰관 거기서는 몇 분간 정차했는가.

안응칠 한 시간 동안이다.

검찰관 한 시간 이상이 아니었나.

안응칠 그랬는지도 모르지만, 나는 한 시간으로 기억하고 있다.

검찰관 피고는 정차시간을 이용해서 어디에 갔었는가.

안응칠 유동하를 데리러 갔다.

검찰관 그 자는 전부터 알고 있었는가.

안응칠 정대호를 찾아갔을 즈음 만나서 알았다.

검찰관 그의 아버지도 알고 있는가.

안응칠 알고 있다.

검찰관 그의 아버지는 유경집(劉敬緝)이라 하며 의사인가.

안응칠 그렇다.

검찰관 그의 집은 정거장에서 몇 시간이나 걸어가야 되는 거리인가.

안응칠 이삼백 보 정도의 거리로, 아주 가깝다.

검찰관 먼저 누구를 만나러 왔다고 했는가.

안응칠 부친을 먼저 찾았다.

검찰관 부친에게 뭐라고 말했는가.

안응칠 '하얼빈에 용무가 있어서 가는 길인데, 통역이 없어서 어려움이 많으니, 유동하가 같이 가 주었으면 좋겠다'라고 말했더니, 부친은 '동하를 약을 사러 내일 하얼빈으로 보내려고 했으니 같이 가면 되겠다'고 했다.

검찰관 피고는 그날 밤에 하얼빈으로 가려고 한다고 말하고, 어떻게 할 것인지

의논했는가.

안응칠 저쪽에서는 '내일 보낼 예정이었는데, 아직 어려서 걱정하고 있던 참에 잘 됐다' 며 '당신들과 함께 출발시키도록 하겠다' 고 말했다.

검찰관 하얼빈에 가면 어디서 숙박할 예정이었는가.

안응칠 김성백(金成白)의 집에서 숙박할 이야기를 했다.

검찰관 그 이야기는 누가 꺼냈는가.

안응칠 내가 '하얼빈에 가면 숙소가 문제이다' 라고 했더니, 부친은 '김성백은 내 친척이라 유동하가 숙박할 것이니, 함께 숙박하면 되겠다' 라고 했다. 그래서 나는 돈도 들지 않을 것 같아 잘 됐다고 생각하고, 그렇게 하기로 했다.

검찰관 김성백은 모르는 사람인가.

안응칠 전에 유동하의 집에서 한 번 만난 적이 있다.

검찰관 유경집과 김성백과는 어떤 친척관계인가.

안응칠 유경집의 딸이 김성백의 아우에게 시집가기로 되어 있었다.

검찰관 그날 밤 유경집의 집에서 김성백의 아우로 당시 병 때문에 요양 중이던 김성엽(金成燁)이라는 자를 만났는가.

안응칠 만났다.

검찰관 유경집이나 김성엽이 김성백에게 소식을 전해달라고 부탁했는가.

안응칠 부탁하지 않았다. 유동하에게 쓸 약을 사 오라는 말만 했다.

검찰관 8일 아침 블라디보스토크를 출발한 기차는 급행열차, 우편열차, 화물열차 중 우편열차였으며, 오전 여덟시 오십분에 출발하여 코코리스크에 도착한 것이 오후 세시 육분, 포브라니치나야에 도착한 것이 밤 아홉시 이십오분이었고, 뉴르스크에서 한 시간 이 분간 정차, 포브라니치나야에서는 한 시간 오 분간 정차했으며, 하얼빈에 도착한 것은 밤 아홉시 십오분이었다. 그 시간표는 이것인데 맞는가.

이때 동 32호를 제시하다.

안응칠 틀림없다.

검찰관 이 가방은 피고의 것인데, 블라디보스토크를 출발할 때부터 휴대하고 있었는가.

이때 동 33호를 제시하다.

안응칠 그렇다. 이 가방은 지야이지스고에도 가지고 갔었다.

검찰관 유경집의 집에서 이토 공이 하얼빈으로 온다는 이야기와 블라디보스토크에도 온다는 이야기가 나오지 않았는가.

안응칠 그런 이야기는 하지 않았다. 유동하에게도 하지 않았고, 또 그럴 시간도 없었다.

검찰관 저쪽으로부터 이야기가 있었던 것이 아닌가.

안응칠 없었다. 또 유경집은 그런 일에 관심을 가질 사람이 아니다.

검찰관 유경집은 아들에게, 하얼빈에 도착하면 연락하라든가, 용무가 끝나면 곧장 귀가하라는 말을 하지 않았는가.

안응칠 유동하에게 할 일이 많으니 빨리 돌아오라는 말은 했지만, 그 밖의 말은 듣지 못했다.

검찰관 유동하는 어떤 복장으로 나왔는가.

안응칠 지금 입고 있는 그대로의 복장이었다.

검찰관 무엇을 가지고 있었는가.

안응칠 이불 한 채와 작은 끈이 달린 손가방 하나를 가지고 있었다.

검찰관 몇등 차표를 샀는가.

안응칠 셋이 다 같이 삼등을 샀다.

검찰관 유동하가 사지 않았는가.

안응칠 아니다. 돈은 세 명분을 다 내가 냈다.

검찰관 포브라니치나야에서 하얼빈으로 가는 기차 안에서 무슨 이야기를 했는가.

안응칠 아무런 이야기도 하지 않았다. 승객도 많았고, 한 사람씩 따로 앉게 돼서 이야기할 수도 없었다.

검찰관 우연준이 피고의 가방 속에 권총과 수건, 비누 등을 넣은 일이 있는가.

안응칠 권총을 넣은 것은 모르지만, 수건과 비누를 넣기는 했다.

검찰관 그건 포브라니치나야까지 오는 동안이었는가, 아니면 그곳을 출발하여 하얼빈으로 향하던 도중이었는가.

안응칠 블라디보스토크를 출발할 때 같이 넣어 두었다.

검찰관 피고가 하얼빈으로 가는 도중 권총에 총알을 넣은 적은 없는가.

안응칠 그런 적 없다.

검찰관 기차 안에서 유동하가 '당신들은 무슨 용무로 가느냐'고 묻지 않았는가.

안응칠 처음에 가족을 마중하러 간다고 했는데, 다시 묻지는 않았다.

검찰관 그 말은 어디서 했는가.

안응칠 유동하의 집에서 했다.

검찰관 가족은 누구의 가족인가.

안응칠 나의 가족이다.

검찰관 그러면 피고의 가족이 오는 것은 알고 있었는가.

안응칠 확실히는 몰랐지만, 정대호에게 부탁해 두었기 때문에 예상하고 있었다. 나는 달리 할 말이 없었기 때문에 그렇게 말해 두었던 것이다.

검찰관 그렇다면 유경집의 집이나 기차 안에서 정대호나 가족에 대한 이야기가 나오지 않았는가.

안응칠 유경집의 집에서 그 이야기를 했다. 정대호가 조만간 나의 가족을 데리고 온다고 말했다.

검찰관 데리고 올지 어떨지 모르는데, 적당히 말했다는 것인가.

안응칠 그렇다.

검찰관 유경집이 하얼빈에는 무슨 일로 가느냐고 묻지 않았는가.

안응칠 물어 보기에 가족을 마중하러 간다고 말한 것이다.

검찰관 가족을 불러오게 했다고 말했다면, 무슨 장사를 시작하냐는 등 뭐라고 묻지는 않았는가.

안응칠 그런 일에 관해서는 아무것도 묻지 않았다. 그런 문답을 할 틈이 없었다.

검찰관 기차는 몇 시에 하얼빈에 도착했는가.

안응칠 밤 여덟시인가 아홉시쯤이었다.

검찰관 거기서 김성백의 집으로 갔는가.

안응칠 아무도 그 사람의 집을 몰랐기 때문에, 마차를 타고 여기저기로 찾아서 갔다.

검찰관 김성백은 자고 있지 않았는가.

안응칠 김성백은 없었다. 불은 켜 있었고 문은 모두 닫혀 있었는데, 다들 자고 있지는 않았다.

검찰관 어디로 들어갔는가.

안응칠 여기저기 문을 두들겼더니, 이웃의 러시아인이 나와 가르쳐 주어 앞문으로 들어갔다.

검찰관 그 러시아인은 여자였나 남자였나.

안응칠 문을 두들겼더니 대답해 주기는 했는데, 밖으로 나오지는 않았기 때문에 남자인지 여자인지는 모른다. 문은 김성백의 처가 나와서 열어 주었다.

검찰관 셋이 다 김성백의 처에게 인사했는가.

안응칠 나와 유동하만 인사했고, 우연준은 초면이라 인사하지 않았다.

검찰관 숙박 부탁은 누가 했는가.

안응칠 우리들이 들어가자마자 누구를 심부름 보냈는지, 김성백이 돌아와서 밥도 주고 잠자리도 펴 주어서, 아무말도 하지 않고 잤다.

검찰관 김성백에게 무슨 용무로 왔다는 말은 했는가.

안응칠 가족을 마중하러 왔다고 말했다.

검찰관 언제 누가 온다고 말했는가.

안응칠 단지 나의 가족을 마중하러 왔다고만 말했다.

검찰관 상대편에서 '어디에 있는 가족이냐' 라든가, '누가 오느냐' 라고 묻지는 않았는가.

안응칠 어디에서 오냐고 묻기에 '본국에서 오는데, 정대호가 오게 돼서 같이 온다. 또 형편에 따라서는 관성자(寬城子)까지 마중 나가려 한다' 고 말했다.

검찰관 여비가 부족하니, 꾸어 달라고 김성백에게 말한 일이 있는가.

안응칠 내가 직접 말하지는 않았다. 다음날 밤 유동하를 시켜 부탁하게 했다.

검찰관 이토 공이 온다는 이야기가 저쪽에서 있었거나 피고가 이야기하거나 하지는 않았는가.

안응칠 누군지는 모르지만 이토가 왔다고 해서, 신문을 보니 아직 온 것은 아니었다.

검찰관 그 신문은 언제 발행한 것인가.

안응칠 철도 총국에서 기차를 보내서, 그걸 타고 온다는 기사가 있는 신문이었다.

검찰관 그 신문은 이 중 어느 것인가.

이때 동호 31의 1~5를 제시하다.

안응칠 이것이다.

이때 피고는 10일자 신문을 가리키다.

검찰관 이토 공의 이야기가 나온 것은 도착한 날 밤이 아니라 그 다음날인가.

안응칠 그렇다. 다음날 점심 식사때라고 생각한다.

검찰관 피고가 도착한 날 밤 권총은 어떻게 보관해 두었는가.

안응칠 양복 안주머니에 넣어 둔 채, 벗어서 베개 근처에 두었다.

검찰관 권총을 꺼내 가방 속에 넣어 둔 일은 없는가.

안응칠 없다.

검찰관 다음날 신문을 점심 식사때 보았다고 했는데, 신문에는 '이토 공은 이 달 12일 밤 열한시 창춘(長春)에서 하얼빈으로 온다' 는 기사가 있었으니, 13일 아침 이토 공이 하얼빈에 도착하리라는 것은 그때부터 알고 있었던 것이 아닌가.

안응칠 그렇다.

검찰관 그리고 시내에 나가서 정말 이토 공이 13일 아침에 도착하는지 확인한 일이 있는가.

안응칠 그런 적 없다. 김성백이 처음에 이토가 도착했다고 말할 정도였기 때문에 시내에 나가 봐도 확실한 것은 모를 것이고, 짐작컨대 도착할 것은 틀림없다고 생각하고 있었다.

검찰관 이토 공이 13일에 도착한다는 사실을 알게 된 후, 피고는 우연준과 어떤 상의를 했는가.

안응칠 우연준에게 창춘까지 마중 나가자고 했더니, 그는 그렇게 하는 것이 좋을지, 아니면 여기에 있는 것이 좋을지 생각해 봐야 될 일이라고 했다. 그래서 내가 가족을 마중하러 왔다고 했고, 특히 여기는 경계가 엄중하니, 창춘으로 가는 편이 좋겠다고 말했더니, 우연준이 동의했다.

검찰관 우연준은 술을 마시는가.

안응칠 한두 잔쯤밖에 안 마신다.

검찰관 10일 둘이 어디론가 식사를 하거나 술을 마시러 간 일이 없는가.

안응칠 나도 술은 마시지 않으며, 어디에도 간 적이 없다.

검찰관 둘이서 돈이 부족할 염려가 있다는 이야기를 하고, 돈을 융통할 방법을 상의한 적은 없었는가.

안응칠 있었다. 창춘으로 갈 상의를 한 뒤였다. '신문에서 보니 이토는 순회일정이 결정되지 않았기 때문에, 창춘으로 가려던 계획에 있어서 가려면 기차도 상등에 타지 않으면 안 되고, 따라서 비용도 더 들 것이다. 그렇게 되면 돈이 부족한데, 그 점에 대해서는 나에게 계획이 있다. 즉 김성백으로부터 돈을 빌리는 것인데, 그 사람과는 친하지 않으니, 유동하를 시켜 나중에 갚겠다고 말하고 부탁하게 하는 수밖에 없다'라고 우연준에게 말했다.

검찰관 우연준과의 그런 상의는 어디서 했는가.

안응칠 김성백의 집을 나와 노상에서 했다.

검찰관 그때는 점심 식사 전후였는가.

안응칠 저녁때였다.

검찰관 통역 문제에 대해서는 우연준과 무슨 이야기를 했는가.

안응칠 '유동하는 나이도 어리고 볼 일이 많아 곧 돌려 보내라고 당부받았으니, 그는 안 되겠다. 조도선이란 사람이 여기 와 있는데, 그는 정대호도 알고 있으니 그를 데려가자'라는 이야기를 했다.

검찰관 그런 이야기는 언제 했는가.

안응칠 하얼빈에 도착한 다음날 아침이었다.

검찰관 조도선의 거처는 어떻게 알았는가.

안응칠 김성백에게 물었다. 그가 알고 있었는데, 김성옥(金成玉)의 집에 있다고 알려 주었다.

검찰관 조도선에게는 뭐라고 이야기한다고 말했는가.

안응칠 처음 유동하를 데려갈 때부터 창춘까지 가지 않으면 안 될 것이라는 생각을 하고 있었고, 또 그렇게 되면 조도선을 데려갈 예정이었다. 그래서 도착한 다음날 내가 조도선을 찾아가 이야기한 것이다.

검찰관 유동하를 시켜 조도선을 부르러 보낸 일은 없는가.

안응칠 조도선이 김성옥의 집에 있는지 어떤지 김성백이 확실히는 몰랐기 때문에, 그 다음날 유동하를 시켜 찾아보고 오라고 보냈는데, 그 일은 어떻게 됐는지 모른다.

안응칠 피고는 우연준과 함께 조도선에게 갔는가.

안응칠 그렇다.

검찰관 창춘으로 가기 위한 돈 융통에 대한 이야기 등은 조도선의 집으로 가는 도중에 우연준과 했는가.

안응칠 그때는 아니다.

검찰관 10일 조도선의 집에 갔다가, 따로 하얼빈 시내를 산책하거나 구경하러 나간 적은 없었는가.

안응칠 있었다. 시내의 상황을 살펴보기 위해 외출했다. 또 김성옥의 집을 알기 위해 그리고 이발을 하고 옷을 사기 위해서도 외출했다.

검찰관 그때 유동하와 함께 갔는가.

안응칠 이발하러 갈 때만 그를 데려갔다. 그 외에 그는 매제와 놀고 있었다.

검찰관 옷을 살 때 통역은 어떻게 했는가.

안응칠 나는 중국말을 조금 알고 있기 때문에 내가 말했다.

검찰관 그런 일 외에도 나갈 때마다 우연준을 동행했는가.

안응칠 대개 같이 다녔다.

검찰관 조도선을 찾아가서 둘 다 실내로 들어갔는가.

안응칠 그렇다.

검찰관 누가 먼저 이야기를 꺼냈는가.

안응칠 내가 인사했고, 우연준은 초면이라 잠자코 있었다. 조도선이 나에게 '무슨 일로 왔느냐'고 묻기에, '가족이 정대호와 함께 오게 돼서 마중하러 왔는데, 자네도 가지 않겠느냐'고 했더니, 그는 자기도 정대호를 알고 있으니 같이 가겠다고 했다.

검찰관 조도선도 가족이 온다고 하지 않았는가.

안응칠 그랬다. 조도선도 전보를 쳐 자기의 처를 오라고 했는데, 온다는 회답이 왔다고 했다.

검찰관 언제 출발하기로 했는가.

안응칠 다음날 아침에 출발하기로 약속했다. 그렇다고 꼭 다음날 아침이라고 확정하지는 않았다.

검찰관 어디까지 간다고 말했는가.

안응칠 다음날 아침 출발해서 마중하러 가자고 말했을 뿐이지, 어디까지라는 말은 하지 않았다.

검찰관 조도선의 여비에 대해서는 어떻게 하기로 했는가.

안응칠 여비 문제에 대해서는 아무런 말도 없었다.

검찰관 조도선과의 이야기가 끝나고 나서는 어떻게 했는가.

안응칠 조도선을 데리고 함께 김성백의 집으로 돌아왔다.

검찰관 그때는 몇 시쯤이었는가.

안응칠 날이 저물기 시작할 무렵이었다

검찰관 세 명의 저녁 식사는 어떻게 했는가.

안응칠 김성백의 집에서 같이 먹었다.

검찰관 누구와 같이 식사했는가.

안응칠 김성백, 우연준, 조도선, 유동하 그리고 나 이렇게 모두 다섯이 있었는데, 김성백은 식사를 하지 않았다.

검찰관 식사 후에는 어떻게 했는가.

안응칠 나는 조도선과 둘이 그의 집으로 갔고, 우연준은 무엇을 했는지 서로 이야기하지 않아 모른다.

검찰관 왜 조도선의 집으로 같이 갔는가.

안응칠 조도선이 김성옥에게 말하고 떠나겠다고 해서 같이 갔다.

검찰관 그때 피고는 김성옥을 만났는가.

안응칠 당시 김성옥은 병으로 누워 있었기 때문에, 조도선만 들어가서 말하고 나왔고, 나는 만나지 않았다.

검찰관 조도선이 이야기하는 동안 피고는 기다리고 있었는가.

안응칠 그렇다. 실내에서 기다리고 있었다.

검찰관 조도선은 짐이라도 가지고 나왔는가.

안응칠 아무것도 가지고 나오지 않았다.

검찰관 지팡이를 가지고 있지 않았나.

안응칠 그건 가지고 있었다.

검찰관 조도선이 '돈이 없어서 곤궁해 하고 있었다'고 말하지 않았는가.

안응칠 돌아오는 길에서, 여비도 없고 해서 곤란하다는 말을 했다. 그래서 여비는 내가 부담하겠다고 말했다.

검찰관 다시 김성백의 집으로 돌아왔을 때에는 불이 켜 있었는가.

안응칠 그렇다.

검찰관 피고는 블라디보스토크를 떠날 때부터 시계를 가지고 있지 않았는가.

안응칠 가지고 있지 않았다.

검찰관 조도선과 함께 다시 김성백의 집으로 돌아왔을 때는 몇 시쯤이었는가.

안응칠 돌아오는 길에 조도선과 구경하면서 걸어왔기 때문에, 밤 아홉시쯤이었다고 생각한다.

검찰관 어디를 구경했는가.

안응칠 시내를 걸으면서 거리를 구경했다.

검찰관 집으로 돌아와서 유동하에게, 김성백한테 대신 돈을 빌려 달라는 부탁을 했는가.

안응칠 그랬던 것 같다.

검찰관 그러면 그 말은 우연준도 들어서 알고 있는가.

안응칠 알고 있다.

검찰관 얼마를 빌려 오라고 하고, 또 언제 갚는다고 했는가.

안응칠 오십 원을 빌려 오라고 했다. 기한을 말하지 않으니, 유동하가 '언제 갚겠느냐'고 물었다. 그래서 곧 갚겠다고 하니, 유동하가 '그렇게 말하면 돈을 어떻게 마련하느냐'고 해서, 나는 '너도 알다시피 블라디보스토크의 이강에게 편지를 보내면 곧 보내 올 것이다'라고 했더니, 유동하가 당장 편지를 쓰라고 했다. 그래서 편지를 썼더니, 유동하는 또 언제 돈이 오겠냐며 자기가 김성백으로부터 빌려서 주는 것이므로 자기 손으로 갚지 않으면 안 되는데, 그러려면 자기가 포브라니치나야나야로 돌아갈 때까지 돈이 도착하지 않으면 안 된다며 여러가지로 따졌다. 그래서 '그렇다면 전보를 치자'고 했더니, 유동하는 '그러면 돈을 빌려 오겠다'고 하며 빨리 전보를 치라고 했다. 그래서 나는 앞서 말한 내용 때문에 어쩔 수 없이 승낙하고, 조도선의 집에 갔다가 왔는데, 유동하는 돈이 없어서 빌리지 못했다고 했다. 그래서 나는 편지도 주지 않고 전보도 치지 않고 다 그만두었는데, 나중에 유동하는 자기 마음대로 '백 원을 보내라'는 전보를 쳤다는 것이다.

검찰관 그러면 이강에게 보내는 편지는, 피고와 조도선이 김성백의 집으로 가기 전에 쓴 것인가.

안응칠 그렇다.

검찰관 그때 불은 켜 있었는가.

안응칠 켜 있었다. 그리고 저녁 식사 후였다.

검찰관 유동하가 한 그 이야기는 우연준도 들어서 알고 있었는가.

안응칠 그렇다.

검찰관 조도선은 어땠는가.

안응칠 조도선은 그 방 안에 있었는지 어떤지 모르므로, 그가 들었는지 어떤지 알 수 없다.

검찰관 그 이야기를 할 때 김성백은 집에 없었는가.

안응칠 그렇다. 식사 후 곧장 학교로 가 버렸다.

검찰관 이강에게 보내는 편지에 우연준도 날인했는가.

안응칠 했다.

검찰관 우연준 본인이 스스로 도장을 찍은 것인가.

안응칠 내가 우연준에게 도장을 달라고 해서, 받아서 내가 찍었다.

검찰관 그 편지의 내용을 우연준에게 이야기했는가, 아니면 읽어 들려 주었는가.

안응칠 이야기하지도 않고, 읽어 들려 주지도 않았다. 다만 돈을 빌리려고 쓴 편지라고만 말했다. 우연준은 보자고도 하지 않았다.

검찰관 편지는 피고가 썼는가.

안응칠 내가 썼다.

검찰관 그 편지를 봉투에 넣어 겉봉에 '대동공보사 이강 앞'이라고 한문으로 쓰고, 노문(露文)은 유동하에게 쓰게 했는가.

안응칠 그렇다. 한문만 내가 썼다.

검찰관 그 편지는 어떻게 했는가.

안응칠 내가 가지고 있었다.

검찰관 그 편지의 날짜가 9월 11일 오전 여덟시로 되어 있으니, 10일 밤 식사 후에 쓴 것이 아닌가.

안응칠 나는 하루를 잘못 생각하고 있어서, 11일에 썼다고 한 것이다.

검찰관 그러나 오전 여덟시로 되어 있으니, 밤이 아니고 아침인 것은 틀림없지 않은가.

안응칠 10일 밤에 다음날 보내려고 생각하고 쓴 것이다. 그래서 오전 여덟시라고 한 것이다. 다음날 보내려 했던 것이므로, 오전 여덟시라 쓴 것은 잘못된 것이 아니다.

검찰관 그러나 그 편지 중에는 '오늘 오전에 남행' 이라고 씌어 있는데, 그래도 그 전날 쓴 것인가.

안응칠 그것은 다음날로 마음먹고 '오늘 오전 여덟시' 라고 쓴 것으로 실제로 틀림없다.

검찰관 그리고 이강에게 보내는 편지는 유동하가 돈을 어떻게 갚을 것인지 짓궂게 묻는 바람에 어쩔 수 없이 썼다고 했는데, 돈을 보내 달라는 내용은 그 편지의 내용 중 일부분이고, 그 밖에 '이씨가 이 달 12일 관성자발(發) 특별 기차를 타고 오늘 오후 열한시 하얼빈에 도착한다. 우리는 조도선과 가족을 마중하러 관성자로 간다고 말하고, 관성자에서 몇십 리 떨어진 앞쪽의 모(某) 역에서 기다리다가 일을 결행하려고 한다. 부디 알고 계시고, 일의 성패 여부는 하늘에 달려 있으나, 동포들의 기도에 힘입어 도움을 받기를 간절히 기원한다' 고 썼다. 또 '대한독립만만세. 오늘 오전 여덟시에 출발하여 남행한다. 얼마전 포브라니치나야로부터 유동하와 함께 이곳에 도착했고, 향후 소식은 본사로 통지하겠다' 라고 썼다. 돈을 보내 달라는 용건뿐이라면 다른 말은 필요 없었을 텐데, 이 점에 대해 어떻게 생각하는가.

안응칠 아무 이유없이 돈을 보내라고만 해 봤자, 보내 줄 리도 없고 오히려 비웃음만 살 것 같아서 구실삼아 그렇게 쓴 것으로, 속으로는 이 편지가 저쪽에 도착하지 않기를 바라고 있었다.

검찰관 그렇다고 해도 그런 말을 쓸 필요가 없지 않았는가. 또 유동하는 한자를 모르니 적당히 아무 내용이나 써도 될 것이고, 그 편지는 피고가 직접 보내겠다고 해서 믿게 해 두면 충분할 텐데, 결국 그 편지를 저쪽에 보내려는 것이 피고의 진심이었기 때문에 썼을 것이다.

안응칠 돈을 마련하려면, 어떻게 해서든 편지를 유동하에게 주지 않으면 그가 돈

꾸는 심부름을 승낙하지 않았을 것이다. 그리고 만약 편지에 그저 돈을 보내라고만 쓰면 보내 주지 않을 테니, 나의 행동을 조금이라도 적어 보내면 돈을 보내 줄 것으로 생각하고 그렇게 쓴 것이다.

검찰관 그렇다면 피고의 의사로는, 피고가 이토 공을 죽인다고 적어 보내면, 이강이 동정하여 돈을 모아 뒤처리를 해 줄 것이라고 생각했다는 것인가.

안응칠 동정해 줄지 어떨지 그 사람의 마음은 모른다.

검찰관 그러면 왜 돈을 보내 달라는 말을 했는가.

안응칠 약속하지도 않았으니, 돈을 보내 달라고 해도 보내 줄 까닭이 없다. 그런데도 돈을 보내 달라고만 써서 보내면 명예를 손상하는 일이 되지만, 나의 행동을 적어 보내면 명예를 유지할 수 있을 것이라 생각하고 그렇게 쓴 것이다.

검찰관 피고는 국가를 위해 자신의 명예는 돌보지 않는다고 말하지 않았는가.

안응칠 그렇다. 이 편지는 보내지 않을 생각으로 쓴 것이다.

검찰관 명예를 운운했지만, 이미 블라디보스토크에서는 사람을 협박하여 백 원을 탈취해 오지 않았는가. 그 정도는 나라를 위해 수단을 가리지 않는 것이라고 한다면, 유동하를 속여서 돈을 빼앗을 수도 있었을 텐데 ….

안응칠 하지만 도둑에게도 어진 마음이 있고, 또 어진 사람이라도 마음이 변하는 수가 있다.

검찰관 실제로 이석산으로부터 빼앗았다는 백 원은, 신문사의 이강의 손에서 나온 돈일 것이다. 이 사실을 감추기 위해 싫지만 강도라는 오명을 쓰고, 또 진정으로 보내려던 편지를 그럴 의사가 아니었다고 하는 등 사나이로서 부끄러운 언사를 하는 것이 아닌가.

안응칠 신문사에서 돈을 보냈다면 부족하게 보내 오지는 않는다.

검찰관 그 신문사는 재정이 넉넉지 않아, 유지하기에도 곤란을 느끼고 있는 정도가 아닌가.

안응칠 내가 처음에 부령의 동포로부터 보조를 받아 왔다고 말했을 때는 아무런 의심도 받지 않았는데, 우연히 전옥(典獄)에게 이석산으로부터 돈을 빼앗아 왔다고 말한 뒤부터 의심을 받게 되었다. 나는 오늘 진실을 말하고 있다.

검찰관 유동하 그의 부친에게 보낼 편지를 언제 썼는가.

안응칠 기억이 안 난다.

검찰관 피고가 유동하에게, 부친에게 편지하라고 말하지 않았는가. 이런 말을 했던 것을 생각해 보면 모르겠는가.

안응칠 기억나지 않는다.

검찰관 피고가 지은 노래는 조도선의 집에서 돌아와서 쓴 것인가.

안응칠 언제 썼는지 잊었다.

검찰관 유동하가 돈을 빌릴 수 없다며 김성백이 가 있던 학교에서 돌아왔을 때, 우연준이 무언가 쓰고 있었다고 하던데 사실인가.

안응칠 유동하가 돌아왔을 때는 자고 있었다. 지금은 기억나지 않는다.

검찰관 우연준은 '한글을 쓰고 있었고 두세 줄 쓰다 남은 것이 있었는데, 유동하가 돌아오는 바람에 서둘러 마저 써서 주머니에 넣었다' 라고 하는데, 이를 우연준이 잘못 말했다고 단언할 수 있는가.

안응칠 그때 어땠는지 잊었다. 그러나 편지 한 통에 대해서는 앞서 진술한 조서에 기재되어 있는 대로 틀림없다.

검찰관 우연준은 자신이 지은 노래를 쓴 것은 피고가 노래를 다 쓴 뒤라고 말하는데, 이 말도 틀리다고 단언할 수 있는가.

안응칠 나는 내가 한 일조차 잊어버리고 있을 정도이니, 우연준의 일은 모른다. 또 우연준이 진실을 말했는지 어떤지도 모른다.

검찰관 우연준은, 피고가 한문으로 쓴 노래를 한글로 번역한 것을 피고가 확실히 보여줬다고 말하고 있는데, 틀림없는가.

안응칠 내가 그것을 썼는지, 그리고 우연준이 그것을 보았는지, 또 알고 있었는지 어떤지 모른다.

검찰관 유동하는, 자기가 김성백이 가 있던 학교로 돈을 마련하러 갔다가 돌아왔을 때, 우연준이 붉은색 괘지(罫紙)에 무언가를 쓰고 있었다고 말하고 있는데, 이 말을 듣고 기억을 더듬어 볼 수 없는가.

안응칠 내 기억으로는, 그때 확실히 자고 있었다고 생각한다.

검찰관 11일 아침 아홉시에 하얼빈을 출발했는가.

안응칠 그렇다.

검찰관 지야이지스고에 도착한 것은 열두시 십삼분인가.

안응칠 정확히 기억하지는 못하지만, 그때쯤이라고 생각한다.

검찰관 이것이 그때의 시간표인데, 우편열차와 혼합열차가 있다. 피고가 탄 것은 오전 아홉시발 우편열차가 아닌가.

안응칠 그렇다.

검찰관 유동하는 하얼빈 정거장으로 피고들을 환송하러 왔는가.

안응칠 왔다.

검찰관 차표는 유동하가 사 주었는가.

안응칠 잘 기억나지 않지만, 조도선이 샀다고 생각한다.

검찰관 지난번에는 유동하가 산 것처럼 말했는데, 어떻게 된 것인가.

안응칠 지금은 확실히 기억나지 않는다.

검찰관 '지야이지스고까지 가는 차표'라고 말하고 부탁했는가.

안응칠 큰 정거장이 있는 곳까지 가는 차표를 산다고 말했다.

검찰관 지야이지스고를 지나서는 삼협하(三峽河)라고 하는데, 어느 곳으로 정했는가.

안응칠 지야이지스고까지라고 의논하지는 않았다. 여기서 출발해서 큰 정거장까지라고만 말했다.

검찰관 지야이지스고에 하차할 때 차표는 정거장 역원에게 주었는가, 아니면 가지고 있었는가.

안응칠 가지고 있었다. 하차해서 여기가 큰 정거장이냐고 물었더니, 그렇다고 말했다.

검찰관 이 차표로는 다음 정거장까지 갈 수 있다고 했을 것이다.

안응칠 그렇다.

검찰관 11일 아침 하얼빈을 출발할 때 어떤 상의를 입었는가.

안응칠 얇은 것이다.

검찰관 단추가 한 줄인가 두 줄인가.

안응칠 한 줄 단추였다.

검찰관 깃을 세운 것인가, 접은 것인가.

안응칠 깃을 접은 양복이다.

검찰관 그때 두 줄 단추의 상의는 김성백의 집에 두고 갔는가.

안응칠 그렇다.

검찰관 피고가 지야이지스고에 입고 갔던 상의는 무슨 색이었는가.

안응칠 청색으로, 무늬가 없는 모직이었다.

검찰관 피고는 『대동공보』의 배달부로 있었던 적이 있는가.

안응칠 그런 적 없다.

검찰관 유진율(俞鎭律)은 원래 엔치야의 도헌(都憲)으로 있었던 적이 있는가.

안응칠 러시아령에 있는 시즈미의 도헌으로 있었던 적이 있다. 그곳은 엔치야에서 블라디보스토크 방향으로 백 리밖에 안 되는 곳으로, 수천 가구가 있다고 한다.

검찰관 박문홍(朴文弘)과 박노사(朴老四)라는 두 사람을 알고 있는가.

안응칠 모른다.

검찰관 박노사는 러시아 이름으로 알렉산더라 하며, 엔치야에 살고 있다고 하는데 모르는가.

안응칠 모른다.

검찰관 피고가 이번에 엔치야를 떠날 때 최재형에게 돈을 달라고 했더니, 그가 오 루블밖에 주지 않아서, 부자이면서 인색하다고 욕설을 퍼부으며 헐뜯었다는데 사실인가.

안응칠 그런 적 없다. 이토가 온다는 것은 블라디보스토크에 가서 알았다.

검찰관 지야이지스고에서 전보를 치면 회답을 보내라는 말은 유동하와 앞서 상의가 돼 있었는가.

안응칠 그런 적은 없었지만 처음에 창춘으로 갈 예정으로 출발했는데 지야이지스고에 내렸기 때문에, 그 일을 알린 것이다.

검찰관 삼협하행 차표는 유동하가 사서 알고 있었으니, 알릴 필요가 없지 않았는가.

안응칠 차표는 유동하와 조도선 중 누가 샀는지 모른다. 다만 큰 정거장까지 가는 차표를 사 달라고 했기 때문에, 지야이지스고에 하차한 일은 알릴 필요가 있었다.

검찰관 '그들이 오거든 전보로 알리라'고 한 것으로 볼 때, 유동하에게 미리 말해 두지 않았다면 의미가 통하지 않을 것이니, 앞서 미리 상의했을 것이다.

안응칠 그런 전보는 치지 않았다. 다만 지야이지스고에 와 있으니 용무가 있거든 알리라는 전보를 쳤을 뿐이다.

검찰관 그러나 전문문에는 분명히 '오거든 알리라'고 되어 있는데, 어떻게 된 것인가.

안응칠 나는 그런 말을 전보에 쓴 적이 없다. 지금 말한 대로 썼을 뿐이다.

검찰관 유동하는 그 전보에 대해 '그는 내일 아침 일찍 온다'는 회답을 보냈다.

안응칠 그 전보는 뜻을 알 수 없어서, 나는 하얼빈으로 되돌아갔던 것이다.

검찰관 유동하는, 피고가 전보를 치라는 것을 이토 공이 오는지 안 오는지 알기 위해서 회답하라고 한 것으로 알고, 피고로부터 온 전보에 대해 '내일 아침 일찍 온다'라고 회답한 것이라고 진술하고 있는데, 유동하가 거짓을 진술하고 있다는 것인가.

안응칠 나는 그런 약속을 한 적이 없다.

검찰관 김성백의 집에서 지야이지스고까지 가는 도중에 조도선에게 이토 공 살해에 대한 이야기를 말한 적이 없다고 한 것은 진실인가.

안응칠 그렇다.

검찰관 조도선은 실제로 노문(露文)을 쓰지 못하는가.

안응칠 확실히 글자는 쓰지 못한다. 또 말도 그다지 잘하지 못한다.

검찰관 그는 노문의 정자체(楷書)와 필기체(草書)를 모두 읽지 못하는가.

안응칠 쉬운 글자는 조금 읽지만 대개는 읽지 못한다.

검찰관 지야이지스고에서 피고가 우연준, 조도선과 함께 하룻밤 숙박한 일과 다음 날 피고가 혼자 하얼빈으로 되돌아간 일은 지난번에 진술한 대로 틀림없는가.

안응칠 틀림없다.

검찰관 25일 하얼빈 정거장에 도착하여 이토 공의 도착 시간을 물어 본 적이 있는가.

안응칠 정거장에 있는 창춘에서 온 중국인에게 물어 봤더니, 아마 내일 올 텐데, 시간은 모르겠다고 했다.

검찰관 하얼빈 시내에 이토 공 도착에 대한 환영 준비 등이 있어서, 공이 올 것을 알았는가.

안응칠 그런 준비는 보지 못했고, 또 소문도 듣지 못했다.

검찰관 피고가 지야이지스고로 가지고 간 구두는 도로 가지고 돌아왔는가.

안응칠 그렇다.

검찰관 다시 김성백의 집으로 갔는가.

안응칠 갔다.

검찰관 유동하에게 말했는가.

안응칠 어떤 의미로 전보를 쳤느냐고 물었다.

검찰관 유동하는 뭐라고 대답했는가.

안응칠 '당신이 내일 돌아와 주면 좋겠다는 뜻의 전보를 쳤는데, 러시아인이 왜 실수를 했는지 모르겠다'고 해서, 나는 그런 바보 같은 일이 어디 있냐고 잔소리를 했다.

검찰관 무슨 용무가 있다고는 말하지 않았는가.

안응칠 내가 꾸짖으니 유동하는 '나는 돌아가고 싶으나 여비도 없고 쓸쓸하기도 해서, 돌아가게 해 달라고 하려는 생각으로 전보를 쳤다'고 말하고 놀러 나가 버렸다.

검찰관 22일 하얼빈에 도착한 후에 피고가 유동하에게 돈을 준 일이 있을 텐데 ….

안응칠 있다. 도중에 일 원을 한 번 주었고, 그 다음에 삼 원인가 사 원을 주었다.

검찰관 그때가 언제인가.

안응칠 일 원을 준 것은 하얼빈에 도착한 다음날이고, 삼 원인가 사 원을 준 날도 같은 날이었다고 생각한다.

검찰관 그 돈은 전보를 치는 비용을 위해서 준 것인가.

안응칠 그렇지 않다. 모자를 산다고 해서 준 것이다.

검찰관 피고가 작은 접는 지갑을 준 일이 있는가.

안응칠 없다. 26일 정거장에 갔을 때, 그 지갑은 옷 속에 넣어 두었다.

검찰관 26일 정거장으로 갈 때 숨겨서 유동하에게 준 것이 아닌가.

안응칠 내가 나갈 때 유동하는 아직 자고 있었는데, 옷을 그곳에 두고 잠깐 나갔다 온다고 말하고 나왔다.

검찰관 그러면 두 통의 편지는 왜 피고가 입고 있던 옷 속에라도 간직해 두지 않았는가.

안응칠 가지고 가지 않았다. 그것 역시 옷 속에 넣어 두었다.

검찰관 피고의 뜻을 밝히기 위해서라면 휴대하고 있는 편이 좋지 않은가.

안응칠 나는 뜻을 밝히기 위해 편지를 쓴 것이 아니다. 가령 그렇다고 해도 잡히면 반드시 조사당할 것이므로 공개되어 알려지게 된다.

검찰관 유동하는 피고로부터 두 통의 편지를 발송해 달라는 부탁을 받았다고 말하는데, 어떻게 된 것인가.

안응칠 그건 나는 모른다. 나는 그에게는 넘긴 일이 없다.

검찰관 피고는 처음에 지야이지스고에서 이토 공을 저격할 생각이었는가.

안응칠 처음에는 창춘으로 갈 생각이었다. 그러던 중 여비의 부족을 걱정하고 있다가 지야이지스고까지 가게 되었는데, 그곳은 기차가 교차하는 지점이라 편리할 것이라 생각하고 상황을 보기 위해 내린 것이다.

검찰관 지야이지스고에서는 이토 공이 탄 기차가 몇 시에 그 역을 지나가는지 조도선을 시켜 역원에게 물어 보게 했는가.

안응칠 그 역에는 하루에 몇 번 기차가 도착하는가와 어디서 오는가를 묻게 했을 뿐, 다른 것은 묻지 않았다.

검찰관 이토 공이 탄 열차의 통과 시간을 묻지 않으면, 그 역에 하차한 보람이 없지 않은가.

안응칠 그런 것을 물으면 러시아인의 의심을 사게 되므로, 물을 수 없었다.

검찰관 25일 지야이지스고를 출발할 때 우연준에게는 뭐라고 말했는가.

안응칠 유동하로부터 온 전보를 조도선에게 보여주었더니, 그는 '이 전보는 블라디보스토크로부터 온다는 것같이 씌어 있다'고 말했다. 그래서 어쨌든 여비도 부족하니, 여비 조달과 이토가 오는지를 확인 하기 위해 가겠다고 말했다.

검찰관 조도선에게는 뭐라고 말했는가.

안응칠 이 전보로는 알 수 없으니 갔다 오겠다고 말했다.

검찰관 피고가 지야이지스고에 내렸을 때 경계가 삼엄한 것을 보았는가.

안응칠 그건 알았지만, 그 점은 나에게 아무런 관계가 없었다.

검찰관 피고는 도저히 그곳에서는 실행할 수 없다고 생각하지 않았는가.

안응칠 내가 갔던 날은 이토가 도착하기 전날로, 그때까지는 경계가 없었기 때문에 그런 생각은 들지 않았다.

검찰관 25일 하얼빈으로 돌아가서 그날자 신문을 보았는가.

안응칠 돌아가는 기차 안에서 『원동보』를 사서 보았다.

검찰관 그 신문에는 뭐라고 나와 있었는가.

안응칠 앞서는 이토가 모(某) 일 온다는 보도가 있었는데, 다시 다른 날 온다는 기사가 기재되어 있었다.

검찰관 25일 밤 김성백의 집에서 숙박했는가.

안응칠 그렇다.

검찰관 그날 밤 이토 공을 살해할 뜻을 유동하에게 말한 적은 없는가. 또 한 통의 편지를 다음날 총소리가 들리거든 부치라고 유동하에게 말한 적은 없는가.

안응칠 없다.

검찰관 26일 아침 몇 시에 정거장에 갔는가.

안응칠 아침 여섯시 반쯤인가 일곱시 반쯤이라고 생각한다.

검찰관 유동하도 함께 가지 않았는가.

안응칠 그때 그는 자고 있었다.

검찰관 정거장에 가서 이토 공의 도착 시간을 물었는가.

안응칠 정거장에 가 보니 러시아 병대가 사방으로 왔다갔다하고 있어서 묻지 않았다.

검찰관 지금 입고 있는 양복 외투에 사냥모자를 쓰고 갔는가.

안응칠 그렇다.

검찰관 이토 공이 탄 열차가 도착할 때까지는 어디에 있었는가.

안응칠 찻집에서 차를 마시고 있었다.

검찰관 어느 쪽에 있는 찻집인가.

안응칠 맨 가운데 있는 찻집이었다.

검찰관 플랫폼으로 나가는 입구에서 가장 가까운 우측의 한 칸짜리 찻집이 아닌가.

안응칠 정거장에 가면 길이 있는데, 그 길로 가면 우측에 찻집이 하나 있다. 그 집이다.

검찰관 이토 공이 올 때까지 거기서 차를 마시고 있었는가.

안응칠 그렇다. 또 그 근방을 돌아다니고 있었다.

검찰관 그 찻집에는 일본 부인이 있었는데, 그 일본 부인은 러시아 군인이 데려오지 않았는가.

안응칠 사람들이 많았기 때문에 그건 모른다.

검찰관 기차가 도착해서 플랫폼으로 나갔는가.

안응칠 그렇다.

검찰관 그때 자주색 기모노를 입은 일본 부인 두 사람이 출구에 있지 않았는가.

안응칠 그런 건 주의해서 보지 못했다.

검찰관 이 사진은 이토 공이 도착하기 전에 찍은 것인데, 피고는 어느 부근에 있었는가.

이때 메이지 42년 영특 제1호 30의 1을 제시하다.

안응칠 플랫폼으로 나가 왼쪽으로 구부러져서 외국 문관이 모여 있는 뒤쪽에 있었다.

검찰관 플랫폼으로 갔을 때 러시아 병사들과 환영객들은 어떻게 정렬해 있었는가.

안응칠 우측 끝에 러시아 헌병 장교들이 있었고, 그 왼쪽에 러시아 군대가 정렬하여 서 있었으며, 그리고 그 왼쪽에는 러시아 문관과 각국 영사들이 있었는데, 그 앞으로는 나가지 않았기 때문에 모른다.

검찰관 피고 뒤에 일본 부인 두 명이 있지 않았는가.

안응칠 그건 모른다. 러시아 관리는 같이 있었다. 각국 영사라는 것은 그 복장으로 알았는데, 러시아 관리라고 말한 것은 그들이 문관인지 무관인지 분명히 알 수 없었기 때문이다. 지금 보여준 사진에는 기차 승강구에 러시아 병사 두 명이 서 있는데, 나는 그런 것은 보지 못했다.

검찰관 이 사진은 이토 공이 기차에서 내려서 바로 인사하는 장면인데, 피고는 이런 장면을 보았는가.

이때 동호 제1호 30의 2를 제시하다.

안응칠 이런 건 보지 못했다. 내가 정거장에 들어갔을 때, 이토는 이미 걸어가고 있었고, 군악대의 연주가 들려 오고 있었다. 그래서 나는 빠른 걸음으로 외국 문관들 뒤로 갔다.

검찰관 피고가 보았을 때, 이토 공은 이런 복장으로 걸어가고 있었는가.

이때 앞의 사진 중 중산모(中山帽)를 쓴 노인과 러시아 문관복을 입고 있는 인물을 제시하다.

안응칠 사람들이 많았기 때문에 기억이 안 난다.

검찰관 군대의 왼쪽 열과 문관의 대열과의 간격은 있었는가.

안응칠 밀접하게 있어서 간격이 없었던 것으로 기억된다.

검찰관 그러면 이토 공의 모습을 본 것은 어디서인가.

안응칠 문관이 있는 곳까지 갔더니 인사가 시작됐는데, 혼란해서 나는 누가 이토 인지 몰라 난처해 하고 있었다. 그런데 걸음을 돌려 다시 돌아가기에 내 오른 쪽에 있는 군대의 왼쪽 열 쪽으로 가까이 가서 보니, 키가 작고 수염이 있는 노인이 맨 앞에 서서 경례를 하기에 그가 이토라고 생각했다. 그의 얼굴은 뚜렷이 보이지 않았다.

검찰관 어느 틈에서 저격했는가.

안응칠 러시아 병사들 사이의 간격이 한 간 남짓 있었는데, 나는 후열에 있는 병사들 사이에 나란히 서서, 권총으로 그 노인이 행진하고 있는 곳을 겨냥하여 쏘았다. 그때 병대는 모두 받들어 총의 경례를 하고 있었다. 그리고 병사들이 서 있던 곳보다 이토가 걸어가던 곳이 비스듬한 경사면으로 낮았기 때문에, 권총을 잡은 손을 수평으로 하지 않고 약간 아래로 향해 팔을 뻗어 쏘았다.

검찰관 피고는 이토 공 한 사람만을 죽일 생각이었기 때문에 주저하면서 기회를 얻으려고 했는가.

안응칠 나는 권총을 쏘아 본 경험이 있기 때문에, 이토의 곁에 러시아인 등 다른 사람이 많이 있었지만 주저하지 않고 발사했다.

검찰관 이토 공의 얼굴을 자세히 볼 수 없어서 사진과 대조할 수 없었는가.

안응칠 그런 생각은 하지 않았다. 또 그럴 틈도 없었다.

검찰관 발사하고 나서 반응이 있었는가.

안응칠 그건 몰랐다.

검찰관 경험이 있다면, 그런 것쯤은 알 수 있지 않은가.

안응칠 내가 네 발을 연속해서 발사했는데, 외치는 소리도 없고 넘어지지도 않고 그냥 서 있었다. 그래서 다른 사람이 맞은 것이 아닌가 하여 다른 곳으로 눈을 돌릴 필요가 있었기 때문에 눈치채지 못했다.

검찰관 피고가 네 발을 연속해서 발사했을 때, 다른 사람들은 어떻게 했는가.

안응칠 병대는 그 부근에 없었고, 영사단이 그 부근에 있는 것을 보았다.

검찰관 피고가 네 발을 연속해서 발사하니, 러시아 장교가 칼을 빼들고 피고에게로 향해 오던가.

안응칠 네 발을 쏘았는데 아무도 쓰러지지 않았다. 그래서 영사단 앞에 일본 신사가 있기에 그를 향해 연속해서 세 발을 쏘고, 또 발사하려고 하는데 러시아 헌병 두 명이 나를 잡았다. 그래서 권총을 가지고 있으면 안 될 것 같아 즉시 그곳에 버렸다.

검찰관 피고가 세 발을 발사한 신사는 키가 큰 사람인가.

안응칠 그렇다.

검찰관 수염이 있었는지 없었는지 등은 모르는가.

안응칠 그건 모른다.

검찰관 피고는 이토 공을 쏘고 나서 방향을 바꾸어 영사단 앞에 있는 일본 신사를 쏘았는가.

안응칠 그렇다.

검찰관 나중에 세 발을 발사할 때 그 부근에 있던 사람들은 달아났는가.

안응칠 아무도 달아나지 않고 그곳에 있었던 것 같다.

검찰관 피고가 총을 쏘고 난 후에 레일 위에 넘어져 있는 사람을 보지 못했는가. 또 피고가 발사하자마자, 러시아인이 '니폰스키' 또는 '카레스키' 라고 부르짖는 소리를 듣지 못했는가.

안응칠 나를 잡아서 '일본인이냐, 한국인이냐' 라고 물었고, 그 외는 듣지 못했다.

검찰관 헌병이 피고를 잡았을 때 바닥에 눌려 있었는가.

안응칠 나도 헌병도 같이 바닥에 넘어졌다.

검찰관 그때 피고는 머리를 두들기며 뭐라고 외치지 않았는가.

안응칠 뭐라고도 말하지 않았다. 또 상처도 없었다.

검찰관 그때 피고는 뭐라고 말하지 않았는가.

안응칠 한국만세라고 영어로 '코레아 우라' 라고 외쳤다.

검찰관 '코레아 우라' 라는 말은 러시아 말이 아닌가.

안응칠 영어로도, 불어로도 그리고 러시아어로도 '코레아 우라' 라고 말한다.

검찰관 피고가 큰 소리로 이와 같이 외쳤을 때, 피고의 총에 맞은 사람들은 어떻게 하고 있었는가.

안응칠 그때 나는 러시아 장교와 병사들에 의해 둘러싸여 있었기 때문에 보이지 않았다.

검찰관 총알 한 발을 남긴 이유는 결행 후 자살할 생각이 아니었나.

안응칠 그렇지 않다.

검찰관 잡히고 나서 피고는 주머니에서 칼을 꺼내려고 했는가.

안응칠 나는 꺼내지 않았다. 러시아 병사들이 꺼냈다.

검찰관 잡히고 나서 피고는 어디로 끌려 갔는가.

안응칠 정거장 안으로 끌려 갔다.

검찰관 거기서 사진을 찍혔는가.

안응칠 그렇다.

검찰관 그때 일본인도 같이 있었는가.

안응칠 처음에는 없었는데, 정거장에 있는 큰 방에서 취조를 받을 때 일본인이 입회했다.

검찰관 이토 공이 사거(死去)했다는 말은 언제 들었는가.

안응칠 오늘까지 이토가 죽었다고 알려 준 사람은 없다.

검찰관 피고는 정거장에서 취조를 받을 때, 성호를 그으며 '성공하게 되어서 신에게 감사한다' 고 말하지 않았는가.

안응칠 이토가 죽었기 때문에 그랬는지 어떤지 다른 사람들은 모른다. 나는 부디 성공할 것을 빌었던 것이다.

"코레아 우라!
코레아 우라!"

검찰관 그렇다면 알려 준 사람이 없었다는 말인가.

안응칠 그렇다.

검찰관 그러나 그때 이후의 상황에 의해 이토 공의 생사여부를 알 수 있지 않았는가.

안응칠 일본 영사관으로 와서 취조를 받고부터 미루어 짐작했고, 이 감옥에 와서부터 틀림없다는 느낌이 들었다.

검찰관 러시아 관리로부터 취조를 받을 때, 피고 때문에 이토 공이 사거했다는 말을 듣지 않았는가.

안응칠 듣지 못했다.

검찰관 러시아에서 작성한 서류에 의하면, 피고는 이토 공이 사거했다는 소식을 듣고 신에게 감사했다고 하는데, 이는 틀린 것인가.

안응칠 나는 듣지 못했다. 러시아에서 심문을 받을 때 한국인 통역이 있었지만, 그의 러시아어 수준이 너무 낮았고, 또 한국어도 잘 하지 못했다. 그래서 내가 하는 말을 중간에서 전해 주지 않고, 내가 진술하면 '그런 말은 필요 없다'고 하는 바람에, 나는 그냥 '모른다'라는 대답만 했다. 그래서 어떻게 기록되어 있는지 모른다.

검찰관 이토 공은 피고가 발사한 총알 세 발이 명중하여 십오분 만에 사거했다.

안응칠 병원에 가서 죽었는가. 또 한국인 때문이라는 것은 알았는가.

검찰관 그때 피고가 발사한 총알에 가와카미(川上) 총영사가 손을 부상당해 불구자가 되었다. 또 이토 공의 비서관 모리(森)는 총알이 왼쪽 허리를 관통하여 복부 안에 박혔는데, 알고 있는가.

안응칠 그렇다.

검찰관 또 남만주철도회사(南滿洲鐵道會社)의 다나카(田中) 이사는 총알이 왼쪽 다리 관절을 관통했는데, 알고 있는가.

안응칠 그런가.

검찰관 남만주철도회사의 나카무라(中村) 총재는 총알이 외투를 관통하여 바지 오른편에 박혔다.

안응칠 음….

검찰관 한 사람을 죽이고, 세 명에게 부상을 입히고, 두 명에게 위험을 미치게 한 피고의 행위를 잘한 것이라고 생각하는가.

안응칠 이토 이외의 사람에 대해서는 안타깝게 생각한다.

검찰관 이토 공을 죽인 것은 정당한 행위라고 생각하는가.

안응칠 나는 처음부터 그럴 생각으로 했던 것이므로, 잘못이라고 생각하지 않는다.

검찰관 암살 자객은 예로부터 동서 각국에 그 예가 적지 않다. 그리고 한 나라의 정치와 관련하여 생기는 경우가 많다. 훗날에 이르러 생각하면, 피해자나 가해자가 목적은 같은데, 다만 그 수단을 달리 했을 뿐으로, 이러한 비참한 사태가 생긴 뒤에야 비로소 후회하는 경우가 많다. 잘 생각해 보면 피고도 정치적인 목적으로 그런 행동을 했다고 하지만, 그것이 사람의 도리에 반하는 일임에는 틀림없다. 그래도 그 그릇됨을 깨닫지 못하는가.

안응칠 나는 사람의 도리를 벗어나거나 또 이에 반한 일을 했다고는 생각하지 않는다. 다만 오늘 유감인 것은 이토가 이곳에 없는 관계로, 내가 이토를 죽이려고 한 목적을 말하고 이에 대해 의견을 토론할 수 없다는 것이다.

검찰관 피고가 믿는 천주교에서도 사람을 죽이는 것은 죄악일 것이다.

안응칠 그렇다.

검찰관 그렇다면 피고는 사람의 도리에 반하는 행위를 한 것이 아닌가.

안응칠 교(教)에도 사람을 죽이는 것은 그 국면에 직면한 사람밖에는 할 수 없는 일이라고 나와 있는 것도 알고 있다. 또 성서에도 사람을 죽이는 것은 죄악이라고 했다. 그러나 남의 나라를 탈취하고 사람의 생명을 빼앗고자 하는 자가 있는데도 수수방관하는 것은 더 큰 죄악이므로, 나는 그 죄악을 제거한 것일 뿐이다.

검찰관 피고가 믿는 홍 신부가 이번 범행의 소식을 듣고, 자기가 세례한 사람 중에 이러한 사람이 나온 것은 유감이라며 한탄했다고 하는데, 그래도 피고는 자신의 행위를 사람의 도리나 종교의 취지에 반하지 않는다고 생각하는가.

피고인은 묵묵히 답하지 않았다.

피고인 안응칠. 위와 같이 읽어 들려 주고 승낙 후 자서하다. 메이지 42년 12월 22일 관동도독부 감옥에서. 단 출장 중이므로 소속관서의 인을 사용하지 못함. 관동도독부 지방법원. 서기 다케우치 가쓰모리. 고등법원 검찰관 미조부치 다카오. 통역촉탁 소노키 스에요시.

안응칠 제11회 신문조서. 피고인 안응칠. 이 사람에 대한 살인피고사건에 대해 메이지 43년 1월 26일 관동도독부 감옥에서 검찰관 미조부치 다카오, 서기 다케우치 가쓰모리 참석하에 통역촉탁 소노키 스에요시 통역으로 검찰관은 전회에 계속해서 위 피고인에 대해 아래와 같이 신문함.

검찰관 블라디보스토크로부터 하얼빈에 도착한 다음날 피고와 우연준이 조도선을 찾아갈 때, 학교에 있는 김형재(金衡在)라고 하는 김봉추(金鳳雛)에게 안내를 받았는가.

안응칠 나와 우연준이 김성옥의 집에 있는 조도선을 찾아갔다.

검찰관 우연준은 김봉추에게 안내를 받았다고 말했는데, 어떻게 된 것인가.

안응칠 아무리 생각해도 그런 적은 없었다.

검찰관 그러면 조도선의 집에 있을 때, 김봉추가 마침 와 있었는가.

안응칠 그때는 그를 만나지 않았다고 생각한다. 그 후에 만난 일이 있다.

검찰관 그후 어디서 만났는가.

안응칠 김성백의 집에서 만났다고 생각한다.

검찰관 김성백의 집에서 만나, 거기서 같이 조도선의 집으로 간 것이 아닌가.

안응칠 그렇지 않다. 하지만 김성백의 집 또는 학교에서 김봉추를 만난 적이 있다.

검찰관 피고와 우연준, 김성백 그리고 유강로(柳江露)라고 하는 유동하와 같이 학교에 간 적이 있는가.

안응칠 유동하는 어땠는지 모르지만, 다른 사람과는 간 적이 있다.

검찰관 언제 갔는가.

안응칠 기억나지 않는다. 낮이었는데, 그날이 하얼빈에 도착한 날이었는지 그 다음날이었는지, 아니면 조도선의 집으로 가기 전후 언제였는지 기억나지 않는다.

검찰관 그때 학교에서 김봉추를 만났는가.

안응칠 그 사람은 없어서 만나지 못했다.

검찰관 조도선의 집에 갔을 때 함경도 홍원군(洪原郡) 광동리(廣東里)의 김영환(金永煥)이라는 쉰여섯 살 먹은 사람을 만났는가.

안응칠 만나지 않았다. 그런 사람은 모른다.

검찰관 그만한 연배의 사나이를 만나지 않았는가.

안응칠 만나지 않았다.

검찰관 조도선은 그때 그 사람이 있었다고 말하는데, 어떻게 된 것인가.

안응칠 나는 보지 못했다. 병으로 누워 있던 김성옥을 만났을 뿐이다.

검찰관 그때 조도선이 술을 사와서 그대들에게 마시라고 권했는가.

안응칠 그렇다. 그러나 나는 마시지 못한다고 말하고 사절했다.

검찰관 김봉추가 그때 같이 있지 않았는가.

안응칠 나는 없었다고 생각하나, 우연준과 조도선이 있었다고 말한다면 그것이 진실일 것이다.

검찰관 김봉추는 블라디보스토크에서부터 아는 사람인가.

안응칠 블라디보스토크에서 한 번 만난 적이 있다.

검찰관 피고 둘이 하얼빈으로 온 용무에 대해서는 김봉추에게 뭐라고 말했는가.

안응칠 그에 관한 일은 아무것도 말하지 않았다. 또 그렇게 친한 사이도 아니다.

검찰관 블라디보스토크로부터 신문대금을 수금하러 왔다고 말한 적이 없는가.

안응칠 나는 그런 적 없다.

검찰관 우연준은, 피고는 가족을 마중하러 왔으며, 자기는 수금원으로 신문에도 나와 있듯이 신문대금을 수금하러 왔다고 진술하고 있는데, 어떻게 된 것인가.

안응칠 우연준은 그렇게 말했을지 모르나, 나는 그렇게 말한 적이 없다.

검찰관 김봉추와는 몇 번 만났는가.

안응칠 김성백의 집에서 한 번 만났다고 생각한다.

검찰관 김봉추에게 피고의 이번 대망을 말한 일이 없는가.

안응칠 없다.

검찰관 '그 사람과 작별할 때, 다시 만나기 어려울 것이라고 말하며 눈물을 흘렸다'는 말을 한 적이 있는가.

안응칠 한 번 만났을 뿐이라 특별히 이별할 일도 없었다.

검찰관 김봉추는 '안응칠이 다시 만나기 어렵다고 말하며 눈물을 흘렸는데, 그 이유는 이번 대망의 결행 때문일 것이다'라고 김성옥에게 말했는데, 어떻게 된 것인가.

안응칠 그건 받아들일 수 없는 거짓말이다. 이번 일에 대해서는 처자조차 돌보지 않고 결행한 것인데, 전혀 남인 김봉추에게 눈물을 흘리며 작별을 고하는 따위의 일이 있을 수 있겠는가.

안응칠 피고는 블라디보스토크를 출발할 때 회중시계를 가지고 있지 않았는가.

안응칠 가지고 있지 않았다.

검찰관 러시아력으로 13일 아침 피고가 정거장으로 갈 때, 유동하를 동행하지 않았는가.

안응칠 그런 적 없다. 나 혼자였다.

검찰관 유동하는, 피고가 자기를 가여워 하며 정거장에서 피고가 가지고 있던 시계와 돈 육 원을 주었다고 하는데, 사실인가.

안응칠 그건 전혀 사실이 아니다. 내가 옷을 두고 출발했기 때문에 유동하가 제 마음대로 가졌는지는 모르겠다. 또 준다고 해도 일부러 정거장까지 가서 줄 이유가 없다.

검찰관 작은 돈지갑을 유동하에게 준 일은 없는가.

안응칠 없다.

검찰관 돈은 준 일이 있는가.

안응칠 내가 지야이지스고로 가기 전에 삼 원인가 사 원을 준 적이 있다.

검찰관 13일 아침 정거장으로 갈 때, 왜 지갑을 김성백의 집에 두고 갔는가. 가지고 가는 것이 보통이 아닌가.

안응칠 평소에 입고 있던 옷에 넣어 두었는데, 옷을 갈아입고 나가는 바람에 잊어버리고 간 것이다.

피고인 안응칠. 위와 같이 읽어 들려 주고 승낙 후 자서하다. 메이지 43년 1월 26일 관동도독부 감옥에서. 단 출장 중이므로 소속관서의 인을 사용하지 못함. 관동도독부 지방법원. 서기 다케우치 가쓰모리. 고등법원 검찰관 미조부치 다카오. 통역촉탁 소노키 스에요시.

안중근 외 세 명의 공판청구서

공판청구서

살인죄. 안응칠이라 하는 안중근. 우연준이라 하는 우덕순. 조도선. 유강로라 하는 유동하. 이 사람들에 관한 피고사건을 공판에 부치기 위해 일체의 소송기록 목록과 함께 송치하오니 피고인을 호출하시기 바랍니다.

메이지 43년 2월 1일 관동도독부 고등법원 검찰관 미조부치 다카오.
관동도독부 지방법원 귀중

사실의 표시

피고 안중근은 추밀원 의장 공작 이토 히로부미 및 그의 수행원을 살해하고자 결심하고, 메이지 42년 10월 26일 오전 아홉시가 지나서 러시아 동청철도 하얼빈역에서 미리 준비한 권총을 발사하여 공작을 살해하고, 또 공작의 수행원인 총영사 가와카미 도시히코(川上俊彦), 궁내대신 비서관 모리 야스지로(森泰二郎), 남만주철도주식회사 이사 다나카 세이지로(田中淸次郎)의 각 팔과 다리 그리고 가슴 등에 총상을 입혔으나, 이 세 명은 살해되지 않았음. 피고 우덕순 및 조도선은 안중근과 공동의 목적으로 이토 공작을 살해하고자 동청철도 지야이지스고역에 체류하며 예비행위를 했으나, 러시아 위병의 방해를 받아 그 목적을 수행하지 못한 자임. 피고 유동하는 안중근 등의 결의를 사전에 알고 통신 및 통역의 역할을 담당하며 그 행위를 방조한 자임.

증거의 표시

1. 수사서류에 첨부한 목록에 기재된 서류와 증거물 일체.
2. 피고사건에 관해 러시아 관할 관아에서 작성하여 송치받은 원문 조서 및 원문에 대한 번역서류 일체.

이상.

영(英)·러(露)인 변호신고

변호신고서

상하이 주재 변호사 영국인 더글라스
블라디보스토크 주재 변호사 러시아인 미하이로프.

이번 본인과 관련한 살인피고사건의 공판이 개정되면, 위의 사람들을 본인의
변호인으로 선정하려 합니다. 이에 연서하여 신고합니다.

관동도독부 뤼순 감옥
메이지 42년 12월 1일
형사피고인 안응칠
관동도독부 지방법원장 마나베 주조(眞鍋十藏) 귀하

다롄(大連) 가하정(加賀町) 40번지
콘스탄틴 미하이로프, 제니 더글라스

위의 곳에 우리 두 사람의 이름으로 가주소(假住所)를 정해 두었으므로, 이에
신고합니다.

메이지 42년 12월 2일
관동도독부 지방법원장 마나베 주조 귀하

영·러인 변호신고에 대한 결정

결정

러시아 블라디보스토크 사덕(斯德) 아렌쓰키야가(街) 23번지
러시아 변호사 콘스탄틴 미하이로프
청국 상하이 베이징가(北京街) 5번지
영국 변호사 제니 더글라스

위의 사람들은 메이지 42년 12월 1일부로 안중근 외 세 명의 살인피고사건에
있어서 피고 안중근을 위해 본 법원에 변호신고서를 제출했으나, 본원은 형사
소송법 제179조 제2항 말단의 규정에 의해 이를 허가하지 않기로 결정함.

메이지 43년 2월 1일
관동도독부 지방법원
재판장 마나베 주조

안중근 전쟁, 끝나지 않았다
안중근 외 세 명의 공판시말서

안중근 외 3명 제1회 공판시말서. 피고 안응칠이라 하는 안중근, 우연준이라 하는 우덕순, 조도선, 유강로라 하는 유동하. 위 살인피고사건에 대해 메이지 43년 2월 7일 오전 아홉시 관동도독부 지방법원 형사법정에서 재판장 마나베 주조 출석, 검찰관 미조부치 다카오, 서기 와타나베 료이치(度邊良一) 입회하에 통역촉탁 소노키 스에요시 통역으로 심판을 공개하다. 피고인은 모두 신체의 구속을 받지 않고 출정하며, 변호인으로 미즈노 기치다로(水野吉太郎)와 가마다 세이지(鎌田正治)가 출두했다.

재판장 (피고 안중근에게) 성명, 나이, 신분, 직업, 주소, 본적지 그리고 출생지를 말하라.

안중근 이름은 안응칠(安應七), 나이는 서른한 살, 신분은 …, 직업은 없고, 주소는 일정하지 않으며〔블라디보스토크 사덕(斯德) 부근〕, 본적지는 한국 평안도 진남포, 출생지는 한국 황해도 해주(海州)이다.

재판장 (피고 우덕순에게) 성명, 나이, 신분, 직업, 주소, 본적지 그리고 출생지를 말하라.

우덕순 이름은 우덕순(禹德淳), 나이는 서른세 살, 신분은 …, 직업은 연초상(煙草商), 주소는 러시아령 블라디보스토크 사덕 고준문(高俊文)의 집, 본적지는 한국 경성 동서(東署) 동대문(東大門) 양사동(養士洞), 출생지는 충청도 제천(堤川)이다.

재판장 (피고 조도선에게) 성명, 나이, 신분, 직업, 주소, 본적지 그리고 출생지를 말하라.

조도선 이름은 조도선(曺道先), 나이는 서른일곱 살, 신분은 …, 직업은 세탁업,

주소는 하얼빈 청조계(淸租界) 뻬네에치가(街) 한국인 김성옥(金成玉)의 집, 본
적지는 한국 함경남도 홍원군(洪原郡) 경포면(景浦面), 출생지는 본적지와 같
다.

재판장 (피고 유동하에게) 성명, 나이, 신분, 직업, 주소, 본적지 그리고 출생지를
말하라.

유동하 이름은 유동하(柳東夏), 나이는 열여덟 살, 신분은 …, 직업은 없고, 주소
는 쑤이펀허(綏芬河) 정거장 부근, 본적지는 한국 함경남도 원산(元山), 출생지
는 본적지와 같다.

검찰관은 기소장에 기재된 사실과 그 취지의 피고사건에 대해 진술하고 재판을 요구했다.

재판장 (피고인 모두에게) 피고들은 지금까지 형사상의 처분을 받은 적이 있는
가.

피고들 없다.

재판장 (피고 안중근에게) 피고는 안중근이라 불리는 자라는데, 일찍이 안응칠이
라고 불리던 적이 있는가.

안중근 본국에서는 안중근이라고 부르고 있었는데 블라디보스토크 부근으로 와
서, 그러니까 지금으로부터 삼 년 전부터는 안응칠이라고 불려 왔으며, 근래에
는 오로지 안응칠이라고 불리고 있다.

재판장 피고의 부모는 살아 있는가.

안중근 아버지의 함자는 태훈이라 하며 진사라는 직명을 가지고 계셨지만, 실제
로 관직에 나가신 적은 없다. 아버지께서 생존해 계실 때 처음에는 황해도 해
주에서 살다가 거기서 신천으로 이주했는데, 지금으로부터 오 년 전에 돌아가
셨다. 어머니께서는 아직 살아 계시며 진남포에 계시다.

재판장 부친에게는 얼마만큼의 소유재산이 있었는가.

안중근 아버지의 재산으로는 수천 석 정도의 수입이 있는 전답이 있었는데, 점차
줄어 지금은 수백 석의 수입이 있을 뿐이다.

재판장 피고에게는 형제 자매가 있는가.

안중근 우리들 형제는 아들만 있는데, 내 바로 밑의 아우를 정근이라 부르고 그

밑의 아우를 공근이라 부른다.

재판장 피고는 지금까지 어느 정도의 교육을 받았는가.

안중근 나는 해주에 있을 때와 신천으로 이주했을 때 집에 사립학교를 두고 한문의 『천자문(千字文)』『조선역사(朝鮮歷史)』『맹자(孟子)』그리고 『통감(通鑑)』 등을 공부했다.

재판장 외국어는 배우지 않았는가.

안중근 나의 집안은 천주교를 믿기 때문에 신천에서 천주교 선교사인 프랑스인 홍 신부로부터 프랑스어는 수개월간 배웠으나, 일본어와 러시아어 그 밖의 외국어는 알지 못한다.

재판장 피고는 언제쯤부터 천주교를 믿게 되었는가.

안중근 선교사 홍 신부가 신천에 와 있을 때인 내가 열일곱 살 때 세례를 받고, 그때부터 신앙생활을 하고 있다.

재판장 피고에게는 처자가 있는가.

안중근 있다. 처와는 내가 열여섯 살 때 결혼했고, 처는 당년 서른두 살이며 자식은 여자 아이 하나와 남자 아이 둘이 있다. 그런데, 내가 삼 년 전에 집을 나와 그후 처자와 만난 적이 없기 때문에 지금은 어떻게 살고 있는지 모른다. 하지만 내가 집을 나올 때까지는 아버지의 재산이 있었으므로 다 무사히 지내고 있었다.

재판장 피고는 집을 나온 뒤 집으로부터 때때로 송금을 받고 있었는가.

안중근 집을 나올 때 조금 가지고 나왔고, 그후에는 각 부락에서 친구들로부터 보조를 받는 등 집으로부터는 송금을 받지 않고 지내고 있었다.

재판장 그 삼 년간은 어떤 목적을 가지고 지내고 있었는가.

안중근 나는 외국에 나가 있는 한국 동포들의 교육을 위해 일할 계획을 하고 있었다. 또 나는 의병으로서 본국을 떠나 한국의 국사(國事)로 분주했다. 이런 생각은 수년 전부터 했는데, 절실히 그 필요를 느낀 것은 러일전쟁 당시로, 지금으로부터 오 년 전에 체결된 5개조의 조약과 삼 년 전에 체결된 7개조의 조약 때문에 더욱 격분하여 지금 말한 목적으로 외국으로 나갔던 것이다.

재판장 피고는 한국의 앞날을 위해서는 어떻게 하지 않으면 안 되겠다고 생각하고 있는가.

안중근 1895년의 러일전쟁에 즈음한 일본 천황의 선전조칙(宣戰詔勅)에 의하면 '일본은 동양평화 유지와 한국의 독립을 위해 러시아와 싸웠다'라고 했다. 그래서 한국인은 모두 감격했고, 일본인과 함께 전쟁에 나간 사람도 있었다. 또한 한국인은 일본의 승리를 마치 자국이 승리한 듯이 기뻐했으며, 이에 따라 동양의 평화는 유지되고 한국은 독립될 것이라고 기뻐하고 있었다. 그런데 이토가 한국에 통감으로 와서 5개조의 조약을 체결했다. 이는 이전의 선언에 반하는, 한국에 불리한 것이어서 국민들은 전반적으로 복종하지 않고 있었다. 그뿐만 아니라 1897년 또다시 7개조의 조약이 체결되었다. 이는 통감인 이토가 병력으로 압박하여 체결시킨 것이기 때문에 국민들 모두가 크게 분개하여, 일본과 싸우게 되더라도 세계에 알리려고 했다. 원래 한국은 무력에 의존하지 않고 문필로써 세운 나라이다.

재판장 거기에 대해 어떤 목적을 가지고 행동할 생각이었는가.

안중근 이토는 일본에서도 제일의 인물로서 한국에 통감으로 왔으나, 지금 말한 두 가지 조약을 체결한 것은 일본 천황의 뜻이 아니라고 생각했다. 따라서 이토는 일본 천황을 속이고 또 한국인을 속인 것이므로, 한국의 독립을 위해서는 이토를 없애지 않으면 안 된다고 생각하고, 7개조의 조약이 성립될 당시부터 살해할 생각을 했다. 그리고 이토를 살해할 작정으로 블라디보스토크 부근으로 가서 내 한 몸은 생각지 않고, 오로지 한국의 독립을 도모하고 있었다.

재판장 피고는 블라디보스토크 부근에 있었다고 말하는데, 그 지명은 무엇인가.

안중근 나는 영주할 의사 없이 의병으로 함경도나 블라디보스토크 부근을 돌아다니고 있었는데, 그 지명은 엔치야(烟秋), 수찬(水淸), 하바로프스크(許發浦), 쌈와쿠, 아지미, 시지미, 소완구니 등으로 모두 러시아령이지만, 한국인이 많이 거주하고 있다.

재판장 그 중에는 피고와 함께 어울리던 동지도 있었을 텐데, 그 자들의 이름을 말해 보라.

안중근 다 어울리고 있었지만 지금 그 이름은 기억하지 못한다. 나는 동포를 찾아갈 때마다 한국의 독립을 도모하도록 국가적 사상을 고취하며, 성공할 때까지는 어떤 일이라도 참아내고 업무에 종사하라고 유세하고 있었다.

재판장 그런 유세를 펼치는 데는 신문이 가장 유력한 것인데, 피고는 신문에 관계하고 있었던 적이 없는가.

안중근 나는 신문사와는 관계없이도 동포와 함께 결심했으며, 이토의 시정방침을 파괴하지 않으면 안 되겠기에, 젊은이는 전쟁에도 나가고, 노인은 각자의 업무에 열심히 임하여 양식 등의 자금을 마련하며, 아이들에게는 교육을 실시하여 이후 결심을 이루도록 하라고 역설하고 있었다.

재판장 블라디보스토크에서 발행되는 한자신문(漢字新聞)이 있는가.

안중근 『대동공보(大東共報)』라는 신문이 있다.

재판장 피고는 그 신문의 편집 등에 관계하지 않았는가.

안중근 관계하지는 않았지만 이 년 정도 전에 한 번 이 신문에 논설을 기고한 일은 있다.

재판장 그 신문사 사원 중에서 피고와 친한 사람이 있는가.

안중근 친하지는 않지만 편집주임인 이강(李剛)이란 이는 아는 사람이다.

재판장 블라디보스토크 부근을 오가는 동안 피고가 가장 친하게 지냈던 사람은 누구인가.

안중근 블라디보스토크에서는 이치권 최봉준 김치보 김학만(金學萬) 차석보(車錫甫) 양성춘(楊成春), 엔치야에서는 최재현(崔在鉉) 박준보(朴俊甫), 수찬에서는 김공심(金公深) 조순서(趙順瑞) 김치화(金致華), 하바로프스크에서는 이태유(李泰有) 이인백(李仁白) 김낙흥(金樂興) 등이다.

재판장 피고는 작년 10월 26일 오전 아홉시를 지나 러시아 동청철도(東淸鐵道) 하얼빈역에서 미리 준비한 권총을 발사하여 추밀원(樞密院) 의장 공작 이토 히로부미를 살해하고, 그 수행원이었던 총영사 가와카미 도시히코, 궁내대신 비서관 모리 야스지로, 남만주철도주식회사(南滿洲鐵道株式會社) 이사 다나카 세이지로의 수족과 흉부 등에 각각 총상을 입혔다고 하는데 맞는가.

안중근 그렇게 발사했지만 그후의 일은 모른다. 이는 삼 년 전부터 내가 나라를 위해 생각하고 있던 일을 실행한 것이다. 하지만 나는 한국 의병의 참모중장으로서 독립전쟁을 하여 이토를 죽였고 또 참모중장으로서 계획한 것인데, 지금 이 법원 공판정에서 심문을 받는다는 것은 잘못된 일이다.

재판장 피고는 하얼빈에 언제 왔는가.

안중근 음력 9월 8일 아침에 블라디보스토크를 출발하여 다음날인 9일 오후 아홉시쯤 하얼빈에 도착했다.

재판장 피고는 피고 외의 동행자와 함께 블라디보스토크를 출발했는가.

안중근 작년부터 알게 됐고, 그후 계속해서 만나지는 않았지만 친밀히 교제하고 있는 우덕순과 함께 블라디보스토크를 출발했다.

재판장 우덕순은 정치상에 있어서 피고와 동일한 의견을 가진 사람인가.

안중근 본인의 의사는 모르지만 우덕순도 애국심이 있는 사람이라는 것은 알고 있다.

재판장 우덕순과는 어떻게 상의하고 동행하게 되었는가.

안중근 내가 우덕순을 찾아가 그를 나의 숙소였던 이치권의 집으로 데리고 돌아 와서, '이토가 하얼빈으로 온다 하니 같이 가서 살해하자'고 제의했다. 그것은 내가 출발하기 전날 저녁때의 일이다.

재판장 이치권은, 이삼 개월 전에는 피고가 와서 숙박한 적이 있지만, 근래에는 자기 집에 온 적이 없다고 하는데, 어떻게 된 것인가.

안중근 나는 엔치야에서 블라디보스토크로 간 것으로, 블라디보스토크에는 하얼 빈으로 출발하기 전전날에 와서 이치권의 집에 숙박하고 있었다. 그리고 하얼 빈으로 향했으니 이치권의 집에서는 이틀 밤 숙박했던 것이다.

재판장 우덕순은 그 제의에 대해 곧 승낙했는가.

안중근 이토를 살해하는 방법과 장소 등이 밖으로 누설될까 봐 그 말은 하지 않 고, 다만 하얼빈까지 같이 가자고 말했다. 그랬더니 우덕순은 별로 다른 의견 없이 이내 같이 가자고 했다.

재판장 이토 공이 일본을 출발하여 만주(滿洲)를 순시한다는 것은 언제 알 수 있 었는가.

안중근 엔치야에서 블라디보스토크로 온 날 『원동보(遠東報)』와 『대동공보』 두 신 문을 보았고, 또 소문을 들어 알았다.

재판장 피고가 맨 먼저 본 것은 어느 신문이었는가.

안중근 두 신문을 함께 보았기 때문에 어느 것을 먼저 보았는지 지금은 기억이 없 다. 내가 대동공보사(大東共報社)로 가서 신문을 보여 달라고 해서 그 두 신문 을 보게 된 것인데, 정말 이토가 시찰하러 오는지 어떤지를 사람들에게 확인한 일은 없다.

의군 참모중장

안중근,

독립전쟁 포로로

법정에 서다.

"나는 삼 년 전부터

나라를 위해 생각하고 있던

일을 실행한 것이다.

하지만 나는 의군 참모중장으로서

독립전쟁을 하여 이토를 죽였고

또 참모중장으로서 계획한 것인데,

지금 이 여순 법원 공판정에서

심문을 받는다는 것은

잘못된 일이다."

재판장 블라디보스토크를 출발하기까지 신문지상으로 이토 공이 언제 하얼빈에 도착하는지를 알고 있었는가.

안중근 이토가 일본을 출발했다는 사실을 알았을 뿐, 상세한 것은 몰랐다. 그러나 러시아의 재무장관(大藏大臣)이 하얼빈으로 온다는 기사가 있었으므로, 이토도 물론 올 것이라고 생각했다.

재판장 우덕순과 상의하고 마침내 출발하게 된 때는 몇 시쯤이었는가.

안중근 출발하는 날 여비 때문에 매우 걱정했는데, 의병이며 일찍부터 알고 있던 이석산으로부터 차용하여 준비가 되었다. 그래서 오후 아홉시쯤 준비하고 정거장으로 갔는데, 이미 그날 기차는 출발해 버린 뒤라 하는 수 없이 그 다음날 출발했다.

재판장 이미 준비가 됐다는 사실을 우덕순에게도 말해 주었는가.

안중근 우덕순에게는 다만 '여비는 있으니 걱정하지 말라'고 말했을 뿐으로, 금액 등은 알리지 않았고, 출발함에 따르는 기차비 등은 우덕순의 것도 내가 지불했다.

재판장 사람을 살해하려면 흉기가 필요할 텐데, 그 일에 대해서는 우덕순과 어떻게 상의했는가.

안중근 우덕순 자신이 육연발총을 가지고 있다고 했는데, 나는 그걸 보지 않았으며, 또 나도 우덕순에게 내 총을 보여주지 않았다. 그러나 우덕순은 예전부터 내가 권총을 가지고 다닌다는 것을 알고 있었으므로, 이번에도 가지고 있다는 사실을 알고 있었을 것으로 생각한다.

재판장 피고는 블라디보스토크를 출발하여 하얼빈을 향해 가던 도중 어디엔가 들렀는가.

안중근 포브라니치나야에서 의사업(醫師業)을 하고 있는 유경집을 일찍부터 알고 있었는데, 그 사람의 집을 찾아가 그의 아들 유동하와 동행했다. 내가 러시아어를 몰라 불편했기 때문에 통역을 시킬 생각으로 유동하의 아버지와 상의하여, 동행하기로 한 것이다.

재판장 유동하의 아버지에게 뭐라고 말하며 부탁했는가.

안중근 '용무가 있어서 하얼빈으로 간다. 또 정대호가 가족을 데려오기로 했으니, 유동하를 통역으로 같이 가게 해 달라'고 말하니, 유동하의 아버지는 '그렇지 않아도 그 아이를 하얼빈으로 약을 사러 보내려고 생각하고 있었는데, 마침 잘 됐다'고 말하며 승낙해 주었다.

재판장 정대호는 이전부터 알고 있었는가.

안중근 그 사람은 진남포에 있었을 때부터 알고 있었다. 그는 포브라니치나야의 세관에서 서기로 일하고 있는데, 올해 음력 4월경 그가 숙사(宿舍)로 쓰고 있는 일등객차 안에서 만난 적이 있다.

재판장 그때 어떤 얘기를 나눴는가.

안중근 잘 기억나지는 않지만, 오랫동안 만나지 못한 인사와 고향 소식 등을 물었다.

재판장 그때 그에게 피고의 가족에 대한 일을 부탁했는가.

안중근 그때 그 얘기는 하지 않았다. 그후 음력 7, 8월경에 만났을 때 정대호가 자기 가족을 데리러 간다고 말하며 나에게 '너도 타국에 나와 고생하고 있으니, 가족이라도 데려오면 어떻겠느냐'고 물었다. 그래서 나는 그것도 생각하지 않으면 안 될 일이라 '자네가 귀국해서 가족에게 물어보고, 만약 가족이 오겠다고 하거든 데려와 달라'고 부탁했다.

재판장 피고는 가족이 오면 어디에서 생활할 작정이었는가.

안중근 그때는 아직 거기까지는 생각하고 있지 않았다. 과연 가족이 올지 어떨지도 몰랐으므로, 정말로 오면 정대호와 상의한 후 정하려고 생각하고 있었다.

재판장 정대호는 음력 7, 8월경 한국을 향해 출발했지만, 기차 불통으로 헛수고만 하고 되돌아왔다고 하는데, 피고는 그 일을 알고 있었는가.

안중근 7, 8월경 포브라니치나야에서 정대호를 만났을 때 그에게 그 얘기를 들었고, 정대호가 또다시 출발한다고 하기에 그때 부탁했던 것이다.

재판장 진남포에 있는 처자에게는, 정대호가 가거든 함께 출발하라는 연락을 했는가.

안중근 그런 내용의 편지를 보냈지만, 회답은 아직까지 받지 못했다.

재판장 정대호가 그후 음력 10월 9일 한국을 향해 출발한 일은 알고 있었는가.

안중근 이번에 하얼빈으로 가는 도중 포브라니치나야에서 하차하여 먼저 객차로 정대호를 찾아갔더니, 집을 지키고 있던 중국인이 '정대호는 지난번 이후 귀국했는데, 근일 처자를 데리고 돌아올 것이다'라고 말해서 비로소 알았다.

재판장 그러면 피고는 유경집에게 가족을 마중하러 간다고 말했다고 했는데, 그 때까지는 가족이 과연 올지 안 올지 확실히 알고 있었던 것이 아니지 않는가.

안중근 가족이 정말 올지 안 올지는 몰랐다.

재판장 피고는 이전에 하얼빈에 와 본 적이 있는가.

안중근 이번에 처음으로 왔다. 그래서 전에 한 번 포브라니치나야 유동하의 집에서 만난 적이 있는 김성백의 집에서 숙박했다.

재판장 김성백은 어떤 일을 하고 있는 사람인가.

안중근 상업과 통역일 등을 하고 있다고 들었다. 나는 하얼빈이 처음이었고 달리 아는 사람도 없었다. 우덕순도 김성백을 몰랐지만 유동하가 그를 알고 있었으며, 또 그의 집이 여관은 아니었지만 유동하와 상의한 뒤 찾아가 그의 집에서 숙박했던 것이다.

재판장 하얼빈에서 이토 공이 언제 도착하는지를 확인했는가.

안중근 매일 『원동보』를 보고 있었는데, 러시아 동청철도의 특별열차로 12일경에 도착한다는 기사가 있었다. 그러나 정확하게 며칟날 도착하는지는 분명하지 않았다. 그 기사가 난 것이 며칠자 신문이었는지는 지금 기억하지 못한다.

재판장 피고는 9일 김성백의 집에 도착한 후 하얼빈에 살고 있는 한국인을 방문한 일은 없었는가.

안중근 도착한 그날 밤은 외출하지 않았고, 그 다음날 조도선을 찾아갔다. 유동하의 아버지가 '동하는 약을 사러 보내는 것이니 곧 돌려보내 달라'고 당부했는데, 우리들은 다시 남쪽으로 갈 작정이었으므로, 유동하를 돌려보내면 통역할 사람이 없어 곤란할 것 같아서, 통역으로 조도선을 데려갈 생각으로 우덕순과 함께 그를 찾아간 것이다.

재판장 그리고 조도선과는 어떤 얘기를 했는가.

안중근 조도선을 만나서 '본국에서 이번에 정대호가 오는데, 내 가족들도 따라오게 돼서 마중하러 간다. 그런데 말이 통하지 않아 어려움이 많으니 창춘 방면까지 같이 가 달라'고 말했더니, 조도선은 승낙해 주었다. 우리들이 조도선의 집으로 간 것은 10일 오후였지만, 그 시간은 기억나지 않는다. 내일 아침 일찍 출발할 것이라고 일러준 다음, 조도선과 함께 우리들의 숙소로 와서 그날 밤 함께 잤다.

재판장 그때 우덕순은 조도선에게 무슨 일로 남쪽으로 간다고 말했는가.

안중근 조도선과 우덕순은 서로 면식이 없는 사이이므로 아무말도 하지 않았다.

재판장 9일 밤 하얼빈에 도착해서 왜 다시 남쪽으로 갈 필요가 있다고 생각했는가.

안중근 하얼빈에서 결행할지, 아니면 지야이지스고나 그 밖의 다른 곳에서 결행할지 형편이 좋은 쪽을 살펴보기 위해 남쪽으로 가려고 했다.

재판장 그렇게 각지를 돌아다니려면 비용이 많이 들 텐데, 피고가 하얼빈에 도착했을 때는 돈을 얼마나 가지고 있었는가.

안중근 하얼빈에서 지야이지스고로 출발할 때에는 삼십 원 정도밖에 없었는데, 남쪽으로 더 가려면 비용이 필요하기 때문에 이에 대해 대단히 걱정이 돼서, 김성백에게라도 상의해서 차용하려고 생각하고 있었다. 그러나 그와는 그다지 친한 사이가 아니어서, 유동하에게 오십 원 정도를 꾸어 오라고 일러 보냈다.

재판장 그 오십 원의 용도에 대해 유동하로 하여금 김성백에게 말하게 했는가.

안중근 나는 '가족을 마중하기 위해 관성자(寬城子) 방면으로 가는데, 며칠날 도착하는지 확실하지 않아 돈이 부족하면 곤란하니 꾸어 오라'고 유동하를 김성백이 외출한 곳으로 심부름을 보냈지만, 돈을 꾸어 오지 못했다.

재판장 그러면 당장 돈이 부족한데도 불구하고 왜 하얼빈을 떠났는가.

안중근 처음에는 관성자까지 가려고 생각하고 있었는데, 돈이 부족해서 지야이지스고까지 가서 머물렀던 것이다.

재판장 10일 밤 피고는 김성백의 집에서 우덕순과 함께 편지를 썼다고 하는데 사실인가.

안중근 그렇다. 썼다. 그것은 대동공보사의 이강에게 보내는 것으로, 이토를 살해한다는 것을 널리 알리기 위해 노래와 편지를 썼던 것이다.

재판장 그 편지에 의하면 이토 공은 12일에 관성자를 출발하여 그날 하얼빈에 도착한다고 씌어 있는데, 그 일은 어떻게 알 수 있었는가.

안중근 『원동보』에 실린 기사로 알았다.

재판장 그 편지에 의하면 정거장에서 기다렸다가 일을 결행하겠다고 했는데, 왜 신문사에 알릴 필요가 있었는가.

안중근 편지에 살해한다는 말은 씌어 있지 않았지만, 하얼빈 또는 창춘에서 결행하게 되면 결행한 그날 결행자의 성명을 신문에 내 달라고 신문사로 편지를 보낸 것이다.

재판장 피고가 미리 이강과 약속한 사실이 있어서 그 편지를 쓴 것이 아닌가.

안중근 미리 약속한 적은 없다.

재판장 그리고 그 서면 추신에는 '유동하도 동행하고 있으니 이후의 일은 그 사람에게 물어 달라'고 씌어 있는데, 무슨 이유로 그런 것인가.

안중근 유동하가 있다는 것을 알려 두면, 신문사에서는 그에게 물어 알아낼 테고, 그렇게 되면 사실이 드러나리라고 생각하고 써 두었던 것이다. 하지만 유동하에게는 특별히 신문사에 알려 달라고 부탁한 일은 없다.

재판장 이 편지는 우덕순과 연명으로 씌어 있던데, 편지는 누가 쓴 것인가.

안중근 내가 썼으며, 따로 우덕순에게 보이지는 않았다. 그러나 내가 쓰는 것을 그가 보고 있었다. 그리고 우덕순에게 도장을 빌리자고 말해 그로부터 도장을 받아, 신문사로 발송하겠다고 말하고 날인했다.

재판장 그러니까 우덕순은 발송해도 된다고 말했는가.

안중근 우덕순은 그 일에 대해 아무런 말도 하지 않았다. 그 편지를 발송하자고 말하게 된 것도 실은 다음과 같은 이유에서다. 즉 유동하를 시켜 김성백에게 돈을 꾸러 보낼 때 유동하가 '어떻게 갚겠느냐, 나는 이곳에 오래 있을 것이 아니고 곧 돌아가야 하니, 갚을 방법을 말해 달라'고 해서, 신문사에 있는 이강에게 편지를 보내면 돈을 보내 줄 것이니 하여튼 꾸어 오라고 말한 것이다. 하나는 유동하에게 보여주기 위해, 또 다른 하나는 상황을 알리기 위해 쓴 것으로, 유동하에게 겉봉을 쓰게 해서 발송하도록 했다. 그러나 김성백이 돈을 꾸어 주지 않아서 발송하지 않았던 것이다.

재판장 피고는 그 편지의 발송을 유동하에게 부탁한 적이 없는가.

안중근 유동하에게 '이와 같이 편지를 썼으니, 김성백에게 가서 돈을 꾸어 오라'고 말했더니, 유동하가 갔다가 돌아왔다. 그러나 김성백이 지금은 돈이 없다고 말하며 꾸어 주지 않았다고 해서, 그 편지는 발송하지 않고 윗옷 주머니에 넣어 두었다.

재판장 우덕순도 그때 한글로 노래를 지었는데, 그 사실을 알고 있는가.

안중근 그 질문은 앞서 검찰관도 물은 적이 있지만, 나는 보지 못했다. 또 우덕순이 그후 나에게 보여준 적도 없다.

재판장 피고들이 하얼빈을 출발해서 다시 남행한 것은 며칠이었는가.

안중근 우리들이 하얼빈에 도착하고 난 다음다음 날로, 11일 아침 아홉시쯤이었다. 그때 유동하도 정거장까지 같이 갔다.

재판장 그때 기차의 승차권은 누가 샀는가.

안중근 마침 시간이 절박했고 또 러시아 장관이 도착한다고 해서 혼잡했기 때문에, 유동하인지 조도선인지에게 돈을 주고 사 오라고 했는데, 그때 누가 사 왔는지는 기억나지 않는다.

재판장 그때 산 승차권은 어느 역까지 가는 것이었는가.

안중근 기차가 교차하는 역까지의 승차권을 사라고 했다. 그러나 그 정거장의 이름을 러시아어로 말했기 때문에 나는 모른다. 차비는 한 사람당 얼마였는지 잘 기억나지 않지만, 삼 원 정도로 세 사람분에 팔구 원 정도를 낸 것으로 기억한다.

재판장 그리고 피고들은 어느 역에서 하차했는가.

안중근 지야이지스고역인데, '여기가 기차가 교차하는 곳이냐'고 물으니 '이곳에서 삼십 분 정도 정차했다가 엇갈리게 되며, 이 앞쪽에는 교차하는 곳이 없다'고 했다. 승차권은 앞쪽으로 한 정거장 더 갈 수 있는 것이라고 했지만 거기서 하차했다. 그리고 정거장 구내에 있는 음식점으로 가서 그곳에서 묵었다.

재판장 지야이지스고역에 도착한 후 역원 등에게 이토 공이 몇 시에 도착하는지를 물었는가.

안중근 그건 묻지 않았고 '이 역은 기차가 하루에 몇 회 왕복하느냐'고 물었더니, '객차가 2회, 화차(貨車)가 1, 2회씩 매일 왕복하며, 오늘 밤이나 내일 아침에는 일본의 대신을 환영하기 위해 특별열차가 하얼빈에서 창춘을 향해 통과한다고 했다.

재판장 그러면 이토 공이 통과할 때까지는 시간이 더 남을 텐데, 피고는 그때까지 머물 생각이었는가.

안중근 그래서 나는 걱정하며 '그 기차가 몇 시에 도착하느냐'고 물으니, 모른다는 것이었다. 게다가 앞쪽으로 가기에는 여비가 부족하고 또 남아 있는다고 해도 비용으로 써야 했기 때문에, 우덕순과 상의하면서 '이러고 있다가는 앞쪽으로 가지도 돌아가지도 못할 것이니, 하얼빈으로 되돌아가 돈을 마련해 오겠다'고 우덕순에게 내 생각을 말했다.

재판장 그 얘기는 조도선에게도 했는가.

안중근 우덕순과 그 이야기를 할 때, 조도선은 없어서 그에게는 말하지 않았다.

재판장 11일에 피고들은 지야이지스고에 도착하여 그날 오후 한시쯤 하얼빈으로 전보를 쳤는가.

안중근 그렇다. 차표는 한 정거장 더 갈 수 있었는데 지야이지스고에서 하차했기 때문에, 하얼빈에 있는 유동하에게 '이곳까지 왔으니 용무가 있거든 알리라'는 전보를 쳤다.

재판장 그 전보에 대한 회답은 왔는가.

안중근 그날이 저물어 밤이 되고 나서 회답이 왔다. 그 전보를 본 조도선은 '러시아 말은 알아도 러시아 문자는 잘 모르겠다. 분명치는 않아도 블라디보스토크로부터 누군가가 온다는 것 같고, 그래서 돌아오라고 한 것 같다'고 했다. 하지만 그 뜻은 분명하지 않았다.

재판장 지야이지스고에는 밖에 러시아인도 많이 있을 테니 그들에게 물어보면 알수 있지 않았는가.

안중근 그래서 내가 '유동하에게는 거처를 알리지 않았는데, 그가 알 수 있었으니까 회답을 보냈을 것이다. 오늘 밤은 늦었고 또 그 전보의 사연도 있고 하니, 내일 일단 하얼빈으로 되돌아가자'고 말하고, 이튿날 오전 열시쯤에 하얼빈으로 출발했다.

재판장 그때 조도선과 우덕순에게는 뭐라고 말하고 출발했는가.

안중근 '전보의 의미가 분명치 않다. 또 돈도 부족하니 일단 하얼빈으로 돌아가서 돈을 마련하여 앞서의 계획을 실행하는 데 지장이 없도록 할 테니, 여기서 기다리고 있으라'고 말해 두었다.

이때 재판장은 정오가 되어 일단 퇴정한다는 뜻을 알리고 폐정했다.

당일 오후 한시 같은 장소에서 동일한 재판장과 검찰관 그리고 서기 입회하에 통역촉탁 소노키 스에요시 통역으로 재판을 공개하다. 피고인은 모두 신체의 구속을 받지 않고 출정하며, 변호인으로 미즈노 기치다로와 가마다 세이지가 출두했다. 재판장은 오전에 계속해서 심리할 뜻을 알리고,

재판장 (안중근에게) 피고는 앞서 부족한 여비를 조달하고 또 전보문의 뜻을 알아보기 위해 지야이지스고에서 하얼빈으로 되돌아왔다고 말했는데, 다시 지야이지스고로 갈 생각이라면 일부러 왕복할 필요가 없을 것이라고 생각되는데, 어떻게 생각하는가.

안중근 지야이지스고에서는 이토의 특별열차가 정확히 몇 시에 도착하는지 알 수 없었고 또 여비도 부족해서, 열차 도착시각을 물어볼 겸 또 내가 가지 않으면 자금 융통이 안 되겠기에 하얼빈으로 갔던 것이다.

재판장 그 전에 김성백에게 얘기했어도 마련되지 않았는데, 피고는 어떻게 융통할 생각이었는가.

안중근 그때는 유동하를 심부름시켜 마련해 보려고 했던 것이고, 그때 '지금 당장이라면 없다'고 대답했던 것이었기 때문에, 내가 직접 만나 사정을 말하면 될 것이라고 생각하고 있었다.

재판장 피고는 지야이지스고로 가는 도중에 피고의 권총에 들어 있던 탄환을 우덕순에게 주었는가.

안중근 도중에 기차 안에서 주었다. 그 갯수는 정확하게는 기억하지 못하지만 대여섯 발 정도였다고 생각한다.

재판장 그때 건네준 탄환은 모두 끝에 십자형이 새겨져 있었는가.

안중근 그렇다. 그 권총은 윤치종과 교환한 것인데, 탄환과 총을 동시에 받았고 그 당시부터 십자형이 새겨져 있었다.

재판장 그 총은 언제 피고의 손에 들어왔는가.

안중근 올 봄인지 여름인지, 그 무렵이었는데, 확실히 기억나지는 않는다.

재판장 윤치종은 지금 어디에 거주하는가.

안중근 그 사람은 평안도 사람인데 지금은 러시아령에 있으며, 거처는 일정하지 않고 여기저기 돌아다니고 있다. 총은 엔치야에서 받았다.

재판장 그 총을 사용한 적이 있는가.

안중근 받았을 때 엔치야 부근 부락에서 한 번 시험삼아 발사해 본 적이 있다.

재판장 총탄은 각각 그 총에 따라 크기가 일정하지 않은데, 어떻게 피고는 우덕순에게 탄환을 주었는가.

안중근 하얼빈을 출발해서 지야이지스고로 가는 도중 기차 승강구에서 우덕순과 이것저것 이야기하고 있을 때, 우덕순이 탄환이 부족하다고 해서, 서로 총을 비교해 보니 크기가 내 것과 같다는 것을 알았고, 그래서 준 것이다.

재판장 우덕순은 그때 탄환을 몇 발쯤 가지고 있었는가.

안중근 몇 발 있냐고 묻지 않았기 때문에 모르지만, 당시 나는 서른 발 정도를 가지고 있어서 우덕순에게 나눠 준 것이다.

재판장 우덕순이 가지고 있던 보통 탄환과 피고가 가지고 있던 십자형이 새겨져 있는 탄환을 비교했더니, 피고가 가지고 있던 것이 더 위력적이기 때문에, 그것을 준 것이 아닌가.

안중근 당시 나는 거기까지는 생각지 않았고, 또 어느 것이 강력한지도 몰랐다. 다만 처음부터 십자형이 새겨져 있는 탄환을 가지고 있었기 때문에 그것을 준 것이다.

재판장 피고도 우덕순도 총과 탄환이 이미 다 준비가 됐으니 지야이지스고에서 결행해도 충분할 텐데, 피고가 하얼빈으로 되돌아간 것은 앞서 진술한 이외의 다른 이유가 있던 것이 아닌가.

안중근 앞서 말한 두 가지 외에는 따로 아무런 이유가 없었다.

재판장 지금부터 유동하를 심문하면 드러나겠지만, 피고가 진술한 바 전보문의 의미가 명확하지 않았다는 것은 거짓이 아닌가.

안중근 그 전보문을 조도선에게 보였으나, 그가 모르겠다고 말했으므로 나는 그걸 믿고 있었다.

재판장 그 전보는 '내일 온다' 는 의미가 아니었는가.

안중근 그 전보문을 이해하지 못했기 때문에 그 의미를 몰랐다.

재판장 하얼빈에서 지야이지스고로 출발할 때, 피고는 이미 신문을 통해 이토 공이 12일에 하얼빈에 도착한다는 것을 알고 있었고, 또 목적을 실행할 시기가 눈앞에 다가왔음에도 불구하고 여비 조달을 위해 헛되이 하얼빈으로 왕복하려고 한 것은 무모한 짓이 아닌가.

안중근 하얼빈을 출발할 때의 신문에는 12일에 도착한다는 기사가 났는데, 그후 도중 기차에서 본 『원동보』에는 12일이 연기되어 14일경이라는 기사가 있어서 분명하지 않았다. 지야이지스고에서도 역원에게 물어봤지만 알 수 없었고, 그래서 하얼빈으로 되돌아가기로 한 것이다.

재판장 지야이지스고에 도착한 후, 피고들 세 명의 거동에 대해 역원이나 순사, 헌병 들에게 주목당하고 있다는 느낌을 받은 적은 없었는가.

안중근 역원들에게 우리들이 온 목적을 말한 적이 없었고, 모두 우리를 일본인으로 생각하고 있는 것 같았다.

재판장 지야이지스고역 부근의 상황을 보고, 피고는 결행하는 데 부적합할 것 같다는 생각이 든 것이 아닌가.

안중근 별로 그런 생각이 들지는 않았다. 또 그건 결국 결행할 순간이 아니면 알 수 없는 것이다.

재판장 피고는 앞서 검찰관에게 지야이지스고는 소역(小驛)이라 대사를 행하기에는 부적합하기 때문에 세 명이나 있을 필요가 없어서, 피고 한 사람은 하얼빈으로 되돌아가겠다고 말하고 두 명을 남겨 두었다고 진술했는데, 오늘의 진술과는 다르지 않는가.

안중근 나는 그렇게 대사를 행할 목적으로 갔지만, 검찰관에게 그와 같이 진술했는지는 기억나지 않는다.

재판장 피고가 12일 지야이지스고를 떠나 하얼빈에 도착한 것은 몇 시쯤이었는가.

안중근 그날 정오 열두시인가 오후 한시쯤에 하얼빈에 도착했다. 그리고 김성백을 찾아갔는데 없어서 만나지 못했고, 유동하를 만나서 '가지고 있는 돈도 부족하고, 또 전보문의 내용을 이해할 수 없어서 돌아왔다'고 말했다. 그러자 유동하는, 자기는 곧 돌아가지 않으면 안 되었기 때문에 만나고 싶기도 해서 전보를 쳤는데, 자기는 잘 쓸 줄 몰라서 전보 내용이 잘못되었을 것이라고 했다. 내가 꾸짖었더니 유동하는 울면서 밖으로 나갔고, 그래서 더이상 아무말도 하지 못했다.

재판장 하얼빈에 도착한 뒤 피고는 이토 공이 도착하는 것에 대해 물어봤는가.

안중근 사람들에게는 물어보지 않았지만, 하얼빈에 도착하고 나서 신문을 보니 13일에 하얼빈에 도착한다는 기사가 나 있었다.

재판장 지야이지스고를 떠날 때는 하얼빈에서 돈을 조달하여 다시 지야이지스고로 돌아올 예정이었는데, 하얼빈에 도착해서 이토 공이 다음날 하얼빈에 도착한다는 것을 알고, 피고는 어떻게 생각했는가.

안중근 지야이지스고를 떠날 때까지는 언제 도착할지 몰랐지만, 다음날 하얼빈에 도착한다는 기사를 신문에서 보고 나서, 나는 하얼빈에서 기다리다가 결행하기로 결심했다.

재판장 이번 일은 대사이기 때문에 피고 혼자로는 불충분하다고 생각하고 블라디보스토크에서부터 우덕순과 동행해 온 것이라면, 결행함에 있어서 급히 우덕순을 불러올 필요가 있었을 텐데, 그렇게 했는가.

안중근 그때가 되고 보니 불러오려고 해도 방법이 없을 뿐 아니라, 반드시 나 혼자서는 결행할 수 없을 것이라는 생각이 들지는 않았기 때문에, 우덕순을 불러오려고 하지 않고 나 혼자서 결행하기로 했다.

재판장 언제 결행할 결심을 했는가.

안중근 정거장에 도착하고 나서 기회를 기다리다가, 보다 좋은 방법으로 결행할 생각이었다.

재판장 그 결심은 신문을 보는 동시에 한 것인가.

안중근 그때 결심한 것이 아니라, 삼 년 전부터 결심하고 있던 것이다.

재판장 피고는 다음날 결행할 작정으로 김성백의 집으로 가서 유동하에게 그 결심을 이야기했는가.

안중근 이야기하지 않았다.

재판장 김성백에게는 돈 문제에 대한 이야기를 했는가.

안중근 김성백은 외출했다가 그날 밤 늦게 귀가했기 때문에, 돈 이야기는 하지 않고 잠깐 인사만 했다.

재판장 피고는 그날 밤 외출했는가.

안중근 식후에 앞 길을 구경하며 걷다가 돌아온 것은 밤 늦게였는데, 그 시각은 기억하지 못한다.

재판장 그때 정거장 부근의 경계상황을 보았거나, 혹은 사람들에게 물었는가.

안중근 본 일도 물은 일도 없다.

재판장 유동하에게 그 일을 물어본 적은 없는가.

안중근 그날 밤 유동하와 같은 방에서 잤지만 묻지 않았다.

재판장 그때 '이토 공을 드디어 내일 정거장에서 살해한다'는 말을 유동하에게 하지 않았는가.

안중근 유동하에게는 아무 말도 하지 않았다.

재판장 지야이지스고로 출발할 때, 또는 그 전에 유동하에게 '이번에 이토가 방문하는데 청원할 일도 있고 해서 공작을 마중하러 간다'고 말했는가.

안중근 유동하에게는 어디까지 간다고도 말하지 않고, 단지 가족을 마중하러 간다고 말했을 뿐, 이토가 방문하는 일에 대해서는 아무 말도 하지 않았다.

재판장 피고는 이토 공을 만난 적이 있거나, 또는 다른 계기로 이토 공의 풍채를 알고 있었는가.

안중근 만난 적이 없고, 또 사진을 본 적도 없다. 다만 예전에 신문에 게재된 초상을 본 적이 있기 때문에, 분명히는 몰라도 복장이나 그 외의 어떤 것으로 식별이 가능할 것이라고 생각하고 있었다.

재판장 피고는 11일 밤에 신문사로 보내려고 쓴 편지를 다음날 밤에 유동하에게 주며 발송을 부탁했는가.

안중근 돈을 빌릴 수 없었기 때문에, 그 편지는 유동하에게 주지 않고 내가 가지고 있었다.

재판장 피고는 '내일 정거장에서 총소리를 듣거든 이 편지를 발송하라'고 하며 유동하에게 그것을 준 게 아닌가.

안중근 유동하에게 그런 얘기를 한 적이 없다.

재판장 그날까지 피고가 유동하에게 금품을 준 일은 없는가.

안중근 내가 하얼빈을 출발할 즈음, 유동하가 전에 모자를 사고 싶다고 한 바 있어서 돈 사 원을 주었다. 그 밖에 유동하에게 준 물품은 없지만, 그때 가방과 옷가지는 김성백의 집에 남겨두었다.

재판장 피고가 유동하에게 돈을 준 것은 형편에 따라서 전보를 쳐 달라고 할지도 모르기 때문이 아닌가.

안중근 그렇지 않다.

재판장 신문지상으로는 이토 공이 13일 몇 시에 하얼빈에 도착한다고 했는가.

안중근 시각이 기재되어 있었는지 어떤지는 기억하지 못한다.

재판장 시간을 알 필요가 있었을 텐데, 누구에게 물었는가.

안중근 사람들에게 물으면 밖으로 누설될 우려가 있기 때문에 묻지 않고, 아침 일찍 일어나 정거장으로 가서 일곱시쯤부터 기다리고 있었다.

재판장 그때 어떤 복장으로 정거장에 갔는가.

안중근 이와 같이 검은색 양복을 입은 위에 외투를 입고 운동모자를 썼다.

재판장 그때 피고는 권총을 조사해 봤는가.

안중근 그때는 다른 양복 상의에 들어 있었기 때문에 이 양복 주머니에 바꿔 넣었는데, 총알은 전부터 일고여덟 발이 장전되어 있었고, 사람들이 보면 좋지 않겠다고 생각해서 그대로 가지고 갔다.

재판장 피고의 권총은 한 번 방아쇠를 당기면 연속해서 발사되도록 장치돼 있었는가.

안중근 그렇다.

재판장 그리고 총알은 모두 장전돼 있었는가.

안중근 모두 재어 있었다.

재판장 피고는 13일 아침 정거장으로 가기 전에 신에게 절을 했는가.

안중근 그날 아침에 특별히 절을 한 것은 아니다. 나는 매일 아침 신에게 절하고 기도하고 있다.

재판장 피고가 정거장에 갔을 때 그 부근의 상황은 어떠했는가.

안중근 내가 갔을 때는 러시아 군인들이 와서 준비에 바쁜 모양이었다.

재판장 정거장 구내에는 자유롭게 드나들 수 있었는가.

안중근 제지하는 사람이 아무도 없어서 마음대로 들어갈 수 있었다.

재판장 이토 공이 탄 열차는 몇 시에 도착했는가.

안중근 나는 일곱시쯤부터 기다리며 찻집에서 차를 마시고 있었는데, 아홉시쯤에 공작의 열차가 도착했다.

재판장 그 부근에서는 일본인들도 보였는가.

안중근 일본인도 출입하고 있었고, 또 나를 별로 수상하게 여기는 것 같지도 않았다. 다른 사람들은 모두 나를 일본인으로 생각하고 있는 것 같았다.

재판장 일본인들은 이토 공을 맞이하기 위해 와 있는 사람들이기 때문에 평소의 복장과는 달랐을 것이고, 피고는 평소의 옷차림을 하고 있었기 때문에 수상하게 여겼을 것이라고 생각되는데, 어땠는가.

안중근 다른 사람이 수상하게 생각했는지는 모르지만, 나는 느끼지 못했다.

재판장 그때 특별히 숨으려고는 하지 않았는가.

안중근 숨으려는 행동은 하지 않았다.

재판장 그 사이에 아는 한국인들과 마주친 일은 없었는가.

안중근 누구와도 마주치지 않았다.

재판장 이토 공이 탄 열차가 도착했을 때, 피고는 어떤 행동을 했는지 그 상황을 진술하라.

안중근 내가 찻집에서 차를 마시고 있는데 열차가 도착했다. 그와 동시에 음악이 연주됐고, 병대(兵隊)가 경례하는 것을 보았다. 나는 차를 마시면서 '하차하는 것을 저격할까, 아니면 마차에 타는 것을 저격할까' 하고 생각했는데, 일단 상황이라도 보려고 나가 보니 이토는 기차에서 내려 많은 사람들과 함께 영사단(領事團) 쪽으로 병대가 정렬한 앞을 행진하고 있었다. 그래서 나는 그 뒤쪽에서 같은 방향으로 따라갔지만, 누가 이토인지는 분별이 가지 않았다. 자세히 보니 군복을 입은 것은 모두 러시아인이고 일본인은 모두 사복을 입고 있었는데, 그 중 맨 앞에서 행진하는 사람이 이토라고 생각했다. 그리고 내가 러시아 병대의 대열 중간쯤의 지점으로 갔을 때, 이토는 그 앞에 열 지어 있던 영사단 앞에서 되돌아왔다. 그래서 나는 병대의 열 사이에서 안으로 들어가 손을 내밀고 맨 앞에서 행진하고 있는 이토라고 생각되는 사람을 향해 십 보 남짓의 거리에서 그의 오른쪽 상박부를 노리고 세 발 정도를 발사했다. 그런데 그 뒤쪽에도 또 사복을 입은 사람이 있었기 때문에, 그가 혹시 이토가 아닌가 생각하고 그 쪽을 향해 두 발을 발사했다. 그리고 나는 러시아 헌병에게 잡혔다.

재판장 피고는 군대 후방에 있었는데 어떻게 군대 전면을 통과하는 것을 저격했는가.

안중근 정렬하고 있는 병사와 병사 사이의 간격은 이삼 보 정도 떨어져 있었는데, 나는 그 후열의 병사 뒤에서 병사와 병사 사이에 있다가 내 앞을 이삼 보쯤 지나갔다고 생각했을 때 발사했다.

재판장 어떤 자세로 발사했는가.

안중근 서서 한쪽 발을 조금 앞으로 내디뎠지만, 특별히 왼손으로 오른손을 받치거나 하지는 않고 발사했다.

재판장 그때 이토 공이라는 것은 어떻게 알 수 있었는가.

안중근 얼굴을 본 기억은 별로 없지만 맨 앞에서 행진하고 있었고, 또 그 사람이 노인이었기 때문에 이토라고 생각했다.

재판장 피고는 앞서 검찰관에게는, 발사할 때 다소 앞으로 나아가고 있었기 때문에 발사가 끝났을 때에는 군대의 앞열보다 앞으로 나가 있었다고 진술했는데, 어떻게 된 것인가.

안중근 내가 앞으로 나간 것이 아니다. 총을 쏘자 좌우의 병사들이 내 뒤로 흩어졌기 때문에 마치 내가 앞으로 나간 것처럼 됐던 것이다.

재판장 피고는 최초 발사 후, 뒤따라 온 사복을 입은 일본인을 향해 또다시 발사했다고 말했는데, 몇 사람쯤을 향해 발사한 것인가.

안중근 그 뒤에는 많은 사람들이 따라오고 있었는데, 나는 최초 발사 후 방향을 바꾸어 그 중 맨 앞에서 걸어오던 자들을 겨누어 발사했다.

재판장 피고는 그때 모두 몇 발 정도를 발사했는가.

안중근 확실히는 모르지만 대여섯 발쯤 발사했다고 생각한다.

재판장 그때 저지당하지 않았다면 남아 있는 것도 마저 발사할 생각이었는가.

안중근 나는 과연 명중했는지 어떤지 생각하고 있던 순간에 잡혔기 때문에, 남은 것은 발사하지 않았다.

재판장 피고가 발사한 부근에 일본인 단체가 있었는가.

안중근 그런 건 알아차리지 못했다.

재판장 발사한 뒤 피고는 어떻게 포박당했는가. 그 당시의 상황을 말해 보라.

안중근 내가 발사하자 곧 러시아 헌병들이 나를 잡으려 덮쳤고, 그와 동시에 나는 그곳에 나뒹굴었으며, 그때 가지고 있던 총을 던져 버렸다. 나는 이젠 어쩔 수 없다고 생각하고, 각국에서 일반적으로 사용하는 말로 '코레아 우라' 라고 외치고 '대한민국 만세' 를 삼창했다. 그리고 신체검색을 받았다.

재판장 그때 피고는 권총 외의 흉기는 소지하지 않았는가.

안중근 작은 칼을 가지고 있었다.

재판장 피고는 권총을 빼앗겨서 그 작은 칼로 저항하지 않았는가.

안중근 아주 작은 것이었기 때문에 그걸 가지고 저항하는 따위의 일은 하지 않았다.

재판장 피고는 이번에 이토 공을 살해하고 그 자리에서 자살이라도 할 생각이었는가.

안중근 나의 목적은 한국의 독립과 동양평화의 유지에 있었고, 이토를 살해하기에 이른 것도 개인적인 원한에 의한 것이 아니라 동양의 평화를 위한 것으로, 아직 목적을 달성했다고 할 수 없기 때문에 이토를 죽여도 자살할 생각 따위는 없었다.

재판장 피고가 발사한 총알이 효력이 있었다고 생각했는가.

안중근 나는 효력이 있는지 몰랐고, 또 그 당시 이토가 사망했는지의 여부도 몰랐다.

재판장 피고는 러시아 관헌에게 체포되어 신문을 받으면서, 휴식 중에 통역으로부터 이토 공이 사망했음을 듣고 성상(聖像)을 향해 신에게 감사했다고 하는데, 사실인가.

안중근 나는 이토가 절명했는지 어떤지 들은 일이 없다.

재판장 피고의 진술과 같이 정말 원대한 목적을 가지고 있었다고 한다면, 결행한 후 체포당하지 않도록 도주를 꾀했을 것이라고 생각하는데, 피고는 도주할 작정이었는가.

안중근 나는 예상했던 목적을 달성할 기회를 얻기 위해 거사한 것으로, 결코 도주할 생각 따위는 없었다.

재판장 권총은 자루 같은 데에 넣어 소지하고 있었는가.

안중근 아무데도 넣지 않고 그대로 가지고 있었다.

재판장 피고는 일곱시부터 찻집에 있었다고 말했는데, 그 찻집은 어떤 대합실에 있는 찻집이었는가.

안중근 어떤 대합실이었는지는 모른다.

재판장 이토 공은 부상 후 삼십 분 남짓 지나서 절명했는데, 피고는 그의 수행원이었던 가와카미 총영사와 모리 궁내대신 비서관 그리고 다나카 남만주철도주식회사 이사에게까지 부상을 입혔다. 공작 이외의 사람들에게 부상을 입힌 것에 대해서는 어떻게 생각하는가.

안중근 이토 이외의 죄가 없는 사람에게 부상을 입힌 것은 비통한 일이라고 생각한다.

재판장 이번 일은 최초 우덕순과 상의한 후 블라디보스토크로부터 동행해 와서 결행한 것이다. 더욱이 피고가 공명정대한 일을 했다고 생각했다면, 왜 처음부터 러시아 관헌과 검찰과의 심문에서 우덕순과의 관계를 진실하게 말하지 않았는가.

안중근 그것은 우덕순 본인이 그 일을 진술한 뒤라면 몰라도, 본인이 아직 진술하지 않았는데 내가 먼저 다른 사람의 죄까지 발설할 필요는 없다고 생각해서 말하지 않았던 것이다.

재판장 지금까지 본 바로 피고는 왼손 무명지 끝 마디가 잘려져 있던데, 그건 어떤 연고인가.

안중근 이것은 금년 봄인지 아니면 조금 지났을 무렵인지, 동지 여러 명이 모여 동양의 평화가 유지될 때까지 한국을 위해서는 천신만고를 끝까지 참고 진력하자고 합의하고, 그 동맹을 실행하기로 하여 동맹자 모두가 손가락을 자른 것이다.

재판장 그 중에 우덕순은 끼여 있지 않았는가.

안중근 그 중에 우덕순은 없었다. 그보다 이전에 우덕순과 한 번쯤은 만난 적이 있지만, 당시에는 그다지 친한 사이가 아니었다.

재판장 그때 단지동맹을 한 사람의 이름을 말해 보라.

재판장 모두 열두 명이었는데, 그 이름은 김기룡(金基龍) 강기순(姜基順) 유치현(劉致鉉) 박봉석(朴鳳錫) 백낙규(白樂奎) 강두찬(康斗瓚) 황길병(黃吉炳) 김백춘(金伯春) 김춘화(金春化) 나 그리고 그 외 두 명의 이름은 기억나지 않는다.

재판장 그 동맹은 어디서 했는가.

안중근 러시아령에 있는 카리라는 곳에서 했다.

재판장 그때 취지서(趣旨書)를 작성했는가.

안중근 그렇다. 그 취지서는 내가 썼다.

재판장 그리고 그때 손가락을 자른 피로 한국 국기에 글씨를 썼다고 하는데, 사실인가.

안중근 그렇다. 한국 국기에 '대한독립' 이라고 썼다.

재판장 현재 그 기(旗)와 취지서는 어디에 있는가.

안중근 나는 그후 그곳을 떠났기 때문에 지금은 어디에 있는지 모른다.

재판장 그 동맹자들에게는 이번 일에 대해 상의했을 것이라고 생각하는데, 어떠한가.

안중근 그후에는 다 각자의 용무가 있어서 도처로 흩어졌기 때문에 알리려고 해도 할 수 없었고, 또 이번 이토의 방문에 대한 일은 내가 블라디보스토크로 와서 비로소 들은 것이기 때문에 알릴 틈도 없고 해서 상의 등을 한 일은 없다.

재판장 처음 검찰관에게 피고는 이토 공 방문에 대한 일은 부령(富寧)에서 들었다고 진술하지 않았는가.

안중근 그렇게 진술했지만 그건 거짓이었다. 실은 우덕순이 당시 블라디보스토크를 떠난 것이 아니라고 진술했기 때문에, 나는 일부러 부령에서 들고 온 것처럼 진술했던 것이다.

재판장 블라디보스토크에서 피고는 국사(國事)를 위해 분주했다고 말했는데, 하얼빈에서는 한인들간에 왕래가 있었는가.

안중근 블라디보스토크에서는 다소의 상황은 알고 있었고, 하얼빈에서는 동포들의 단체가 있다는 것은 들어 알고 있었지만, 사람을 가까이 하는 것을 좋아하지 않았기 때문에 만나고 다닌 적은 없었다.

재판장 하얼빈에 있는 한국인들은 나랏일에 대해 어떤 생각을 가지고 있었는가.

안중근 그런 것에 대해 상세히는 모른다.

재판장 피고가 하얼빈에 있는 동안에 한국인이 집회를 한 적은 없었는가.

안중근 하얼빈에 있는 한인들의 묘지가 비 등으로 유골이 드러나는 일이 있어서 체면이 서지 않았으므로, 러시아 관리와 협의하여 일부 토지를 빌려 개장(改葬)하기로 했는데, 이 때문에 11일에 집회가 있다는 말을 10일에 김성백으로부터 들었다.

재판장 김성백이 피고에게 그 모이는 자리에 출석해 달라고 상의하지 않았는가.

안중근 거기에 대해서는 아무런 이야기도 없었고, 또 11일에 나는 하얼빈을 출발했기 때문에 그 집회에는 가지 않았다.

재판장 피고는 본건과 관련하여 우덕순 외에는 상의한 일이 없다고 진술했으나, 조금 전에 피고는 의병의 참모중장으로서 결행한 것이라고 말했는데, 정말 우덕순 이외에 달리 상의한 사람은 없는가.

안중근 별로 없다. 나는 전부터 의병의 참모중장으로 추대돼 있었으며, 동지들은 모두 각자의 업무를 통해 각각 한국의 독립을 위해 일하기로 동맹하고 있었다. 그런데 나는 특파 독립대로 하얼빈으로 와서 이토를 살해한 것이다. 만약 이렇게 일이 급하지 않았더라면 의병을 불러올 수 있었고, 또 나에게 병력이 있었다면 쓰시마 섬(對馬島) 근해로 출동하여 이토가 타고 오는 배라도 전복시킬 생각이었다.

재판장 피고는 의병이라고 말하는데 그 총지휘자는 누구인가.

안중근 팔도의 총독은 김두성(金斗星)이라 부르는 강원도 사람인데, 지금의 거처는 모른다. 그 부하에는 허위(許蔿) 이강년(李康秊) 민긍호(閔肯鎬) 홍범도(洪範圖) 이범윤(李範允) 이은찬(李殷瓚) 신돌석 등이 있지만, 그 중에는 지금 없는 사람도 있다.

재판장 피고의 직속 상관은 누구인가.

안중근 김두성이다.

재판장 피고는 특파원으로서 하얼빈에 왔다고 하는데, 김두성으로부터 지휘를 받았다는 말인가.

안중근 이번에 새삼 명령을 받은 것이 아니라, 이전에 엔치야 부근에서 나는 김두성으로부터 청국과 러시아령 부근의 의병사령관으로 일하라는 명령을 받았다.

재판장 그 일하는 데 소요될 비용은 김두성으로부터 받고 있었는가.

안중근 직접 김두성으로부터 받은 적은 별로 없다. 나는 각 부락에 가서 유세 등을 하고 기증해 주는 것을 비용으로 충당해 왔다.

재판장 피고는 이번에 블라디보스토크의 이석산으로부터 여비로 백 원을 받았다고 했지만, 조사해 본 결과 이석산이라는 사람은 일찍이 블라디보스토크에 거주한 적이 없다고 하는데, 어떻게 된 것인가.

안중근 나는 거짓말은 하지 않는다. 이 사람은 본디 황해도의 의병소장이었는데 잠시 블라디보스토크로 왔던 것으로, 그곳에 영주하고 있던 사람은 아니다.

재판장 의병의 한 패라면, 피고는 이러이러한 일로 필요하다고 하며 그 용도를 알리고 빌려 받았는가.

안중근 같은 의병이라도 마음은 다르기 때문에 그 사람의 의사는 알 수 없다. 따라서 대사를 누설하면 발각될 우려가 있기 때문에 다른 말은 하지 않으려고 굳게 결심하고 있었다. 그래서 그 사람에게도 밝히지 않았던 것이다.

재판장 돈을 빌릴 때, 그 자에게 뭐라고 말했는가.

안중근 돈이 급히 필요한데, 곧 갚겠으니 백 원만 꾸어 달라고 말했다.

재판장 검찰관에게 피고는 '급히 큰 돈이 필요하니 백 원을 내놔라. 그렇지 않으면 이 권총으로 죽일 것이다'라고 협박하여 돈을 내놓게 했다고 진술하지 않았는가.

안중근 사실이다. 처음에 내가 꾸어 달라고 말하자, 그는 꾸어 줄 기색도 없이 무엇에 쓰려느냐고 물었다. 그러나 그것을 말할 계제가 아니었고 시간도 절박했기 때문에, 부득이 협박해서 빌렸던 것이다.

> 재판장은, 오늘은 이것으로써 심리를 마치고 다음 재판 날짜를 8일 오전 아홉시로 지정한다고 알리고, 그날 그 시간에 출정할 것을 명하고 폐정했다. 메이지 43년 2월 7일. 관동도독부 지방법원. 서기 와타나베 료이치. 재판장 마나베 주조.

> 안중근 외 3명 제2회 공판시말서. 피고 안응칠이라 하는 안중근 외 3명. 위 살인피고사건에 대해 메이지 43년 2월 8일 오전 아홉시 관동도독부 지방법원 형사법정에서 재판장 마나베 주조 출석, 검찰관 미조부치 다카오, 서기 와타나베 료이치 입회하에 통역촉탁 소노키 스에요시 통역으로 심판을 공개하다. 피고인은 모두 신체의 구속을 받지 않고 출정하며, 변호인으로 미즈노 기치다로와 가마다 세이지가 출두했다. 재판장은 전회에 계속해서 심리할 뜻을 알리고,

재판장 (피고 우덕순에게) 피고는 최초에 우연준(禹連俊)이라고도 진술했는데, 어느 것이 진실인가.

우덕순 올해 러시아력으로 3월 중 내가 수찬에 있을 때, 수수료 칠 루블을 바치고 러시아 관헌으로부터 호조(護照)를 받았다. 그때 나는 러시아 말을 못 했기 때문에 러시아 관헌이 내 이름을 잘못 기록해서 연준이라고 했다. 그러나 성은 틀리지 않았기 때문에 지장은 없다고 생각했으며, 그때부터 계속해서 우연준이라고 불리게 됐다.

재판장 피고에게는 형제가 있는가.

우덕순 형제는 다 경성 양사동에 있고, 부모님도 함께 경성에 살아 계시다.

재판장 부친의 성명은 무엇인가.

우덕순 아버지는 우사영(禹士永)이라 하며, 고향은 충청도 제천이고, 열다섯 두

(ㄱ) 정도의 수입이 있는 전답을 소유하고 있다. 그리고 전에는 상업을 하셨지만 지금은 연로하시어 그만두셨다.

재판장 피고에게는 처자가 있는가.

우덕순 처는 있지만 아이는 없다. 사 년 전 내가 집을 나올 때까지는 처와 동거하고 있었는데, 그후부터는 별거하고 있다. 지금 처는 부모와 같이 경성에 거주하고 있다.

재판장 피고는 사 년 전에 어떤 목적으로 집을 나왔는가.

우덕순 나는 장사할 목적으로 집을 나와 처음에 블라디보스토크로 가서 이삼 일간 이름모를 여관에서 숙박했고, 그후 수찬으로 가서 십수 개월간 한국인 박근식(朴根植)의 집에 머물며 그동안 잎담배 판매를 업으로 살아왔다.

재판장 피고는 지금까지 상업에 경험이 있었는가.

우덕순 본국에 있을 즈음 잡화상을 경영한 바 있다.

재판장 그 이외에 예컨대 대장장이 같은, 손으로 하는 일을 배우지 않았는가.

우덕순 그런 일은 전혀 모른다.

재판장 피고는 지금까지 어떤 교육을 받았는가.

우덕순 나는 네댓 살 때 가족과 함께 제천에서 경성으로 이주하여, 그곳에 있는 서당에서 『천자문』과 『동몽선습(童蒙先習)』 그리고 『통감(通鑑)』 제2권까지 배웠다.

재판장 피고는 무슨 종교를 믿고 있는가.

우덕순 오 년 전부터 미국인 목사 우야쿠비라는 사람을 찾아가 예수교를 믿고 있었지만, 세례는 받지 않았다. 그것도 내가 경성에 있었던 동안에는 믿고 있었지만, 외국으로 가서부터는 차츰 소홀해졌다.

재판장 피고는 이번에 수찬을 언제 떠났는가.

우덕순 음력 7월에 수찬을 떠나 블라디보스토크로 잎담배를 팔러 갔다. 그리고 고준문의 집에 있었다.

재판장 피고는 가족에게 돈을 보내는가.

우덕순 별로 돈을 보내지는 않았지만 전에 한 번 귀국했을 때 오십 원을 주었다.

재판장 그것으로는 가족이 생활하기에 곤궁하지 않은가.

우덕순 귀국했을 때도 상당히 곤궁하게 지내고 있어서, 그후 소식이 있을 때마다 귀국하라고 했는데, 나는 머지않아 귀국하겠다고 회답하고 있었다.

재판장 안응칠은 언제쯤부터 알고 있었는가.

우덕순 그 사람과는 블라디보스토크에서 처음 만난 것으로 생각되는데, 내가 그 사람을 알게 된 지는 이 년 남짓 된다. 그 이후 계속해서 만나고 있었기 때문에 자연히 친해졌다.

재판장 안응칠은 무슨 일을 하는 사람이라고 생각했는가.

우덕순 거기에 대해서는 본인으로부터인지 아니면 다른 사람으로부터인지 약을 팔고 있는 사람이라고 들었기 때문에 그대로 믿고 있었다.

재판장 그후 안응칠과 친해져서 서로 한국의 독립 등에 대해 의견을 나누고 있었는가.

우덕순 만나고 있는 동안에 자연히 친해졌지만, 그런 일에 대해서는 별로 이야기한 적 없다.

재판장 조도선과 유동하는 언제쯤부터 알게 됐는가.

우덕순 조도선은 전에 어디에선가 만나서 면식은 있었던 것으로 생각되나, 유동하는 이번에 처음으로 만났다.

재판장 피고는 음력으로 올해 9월 8일 안응칠과 함께 블라디보스토크를 출발했다는데, 어떻게 해서 안응칠과 동행하게 됐는가.

우덕순 9월 7일 저녁 무렵 안응칠이 내 숙소로 와서, 할 얘기가 있으니 만나자고 했다. 그래서 안응칠의 숙소인 이치권의 집으로 같이 갔더니, 그가 이토를 살해할 계획을 말하기에 동행하기로 했고, 바로 정거장으로 갔으나, 그날은 기차가 없었기 때문에 다음날인 8일 아침에 함께 블라디보스토크를 출발했다.

재판장 안응칠은 언제부터 이치권의 집에 와 있었는가.

우덕순 이삼 개월 전에 만났을 뿐 그후 얼마 동안 안응칠과는 만나지 않았는데, 그날 그에게 물으니 이치권의 집에 있다고 해서 그때서야 비로소 알았다.

재판장 이치권의 집에서 안응칠이 피고에게 뭐라고 말했는가.

우덕순 나는 그와 함께 갔으며, 방 안에서 안응칠에게 무슨 일이냐고 물었더니, 그는 '이토가 하얼빈으로 온다고 해서 그를 죽이러 가려고 하는데, 어떻겠느냐'고 물었다. 그래서 나는 그렇다면 같이 가자고 말했다.

재판장 이토 공을 살해하는 이유에 대해 안응칠이 뭐라고 말했는가.

"안중근,
그대가
간
다
면
나
우덕순도
간다."

만났도다 만났도다

원수 너를 만났도다

너를 한 번 만나고자

일평생을 원했지만

너를 한 번 만나기가

이다지도 늦었는고

…

너뿐인 줄 알지 마라

너희 동포 오천만을

오늘부터 시작하여

하나둘씩 보는 대로

남의 나라 뺏는 놈들

내 손으로 죽이리라

— 우덕순 「의거가」 중에서

"안응칠도 나도 각각 따로 글을 썼는데, 나는 이토를 심히 가증스러운 자라고 생각하고 모욕의 뜻으로 노래를 지었다."

우덕순 이토가 하는 방식에 대해 한국민 모두가 반대하고 있어서, 특별히 안응칠로부터 그 이유를 들을 필요가 없었으므로, 나는 묻지 않고 같이 가자고만 대답했다.

재판장 어떻게 살해할지 그 방법이나 장소 등에 대해서는 상의하지 않았는가.

우덕순 특별히 상의하지는 않고, 하얼빈으로 가자고 해서 바로 출발했다.

재판장 피고는 이토 공이 하얼빈에 온다는 것을 언제 알았는가.

우덕순 안응칠로부터 듣기 이삼 일 전에, 러시아 신문에 나와 있다고 사람들로부터 들어서 알았다.

재판장 블라디보스토크에서 피고는 늘 신문을 읽고 있었는가.

우덕순 러시아 신문은 봐도 모르기 때문에 보지 않았지만, 한국 신문은 다 알 수 있기 때문에 숙소에 있는 한국 신문을 틈나는 대로 늘 보고 있었다.

재판장 한국 신문에는 이토 공 방문에 대한 기사가 없었는가.

우덕순 그건 어땠는지 기억하지 못하지만, 러시아 신문에 게재되어 있었다는 말은 들었다.

재판장 피고는 무슨 이유로 이토 공을 살해하려는 생각을 가지고 있었는가.

우덕순 메이지 39년 이토는 한국에 통감으로 와서 5개조의 조약을 만들어 각의(閣議)에 회부하여 육대신(六大臣)으로 하여금 강제로 동의하게 했다. 특히 외무대신과 같은 부서는 당시의 일본인 고문에게 맡기고 국민들이 동의했다고 황제께 상주(上奏)했는데, 황제께서는 국민의 여론을 들은 뒤에 결정하겠다고 말씀하시며 청허(聽許)하지 않으셨다. 그런데 이토는 이를 일본으로 가지고 돌아가 일본 천황에게 한국민의 희망에 의해 체결됐다고 말하고 세간에 발표했다. 이는 즉 한국과 일본의 황제 폐하를 속이고 또 한국국민을 기만한 것이니, 이토는 한국민의 원수이다. 그 밖에 이토가 통감으로서 하는 일은 모두 한국민으로 하여금 분개하게 했기 때문에 모두 이토에 대해 적의를 품고 있다. 나는 그 5개조의 조약이 성립된 이래로 이토를 살해하려는 생각을 하고 있었다.

재판장 피고는 5개조의 조약이 성립된 당시부터 지금과 같이 분개하고 있었는가.

우덕순 당시 나는 경성에 있었는데, 나뿐만 아니라 모두가 그런 생각을 하고 있었다. 나는 당시 상업을 하고 있었기 때문에 마음속으로는 못마땅하게 생각하고 있었으나, 내 처지를 생각해서 별로 반대운동 등은 하지 않았다.

재판장 그렇게 수년 전부터 국사에 대해 분개하고 있었다면, 정치적인 모임에 가입하거나 또는 다른 사람들과 의견을 교환했을 것이라고 생각되는데, 그런 일을 했는가.

우덕순 나는 집에 부모와 처가 있어서 상업에 종사하고 있었기 때문에, 그런 일에는 관계하지 않았다.

재판장 수찬, 블라디보스토크 등지에서 연설을 하거나, 한국인의 집회에 나가거나 혹은 신문에 투서(投書)한 적이 없는가.

우덕순 전혀 그런 적 없다.

재판장 피고가 마음속으로 못마땅하게 생각하고 있었다고 말한 것으로 봐서, 지금까지 안응칠과는 수차 만나서 정치적인 일에 대해 의견을 나눴을 것이라고 생각되는데, 어땠는가.

우덕순 만날 때마다 인사 정도는 하고 있었지만, 특별히 정치적인 일에 대해 의견을 나눈 적은 없다.

재판장 블라디보스토크에는 한국민회(韓國民會)가 있어 정치적인 일로 회합하는 일은 없는가.

우덕순 민회(民會)는 있지만 그것은 거류민을 단속하는 일을 하되, 정치적인 일과는 관계가 없다.

재판장 블라디보스토크에는 그 밖에 정치적인 비밀결사가 있지 않는가.

우덕순 나는 그런 데 가 본 일이 없기 때문에, 있는지 없는지 모른다.

재판장 피고는 일찍부터 이토 공에 대해 마음속으로 분개하고 있었고, 또한 공작 방문의 일을 안응칠로부터 듣기 전에 알고 있었다고 말했는데, 안응칠과 상의하기 전에 뭔가 계획한 일은 없었는가.

우덕순 그때는 단지 '이토가 오는구나' 하고 생각했을 뿐 별로 어떻게 하겠다는 생각은 하지 않았는데, 안응칠로부터 이야기를 듣고 그에 동의했다.

재판장 이토 공은 일본의 현관(顯官)이기 때문에 경호원이 많을 텐데, 쉽사리 살해할 수 있을 것이라고 생각했는가.

우덕순 그것은 당사자의 각오에 달려 있는 것으로, 아무리 경계가 엄중하다고 해도 꼭 죽이겠다는 열의만 있으면 성공할 것이라고 생각했다. 나는 어떻게든 꼭 죽이겠다는 결심을 하고 있었다.

재판장 실행방법 등에 대해서는 상의한 적이 없다고 했지만, 어떤 흉기로 실행할까 하는 정도의 일에 대해서는 상의했을 것이라고 생각되는데, 어땠는가.

우덕순 안응칠이 나에게 목적을 얘기해 주기에 내가 가겠다고 했더니, 권총은 있느냐고 물었다. 그래서 전에 사 놓은 것이 있다고 했더니, 안응칠이 그걸 가져오라고 해서 나는 권총을 가져왔다.

재판장 출발하려면 비용이 필요했을 텐데, 피고는 가지고 있던 돈이 있었는가.

우덕순 내가 '하얼빈까지 가려면 여비가 필요할 텐데, 나는 십 원 남짓밖에 가지고 있지 않다'고 했더니, 안응칠은 '여비는 내가 가지고 있으니 걱정하지 말라'고 했다. 그래서 나는 따로 돈을 마련하지 않았다.

재판장 안응칠은 가지고 있는 돈이 얼마나 된다고 말했는가.

우덕순 그 액수는 묻지 않았지만, 여비는 충분하다고 안응칠이 말했다.

재판장 여비는 어떻게 조달했냐고 묻지 않았는가.

우덕순 그 일에 대해 안응칠은 아무말도 하지 않았다. 나도 또한 시간이 절박했기 때문에 묻지 않고 정거장으로 가서 기차를 타려고 했는데, 이미 발차한 후이고 그날 밤 떠나는 기차는 없었으므로 안응칠의 숙소로 되돌아가서 함께 잤다.

재판장 그러면 그날 밤 안응칠에게 물은 적은 없는가.

우덕순 안응칠이 쓰던 방은 공교롭게도 객실이었고, 거기서 주인도 같이 잤기 때문에 탄로날까 봐 묻지 않았다.

재판장 피고는 안응칠이 소지한 권총을 보았는가.

우덕순 안응칠의 권총을 보지는 못했지만, 내 총은 하얼빈을 떠나 지야이지스고에 하차하여 찻집에서 차를 마시고 있을 때, 조도선이 변소인지 어딘지 가고 없는 틈에 안응칠이 보여 달라고 해서 꺼내 보여주었다. 그때 총알은 얼마나 있냐고 묻기에 조금 있다고 말했다. 그랬더니 안응칠이 나에게 총알을 주었고, 나는 그걸 옷 속 주머니에 넣어 두었다.

재판장 블라디보스토크를 출발할 때 피고는 총알을 몇 발이나 가지고 있었는가.

우덕순 열 발인가 열한 발이 있었는데, 탄창에 들어갈 만큼 여덟 발은 모두 장전하고 남은 총알은 조끼 주머니에 넣어 두었다.

재판장 그 권총은 언제 손에 넣었는가.

우덕순 내가 작년에 미까레이의 금광에 행상(行商)으로 갔을 때, 이름을 모르는 러시아 사람으로부터 팔 원에 샀다. 그때 총알이 열대여섯 발 첨부해 있었는데, 수찬에서 다른 한국인이 꿩사냥에 가서 네댓 발 썼기 때문에 남은 것은 열 발인가 열한 발이었다.

재판장 피고는 평소에 총기를 사용해 본 적이 없는 것 같은데, 사격해 본 경험이 있는가.

우덕순 경험은 그다지 없다. 그러나 사람을 대상으로 사격하는 것이기 때문에 그다지 어려운 일이라고는 생각하지 않았다.

재판장 피고들이 블라디보스토크를 출발한 것은 몇 시쯤인가.

우덕순 오전 아홉시발 기차였다고 생각한다.

재판장 정거장에서 다른 한국인이 행선지 등을 물어보는 일은 없었는가.

우덕순 없었다.

재판장 그때 차표는 어느 역까지 가는 것이었는가.

우덕순 하얼빈까지 가는 삼등 차표였다.

재판장 차표는 하얼빈까지 가는 도중에 바꿔 산 것이 아닌가.

우덕순 모두 안응칠이 샀기 때문에 나는 잘 모른다. 하지만 같은 기차를 타고 왔으니 처음부터 같은 차표였다고 생각한다.

재판장 블라디보스토크를 출발한 후, 그 기차 안에 다른 한국인은 없었는가.

우덕순 우리 외에 한국인은 타고 있지 않았다.

재판장 그러면 기차 안에서 안응칠과는 한국말로 무슨 일이든지 이야기할 수 있었을 텐데, 어땠는가.

우덕순 한국 사람은 없었고 하등실이라 러시아 사람들과 중국 사람들이 있었는데, 그들이 한국 말을 알아들을지도 모르기 때문에 별 말은 하지 않았다. 다만 내가 '하얼빈에는 아는 사람이 있느냐' 고 묻자, 안응칠이 '한국 사람은 있으니, 무슨 일로 왔느냐고 누가 물으면 가족을 마중하러 왔다고 말하는 것이 좋지 않겠느냐' 고 제의했다.

재판장 안응칠의 가족이 온다는 사실은 그 당시에 알고 있었는가.

우덕순 몰랐다. 안응칠이 그렇게 제의하는 것은 사람들을 속이기 위해 지어낸 것이라고 생각했다. 그래서 다른 사람들에게는 그렇게 말하자고 했다.

재판장 기차 안에서, 하얼빈에 도착하면 통역이 필요할 것이라는 데 대해 상의한 일은 없는가.

우덕순 안응칠도 나도 러시아 말을 몰라서 음식물을 사는 데도 불편했다. 그래서 안응칠은 '통역이 없어서는 안 되겠다'고 했고, 나도 '그 문제를 어떻게 하면 좋을까' 하고 말했다. 그러나 나는 적절한 사람을 모르기 때문에 누가 좋을 것이라고 말하지는 않았다. 또 그에 대해 안응칠 역시 아무 말도 하지 않았다.

재판장 하얼빈에는 전에 왔던 적이 있는가.

우덕순 이번에 처음으로 왔기 때문에 아는 사람이 없었다.

재판장 피고는 얼마간 블라디보스토크에 있었던 적이 있으니, 러시아 말을 조금은 알아듣지 않는가.

우덕순 블라디보스토크에 있었지만 그것은 장사를 하기 위해 있었던 것이기 때문에 어학에 대해서는 알지 못한다.

재판장 안응칠은 하얼빈에 도착하기 전에 포브라니치나야에서 하차했는데, 왜 그랬는지 아는가.

우덕순 포브라니치나야가 어디인지는 모르지만, 안응칠이 도중에 하차하기에 나는 먹을 것이라도 사러 갔을 것이라고 생각하고 있었다. 그런데 유동하를 데려와서 나에게 이 사람은 하얼빈으로 약을 사러 가는 사람이라고 소개해서 인사를 했다.

재판장 안응칠이 통역이 필요해서 유동하를 데려왔다는 말은 하지 않았는가.

우덕순 그런 말은 듣지 못했다. 동포라서 인사를 했는데, 유동하라고 하기에 나는 '우(禹)'라고 말하고, '무슨 일로 하얼빈에 가느냐'고 그에게 물으니 약을 사러 간다고 했다.

재판장 그때 안응칠이 그 역에는 정대호라는 사람이 있는데, 지금은 본국으로 가서 없다는 말을 하지 않았는가.

우덕순 그 말은 들은 것 같기도 하다. 정대호라는 사람은 뤼순(旅順)으로 오고 나서 처음으로 알았지만, 이것저것 생각해 보면 그때 안응칠이 정대호가 가족을 데려온다고 말한 것 같다.

재판장 안응칠은 포브라니치나야에서 승차한 후에, 가족이 오기로 했는데 정대호가 동행할 것이라는 이야기는 하지 않았는가.

우덕순 그 말은 듣지 못했다.

재판장 하얼빈에는 몇 시에 도착했는가.

우덕순 9일 오후 아홉시쯤 도착했다고 생각한다.

재판장 하얼빈에 도착하기 전에, 신문이나 사람들의 말에 의해 이토 공이 언제 하얼빈에 도착하는지를 알고 있었는가.

우덕순 하얼빈에 도착할 때까지는 그 일에 대해 아무말도 듣지 못했다. 하얼빈에 도착하고 나서는, 안응칠이 '달리 아는 사람이 없으니 유동하에게 안내를 하게 해서 김성백의 집으로 가자'고 하여 김성백의 집으로 가서 묵었는데, 유동하의 누이가 김성백의 동생에게 시집가기로 돼 있다는 것이었다.

재판장 피고들이 갔을 때 김성백은 집에 있었는가.

우덕순 그때 김성백은 외출하고 집에 없었는데, 심부름꾼을 보내자 이내 돌아와서 만날 수 있었다. 그리고는 가족을 마중하러 왔다는 이야기를 했다.

재판장 숙박시켜 달라는 말은 하지 않았는가.

우덕순 밤 늦게 찾아갔기 때문에, 그런 말은 하지 않아도 저쪽에서 알고 있을 것이라 생각하고 말하지 않았다.

재판장 다음날인 10일에는 무엇을 했는가.

우덕순 안응칠과 둘이서 하얼빈 시내를 구경했다.

재판장 그날 안응칠이 더 남쪽에 있는 역에서 실행하는 것이 좋을 것이라고 피고에게 상의한 일은 없는가.

우덕순 10일 밤 여덟아홉시쯤이었다고 생각한다. 안응칠이 이 역은 혼잡할 것이고 또 헌병들의 경계도 엄중할 테니, 여기서부터 앞쪽에 있는 한적한 역에서 결행하자고 말했다.

재판장 그 이야기를 할 때까지 이토 공이 드디어 하얼빈에 도착하는 시간을 확인한 일은 없는가.

우덕순 10일 오전에 『원동보』를 보았는데, 12일에 이토가 관성자를 떠나 하얼빈으로 향한다는 기사가 있었다. 그러나 그 시간은 기재되어 있지 않았다.

재판장 그날 시내를 구경하던 중에 정거장의 상황을 보고 판단했는가.

우덕순 그런 적 없다. 정거장의 상황을 본 것은 처음에 도착했을 때와 지야이지스고로 떠날 때이다.

재판장 시내를 구경할 때 헌병의 경계나 그 밖의 상황을 보고 판단한 결과, 안응칠은 10일 밤에 이르러 더 남쪽으로 가자고 말한 것이 아닌가.

우덕순 시내를 돌아본 것은 구경한 것일 뿐이지, 시찰한 것은 아니었다. 또한 시내를 돌아다닌 곳도 정거장의 방향과는 다르므로, 사실이 아니다.

재판장 10일 피고들은 동포를 찾아다닌 일이 없는가.

우덕순 안응칠과 나 그리고 이름을 모르는 안내인 이렇게 셋이 조도선을 방문했다.

재판장 집을 나갈 때 안응칠은 왜 조도선을 찾아간다고 말했는가.

우덕순 안응칠은 '통역이 없으면 불편할 텐데, 조도선은 다소 러시아 말을 알고 있으니 그 사람을 데리고 가자' 면서, 조도선을 찾아가서 만났다. 그 시간은 오후 해가 저물기 전이었다.

재판장 안응칠과 더 남행할 것을 상의했다고 하는 여덟아홉시 전에 조도선을 찾아간 것으로 보면, 이미 그 전부터 남행할 것을 결정하고 있었던 것으로 생각되는데, 안 그런가.

우덕순 하얼빈에서 결행한다고 해도 통역이 필요했기 때문에 조도선을 찾아간 것이지, 남행하기 위해서만 찾아갔던 것은 아니다.

재판장 안응칠은 조도선을 만나서 뭐라고 말했는가.

우덕순 조도선이 '무슨 일로 왔느냐' 고 물으니, 안응칠은 '가족을 마중하러 가는데 통역이 없어서 곤란해 하고 있으니, 같이 가 달라' 고 했다. 그랬더니 조도선이 가겠다고 대답했다.

재판장 안응칠은 가는 곳이 어디까지라고 말했는가.

우덕순 나도 안응칠도 처음 여행이라 장소는 몰랐기 때문에 단지 이 앞까지라고 말했다.

재판장 그때 안응칠의 가족이라고는 말하지 않고, 포브라니치나야의 정대호가 돌아온다고 말하지 않았는가.

우덕순 과연 정대호의 가족이 온다고 말했는지 아닌지는 기억나지 않는다.

재판장 조도선은 그때 정대호는 알고 있으니 같이 가자고 말하지 않았는가.

우덕순 그건 기억나지 않지만 가자고 대답한 것은 알고 있다.

재판장 안응칠은 언제 앞쪽으로 간다고 조도선에게 말했는가.

우덕순 내일 아침 식전에 출발한다고 말했다.

재판장 그러면 조도선을 찾아가기 전부터 피고와 상의하여 남행 일시를 정해 두었던 것이 아닌가.

우덕순 그때는 여기서 결행할지 앞쪽으로 가서 결행할지를 상의했던 것이다. 마침내 남행하기로 확정한 것은 그날 밤의 일이었다.

재판장 더 남행하려면 여비가 필요했을 텐데, 그것에 대해서는 어떻게 하자고 상의했는가.

우덕순 여비에 대해서는 아무 말도 하지 않았지만, 나는 더 남행하자고 했다.

재판장 조도선의 집에서 그와 함께 셋이 돌아왔는가.

우덕순 그렇다. 다음날 아침 일찍이니까 같이 자자고 말하고 함께 돌아왔다.

재판장 조도선은 그때 권총을 가지고 갔다고 하는데, 무슨 까닭인가.

우덕순 나는 조도선이 그때 권총을 가지고 왔는지 어떤지 모른다. 다만, 셋이 함께 김성백의 집에 도착한 것은 아직 해가 저물기 전인 오후 여섯시쯤이었다고 기억한다.

재판장 셋이 돌아오는 도중에 일동이 사진을 찍었는가.

우덕순 저녁때라 사진을 찍지 않았다.

재판장 하얼빈에서는 한 번도 사진을 찍은 적이 없는가.

우덕순 10일 안응칠과 둘이서 한 번 촬영했지만, 다른 사람과는 사진을 찍은 적이 없다.

재판장 김성백에게 이토 공을 살해하기 위해 왔다는 것을 이야기한 적은 없는가.

우덕순 9일인지 10일인지는 잘 기억나지 않으나, 단지 가족을 마중하러 왔다고만 얘기했다.

재판장 하얼빈의 상황에 대해 김성백과 얘기한 적은 없는가.

우덕순 없다.

재판장 그 즈음 김성백으로부터 한국인의 묘지 개장에 대한 논의가 있다는 말을 듣지 않았는가.

우덕순 들었다. 동포들이 사망했을 때 일정한 묘지가 없어서 체면이 서지 않으므로, 러시아 관헌으로부터 차입한 땅이 있어 그곳으로 이장(移葬)한다는 것이었다.

재판장 그 때문에 회합하니 참석해 달라는 말은 없었는가.

우덕순 없었다.

재판장 10일 안응칠이 유동하를 김성백이 외출한 곳으로 보내어 오십 원을 꾸어 오라고 시켰는가.

우덕순 그날 밤 '돈이 모자라지는 않지만 충분하지 않으니 빌려서 가면 좋겠다'는 말은 했지만, 유동하를 심부름 보냈는지 어땠는지는 모른다. 그 다음날 아침에 안응칠에게 '어떻게 됐느냐'고 물으니, '꾸어 주지 않았다'고 했다.

재판장 10일 밤 피고는 안응칠과 함께 글을 썼는가.

우덕순 그렇다. 안응칠도 나도 각각 따로 썼는데, 나는 이토를 심히 가증스러운 자라고 생각하고 모욕의 뜻으로 노래를 지었다.

재판장 그 노래는 다른 데로 보낼 생각으로 썼는가.

우덕순 방에서 그냥 있으려니 쓸쓸해서 그걸 해소시키려고 쓴 것이지, 다른 곳으로 보낼 생각은 아니었다.

재판장 그 노래에는 '우우산인(禹又山人)'이라는 이름이 씌어 있던데, 피고는 지금까지 그 이름으로 노래를 지은 적이 있는가.

우덕순 그건 별 의미가 있어서 쓴 것이 아니다. 나는 이토를 미워하는 마음을 억제하지 못하면서 쓰고 있었고 아직 두세 줄 쓰다 남은 것이 있었는데, 유동하와 김성백이 돌아와서, 서두르는 바람에 '우덕순'이라고 쓰려고 한 것을 그렇게 써서 그대로 옷 안주머니에 넣어 가지고 있었던 것이다. 그리고 나는 이전에 노래 같은 것을 지은 적이 없다.

재판장 그 노래를 안응칠에게 보여준 적은 없는가.

우덕순 보여준 적이 없다.

재판장 안응칠이 그때 거기서 시를 지었다고 하는데, 알고 있었는가.

우덕순 시인지 노래인지는 모르지만, 안응칠도 뭔가 쓰고 있었다. 그러나 안응칠이 그걸 나에게 보여주진 않았다.

재판장 피고는 한글로 쓰는가. 또 한자로 된 것을 읽을 줄 아는가.

우덕순 한자는 조금 알고 있을 뿐 읽지는 못한다.

재판장 그때 안응칠과 피고가 연명으로 신문사로 보내는 편지를 썼는가.

우덕순 그것은 안응칠이 썼는데, 그 편지에 내 이름도 써서 신문사로 보낼 것이니 도장을 찍으라고 해서 내 도장을 받아 안응칠이 손수 찍었다. 그러므로 나는 그 내용은 보지 못했다. 그리고 내가 어떻게 할 것이냐고 물으니 안응칠은 신문사로 보낸다고 했는데, 마침 그곳에 있던 조도선이 들으면 좋지 않으리라고 생각하고 더이상 묻지 않았다.

재판장 검찰관에게는, 그때 조도선은 있었지만 안응칠이 작은 목소리로 신문사로 보내는 것인데 훗날을 위해 출처를 밝힐 필요가 있기 때문에 도장을 찍어 두는 것이라고 말했다고 진술하지 않았는가.

우덕순 안응칠이 그런 말은 하지 않았다. 그러므로 나는 안응칠이 하지 않은 말을 진술한 기억이 없다.

재판장 그 편지와 노래는 누가 먼저 썼는가.

우덕순 안응칠이 나보다 먼저 썼다.

재판장 피고는 안응칠이 무엇이든 쓰라고 해서 썼는가.

우덕순 그렇지 않다. 나는 심심한 나머지 쓴 것이다.

재판장 그때 쓴 신문사로 보내는 편지는 발송할 절차를 밟았는가.

우덕순 그후에는 안응칠이 가지고 있었기 때문에 모른다.

재판장 그 편지는 봉투에 넣어 그 자리에서 유동하에게 겉봉을 부탁한 것이 아닌가.

우덕순 그 외의 일은 모른다. 그 일에 대해서 안응칠은 아무말도 하지 않았고, 나 또한 물어 본 적이 없다.

재판장 그 다음날 피고들은 몇 시에 하얼빈을 출발했는가.

우덕순 오전 아홉시였다고 생각한다. 나와 안응칠과 조도선이 출발했는데, 그때 유동하는 '별일 없으니까' 라고 말하며 정거장까지 왔다.

재판장 그때 차표는 어디까지 가는 것을 사서 승차했는가.

우덕순 앞쪽 역까지라고 말하고 집을 나왔으나, 그 역의 이름은 몰랐다. 그리고 차표는 누가 샀는지 모르고, 안응칠이 '있으니 타라' 고 해서 승차했다.

재판장 차 안에서 하차할 때까지의 사이에 안응칠과 이야기를 나눈 적이 있는가.

우덕순 별로 이야기한 기억이 없다.

재판장 출발할 때는 하차하는 역에서 실행할 작정이었는가.

우덕순 틀림없이 그럴 생각이었다.

재판장 그러면 출발할 즈음에 이토 공과는 언제쯤 만날 예정이었는가.

우덕순 하얼빈을 출발할 때 정거장에서 본 신문에는 이토가 13일 하얼빈에 도착한다는 기사가 게재돼 있었지만, 그와 어디서 만나게 될지는 예정할 수 없었다.

재판장 기차 안에서 안응칠이 조도선에게 무슨 말인가 한 적이 없는가.

우덕순 나는 안응칠이 이야기하는 것을 들은 일도 본 일도 없다. 다만 내가 안응칠에게 '조도선에게 그 일을 이야기했느냐'고 물으니, 옆에 중국인도 있고 해서 아무 말도 대답하지 않다가 '그런 말은 하지 말라'고 해서 그만 잠자코 있었다. 내가 그 일이라고 말했던 것은 우리들의 용무에 대해 조도선에게 이야기했는가의 뜻으로 안응칠에게 물은 것인데, 안응칠은 어떻게 생각하고 있었는지는 모르지만 중국인도 있으니 말하지 말라고 한 것이다. 그래서 나는 그후 입을 다물고 있었다.

재판장 안응칠은 피고의 물음에 대해 '이미 그 일을 이야기했다'고 대답하지 않았는가.

우덕순 안응칠은 아무 말도 하지 않았기 때문에 나도 그때부터는 잠자코 있었다.

재판장 안응칠이 기차 안에서 조도선을 실외로 데리고 나가서 이야기한 일은 없는가.

우덕순 나는 기차 안에서 변소에도 다녀오고 했기 때문에, 내가 자리를 비웠을 때는 어땠는지 모르지만, 내가 있는 동안에 그런 일은 없었다.

재판장 지야이지스고에는 몇 시에 도착해서 하차했는가.

우덕순 그날 정오쯤인지 또는 오후 한시쯤이었다고 생각한다.

재판장 차표는 더 앞쪽까지 갈 수 있는 것이었는데 왜 지야이지스고에서 하차했는가.

우덕순 더 앞쪽까지 갈 예정이었다. 그런데 지야이지스고에 도착하기 전에 기차 안에서 이 차표의 하차역에서 기차가 교차하느냐고 물으니, 그렇지 않다고 해서 지야이지스고에서 하차하게 됐다고 생각한다.

재판장 지야이지스고에서 역원에게 무슨 일이든 물은 적이 있는가.

우덕순 아무것도 묻지 않았다. 찻집에서 차를 마시고 있었다.

재판장 이 역에서 기차가 교차하는지, 또는 이토 공이 통과하는 것은 몇 시인지를 묻지 않았는가.

우덕순 하차하고 나서가 아니라 기차에서 내릴 때 정차시간을 물으니 삼사십 분간 정차한다고 해서 하차하여 찻집으로 들어간 것이며, 이토가 통과하는 시각 등은 물은 일 없다.

재판장 그런 일을 물을 때는 모두 안응칠이 조도선으로 하여금 묻게 했는가.

우덕순 그렇다. 물을 일이 있으면 안응칠이 조도선을 시켜서 물었다. 그러나 그다지 물을 일이 없었다. 또 내가 조도선을 시켜서 물은 일은 없다.

재판장 지야이지스고에 도착한 날 하얼빈에는 왜 전보를 쳤는가.

우덕순 그날 해가 진 다음 정거장으로 가서, 안응칠이 조도선의 통역으로 '여기서 전보를 칠 수 있느냐'고 물었더니, 칠 수 있다고 했고, 그가 다시 '전보를 치려고 하는데 요금은 얼마나 드는가'고 물었다. 그래서 나는 안응칠에게 '여비도 부족할 정도인데 왜 전보를 치는가. 필요 없는 일이라면 그만두라'고 말했더니, 안응칠이 필요가 있다고 하기에, 나는 그만 밖으로 나갔다. 돌아가서 물으니, 김성백의 집으로 '이곳까지 와 있다'는 내용의 전보를 쳤다고 했다. 나는 조도선도 있고 해서 그 이상은 묻지 않았다.

재판장 그 전보에 대한 회답이 있었는가.

우덕순 회답이 왔는지 어떤지 보지는 못했지만, 다음날 아침 안응칠은 갑자기 하얼빈으로 돌아가겠다고 말했다.

재판장 지야이지스고에서 전보를 친 것은 오후 두시쯤이 아니었는가.

우덕순 시간은 기억나지 않는다. 차를 마시고 나서 조금 있다가 있었던 일인데, 아직 해가 지지 않은 시간이었으니까 서너시쯤이었을 것이라고 생각한다.

재판장 피고들의 목적은 이토 공의 열차를 기다리고 있는 것이므로 그 시간을 빨리 알아둘 필요가 있었을 것이다. 그 일에 대해 어떤 방법을 구상하고 있었는가.

우덕순 그런 목적이었기 때문에 시간을 묻고 싶은 마음은 태산같았지만, 멍청하게 물어 보면 수상하게 생각할까 봐 꾹 참고 있었다.

재판장 하얼빈으로 전보를 친 것은 그 시간을 알기 위해서가 아닌가.

우덕순 안응칠의 생각은 어땠는지 모르지만, 내가 미루어 짐작하기로는 다른 사람에게 가족을 마중하러 온 것을 믿게 하기 위한 것으로, 김성백에게도 그 일을 믿게 하고 또 거처도 알리기 위해 전보를 친 것으로 생각한다.

재판장 피고는 회답이 있었는지 모른다고 했지만, 안응칠은 피고에게 '회답이 있었는데 그 문장의 내용이 불분명하니 되돌아가 보겠다'고 말했다는데, 어떻게 된 것인가.

우덕순 내가 안응칠로부터 들은 것은 '여비가 부족해서 융통하기 위해서'라고 말한 것뿐이고, 전보문의 의미를 모르겠다고 한 말은 듣지 못했다.

이때 재판장은 정오가 되어 일단 퇴정한다는 뜻을 알리고 폐정했다.

당일 오후 한시 같은 장소에서 동일한 재판장과 검찰관 그리고 서기 입회하에 통역촉탁 소노키 스에요시 통역으로 심판을 공개하다. 피고인은 모두 신체의 구속을 받지 않고 출정하며, 변호인으로 미즈노 기치타로와 가마다 세이지가 출두했다. 재판장은 오전에 계속해서 심리할 뜻을 알리고,

재판장 (피고 우덕순에게) 지야이지스고에 도착해서 역원에게 친척이 온다고 말했다는데, 언제 온다는 것이었는가.

우덕순 언제라고는 말하지 않았다. 저쪽의 물음에 대해 본국에서 가족이 오기 때문에 여기서 기다리는 것이라고 대답했다.

재판장 지야이지스고는 작은 역이라 여관도 없어서 피고들은 정거장 구내에서 묵었다고 했는데, 어떻게 해서 그곳에 묵게 됐는가.

우덕순 정거장의 아래층 쪽에 찻집이 있어서 그곳에 부탁하고 묵었다.

재판장 다음날 안응칠은 몇 시쯤 출발해서 하얼빈으로 되돌아갔는가.

우덕순 열두시 기차로 출발했다.

재판장 그러면 열두시까지 피고는 안응칠과 이야기를 했는가.

우덕순 별로 이야기하지 않았다. 안응칠은 '기일이 12일이라고도 하고 13일이라고도 해서 분명하지 않은데, 만약 15일이나 20일까지 머물게 된다면 돈이 부족할 것이다. 그렇게 되면 외국인으로부터 모욕을 받게 되니 하얼빈으로 가서 돈을 마련해 오겠다'고 말하고 출발했을 뿐이다.

재판장 전날까지의 소문으로는 13일에는 통과할 것이었는데, 만약 안응칠이 부재중에 통과할 때는 어떻게 할 생각이었는가.

우덕순 신문에 처음에는 12일이라고 보도되었는데, 나중에 다시 13일로 변경되었다. 그리고 안응칠은 돈을 마련하러 되돌아갔기 때문에, 만약에 이토가 안응칠이 부재중에 도착한다면 나 혼자서라도 결행할 생각이었다.

재판장 혼자서라도 결행하려고 한 것은 언제쯤의 결심이었는가.

우덕순 안응칠이 돈을 마련하러 출발한 뒤였다.

재판장 안응칠은 언제 돌아올 예정이었는가.

우덕순 그 일에 대해서 안응칠은 아무 말도 하지 않고 떠났다. 그러나 돈이 마련되면 곧 돌아올 것으로 생각했다.

재판장 안응칠은 조도선에게 무엇 때문에 출발한다고 말했는가.

우덕순 조도선에게도 방에 함께 있을 때 내게 말한 것과 같이 말한 것으로 기억하지만, 조도선에게 특히 뭐라고 말하지는 않은 것으로 생각한다.

재판장 지야이지스고에서는 돈은 얼마쯤 가지고 있었는가.

우덕순 내가 전부터 가지고 있던 십 원과 안응칠이 지야이지스고를 떠날 때 '음식비 등에 부족한 일이 없도록'이라고 말하고 사 원을 준 것을 합해 십사 원 정도를 가지고 있었다.

재판장 안응칠이 지야이지스고를 출발한 것은 열두시가 아니라 아침 아홉시쯤이 아닌가.

우덕순 지야이지스고에서 객차는 열두시에 한 번 출발하기 때문에 안응칠은 열두시 기차로 출발했다고 생각한다.

재판장 안응칠이 출발한 뒤 피고는 혼자서 구경할 겸 근처를 걸어 돌아다닌 일은 없는가.

우덕순 특별히 외출하지 않았다.

재판장 이토 공의 도착시간을 역에 물어본 일은 없는가.

우덕순 없다.

재판장 안응칠이 없어도 피고는 혼자서 결행할 생각이었다고 했는데, 이토 공의 용모는 알고 있었는가.

우덕순 이토의 얼굴은 본 적이 없고 또 그림이나 사진 등으로도 본 적이 없지만, 보통 사람과 달라 다수의 환영인이 있을 것이고 또 복장이나 기타 무엇인가로 알 수 있을 것이라고 생각하고 있었다.

재판장 안응칠이 출발한 후, 12일 밤에도 피고들은 역 구내에서 묵었는가.

우덕순 그렇다. 나와 조도선 둘이서 묵었는데, 아무것도 하지 않고 그저 실내에서 잡담을 나누며 하루를 보냈다.

재판장 이토 공의 열차가 언제 도착하는지에 대해 조도선과 이야기한 일은 없는가.

우덕순 별로 그런 이야기는 하지 않았다. 우리들이 묵고 있는 위층 쪽은 정거장이었는데, 12일 저녁때가 되고부터 위쪽에서 빈번히 왕래하는 발자국 소리가 들렸다. 그래서 내가 조도선에게 무엇 때문에 소란스러우냐고 물었더니, 그가 '러시아 사람이 이야기하고 있는 것을 들으니, 내일 아침 여섯시에 일본 대관이 오기 때문에 준비를 위해 와 있다고 한다'고 얘기해 주었다. 그것은 12일 저녁때의 일이다.

재판장 지야이지스고에서 피고와 조도선의 겉모습을 수상하게 여기는 눈치는 없었는가.

우덕순 그런 일은 눈에 띄지 않았다. 실내에만 있는 것도 답답해서 소변을 보러 갔던 김에 정거장에 가서 있다가 온 적도 있었지만, 별로 우리들에 대해 경계하고 있는 것 같은 기미는 없었다.

재판장 피고는 조도선으로부터 '러시아 사람들이 내일 아침 여섯시에 이토 공이 통과한다는 이야기를 하고 있다'는 말을 듣고 어떤 생각이 들었는가.

우덕순 여섯시가 점점 가까워지면서 혼자서 죽일 결심을 했다.

재판장 그래서 그날 밤 그 준비를 했는가.

우덕순 블라디보스토크를 출발할 때부터 준비는 돼 있었고, 권총 같은 것은 안주머니에 넣어 놓았기 때문에 따로 준비할 일은 없었다.

재판장 12일 밤도 전날 밤과 같이 찻집에서 묵었는가.

우덕순 그렇다. 조도선과 둘이서 묵었다. 찻집은 바깥쪽이 점포이고 안쪽은 주인들의 거실인데, 방이 두 개밖에 없었으므로, 안쪽 방에서 주인 부부와 두 딸 그리고 나와 조도선이 함께 잤다.

재판장 그러면 피고는 조도선에게도 결심한 사정을 이야기했을 것이라고 생각되는데, 어땠는가.

우덕순 조도선은 십 년 남짓 러시아령에 있었던 사람이라, 말하면 러시아 사람에게 누설될 우려가 있었기 때문에 한 마디도 이야기하지 않았다.

재판장 검찰관에게 진술한 바에 의하면, 안응칠이 기차 안에서 이미 조도선에게 얘기했다고 말했는데, 이 점으로 보아 조도선은 전부터 안응칠과 피고의 목적을 알고 있었던 것이 아닌가.

우덕순 나는 '안응칠이 아직 조도선에게는 말하지 않은 것이 아닌가' 하고 생각하고 물었는데, 안응칠이 잠자코 있으라고 했으므로, 조도선에게 이야기했다는 진술은 한 적이 없다. 또 내 입으로는 한 번도 조도선에게 이토를 살해하려는 일을 이야기한 적이 없다.

재판장 피고가 안응칠로부터 총알을 받은 것은 지야이지스고역의 찻집에서였다고 했고, 전에 안응칠은 기차 안에서 장전해 주었다고 진술했는데, 어떻게 된 것인가.

우덕순 지야이지스고의 찻집에서 조도선이 없을 때, 내가 권총을 안응칠에게 보여주며 '총알은 이만큼 있다'고 하니, 안응칠이 총알을 나누어 주어 받아서 옷 주머니에 넣어 두었던 것이다.

재판장 안응칠로부터 받은 총알은 끝에 십자형이 새겨져 있는 것이 아닌가.

우덕순 안응칠이 주는 것을 받아, 나는 다른 사람이 보지 못하도록 하려고 곧바로 그대로 주머니에 넣었으며, 따로 보지는 않았다. 그런데 다음날 아침 포박되었고 총알도 압수당해서 끝내 보지 못했기 때문에 모른다.

재판장 피고는 안응칠로부터 손으로 건네받은 것이 아니라, 총에 장전해 받은 것이 아닌가.

우덕순 장전해 받을 만한 틈이 없었다. 안응칠이 주는 것을 받아서 곧바로 주머니에 넣었다.

재판장 피고가 전부터 가지고 있던 총알 중에는 십자형을 새긴 것이 있었는가.

우덕순 그런 것은 없었다.

재판장 지야이지스고에서 피고가 체포됐을 때 피고의 권총을 조사해 봤더니, 탄창 속에는 여섯 발의 십자형이 새겨진 총알과 두 발의 보통 총알이 장전돼 있었다고 하는데, 어떻게 된 것인가.

우덕순 내가 창가에 서서 바깥을 보니 바깥쪽에서 헌병과 경찰 십수 명이 걸어오고 있었는데, 그 중 헌병 둘이 들어와서 러시아 말로 뭐라고 말했다. 조도선이 말하기로는 몸수색을 한다는 것이어서 나는 우연준이라고 돼 있는 호조(護照)를 꺼냈는데, 소지품을 내놓으라고 하기에, 장전돼 있던 총알을 빼서 안응칠이 준 총알이 들어 있는 주머니에 넣었다. 그랬더니 헌병이 왜 총알을 빼냐는 눈치였기 때문에 총알을 모두 꺼내 놓았다. 그러자 헌병이 그 총알을 다시 장전했는데, 그때 안응칠로부터 받은 것과 내가 전부터 가지고 있던 것이 섞여서 구분이 안 되어 모르게 된 것이다.

재판장 무슨 생각으로 갑작스레 장전한 총알을 빼냈는가.

우덕순 그대로 두어 만일 잘못해서 방아쇠라도 당기면 발사될까 봐 빼냈다.

재판장 피고는 다음날 아침 혼자서라도 결행하려고 생각하고 갔다고 했는데, 12일 밤에는 어떻게 했는가.

우덕순 그날 밤은 조도선과 둘이서 고국을 떠나서부터 지금까지의 각자의 내력에 대해 이야기하고, 내일 아침 여섯시에는 이토가 도착한다는 것을 조도선으로부터 들었으니 '드디어 목적을 달성할 때이구나' 하고 생각하면서 잤다. 그리고 잠이 깨 보니 아직도 불이 켜 있고 조도선은 내 맞은편에서 자고 주인은 내 옆에서 자고 있었는데, 주인이 뭐라고 중얼대고 있기에 조도선에게 물어 보니, '주인이 대관이 올 것이라고 생각하고 밖으로 나가려고 했는데, 군인들이 지키고 서 있어서 나가는 것을 허락하지 않는다'는 것이었다. 그래서 나는 '이 주인은 러시아 사람이며 군인들과는 일찍부터 친하게 지내고 있을 것으로 생각하지 않을 수 없는데, 그런데도 내보내 주지 않을 정도라면 무슨 짓을 해도 우리들은 밖으로 나갈 수 없겠구나' 하고 생각했기 때문에 일찍부터의 결심도 풀어져 버렸다. 그래서 하는 수 없이 그대로 잠자리에 들었고, 일곱시쯤에 일어나 열한시쯤에 체포됐다.

재판장 이토 공이 도착하기 전에는 잠에서 깨지 않았는가.

우덕순 주인이 이야기하고 있을 때 처음으로 잠이 깼다. 그때는 여섯시쯤이며 주인의 이야기를 듣고 도저히 나갈 수 없다고 생각했기 때문에 단념하고 있었는데, 아직 잠이 들지 않고 있는 중에 기차 소리가 들렸다.

재판장 조도선은 그때 어떻게 하고 있었는가.

우덕순 그때는 어떻게 하고 있었는지 모르겠다.

재판장 그때까지 고생하며 지야이지스고에 와서 피고는 천재일우(千載一遇)라고도 할 기회를 놓쳤으니 유감이라고 생각하지 않았는가.

우덕순 결행할 생각으로 있었다. 그러나 러시아 사람이며 러시아 군인들과는 일찍부터 친하게 지내고 있는 주인조차 외출을 불허할 정도라면 도저히 나갈 수 없다고 생각했기 때문에 그대로 자고 있었던 것이다.

재판장 그때 밖에는 러시아 군인들이 어느 정도 있었는지 알고 있었는가.

우덕순 그 전부터 외출한 일이 없었기 때문에 군인들이 어느 정도 있었는지는 모른다.

재판장 그날 밤 피고는 소변을 보려고 밖으로 나간 적은 없었는가.

우덕순 소변은 그날 아침 날이 밝고 나서 실내에서 보았고, 밤엔 나간 적이 없다.

우덕순 그 전날 밤 조도선이 이토 공의 열차는 다섯시에 도착한다고 하는 등, 여섯시 이외의 시간을 가르쳐 주어 피고에게 시간을 속였던 일은 없는가.

우덕순 앞서 말한 대로 그런 일은 없었다.

재판장 지야이지스고에서 체포됐던 때는 몇 시쯤이었는가.

우덕순 열한시였다고 생각한다. 그리고 열두시 기차로 압송되었다.

재판장 피고는 이토 공이 하얼빈에 도착한 뒤 한국인에 의해 저격되었다는 사실을 지야이지스고역에서 들었는가.

우덕순 지야이지스고에서는 들은 적 없다. 러시아 헌병이 처음에 호조를 조사하고 소지품을 압수하기에 조도선에게 물으니 '한국인은 모조리 체포한다고 한다'고 했다. 나는 그럴 리가 없을 것이라고 말하고, '권총을 소지하고 있어서 그러는 것이겠지' 하고 생각했는데, 이후 조도선과는 따로따로 있었기 때문에 아무 말도 듣지 못했다.

재판장 피고들은 헌병으로부터 이토 공이 살해되었다는 말을 듣고는 기뻐하며 '우리들의 목적도 동일하며 이토 공을 살해한 자는 반드시 우리들의 친구인 한국인일 것이다' 라고 말했다고 하는데, 사실인가.

우덕순 그런 이야기는 하지 않았지만, 지야이지스고에서 하얼빈으로 압송되던 도중 하얼빈에서 발포한 자가 누구라는 것은 들었다. 그러나 체포될 때 조도선이 '한국인은 모두 다 잡아간다'고 하기에, 나는 그건 불법이라고 말했다. 그걸 끝으로 조도선과는 따로따로 있었으며, 나는 러시아 말을 몰랐으므로 그런 일을 물은 바 없다. 다만 권총을 가지고 있었기 때문에 체포된 것이라고 생각하고 있었다.

재판장 체포될 때 조도선이 피고에게 뭐라고 말했는가.

우덕순 아무말도 하지 않았다. 또 그런 경우에 '무슨 이유로 체포하느냐'고 말해 봤자 소용없는 일이다. 조도선은 그쪽에 대해 러시아 말로 뭐라고 말하고 있었지만 나는 알아들을 수 없었다.

재판장 한국 말로 피고에게는 뭐라고도 말하지 않았는가.

우덕순 아무말도 하지 않았다. 체포되고 나서는 각각 따로 있었기 때문에 말을 주고받을 수 없었다.

재판장 안응칠은 이번 일을 의병으로서 한 것이라고 말하는데, 피고는 의병과 관계가 있는가.

우덕순 안응칠은 의병으로서 했을 것이지만, 나는 의병과는 관계가 없고 단지 국민으로서 실행하려고 했던 것이다.

재판장 안응칠은 의병 참모중장이라고 말하는데, 피고는 그 명령에 의해 동행한 것은 아닌가.

우덕순 나는 안응칠로부터 명령을 받을 까닭이 없다. 또 이런 일은 명령으로 행해질 일이 아니라고 생각한다.

재판장 피고는 블라디보스토크에서는 연초상을 하고 있었다고 했는데, 신문사에서 수금 등에 관계하고 있었던 적이 있는가.

우덕순 그렇다. 음력 7월 10일경부터 8월 15일경까지 수금에 종사하고 있었는데, 급여라 하여 십 원을 주었다. 그래서 나는 명예직으로 종사한다면 몰라도 급여를 받고 종사한다면 십 원 정도로는 식비에도 부족하기 때문에, 수지가 맞지 않는다고 생각하고 그만뒀다.

재판장 피고는 이번에 안응칠과의 동행으로 급히 부랴부랴 출발한 것인데, 블라디보스토크의 숙소에 소지품을 남겨 두지 않았는가.

우덕순 특별히 남긴 것은 없고, 담배 마는 도구와 방석 같은 것을 두고 왔을 뿐이다.

재판장 블라디보스토크를 오가고 있는 이석산(李錫山)이란 사람을 알고 있는가.

우덕순 그 사람은 전혀 모른다.

재판장 피고도 듣고 있는 대로, 안응칠은 그 이석산으로부터 백 원을 빼앗아 그것을 여비로 해서 왔다고 하는데, 그 사실을 알고 있었는가.

우덕순 안응칠이 여비는 충분히 있다고만 했기 때문에, 나는 그런 일은 몰랐다.

재판장 (피고 조도선에게) 피고는 언제 한국을 떠났는가.

조도선 지금으로부터 십오 년 전에 고국을 떠나 러시아령 추푼에 있는 한인 박운호(朴運鎬)의 집에 고용되어 농업에 종사하며 급여로 일 년에 팔십 원을 받고 이 년간 이 집에서 일하다가, 이듬해 봄에 미까레이의 금광일에 종사하며 사 년간 있었다. 그 다음 음력 1월에 프까로이슨스키로 가서 그 부락의 포세이라는 금광에서 통역으로 고용되어 8월까지 있었는데, 돈도 조금 벌고 해서 귀국할 생각으로 프까로이슨스키로 나왔다. 그랬더니 그곳 사람들이 나에게 출세했다는 둥 어떻다는 둥 말하며, 스테렌스키로 가면 상업이 왕성하니 가서 같이 장사를 하자는 것이었다. 그래서 모스크아라브 등으로 갔는데, 저축했던 천 원 정도의 돈을 모두 소비하고 말았다. 그래서 4월에 우스마레스키 금광으로 들어 갔는데, 그 당시는 마침 러일전쟁이 시작되던 무렵이었다. 거기서 9월까지 있다가, 다시 까르바쵸스키로 이주하여 삼 년 정도 있었고, 이후 금광일을 그만 두고 일크츠크로 와서 세탁업을 시작했는데, 러시아 사람이 와서 포테이바 금 광으로 가면 돈을 벌 수 있다고 권하기에 세탁도구를 팔아 치우고 그곳으로 가서 일 년 있었다. 또 거기서 야쿠츠크로 가서 셔츠 등의 세탁업을 시작해서 오 륙 개월 있다가, 다시 크라즈니야에 가서 일 년 남짓 있었고, 올해 3월에 다시 일크츠크로 왔다. 거기서 블라디보스토크로 와서 맡도르니르라는 산을 갈라 도로를 개척하는 공사에 인부를 쓰는 통역으로 이삼 개월 있다가 하얼빈으로 왔는데, 블라디보스토크를 떠난 것은 7월 초순이었고 하얼빈에는 8월에 도착 했다.

재판장 하얼빈에는 어떤 목적으로 왔는가.

조도선 일크츠크의 처에게 돌아가기 위해 가는 도중에 들렀는데, 돈이 떨어져서 처에게 이십 원을 보내라고 전보를 쳐서 십오 원의 송금을 받았다. 그러나 꾼 돈을 갚았더니 돌아갈 수 없게 돼서 알고 지내던 김성옥에게 사정을 말했더니, 그 사람 집에 있게 해 줘서 있었다.

재판장 그러면 하얼빈에서는 특별한 직업은 없었는가.

조도선 세탁업을 시작하려고 생각하고 있었다.

재판장 처는 언제 얻었는가.

조도선 지금으로부터 사 년 전에 얻었다. 처는 러시아인으로 모제라 하며 올해로 스물네 살이고 아이는 없다.

재판장 피고는 언제 일크츠크에서 처와 헤어졌는가.

조도선 올해 3월에 헤어졌다.

재판장 피고의 양친은 살아 있는가.

조도선 아버지는 조석화(曹錫華)라 하며 원래 함경남도 홍원부 경포면에서 농업을 하고 있었고, 올해로 육십 세 이상이라고 생각한다. 그리고 8월에 하얼빈에 와서 편지를 보냈지만 회답은 받지 못했기 때문에 어떻게 살고 있는지 모른다.

재판장 피고는 한국 문자를 배운 적이 있는가.

조도선 배우지 않았다. 내가 러시아령의 금광에 있을 때 한국인이 있어서 그 사람에게 잠시 배워 이름 정도는 익혔지만, 한자는 모른다.

재판장 하지만 러시아어는 충분히 이해할 수 있는가.

조도선 말은 대개 알 수 있지만 글자는 전혀 읽지 못하기 때문에, 처에게서 온 편지도 러시아 사람에게 보여 읽고 있다.

재판장 올해 음력 9월 10일 피고의 집에 안응칠과 우덕순 두 사람이 찾아왔던 것은 사실인가.

조도선 그렇다. 그날 내가 외출했다가 돌아와 보니, 안응칠과 우덕순 그리고 그 외에 한 사람이 내가 집으로 돌아오기를 기다리고 있었다. 인사를 하고 물으니 안응칠 등은 블라디보스토크에서 왔다는 것이었다.

재판장 안응칠과 우덕순은 이전부터 알고 있었는가.

조도선 우덕순은 그때 처음 만났지만, 안응칠은 올해 7월경 포브라니치나야에서 한국인이라고 해서 잠깐 만나 이야기한 적이 있다.

재판장 안응칠은 어떤 용무가 있어서 피고를 찾아왔던가.

조도선 내가 '무슨 일이냐'고 물었더니, 안응칠이 '가족을 마중하러 왔다'고 했다. 그래서 나는 '그렇다니 기쁘겠다'고 했다. 그러자 안응칠이 나에게 '우리들은 러시아 말을 몰라서 곤란하니, 관성자까지 마중 가는데 무슨 급한 용무가 없으면 같이 가 달라'고 했다. 나는 '처를 오라고 해 놓았기 때문에 이제 사오일이면 올 것이다. 또 오면 세탁업을 시작하려고 생각하고 있으니, 오래 걸리는 용무라면 가지 못한다'고 대답했다. 그랬더니 안응칠 쪽에서 '삼사 일이면 끝난다'고 하기에, 동행할 것을 승낙했다.

재판장 정대호가 자기의 가족을 데리고 온다는 이야기가 아니었는가.

조도선 그렇게 말했다.

재판장 피고는 정대호에게 신세를 졌는가.

조도선 정대호는 잘 알고 있고 신세진 일도 있는데, 전에 그 사람은 장사를 하게 되면 자본 등은 되도록 걱정해 주겠다고 했다.

재판장 그때 안응칠에게 피고는 '정대호에게는 일찍이 신세를 지고 있었고 같은 나라 사람이기도 하니 그렇다면 같이 가겠다'고 말했는가.

조도선 그렇다. 정대호로서는 나와 관계가 없다고 생각하고 있을지 모르지만, 나는 그 사람에게 신세를 질 생각이었다.

재판장 우덕순이 그때 다시 '남행하니 같이 가 달라'고 부탁한 일은 없는가.

조도선 우덕순은 전부터 아는 사이가 아니기 때문에 아무 말도 하지 않고 옆에 있었다.

재판장 그때의 이야기로는 언제 하얼빈을 출발한다고 했는가.

조도선 다음날 아침에 떠나려고 한다는 것이었다. 그리고 안응칠이 '이 집에서는 아침에 일찍 일어나는가'고 묻기에 '아침은 늦다'고 대답했더니, '그렇다면 내일 아침 일이 이르니 같이 가서 자자'고 했다. 그런데 당시 김성옥이 병으로 누워 있었기 때문에, 그 집의 밥짓는 이에게 '안응칠의 부탁으로 정대호를 마중하러 가니, 주인에게 그 일을 전해 달라'고 말해 두고 안응칠의 숙소인 김성백의 집으로 가서 같이 잤다.

재판장 김성백의 집에 도착한 것은 몇 시쯤인가.

조도선 시간은 기억하지 못하지만 김성백의 집에 가서 저녁밥을 먹었다.

재판장 그 도중에 사진촬영을 한 적은 없는가.

조도선 그런 적 없다.

재판장 피고는 김성백의 집에 갈 때 왜 권총을 가지고 갔는가.

조도선 포테이바라는 금광에 있을 때부터 호신용으로 늘 가지고 있었기 때문에 그때도 평소처럼 가지고 갔던 것이다.

재판장 김성백의 집에서 안응칠과 우덕순은 무슨 일을 하고 있었는가.

조도선 저녁 식사를 끝내고 나자 밤이 깊었기 때문에 그냥 잤다.

재판장 안응칠과 우덕순이 편지를 쓰거나 노래를 짓고 있지 않았는가.

조도선 그 사람들이 편지나 노래를 쓰고 있었던 일은 나는 모른다.

재판장 그리고 드디어 다음날 출발했는가.

조도선 그렇다. 정거장까지는 유동하도 왔고 안응칠, 우덕순, 나 이렇게 셋이 출발했다.

재판장 출발 전에 안응칠 또는 우덕순이 유동하에게 편지의 발송을 부탁한 것은 모르는가.

조도선 모른다.

재판장 출발할 때 차표는 누가 샀는가.

조도선 누가 샀는지는 모르지만, 나에게는 안응칠이 표를 주었다.

재판장 그 차표는 어디까지 가는 것이었는가.

조도선 몰랐었는데, 러시아 사람에게 물었더니 지야이지스고 다음 역까지 가는 차표라고 설명해 주었다.

재판장 피고는 안응칠로부터 관성자까지 마중하러 간다는 말을 들었는데, 지야이지스고 다음 역까지 가는 차표를 산 것은 무슨 까닭이냐고 물은 일은 없는가.

조도선 처음의 이야기로는 서쪽까지 간다고 해서 내가 어디냐고 물었더니 관성자라고 말했는데, 나중에는 어디까지 갈지 모른다고 해서 나는 들을 필요가 없겠구나 생각하고 묻지 않았다.

재판장 삼협하행의 차표를 가지고 피고들은 지야이지스고에서 하차했는가.

조도선 그렇다. 안응칠이, 열두시 우편열차는 어디서 교차하느냐며 가족과 엇갈려서는 안 된다고 했다. 그래서 그걸 물어보니 지야이지스고에서 엇갈린다고 해서 그 역에서 하차했다.

재판장 피고는 기차 안에서 가족을 마중하기 위해서라고 말했지만, 실은 이토 공을 살해하기 위해 가는 것이라는 안중근의 말을 듣지 않았는가.

조도선 들은 적 없다. 만약 내가 그 말을 들었다면 당장에 하차했을 것이다.

재판장 지야이지스고에서 안응칠로부터 이토 공이 언제 통과하는지를 역원에게 물어봐 달라고 부탁받은 적은 없는가.

조도선 그 말은 듣지 못했다.

재판장 피고는 이토 공이 만주를 순회한다는 사실을 언제 알았는가.

조도선 나는 러시아어나 중국어로 된 신문도 읽지 못하고 또 소문도 그다지 듣지 못했지만, 12일 저녁 무렵 지야이지스고 정거장에서 러시아 사람들이 일본의 대신 이토 공이 온다고 말하는 것을 듣고 처음으로 알았다.

재판장 그 이야기를 즉시 우덕순에게 했는가.

조도선 그날 밤에 말했다. 그리고 13일 아침 날이 밝고 나서 변소에 가려고 주인에게 열쇠를 빌려 문을 열고 나가려고 하는데, 러시아 군인들이 줄지어 서서 어디 가느냐고 묻기에 변소에 간다고 했더니, 용변은 안에서 보라고 하며 밖으로 내보내 주지 않았다. 그래서 실내로 돌아와 주인에게 어떻게든 해달라고 했더니, 주인은 부엌 문을 가리키며 세숫물을 버리는 그릇에 보라고 해서 거기에 용변을 보고 실내로 돌아왔다. 그때도 그 일을 우덕순에게 말했다.

재판장 12일 밤 그 이야기를 우덕순에게 들려 주었을 때 우덕순의 거동에 수상한 점은 없었는가.

조도선 그 당시와 그후에도 수상한 거동은 없었다. 13일 아침 내가 소변을 보러 갔다가 돌아오니, 우덕순도 변소에 가겠다고 했다. 그래서 내가 '변소에 나가려고 하는데 밖에 러시아 군인들이 잔뜩 있어서 내보내 주지 않는다. 그래서 주인에게 부탁해서 안에서 볼일을 보았다'고 했더니, 우덕순도 '변소에 가고 싶으니 주인에게 이 일을 통역하여 부탁해 달라'고 하기에 통역해 준 것뿐이다. 그 밖에는 아무 일도 없었다.

재판장 그때는 이토 공의 열차가 통과한 뒤인가 아니면 전인가.

조도선 이미 통과한 뒤로 일곱시나 여덟시쯤이었다고 생각한다.

재판장 기차가 통과할 때는 자고 있었는가.

조도선 오전 여섯시에 통과한다는 말을 들었는데 통과할 때는 몰랐다.

재판장 13일 아침 피고가 밖에 러시아 군인들이 잔뜩 있다고 말했을 때, 우덕순이 어떻게든 밖으로 나가고 싶다고 피고와 상의하지 않았는가.

조도선 그런 얘기를 한 적 없다.

재판장 피고가 체포된 것은 몇 시쯤이었는가.

조도선 13일 열한시가 지나서였다고 생각한다. 그래서 곧 열두시발 기차로 하얼빈으로 압송되었다.

재판장 지야이지스고에서 출발하기 전에, 이토 공이 하얼빈에서 한국인에게 살해됐다는 것을 러시아 군인으로부터 들었는가.

조도선 지야이지스고 정거장에서 소지품을 압수하고 동시에 몸수색을 하기에, 체포하러 온 러시아 헌병에게 '무슨 이유로 이렇게 하느냐'고 물으니, 그는 '오늘 아침 하얼빈에서 한국인이 일본 대신 이토 공을 살해했다. 그 한국인은 안(安)이라 불리는 사람이고, 너희들과 함께 이곳에 와서 전보를 친 일도 있다. 너희들은 안과 동행했기 때문에 체포하는 것이다' 라고 했다. 그래서 이 일을 우덕순에게 말하려고 하니, '한국말로 말해서는 안 된다' 고 해서 말할 수 없었다. 그리고는 우리 둘을 각각 따로 있게 했다.

재판장 그 말은 러시아 헌병이 한 것이 아니라, 피고들이 '공작을 살해한 것은 한국인이며 우리도 그 목적으로 와 있는 사람인데, 살해한 한국인은 우리의 친구이다' 라고 말한 것이 아닌가.

조도선 그건 잘 살펴보면 알 것이라고 생각한다. 그 일에 대해서 나는 전혀 몰랐고, 또 그런 말을 한 적도 없다. 또 알고 있어도 말할 까닭이 없는 것이다.

재판장 안응칠의 이름으로 전보를 쳤다고 했는데, 그 전보는 무슨 일로 친 것인가.

조도선 나는 안응칠이 통역하라고 해서, 전보국으로 가서 안응칠이 말하는 대로 '우리들은 지금 이곳에 도착했다' 라고 하얼빈에 있는 김성백의 집 유동하에게 쳐 달라고 부탁했다.

재판장 안응칠은 그 전보를 왜 발송하는지에 대해 말하지 않았는가.

조도선 아무런 말도 듣지 못했지만, 나는 유동하도 안응칠과 같이 왔기 때문에 유동하가 안심하도록 전보를 친 것으로 믿고 있었다.

재판장 그 전보에 대한 회답은 왔는가.

조도선 그날 밤 왔다. 그 의미는 러시아 글이라 모르겠어서 역의 사무원에게 물으니, 그 사람이 '내일 아침 도착한다' 는 내용이라고 가르쳐 주었다. 그래서 안응칠에게 그 사실을 말했더니 '정대호가 내일 블라디보스토크로부터 도착한다는 것이겠지' 라고 말하고는, 다음날 출발했다. 출발할 때 그는 여비가 부족해서 마련하기 위해 떠나는 것이니 여기서 가족을 기다리라고 했다.

재판장 안응칠은 그때 가족이 언제 통과할 예정이라고 했는가.

조도선 내일 열두시에 도착할 테니 너희들도 같이 하얼빈으로 출발하라고 말했다.

재판장 그러면 안응칠은 다음날 열두시까지는 되돌아올 계획이었는가.

조도선 그 일에 대해서는 아무말도 듣지 못했다.

재판장 안응칠은 출발할 때 돈을 남기고 갔는가.

조도선 얼마인지의 돈을 우덕순에게 주는 것을 보았다.

재판장 그럴 돈이 있으면 다음날까지 머물러도 지장이 없을 것이며 일부러 하얼빈으로 되돌아갈 필요가 없었을 텐데, 안응칠은 왜 되돌아간 것인가.

조도선 그건 나도 모른다.

재판장 피고는 전보를 칠 즈음에 '우리가 지야이지스고로 온 이유는 가족을 마중하기 위해서가 아니라, 이토 공을 기다려 살해하기 위해서이다' 라는 뜻을 안응칠로부터 들었다고 검찰관에게 진술하지 않았는가.

조도선 그런 말을 진술했는지 안 했는지 기억은 없지만, 오늘 진술하는 것이 사실이다.

재판장 유동하가 보낸 '내일 아침에 온다' 는 전보를 통해, 안응칠은 공작이 내일 아침에 도착한다는 것을 알고 혼자서 떠난 것이 아닌가.

조도선 나는 아무것도 모른다. 다만, 전보가 온 것은 11일이며 안응칠은 12일에 출발했기 때문에, 그 전보에 의해 블라디보스토크에서라도 오는 것을 마중하러 가는 것으로 생각하고 있었다.

재판장 그렇다면 피고들을 지야이지스고에 남겨 둘 까닭이 없지 않은가.

조도선 그래서 나도 실은 안응칠에게 가족이 블라디보스토크에서라도 오느냐고 물었더니, 경성으로부터 온다며 그럴 까닭이 없다고 해서, 나도 영문을 몰랐던 것이다.

재판장 이번에 안응칠의 부탁으로 피고가 안내해 준 것에 대해 보수를 받기로 약속했었는가. 아니면 약속은 없었어도 피고는 얼마간의 보수를 받을 것이라고 생각하고 있었는가.

조도선 그런 적은 없다. 나는 김성옥의 집에서 놀며 지내고 있었기 때문에, 아무 때나 처가 오면 세탁업을 시작할 계획을 가지고 있었다. 그리고 정대호가 가족과 함께 온다고 해서, '앞으로 정대호에게 신세를 져야겠구나' 하고 생각하고 같이 가서 정대호를 기다리고 있었던 것이다.

재판장 따로 안응칠로부터 금품을 받은 일은 없는가.

조도선 아무것도 받지 않았다.

재판장은, 오늘은 이것으로써 심리를 마치고 다음 재판 날짜를 9일 오전 아홉시로 지정한다고 알리고, 그날 그 시간에 출정할 것을 명하고 폐정했다. 메이지 43년 2월 8일. 관동도독부 지방법원. 서기 와타나베 료이치. 재판장 마나베 주조.

안중근 외 3명 제3회 공판시말서. 피고 안응칠이라 하는 안중근 외 3명. 위 살인피고사건에 대해 메이지 43년 2월 9일 오전 아홉시 관동도독부 지방법원 형사법정에서 재판장 마나베 주조 출석, 검찰관 미조부치 다카오, 서기 와타나베 료이치 입회하에 통역촉탁 소노키 스에요시 통역으로 재판을 공개하다. 피고인은 모두 신체의 구속을 받지 않고 출정하며, 변호인으로 미즈노 기치다로와 가마다 세이지가 출두했다. 재판장은 전회에 계속해서 심리할 뜻을 알리고,

재판장 (피고 유동하에게) 피고는 어디서 태어났는가.

유동하 함경도 원산에서 태어났는데 열 살 때부터 고국을 떠나 있었다. 당시 아버지는 소왕령(小王嶺)에 가서 살며 약국을 열고 있어서, 나는 어머니와 함께 아버지의 곁으로 갔다. 그리고 아버지는 거기서 바로 포브라니치나야로 이주하여 개업하기로 했기 때문에 우리들도 같이 그곳으로 갔다.

재판장 소왕령과 포브라니치나야에는 한국인이 얼마나 거주하고 있는가.

유동하 소왕령에는 이삼 일밖에 머무르지 않았기 때문에 모르지만, 포브라니치나야에는 한국인이 스무 명 정도 거주하고 있으며, 주로 연초상이나 세탁업 같은 장사를 하고 있다.

재판장 그 스무 명 정도 중에서 피고의 부친은 포브라니치나야에서는 유력가(有力家) 중 한 사람인가.

유동하 그런 건 나는 모른다.

재판장 피고는 지금까지 어떤 교육을 받았는가.

유동하 포브라니치나야에서 아버지로부터 마사무타무와 같은 책을 조금 배웠을

뿐이며, 러시아 학교에 입학한 적은 없다.

재판장 피고는 어떤 종교를 믿고 있는가.

유동하 특별히 믿고 있는 종교는 없다.

재판장 피고는 언제 처를 얻었는가.

유동하 내가 열여섯 살 때 맞아들였다. 아이는 아직 없다.

재판장 피고는 처음에 이름을 유강로라고 진술했는데, 그렇게 말한 이유는 무엇인가.

유동하 내 본명은 유동하인데 하얼빈에서 체포됐을 때 유강로라고 위명(僞名)을 댔던 것이다.

재판장 안응칠과 우덕순은 이전부터 알고 있었는가.

유동하 올해 음력 4월경 안응칠이 포브라니치나야에 있는 우리집으로 왔을 때, 만나서 알았다. 우덕순과는 이번에 처음 만났다.

재판장 피고가 안응칠과 만나서 이야기한 것으로 볼 때, 안응칠은 무슨 일을 하는 사람 같았는가.

유동하 거기에 대해서는 어떤 말도 나눈 적이 없고, 또 뭘 하는 사람인지도 몰랐다. 그저 그런 사람이라고 생각했을 뿐이다.

재판장 음력 9월 9일 안응칠이 피고의 집으로 왔는가.

유동하 9월 8일 저녁때 안응칠이 우리집에 왔다. 그리고 아버지에게 자기는 하얼빈으로 물품을 사러 가는데, 러시아 말이 통하지 않아 곤란하니 나를 같이 보내 달라고 했다. 그랬더니 아버지는 마침 하얼빈으로 약을 사러 보내려고 생각하고 있었는데, 아직 나이도 어리고 해서 혼자서는 보낼 수 없겠다고 생각하고 있었다며, 나를 안응칠과 동행시키기로 했다. 그리고 나는 약값 등으로 삼십삼 원을 받아 가지고 그날 오후 아홉시쯤 안응칠과 함께 출발했다.

재판장 그리고 승차했더니 우덕순도 있었는가.

유동하 안응칠과 둘이서 기차에 타 보니 한 사람이 더 있었다. 그때 안응칠은 나에게 아무 말도 해주지 않았기 때문에, 당시에는 그가 우덕순이라는 것은 몰랐다.

재판장 기차 안에서 안응칠이 피고에게 무슨 물품을 사려고 블라디보스토크에서 하얼빈으로 간다고 말하지 않았는가.

유동하 차 안에서 안응칠이 '정대호가 우리들의 가족을 데리고 오기 때문에, 그를 마중할 겸 하얼빈으로 물품을 사러 가는 것이다' 라고 말했지만, 그 물품이 뭔지는 말하지 않았다.

재판장 그리고 차 안에서 안응칠이 하얼빈에서는 어디에서 숙박할지에 대해 상의하지 않았는가.

유동하 그런 일에 대해서는 아무말도 하지 않았다. 그리고 몇 시쯤이었는지는 모르지만 하얼빈에는 저녁때 도착했다.

재판장 그때 어디서 숙박했는가.

유동하 하얼빈에 도착하기 전에, 차 안에서 안응칠이 나에게 자기는 하얼빈에 아는 사람이 없는데 어디든 숙박할 곳을 모르냐고 묻기에, 나는 김성백과는 친척이니 그 사람 집에 가자고 했다. 그랬더니 안응칠이 그렇다면 같이 데리고 가 달라고 해서 김성백의 집으로 같이 갔다.

재판장 그때 김성백은 집에 마침 있었는가.

유동하 그때 김성백은 없었고, 그의 처를 만났다. 그리고 김성백이 외출한 곳으로 사람을 보냈더니, 김성백이 돌아와서 상의하고 묵게 됐다.

재판장 그 다음날 피고는 안응칠과 우덕순과 함께 외출했는가.

유동하 그렇다. 구경하러 나갔었다.

재판장 안응칠은 특별히 무슨 물품을 사려 하니 그곳으로 안내하라고 말하지 않았는가.

유동하 그런 말은 없었다.

재판장 그러는 동안 셋이 사진촬영을 했는가.

유동하 그랬다. 9일 하얼빈에 도착했으며, 그 다음날 아침 안응칠과 우덕순이 이발하러 가는데 같이 가자고 했다. 그래서 나도 같이 이발소에 들렀다가, 돌아오는 도중에 안응칠이었는지 우덕순이었는지는 기억하지 못하지만 두 사람 중에서 말이 나와 사진을 찍게 됐다.

재판장 그날 오전에 구경하고 다니던 도중 다시 더 남쪽으로 가자는 말은 하지 않았는가.

유동하 그 이야기는 그날 저녁때 했는데, 나에게는 같이 가 달라는 아무런 말도 없었다.

재판장 무엇 때문에 더 남행한다고 하던가.

유동하 가족을 마중하러 간다고 했다.

재판장 거기에 대해 피고는 나이도 어리고 또 다른 용무가 있기 때문에 더 남쪽으로는 데리고 갈 수 없지만, 그 대신 통역으로 데리고 가려면 누가 좋겠느냐는 상의는 없었는가.

유동하 듣지 못했다.

재판장 10일 저녁때 우덕순과 안응칠이 조도선의 집으로 찾아갔다고 하는데, 그때 피고는 같이 가지 않았는가.

유동하 나는 가지 않았다. 돌아와 보니 조도선을 데리고 와 있었다.

재판장 그때 안응칠이 조도선을 왜 데리고 왔는지에 대해 말하지 않았는가.

유동하 그런 말은 듣지 못했다.

재판장 안응칠이 더 남행하기 때문에 조도선을 데리고 왔다고 말하지 않았는가.

유동하 그런 말은 듣지 못했다.

재판장 그날 피고는 안응칠의 부탁을 받고 김성백이 외출한 곳으로 심부름을 갔는가.

유동하 10일 밤 김성백은 학교에 가 있었는데, 안응칠이 나에게 김성백을 찾아가서 '이번에 더 남쪽으로 가게 돼서 여비가 부족하니 오십 원을 꾸어 달라'고 하라고 시켰다. 그래서 나는 가서 그대로 김성백에게 말했다.

재판장 안응칠은 김성백과는 친한 사이도 아닌데, 왜 김성백에게 돈 문제를 부탁했는가.

유동하 안응칠은 자기는 김성백과 아는 사이는 아니지만, 나하고는 친척이니 가서 말해 달라고 했다.

재판장 안응칠은 그 돈을 어떻게 갚겠다고 말하던가.

유동하 처음에 내가 그 일에 대해 안응칠에게 물으니, 안응칠은 '곧 갚을 방법이 있으니 꾸어 오라'고 했다. 그래서 내가 '어떻게 갚겠느냐, 나는 약을 사면 바로 돌아가야 한다'라고 말했더니, 안응칠은 '실은 블라디보스토크에 있는 유진율(兪鎭律)에게 꾸어 준 돈이 있으니, 그 사람에게 편지를 보내면 곧 보내 줄 것이다. 또 편지가 늦으면 전보로 보낼 테니 꾸어 오라'고 말했다.

재판장 피고는 김성백이 외출한 곳으로 가기 전에, 그 전보나 편지를 안응칠에게 쓰라고 했는가.

유동하 나는 안응칠에게 편지를 써 달라고 요구한 적이 없다. 또 안응칠이 편지나 전보를 쓰는 것을 보지 못했다.

재판장 피고가 그런 내용을 김성백에게 이야기하니, 김성백은 그에 대해 뭐라고 말하던가.

유동하 꾸어 주지 않겠다고 말하지는 않았지만, 지금 당장이라면 돈이 없다고 했다. 그래서 돌아와서 바로 그 사실을 안응칠에게 말했더니, 안응칠은 돈이 없다면 어쩔 수 없다고 했다.

재판장 안응칠은 어디까지 가는데 여비가 얼마쯤 부족하다고 말했는가.

유동하 어디까지라고 말한 것도 듣지 못했고, 또 얼마가 부족하다는 말도 듣지 못했다.

재판장 피고가 안응칠을 위해 김성백에게 심부름 갔다가 돌아왔을 때, 조도선은 이미 김성백의 집에 와 있었는가.

유동하 그때 이미 조도선이 와 있었다.

재판장 그날 안응칠이 편지를 썼는데, 피고는 그걸 본 일이 없는가.

유동하 안응칠이 쓰고 있는 것은 보지 못했고, 우덕순은 책상에서 뭔가 쓰고 있었다. 하지만 그것이 편지였는지 뭐였는지 나는 모른다.

재판장 안응칠과 우덕순이 블라디보스토크의 대동공보사 이강에게 편지를 발송할 때, 피고는 그 봉투에 러시아어로 겉봉을 써 달라고 부탁받은 일이 없는가.

유동하 우편으로 발송하라고 부탁받은 적은 없지만, 그 편지의 겉봉을 쓰는 것은 부탁받아 써 줬다.

재판장 안응칠 등이 그 속에 있는 편지를 쓰는 것을 보지 않았는가.

유동하 나는 그 편지를 본 적이 없고, 또 그 내용에 관해 들은 적도 없다. 다만 안응칠이 겉봉을 써 달라고 부탁해서 그 자리에서 써 줬는데, 언제 발송한다고도 말하지 않고 안응칠이 바로 그 편지를 가져갔다.

재판장 안응칠은 편지 외에 시와 노래를 썼는데, 피고는 그것을 알고 있는가.

유동하 모른다.

재판장 그날 밤 안응칠, 우덕순, 조도선 셋이 이토 공이 언제 하얼빈에 도착하는지에 대해 상의하는 것을 듣지 않았는가.

유동하　나는 아무것도 들은 일이 없다.

재판장　안응칠과 우덕순이 공작이 언제 하얼빈에 오는지 확인해 달라고 피고에게 부탁한 적은 없는가.

유동하　그런 말은 아무것도 듣지 못했다.

재판장　다음날 몇 시쯤 안응칠, 우덕순, 조도선이 하얼빈을 출발했는가.

유동하　몇 시인지는 모르지만 다음날 아침 셋이 출발하기에 나는 정거장까지 환송했는데, 그때 차표는 내가 사 주었다.

재판장　그때 차표는 어디까지 가는 것을 샀는가.

유동하　안응칠이 어디든 가까운 곳 중 기차가 엇갈리는 역까지 사라고 해서, 그렇게 러시아 사람에게 물으니 러시아 말로 '챠지스코'라고 가르쳐 주었다. 그래서 그대로 안응칠에게 말했더니, 안응칠이 거기까지 가는 차표를 사라고 해서 그대로 샀던 것이다.

재판장　안응칠이 출발할 때까지, 피고는 안응칠로부터 금품을 받은 일이 없는가.

유동하　물품은 받지 않았지만, 정거장에서 내가 안응칠에게 돈을 일 원 정도만 달라고 했더니, 안응칠이 사 원을 주었다.

재판장　출발할 때 안응칠이 피고에게 '가서 전보를 치거든 회답하라'고 말한 적은 없는가.

유동하　그런 적 없다.

재판장　안응칠이 전보 요금으로 피고에게 사 원을 준 것이 아닌가.

유동하　아니다.

재판장　그러면 피고가 일 원 정도만 달라고 했는데 안응칠이 왜 사 원을 주었는가.

유동하　나는 처음에 이 원을 달라고 했는데, 안응칠이 사 원짜리 지폐를 주었다.

재판장　안응칠이 떠나고 나서, 그날 오후 안응칠로부터 전보가 오지 않았는가.

유동하　그날 저녁때 왔는데, 그 전보문은 '지야이지스고까지 와 있는데, 언제 오는가. 회답하라'는 것이었다.

재판장　그건 누가 언제 오냐고 묻는 것이라고 생각했는가.

유동하　'이토가 언제 오느냐'는 뜻일 거라고 생각했다.

재판장 그러면 출발 전에 안응칠이 피고에게 공작이 언제 올 것인지에 대해 말한 적이 있었는가.

유동하 그런 말은 11일 아침 출발할 때, 즉 정거장에서 내가 차표를 건네줄 때 안 응칠이 '러시아 대신과 일본 대관도 오기 때문에 그들을 영접할 겸 가는데, 만 나지 못하면 알릴 테니 그때 회답해 달라'고 말했다. 그것은 아직 기차에 타기 전인, 정거장에서 차표를 넘겨 줄 때의 일이다.

재판장 그때 우덕순과 조도선도 그 장소에 있었는가.

유동하 두 사람 다 없었다. 안응칠이 서 있었는데, 내가 안응칠에게 차표를 넘겨 줄 때 그렇게 말했다.

재판장 피고가 사 원을 받은 것은 그 전인가.

유동하 그 이야기를 듣기 전에 돈을 받았다.

재판장 그날 저녁때 피고는 전보를 받고 어떤 회답을 보냈는가.

유동하 안응칠이 떠나던 날 '가족과 일본 대신을 영접하러 간다'고 말했는데, '하얼빈에 언제 오느냐'고 전보를 친 것은 가족의 일이 아니라, 이토가 오는 날을 물어보는 것이라고 생각했다. 그래서 나는 내일 아침에 온다고 회답했 다.

재판장 내일 온다는 것은 어떻게 확인했는가.

유동하 안응칠이 말하기를 '일본 대신 이토는 대관(大官)이니 다른 사람들에게 세 세하게 물어 보는 일 따위는 하지 말라'고 했는데, 모두가 다 내일 아침에 온다 고 수군거리고 있었기 때문에 그 소문에 따라 전보를 친 것이다.

재판장 내일 아침 몇 시에 도착한다는 소문이었는가.

유동하 시간에 대해서는 듣지 못해서 몰랐다.

재판장 피고는 전에, 안응칠이 '이토 공에게 신세를 진 일이 있고, 또 청원하고 자 하는 일이 있어서 영접하러 가는 것이다'라고 말했다고 진술하지 않았는 가.

유동하 앞서 그렇게 말했는지는 기억나지 않는다. 그런 말은 듣지 못했다.

재판장 게다가 검찰관에게는 '그 이야기는 정거장에서 들은 것이 아니라, 김성백 의 집을 나오자마자 바로 말했다'라고 진술하지 않았는가.

유동하 그렇지 않다. 내가 정거장에서 차표를 건네줄 때 안응칠로부터 들었다.

재판장 또 그 전날 밤에도 안응칠은 김성백의 집에서 이토 공을 영접하러 가지 않으면 안 된다고 말하지 않았는가.

유동하 전날 밤엔 그런 말을 하지 않았다.

재판장 하얼빈을 출발한 다음날 안응칠은 하얼빈으로 되돌아왔는데, 피고는 몇 시쯤 안응칠과 만났는가.

유동하 시간은 잘 모르지만 오후였고 저녁 식사 전이었으니, 세시가 넘었을 것으로 생각한다. 그때 안응칠은 혼자 돌아와 있었다.

재판장 안응칠은 왜 돌아왔다고 말하던가.

유동하 전보의 내용을 몰라서 돌아왔다고 했다.

재판장 '내일 아침에 온다' 라고 전보를 쳤는데 그걸 모를 까닭이 없지 않은가.

유동하 나는 확실히 '내일 아침에 온다' 라고 전보를 쳤는데 안응칠은 모른다고 말했다.

재판장 안응칠은 그때 돈이 부족해서 돌아왔다고 말하지는 않았는가.

유동하 나는 그런 말을 듣지 못했다.

재판장 안응칠은 그후 김성백의 집을 나갔는가.

유동하 안응칠이 외출하는 것을 보지 못했다.

재판장 피고가 '내일 아침에 온다' 라고 전보를 쳤는데 그날 공작은 오지 않았으니, 틀린 전보를 보냈다는 것을 알고 있었는가.

유동하 11일의 소문으로는 12일 아침에 이토가 온다고 해서 그렇게 전보를 친 것인데, 도착하지 않았다. 그후 언제 도착한다는 말을 듣지 못했다.

재판장 안응칠은 12일 하얼빈으로 돌아와서, 피고에게 공작이 도착하는 것은 내일이 아니냐며 꾸짖었는가.

유동하 안응칠은 그 전보문의 의미가 분명치 않다고 말했다. 그래서 나는 '그대가 그대의 가족과 이토 공을 영접하러 간다고 했으니, 가족의 일을 묻는 전보라면 사연이 씌어 있었을 텐데, 그런 말이 없는 것으로 보아 이토 공의 도착을 묻는 전보구나 하고 생각했다' 고 말하고, 그래서 '내일 아침에 온다' 는 전보를 친 것이라고 말했다. 그랬더니 안응칠은 아무 말도 하지 않았다.

재판장 그때 안응칠은 정거장에서 신문을 보니 이토 공이 내일 도착한다는 기사가 있었다고 말하지 않았는가.

유동하 그런 말은 듣지 못했다.

재판장 안응칠은 그날 김성백의 집에서 묵었는가.

유동하 그렇다. 나도 함께 같은 방에서 잤는데, 별 말이 없었다.

재판장 안응칠은 우덕순과 조도선을 왜 남겨 두었는지 그 이유를 말하지 않았는가.

유동하 아무 말도 하지 않았다.

재판장 안응칠은 다음날인 13일 몇 시쯤에 집을 나갔는가.

유동하 그 시간은 모르지만 무슨 일인지를 하기 위해 나갔는데, 나가면서 아무말도 하지 않았다.

재판장 안응칠이 나간 뒤 이토 공이 정거장에서 화를 당했다는 소식을 몇 시에 들었는가.

유동하 그날 아침 아홉시쯤에 들었다.

재판장 안응칠이 그날 아침 김성백의 집을 나갈 때, 피고는 안응칠로부터 발송해 달라는 부탁을 받고 한 통의 편지를 받은 적이 있는가.

유동하 그런 적 없다.

재판장 12일 안응칠이 지야이지스고에서 돌아와서 다음날 아침에 나갈 때까지, 피고는 안응칠로부터 금품을 받은 적이 없는가.

유동하 아무것도 받지 않았다.

재판장 피고는 검찰관에게 '안응칠이, 13일 정거장에서 총성을 듣거든 발송해 달라고 부탁해서 편지를 받았다' 고 진술하지 않았는가.

유동하 그런 사실이 없는데, 물음에 대해 일일이 대답하라고 해서 묻는 대로 대답했던 것이다.

재판장 그리고 피고는 12일 안응칠이 '13일에 이토 공이 하얼빈에 도착하는데, 이기회에 공작을 살해할 것이니 이 일은 다른 사람에게 말하지 말아라. 다른 사람에게 말하면 너를 죽이겠다' 고 피고에게 말했다고 검찰관에게 진술했다는데, 어떻게 된 것인가.

유동하 나는 그런 말을 들은 적이 없다.

재판장 피고는 안응칠이 권총을 가지고 있는 것을 알고 있었는가.

유동하 몰랐다.

재판장 안응칠은 13일 아침 외출했을 때, 김성백의 집에 휴대품을 남겨 두지 않았던가.

유동하 그날 아침 내가 자고 있던 옆에 양복 상의가 하나 있어서, 뭔가 볼일이 있어서 나갔을 것이라고 생각했다. 그 상의의 오른쪽 주머니에 지갑이 들어 있었는데, 그걸 꺼내서 내가 가지고 있었다. 또 그때 가방도 있었지만 가방 속은 들여다보지 않았다.

재판장 안응칠의 지갑에는 무엇이 들어 있었는가.

유동하 속은 열어 보지 않고 가지고만 있었다.

재판장 피고는 13일에 안응칠이 외출할 때까지, 그가 이토 공을 살해할 목적으로 하얼빈에 와 있다는 것을 알지 못했는가.

유동하 전혀 몰랐다.

재판장 그런데 피고는 검찰관에게, 12일 밤에 안응칠이 '드디어 내일은 이토 공을 살해할 것이다'라고 말했다고 진술하지 않았는가.

유동하 그때 나는 무슨 영문인지 몰랐었다. 물음에 대답하라고 해서 그렇게 말한 것이다.

재판장 취조에 대해 사실이 아닌 진술을 할 까닭이 없지 않은가.

유동하 '이러이러했지'라고 묻기에, 나는 그저 '네' '네' 하고 대답했던 것이다.

재판장 그렇다면 피고는 전혀 관계가 없는데, 처음부터 위명(僞名)을 댄 것은 무슨 까닭인가.

유동하 13일 아침 아홉시쯤 밖에서 사람들이 '어떤 사람이 이토 공을 죽였다'는 이야기를 하고 있었는데, 그후 많은 한국인들이 와서 그 하수인(下手人)이 안응칠이라고 말하고 있었다. 이윽고 러시아 경관이 와서 '유동하'라고 부르기에, 겁이 나서 나는 러시아 말로 '유가노'라고 속였지만 체포되어 수감됐다. 그후부터는 일본인이 나를 조사했는데, 유동하라고 말하면 의심받을 것이라고 생각하고 유강로라고 일부러 거짓 진술을 한 것이다.

재판장 10일 밤 피고는 포브라니치나야의 부친에게 편지를 썼는가.

유동하 그렇다. 틀림없다.

재판장 그 편지는 안응칠이 초안을 잡아 준 것이 아닌가.

유동하 그렇지 않다. 모르는 글자를 안응칠에게 배워서 쓴 것이다.

재판장 그때 안응칠이 신문사로 보내는 편지를 쓰고 있는 것을 피고는 보지 않았는가.

유동하 본 적 없다.

재판장 그날 밤 피고는 신문사로 보낼 편지의 겉봉을 써 달라고 부탁받은 일도 있으니, 안응칠이 쓰고 있었던 것은 알고 있었을 것이 아닌가.

유동하 내가 김성백이 가 있던 학교로 심부름 갔다가 돌아왔을 때 이미 편지 한 통이 봉투에 넣어져 있었다. 안응칠이 그걸 나에게 넘겨 주었고, 나는 그 봉투의 겉봉을 써서 안응칠에게 다시 주었다.

재판장 그 서면에는 안응칠과 우덕순이 날인했는데, 피고는 그 도장 찍는 것을 보지 않았는가.

유동하 보지 못했다.

재판장 피고는 블라디보스토크의 유진율에게 백 원을 송금하라는 전보를 발송했는가.

유동하 그렇다. 틀림없다. 안응칠이 치라고 해서 친 것이 아니다. 전에 안응칠이 말한 대로 신문사에 전보를 치면 돈을 보내 온다고 했기 때문에, 내가 받아서 쓸 생각으로 안응칠의 이름으로 11일 점심때쯤 전보국으로 가서 발송했다.

재판장 안응칠이 신문사와 어떤 관계가 있어서 신문사에서 송금할 것이라고 했는지는 듣지 못했는가.

유동하 그건 듣지 못했다. 나는 안응칠에게는 비밀로 하고 그 돈을 쓸 생각으로 전보를 쳤던 것이다.

재판장 (피고 안중근에게) 피고는 11일날 블라디보스토크의 신문사에 있는 유진율에게 백 루블을 보내라는 뜻의 전보를 쳐 달라고 유동하에게 부탁한 일이 없는가.

안중근 11일에 내가 유동하에게 부탁한 것은 아니다. 김성백으로부터 돈을 꾸어 오라고 말했을 때 유동하가 '어떻게 갚겠느냐' 고 해서 나는 유진율에게 편지를 보내면 송금해 줄 것이라고 했는데, '편지로는 시간이 부족할 테니, 전보를 쳐 달라' 고 하기에 '그러면 그렇게 전보를 칠 테니 꾸어 오라' 고 했다. 그래서 유동하가 꾸러 갔지만 김성백이 꾸어 주지 않아서 편지도 전보도 발송할 필요가 없어졌기 때문에 발송을 보류하고 11일 나는 하얼빈을 출발했다. 그 뒤 유동하가 제멋대로 전보를 친 것이다.

재판장 (피고 유동하에게) 그 유진율에게 보낸 전보에 의해 유진율로부터 송금 또
는 회답이 있었는가.

유동하 회답도 아무것도 오지 않았다.

이때 재판장은 정오가 되어 일단 퇴정할 뜻을 알리고 폐정했다.

당일 오후 한시 같은 장소에서 동일한 재판장, 검찰관, 서기 입회하에 통역촉탁 소노키 스에요시 통역으로 심판을 공개
하다. 피고인은 모두 신체의 구속을 받지 않고 출정하며, 변호인으로 미즈노 기치타로와 가마다 세이지가 출두했다. 재
판장은 오전에 계속해서 심리할 뜻을 알리고, 각 피고인들에게 본건의 증거로 송치된 러시아 관헌에서 작성한 번역 서
류 중, 러시아 재무장관 코코흐체프에 대한 신문조서, 러시아 시심(始審) 판사 스트라조프가 작성한 검사조서, 러시아
재무장관 부국장(官房長) 리요프에 대한 신문조서, 러시아 동청철도 경찰서장 직무대리 니키호로프에 대한 조서, 지야
이지스고역 주재 경찰 관리 군조 세민에 대한 조서, 지야이지스고역 식당업자 세미코노프에 대한 신문조서, 김성백의
집에 기숙했던 쿠스토프 · 마라페프 · 김(金)씨에 대한 각 신문조서, 하얼빈역 주재 러시아 헌병 군조 마르키치에 대한
신문조서, 그리고 본건 기록 중, 증인 후루야 히사즈나(古容久綱) · 고야마 젠(小山善) · 가와카미 도시히코 · 다나카 세
이지로에 대한 검찰관의 각 신문조서, 감정인 고야마 젠에 대한 검찰관의 신문조서, 오미(尾見薰) · 쇼토쿠 히로카(正德
岡熙敬)의 각 감정서, 증인 아베 다카(阿部) · 모리 료이치(森良一) · 에사키(江崎勝太郎) · 가하라(河原郡平) · 구도(工藤
淸三郎) · 가슈(夏秋龜一) · 후지노(藤野鎌太郎) · 후루자와(古澤幸吉) · 나카무라(中村是公) · 莊司鐘五郎 · 김성백에 대
한 검찰관의 각 신문조서, 참고인 이나타 하루(稻田) · 정(鄭)씨 · 김(金)씨 · 김(金)씨(정대호의 모친) · 정(鄭)씨(정대호의
누이) · 김(金)씨(정대호의 처) · 안정근 · 안공근에 대한 검찰관의 각 청취서, 古場 와키 · 안중근의 장남 · 모리 야스지로 ·
무로다 요시부미(室田義文)에 대한 각 청취서, 각 피고인에 대한 검찰관의 각 신문조서를 읽어 들려 주고, 압수물 조서에
기재된 각 증거물을 제시했다.

재판장 (피고 안중근에게) 피고는 지야이지스고를 출발할 때, 우덕순에게 '지야이
지스고는 군대의 경계가 엄중해서 실행하기에 불리하니 하얼빈의 상황을 살펴
보고 오겠다'라고 말했다고 검찰관에게 진술했는데, 실제로 여비조달 외에 그
것도 지야이지스고를 떠난 하나의 이유였던 것이 아닌가.

안중근 나는 그런 진술을 한 기억이 없다. 지야이지스고보다도 하얼빈이 경계가
엄중하리라는 것은 상식적으로도 알 수 있다고 생각한다. 또 지야이지스고를
떠날 때까지, 특별히 군대의 경계가 엄중했다고 느끼지 못했다.

재판장 우덕순은 그때부터 탄환을 받았지만 차 안이 아니라 지야이지스고의 찻집
이라고 말하는데, 어떻게 된 것인가.

안중근 그런 것들은 부차적인 것으로 본건과 깊은 관계는 없다고 생각한다. 나는

차 안에서 우덕순에게 넘겨 줬다고 기억하고 있지만, 우덕순이 그렇게 말했다면 어쩌면 그것이 사실일지도 모른다고 생각한다.

재판장 피고는 그 탄환을 우덕순에게 장전해 줬는가.

안중근 그런 것들에 대해서는 상세한 기억이 없다.

재판장 (피고 우덕순에게) 검찰관의 피고에 대한 제2회 신문에서 피고가 진술한 바에 의하면, 10일 밤 김성백의 집에서 편지를 쓸 때, 안응칠이 '이번 일이 성공하면 죽음을 피할 수 없을 것이니, 출처를 밝히기 위해 날인하여 신문사에 발송해야 한다' 라고 말하고 썼다고 하는데 사실인가.

우덕순 안응칠이 그렇게 말하지는 않았다. 그가 나에게 '도장을 빌려달라' 고 하기에 '무엇에 쓰려고 그러느냐' 고 했더니, '신문사에 편지를 보내려고 한다' 고 했다. 나는 더 묻고 싶었지만 옆에 조도선이 있어서 잠자코 있었다. 그런데 내가 생각하기로는 이번 일에 대해 결행자의 성명을 신문사에 보내려 하는 것으로 생각했기 때문에, 내가 생각한 대로 말했던 것이다.

재판장 지야이지스고에서 안응칠과 헤어질 때, 안응칠은 '이곳에 세 명이나 모여 있을 필요가 없으니, 나는 혼자 하얼빈으로 가겠다' 라고 말했다고 하는데 사실인가.

우덕순 그렇지 않다. 안응칠은 처음에 이곳이 하얼빈보다도 장소가 좋다고 생각했는데, '세 명이나 이곳에 있으면 여비가 부족하니, 여비를 마련하러 갔다 오겠다' 고 말하고 떠났다.

재판장 그리고 조도선에게는 '친척을 마중하기 위해서' 라고 말해 두었다고 했지만, 안응칠이 '실은 공작을 살해하기 위해 왔다' 고 지야이지스고로 가는 기차 안에서 털어놓았다는 진술은 진실이라고 생각되는데 어떠한가.

우덕순 그런 말을 듣지는 못했다. 차 안에서 안응칠에게 내가 '조도선에게 그 일을 이야기했는가' 고 물으니, 안응칠은 잠자코 있으라고 말했다.

재판장 그러면 검찰관에게는 왜 그렇게 진술했는가.

우덕순 내가 그런 말을 했을 까닭이 없다. 내가 그렇게 진술한 것이 사실이라면 부인하지는 않겠지만, 결코 사실이 아니다.

재판장 피고는 또 안응칠과 대질신문할 때도 '조도선에게 공작을 살해한다는 말을 했느냐고 안응칠에게 물었더니, 안응칠이 잠자코 있다가 그 이야기는 했다고 말했다'고 진술하지 않았는가.

우덕순 그때도 나는 그렇게 진술하지 않은 것으로 기억한다.

재판장 (피고 조도선에게) 피고는 지야이지스고로 가는 차 안에서, 안응칠로부터 '우리들은 이토 공을 살해하기 위해 가는 것이다'라는 이야기를 듣지 못했는가.

조도선 그런 이야기는 듣지 못했다.

재판장 (피고 안중근에게) 지야이지스고로 가는 기차 안에서, 우덕순이 '조도선에게 그 이야기는 했느냐'고 피고에게 물은 적이 없는가.

안중근 우덕순으로부터 질문받은 적은 없었다고 생각한다.

재판장 (피고 조도선에게) 피고는 작년 11월 19일 검찰관에게 '전에는 사실대로 진술하지 않았지만 오늘은 사실대로 진술하려고 한다'면서 서면을 제출하고 진술한 사실 중, 지야이지스고에서 안응칠이 하얼빈으로 전보를 쳐 달라고 피고에게 부탁했을 때, 안응칠이 '실은 우리들은 일본 대신을 살해하기 위해 이곳까지 와 있는 것이다'라고 해서, 피고는 '이제까지 속아 왔다'고 생각하며 놀라서 그날 밤은 잠도 잘 수 없었다고 했는데, 그것은 사실인가.

조도선 안응칠로부터 그런 말을 들은 적이 없다. 나는 한국 관청으로부터도 호출됐던 적이 없었는데, 더구나 외국 관청에서 신문을 받고 있어서 무서웠기 때문에, 여러가지 일에 대해 진술했지만 어떤 진술을 했는지 기억이 없다.

재판장 그리고 그때의 회답에 '블라디보스토크로부터 온다'라고 해서, 그것으로 안심이라고 생각하고 있었다고 진술하지 않았는가.

조도선 그렇게 말하지 않았다. '내일 아침 온다'는 전보여서, 안응칠에게 가족이 블라디보스토크에서도 오냐고 물어봤던 것이다.

재판장 또 우덕순이 이토 공이 타고 오는 기차는 몇 시에 도착하냐고 묻기에, 정거장에서 그 일에 대해 물어보니 내일 아침 여섯시에 도착한다고 했는데, 일부러 시간을 속여 다섯시라고 우덕순에게 알렸다고 진술하지 않았는가.

조도선 그런 적 없다. 이번에 말한 대로 12일 저녁때 정거장에서 사람들이 떠들고 있었는데, 우덕순이 무엇 때문에 사람들이 떠드냐고 묻기에, 나는 러시아 사람들의 말로는 '내일 아침 여섯시에 일본 대신이 온다'고 말하고 있다고 알렸던 것이다.

재판장 그러면 검찰관에게 피고는 거짓을 진술한 것인가.

조도선 이번 외에 전에 신문을 받았을 때의 물음에 대해서는 뭐라고 진술했는지 기억이 없다.

재판장 (피고 안중근에게) 피고는 지야이지스고에서 전보를 칠 때 조도선에게 이번 목적을 털어놓고 이야기했는가.

안중근 조도선에게 이야기한 적은 결코 없다.

재판장 (피고 유동하에게) 피고는 처음 1, 2회 신문시 검찰관에게 사실을 진술하지 않았다. 그런데 제3회에 이르러 '실은 나는 유동하다'라고 진술했다. 또 '안응칠이 지야이지스고로 출발할 때, 이번에 이토 공이 오는데 자기는 공작에게 신세를 진 일도 있고 또 청원할 일도 있어서 영접하러 간다며, 만날 수 없으면 전보를 칠 테니 그때 공작이 하얼빈에 도착하는 일시를 알리라고 말했다'고 진술하지 않았는가.

유동하 그렇지 않다. 안응칠이 출발할 때는 '가족을 마중할 겸 이토도 온다고 해서 만나러 가는데, 만약 만날 수 없으면 서신을 보내겠다'고 말했고, 그 외에 전보를 치라든가 회답하라고 하는 말은 듣지 못했다.

재판장 (피고 안중근에게) 지야이지스고로 갈 때, 유동하에게 이토 공이 도착하는 시간을 알리라고 했던 적은 없는가.

안중근 그런 적 없다. 유동하가 진술하는 것은 앞뒤가 맞지 않는 것뿐이어서 취하기에는 부족한 것으로 생각한다.

재판장 유동하는 12일 밤 김성백의 집에서, 피고가 '나는 이토 공을 살해하려 하니 이 일을 다른 사람들에게 말하면 너를 죽이겠다. 그리고 신문사로 보내는 서면은 내일 정거장 방면에서 총성을 듣거든 발송하라'고 말했다고 진술했는데, 피고는 이와 같이 말하지 않았는가.

안중근 나는 그렇게 말한 기억이 없다. 유동하는 여러가지 일을 말하고 있지만, 어느 것이고 이유가 없는 것으로 믿을 수가 없다.

재판장 (피고 유동하에게) 피고는 제마음대로 안응칠의 명의로 블라디보스토크로 송금하라는 전보를 쳤는데, 안응칠이 가족을 마중하고 다시 돌아오면 곧 드러날 텐데 왜 그런 짓을 했는가.

유동하 돈을 보내 오면, 나는 하얼빈에서 쓰고 곧 돌아가려고 했기 때문에 발각될 까닭은 없다고 생각한다.

재판장 (피고 조도선에게) 이것은 피고의 소유품인가.

이때 메이지 42년 검영특(檢領特) 제1호의 20~22를 제시하다.

조도선 그렇다. 틀림없다. 권총과 총알은 내가 평상시에 호신용으로 휴대하고 있었던 것이다.

재판장 (피고 우덕순에게) 이것은 피고가 이번에 휴대하고 있었던 피고의 소유품인가.

이때 메이지 42년 검영특 제1호의 17~19를 제시하다.

우덕순 그렇다. 틀림없다.

재판장 이 도장은 피고의 호를 새긴 것인가.

이때 메이지 42년 검영특 제1호의 18 도장을 제시하다.

우덕순 그것은 이번에 편지에 도장을 찍는다고 할 때 안응칠에게 넘겨주어 찍게 한 것이지만, 내 호를 새긴 것은 아니다. 경성을 한양이라고 해서 그것을 새기게 한 것이다.

재판장 (피고 안중근에게) 이것은 피고가 이번에 하얼빈에서 이토 공을 살해하는 데 사용했던 것인가.

이때 메이지 42년 검영특 제1호의 1을 제시하다.

안중근 그렇다. 틀림없다.

재판장 (피고 유동하에게) 이것은 누구의 소유품인가.

이때 메이지 42년 검영특 제1호의 16을 제시하다.

유동하 그건 안응칠의 것으로, 13일 아침 김성백의 집에서 안응칠의 옷 주머니에 들어 있었는데, 그 안의 서류들은 러시아 관헌에서 내 것과 같이 넣어 안응칠의 것과 섞였다.

재판장 그 지갑은 피고가 안응칠로부터 얻은 것이 아닌가.

유동하 내가 얻은 것은 아니다.

재판장 (피고 안중근에게) 이것은 피고의 소유품인가.

이때 메이지 42년 검영특 제1호의 16과 33을 제시하다.

안중근 내 것에 틀림없다. 지갑은 13일 아침 옷을 갈아입을 때, 전에 입던 옷에 넣어둔 채로 잊어버리고 그대로 김성백의 집에 두었던 것이다.

재판장 (피고 유동하에게) 이 전보는 피고가 받았던 것인가.

이때 메이지 42년 검영특 제1호의 8을 제시하다.

유동하 그렇다. 틀림없다. 그 편지에는 '지야이이지스고에 도착했다. 하얼빈 정거장에 오거든 알리라'는 내용이 씌어 있다.

재판장 (피고 안중근에게) 피고가 유동하에게 보낸 전보는 지금 유동하가 진술한 대로의 의미였는가.

안중근 내가 유동하에게 보낸 것은 '이곳까지 왔다. 알릴 일이 있으면 알리라'는 내용이었다.

재판장 (피고 조도선에게) 안응칠은 이와 같이 말하는데, 지야이지스고에서 안응칠이 유동하에게 보낸 전보의 내용은 어떠했는가.

조도선 내가 발송할 때 통역한 것은 지금 안응칠이 말한 대로였다고 생각한다.

재판장 지야이지스고에서 받은 전보의 용지(用紙)는 어떻게 했는가.

조도선 그 전보는 안응칠이 나에게 '이걸 번역해 달라'고 말하며 보여줬을 뿐이어서, 그후 어떻게 됐는지 나는 모른다.

재판장 (피고 안중근에게) 이것은 11일 밤 피고가 김성백의 집에서 썼던 것인가.

이때 메이지 42년 검영특 제1호의 10을 제시하다.

안중근 그렇다. 틀림없다. 그것은 나의 목적을 썼던 것이다.

재판장 신문사로 보내는 서면이란 것은 이것이 틀림없는가.

이때 메이지 42년 검영특 제1호의 11을 제시하다.

안중근 그렇다. 그것이 우덕순과 나의 연명으로 돼 있는 편지이다.

재판장 (피고 우덕순에게) 여기에는 피고의 도장이 찍혀 있다. 이것이 바로 신문사로 보내는 서면인가.

이때 메이지 42년 검영특 제1호의 11을 제시하다.

우덕순 과연 이것인지 어떤지는 모르지만, 안응칠이 '편지를 보내려고 하니 도장을 빌려달라'라고 해서 도장을 줬다. 그리고 안응칠이 날인했다.

재판장 (피고 유동하에게) 이것은 피고가 안응칠의 부탁으로 겉봉을 쓴 것인가.

이때 메이지 42년 검영특 제1호의 11을 제시하다.

유동하 그렇다. 내가 쓴 것에 틀림없다.

재판장 그런데 그 겉봉을 피고가 가지고 있었던 것은 무슨 까닭인가.

유동하 그것은 안응칠의 지갑 속에 접힌 채 들어 있었는데, 내가 그 지갑과 함께 가지고 있다가 러시아 관헌에게 압수당했다.

재판장 이것은 어떻게 된 것인가.

이때 메이지 42년 검영특 제1호의 10을 제시하다.

유동하 그것도 앞서의 서면과 같이 접혀서 지갑 속에 넣어져 있었다.

재판장 그러면 피고가 검찰관에게 '그 신문사로 보내는 서면은 발송해 달라는 부탁을 받고, 받아서 가지고 있었다'고 진술한 것은 거짓이었는가.

유동하 그렇다. 실은 그때 묻는 것에 대해 '그렇다'라고만 대답하라고 해서, 묻는 대로 대답했던 것이다.

재판장 (피고 안중근에 대해) 피고는 이 두 통의 겉봉을 봉한 편지를 지갑에 넣어 웃옷 속주머니에 넣어 둔 채로 외출했는가.

이때 메이지 42년 검영특 제1호의 10과 11을 제시하다.

안중근 지갑 속에 넣었는지 어떤지는 기억나지 않으나, 웃옷 속주머니에 넣어 두었었다.

재판장 (피고 우덕순에게) 피고가 10일 밤 김성백의 집에서 썼던 노래는 이것이 틀림없는가.

이때 메이지 42년 검영특 제1호의 12를 제시하다.

우덕순 그것이 틀림없다.

재판장 이 노래는 이번에 체포될 때까지 피고가 가지고 있었는가.

우덕순 나는 하얼빈을 출발할 때 차 안에서 바로 누구에겐가 준 것으로 기억하고 있는데, 내가 가지고 있었는지 어떤지 기억이 없다.

재판장 (피고 안중근에게) 피고는 우덕순이 노래를 썼을 때, 그걸 본 적이 없는가.

이때 메이지 42년 검영특 제1호의 12를 제시하다.

안중근 본 적 없다.

재판장 그러면 그 노래도 피고의 것과 동봉해 두지 않았는가.

안중근 그러지 않았다.

재판장 피고의 도장은 어떻게 했는가.

안중근 지갑에 넣어 두었는데, 그후 어떻게 됐는지 모른다.

재판장 (피고 유동하에게) 피고는 노래가 적혀 있는 것을 우덕순으로부터 받은 일이 없는가.

유동하 받은 일 없다.

재판장은 각 피고인에게 앞서 읽어 들려 준 서류와 제시한 증거물에 대해 의견이 있는지를 묻고, 또 유리한 증거를 제출할 수 있다는 뜻을 알렸더니, 각 피고인은 다음과 같이 진술했다. 유리한 증거에 대해서는 피고 모두 '없다'는 뜻을 진술했고, 서류와 증거물에 대한 의견에 대해 피고 조도선과 유동하는 '없다'는 뜻을 진술했고, 피고 안중근과 우덕순은 다음과 같이 진술했다.

안중근 이번의 거사에 대해 지금까지 그 목적의 대요(大要)는 말했다. 나는 헛되이 살인을 좋아해서 이토를 죽인 것이 아니다. 단지 나의 큰 목적을 발표하는 하나의 수단으로서 한 것이기 때문에, 세상의 오해를 없애기 위해 진술하고자 하는 것이 있으니, 다음과 같이 그 대요를 말하겠다.

이번의 거사는 나 일개인을 위해 한 것이 아니고 동양평화를 위해 한 것이다. 러일전쟁에 대한 일본 천황의 선전조칙(宣戰詔勅)에 의하면, 러일전쟁은 동양평화를 유지하고 한국의 독립을 공고히 하기 위해 한다는 것이었다. 그래서 일본이 개선(凱旋)했을 때, 한국인은 마치 자국이 개선한 것처럼 기뻐했다. 그런데 이토가 통감으로 한국에 와서 한국의 상하(上下) 인민들을 속여 5개조의 조약이 체결됐다. 이는 일본 천황의 뜻에 반하는 것이었기 때문에 국민은 모두 통감을 원망하게 되었다. 그런데 이어서 또 7개조의 조약을 체결당함으로 인해 한국은 더욱더 불이익을 당했을 뿐만 아니라, 있어서는 안 될 일로, 황제의 폐위까지 행해졌다. 그래서 모두 이토 통감을 원수로 생각하고 있던 것이다. 따라서 나는 삼 년간 도처에서 유세도 하고, 또 의병의 참모중장으로서 각지의 싸움에도 참가했다. 이번의 거사도 한국 독립전쟁의 하나로, 나는 의병의 참모중장으로서 한국을 위해 결행한 것이지 보통의 자객으로서 저지른 것이 아니다. 따라서 지금 나는 피고인이 아니라 적군에 의해 포로가 돼 있는 것이라고 생각하고 있다.

오늘날 한국과 일본과의 관계를 보면, 일본인으로서 한국의 관리가 되고 또 한국인으로서 일본의 관리가 되어 있으니, 서로 일본과 한국을 위해 충성을 다하지 않으면 안 된다. 이토가 통감으로서 한국에 와서부터 5개조와 7개조의 조약을 압박을 가해 강제로 체결하게 하고, 또 이토 개인은 한국의 신민으로 취급돼야 될 텐데, 심하게도 황제를 억류하여 마침내 폐위시키기까지 했다. 원래 사회에서 가장 존귀한 것은 황제이기 때문에, 황제를 침해하는 것은 있어서는 안 될 일인데도 공작은 황제를 침해했다. 이는 신하로서는 있을 수 없는 행위이며, 그는 더이상 있을 수 없는 불충한 자다. 그러므로 한국에서는 지금도 의병이 도처에서 일어나 싸우고 있는 것이다. 일본 천황의 뜻은 한국의 독립을 공고히 하고 동양의 평화를 유지한다는 것인데, 이토가 통감으로 한국에 오고부터 그가 하는 방식이 이에 반하기 때문에 한일 양국은 지금도 싸우고 있는 것이다. 그리고 한국의 외부와 법부 및 통신기관 등은 모두 일본이 인계하기로 했는데, 그래서는 한국의 독립이 공고하게 될 까닭이 없다. 그러므로 이토는 한국과 일본에 대한 역적이다. 특히 이토는 앞서 한국인을 교사(敎唆)하여 민비를 살해하게 한 일도 있다.

또 이런 일은 이미 신문 등에 의해 세상에 발표돼 있는 것이라 말하는 것인데, 우리들은 일찍이 이토가 일본에 대해 공로가 있다는 것은 듣고 있었지만, 다른 한편으로는 일본 천황에 대해서 역적이라는 것도 들었다. 이제부터 그 사실을 말하고자 한다.

이때 재판장은 이후 본건의 재판을 공개하는 것은 사회의 안녕과 질서를 해칠 우려가 있다고 인정하여, 공개를 정지한다는 뜻의 결정을 언급하고, 방청객을 퇴정시켰다.

재판장 (재판장은 변호인의 요구에 의해 피고 안중근에게) 피고가 정치상의 의견을 발표하고자 한다면 상세하게 서면으로 제출하는 것이 어떤가.

안중근 이건 주의받을 만한 것도 아니라고 생각한다. 그리고 나는 글을 쓸 수 없다. 또 옥중에서 이렇게 추운 날씨에 글을 쓸 기분은 조금도 없다. 나는 좋아서 여러가지 말을 하는 것이 아니다. 우리들의 목적만은 발표하고자 생각했기 때문에 의견을 진술했고 그러던 중에 공개를 금지했는데, 이 일들은 내가 보고 들은 것을 진술하는 것이므로 공개를 금지할 필요는 없다고 생각한다. 이번에 거사를 결행한 이유 중 하나는 우리들의 의견을 진술할 기회를 얻기 위한 것인데, 공개를 금지한 이상 진술할 필요는 없다고 생각한다.

"대한독립은
내
삶의
목적이요,
평생의
사명이다."

재판장 그러면 피고는 앞서의 진술에 계속해서 진술할 의견은 없는가.

안중근 내가 진술하다가 만 것은 이미 알 것이라고 생각하기 때문에, 방청객이 없으면 진술할 필요가 없다.

재판장 그러면 그 밖에 피고의 흉행 목적에 대해 본건 심리 중에 진술해 둘 필요가 있다고 생각하는 일을 이번에 진술하라.

안중근 그에 대해서는 할 말이 많으니 말하겠다. 나는 일본의 사천만 인민과 한국의 이천만 동포를 위해, 또한 한국 황제 폐하와 일본 천황에 충의를 다하기 위해 이번의 거사를 결행한 것이다. 지금까지 이미 수차 말한 대로 나의 목적은 동양평화에 대한 문제에 있고, 일본 천황의 선전조칙과 같이 한국으로 하여금 독립을 공고히 하는 것은 내 평생의 목적이자 또한 평생의 일이다. 무릇 세상에는 작은 벌레라도 제 몸의 생명과 재산의 안고(安固)를 빌지 않는 것은 없다. 하물며 인간된 자는 더더욱 자신들을 위해서 온 힘을 다하지 않으면 안 된다고 생각한다.

그런데 이토가 통감으로서 하는 짓은 입으로는 평화를 위한다고 말하지만 실제로는 이에 반하고 있다. 진정으로 그런 생각이 있었더라면, 한일 양국인 사이에 서로 격(隔)하는 곳이 없고 한 나라 사람 같은 생각을 가지도록 온 힘을 다하지 않으면 안 된다고 생각한다. 이토는 통감으로서 한국에 온 이래로 한국 인민을 죽이고, 선제를 폐위시키고, 현 황제에 대해 자기 부하와 같이 압제하고, 인민을 파리 죽이듯이 죽였다.

원래 생명을 아끼는 것이 인정(人情)이지만, 영웅은 늘 신명을 던져 나라에 진충하도록 교훈하고 있다. 그러나 이토는 멋대로 다른 나라 사람을 죽이는 것을 영웅으로 알고, 한국의 평화를 어지럽게 하며 십수만의 인민을 죽였다. 하지만 나는 일본 천황의 선전조칙에 있는 것과 같이 동양의 평화를 유지하고 한국의 독립을 공고히 하여, 한일청(韓日淸) 세 나라가 동맹하여 평화를 부르짖고 팔천만 이상의 국민이 서로 화합하여 점차 개화의 영역으로 진보하며, 나아가서는 유럽과 세계 각국과 더불어 평화에 온 힘을 다하면, 시민은 안도하여 비로소 선전조칙에도 부응할 것이라고 생각한다. 그런데 이토가 있어서는 동양평화가 유지될 수 없다고 생각했기 때문에 이번 일을 결행한 것이다.

이상과 같이 이토는 통감으로 온 이래로 황제를 폐하고, 현 황제를 압제하며,

또 다수의 인민을 죽이는 등 더욱 한국을 피폐하게 했다. 그러고도 일본 천황이나 일본국민에게는, 한국은 일반적으로 일본의 보호에 복종하고 있다고 발표하여, 일본의 상하 인민을 속이고 한국과 일본과의 사이를 소격(疎隔)케 했다. 나는 이렇게 생각하고 기회를 기다려 없애 버리려고 하던 차에, 이번에 하얼빈에서 그 기회를 얻어 일찍부터의 목적에 의해 이토를 살해했던 것이다.

피고 우덕순은 다음과 같이 진술했다.

우덕순 러시아 관헌에서 작성한 조서 중에, 우리들이 이토가 하얼빈에서 살해되었다는 소식을 지야이지스고에서 듣고 대단히 기뻐하며 '우리들도 같은 목적으로 와 있는 사람이며, 그를 살해한 자는 우리들의 친구이다' 라고 말했다는 대목이 있는데, 나는 러시아 말을 몰라서 조도선의 통역으로 일을 처리하고 있었기 때문에 그런 말은 한 적이 없다.

또 내가 이토를 연구한 바로는, 통감으로서 왔을 당시 이토는 단지 일본정부를 대표하여 한국의 독립을 공고히 하기 위해 온 사람이라고 생각했다. 그런데 사실은 그에 반하여, 일본 천황의 뜻을 가리고 한일 양국의 사이를 소격케 하여 한국을 오늘과 같은 비경(悲境)에 빠뜨렸다. 현재 서양은 평화를 가장하고 동양을 엿보고 있는데, 순망치한(脣亡齒寒)이라는 말도 있듯이 한국의 오늘날의 상황으로 봐서는 동양의 평화도 따라서 깨질 것이라고 생각한다. 그러므로 일본 천황의 높은 덕을 가리고 또 한일 양국을 소격케 하는 이토를 없애 버리면, 따라서 평화가 유지될 것으로 생각하고 살해하기에 이르렀던 것이다. 나는 이 밖에는 할 말이 없다.

재판장 (피고 안중근에게) 본 사건을 재판하는 데 있어서 이상과 같은 정치적인 일에 관한 의견은 더이상 깊이 말할 필요가 없다고 생각한다. 피고도 훗날 거듭 이런 의견을 진술할 뜻이 없다면, 심리를 공개해도 지장이 없다. 그래도 심리 중에 다시 오늘과 같은 의견을 진술할 생각이 있는가.

안중근 나는 개인적인 원한에 의해 살해한 것이 아니다. 정치적인 관계에서 본 사건이 일어난 것이기 때문에 정치적인 의견을 말할 필요가 있다고 생각한다. 그러나 이제 공개를 금지하게 된 원인에 대해서도 대개 미루어 알게 됐고, 또 나도 명예로운 인물을 헐뜯는 것은 유감이라고 생각한다. 필요상 말해 버렸지만 이후 이런 의견은 말하지 않을 생각이다.

이에 재판장은 이후의 심리에 대해서는 공개금지를 해제할 뜻을 결정했다고 언급한 후 다음 재판 날짜를 10일 오전 아홉시로 지정하고, 그날 그 시간에 출정하라는 뜻을 명하고 폐정했다. 메이지 43년 2월 9일. 관동도독부 지방법원. 서기 와타나베 료이치. 재판장 마나베 주조.

안중근 외 3명 제4회 공판시말서. 피고 안응칠이라 하는 안중근 외 3명. 위 살인피고사건에 대해 메이지 43년 3월 10일 오전 아홉시 관동도독부 지방법원 형사법정에서 재판장 마나베 주조 출석, 검찰관 미조부치 다카오, 서기 와타나베 료이치 입회하에 통역촉탁 소노키 스에요시 통역으로 심판을 공개한다. 피고인은 모두 신체의 구속을 받지 않고 출정하며, 변호인으로 미즈노 기치다로와 가마다 세이지가 출두했다. 재판장은 전회에 계속해서 심리할 뜻을 알리고,

재판장 계속해서 재판한다. 어제 폐정할 때 이후 본건에 대한 재판은 공개를 금할 필요가 없다고 했으니, 오늘은 공개석상에서 재판한다. 지금부터는 본건의 범죄사실에 대한 검찰관의 논고가 있겠다.

미조부치 검찰관 좀 길어질지 모르겠지만 본건 사실의 문제를 사실론과 법률론 둘로 나누어서 논고하겠다. 우선 첫번째로 피고의 성격에 대해 말할 필요가 있으니, 이에 대해 처음 유동하부터 시작하겠다.

피고 유동하는 포브라니치나야에 있는 한의(漢醫)의 자식으로, 집에는 다소의 재산이 있는 것 같다. 조선의 관습에 따라 일찍부터 결혼한 자로, 교육은 거의 받지 못했다고 해도 과언이 아니며, 고국을 떠나 오랫동안 러시아령에 있었기 때문에 러시아 문자와 말에 있어서는 일상적인 대화에 지장이 없을 정도이나, 정치적인 독립사상 같은 것은 전혀 없다. 성격은 간사하여, 예컨대 대동공보사의 유진율에게 송금해 달라고 요청하면 돈을 받을 수 있다는 것을 듣고는, 안중근이 지야이지스고로 떠나자 그가 살아 돌아오지 못할 것이라고 생각하고, 안중근의 이름으로 백 루블을 사취하려고 했는데, 이런 사실이 그 하나의 증거라고 할 수 있다. 한국인은 어려서는 교활한 꾀가 있고 성장해서는 늙어 무능해진다고 하는데, 유동하의 교활한 꾀는 역시 그 예를 보여주는 것이다.

피고 조도선은 고향에 부친이 생존하지만 일찍이 집을 떠나 러시아령에서 세

탁업과 토공(土工)에 종사했으며, 원래부터 재산을 가지고 있지는 않았다. 그가 작년 음력 7, 8월경에 하얼빈으로 온 것이 야반도주나 다름없다고 하는 것은 그 자신이 진술한 바이며, 김성백의 집에서는 약 한 달간을 하는 일 없이 식객(食客)이 됐을 뿐이었다. 그는 러시아 여자를 처로 맞았는데, 그의 애정은 매우 깊은 것 같다. 그의 처가 보낸 것으로, 현재 압수 중인 편지 가운데 극히 애정에 넘치는 편지 두 통을 발견했다. 또한 조도선이 하얼빈에서 음력 8월 31일 그의 처에게 이십 루블을 보내라고 전보를 치자, 그의 처는 반지와 기타 소지품을 전당잡히고 십오 루블을 송금했다. 또 그가 10월 9일 처에게 하얼빈으로 오라고 전보를 치자, 처는 그가 체포된 이후에 하얼빈으로 왔으며, 11월 1일 하얼빈역에서 지금의 감옥으로 압송될 때 그의 처가 하얼빈역 플랫폼에서 이별을 슬퍼하며 눈물을 흘리고 있었다고 하는 것은, 조도선이 우덕순에게 얘기해 준 바이다. 따라서 조도선은 처를 버리고 몸을 버려 가며 대사를 감행할 만한 의지가 있는 자는 아니다. 교육이라 해도 거의 받지 못한 것과 다름없고, 다만 오랫동안 러시아령에 있었고 또 러시아 여자를 처로 맞아서 러시아 말에는 능통하다. 정치적인 독립사상 같은 것은 도저히 가질 만한 자가 못 되며, 그 기질이야말로 인순고식(因循姑息)함을 면할 수 없다.

피고 우덕순은 고향에 부모처자가 있고, 사 년 전부터 러시아령에서 정처없이 떠돌아다니는 등 가정의 위안과 즐거움을 갖지 못했으며, 재산도 전혀 없고, 직업은 담배 소매와 대장일을 했다. 대동공보사에서 수금원을 할 때에는 십 루블을 받고 있었는데, 모아 놓은 돈은 전혀 없고, 블라디보스토크의 숙소인 고준문의 집에 칠 루블의 숙박비가 밀려 있을 뿐으로, 이는 이번 일을 하려고 수찬에 간다고 하고 지불하지 않고 온 것이다. 숙소에는 대장일에 쓰이는 약간의 도구를 내버려 두고 왔다. 학문으로는 『천자문』과 『동몽선습』 그리고 『통감』 제2권까지 읽었다고 하는 것은 자신이 진술한 것으로, 그 정치사상은 천박하나마 독립에 대한 식견이 있다. 그의 정치사상이 기인한 바는 한국의 국한문 신문이다. 주로 『황성신문(皇城新聞)』과 『대한매일신문(大韓每日新聞)』 등을 보았다는 것은 자신이 진술한 바이다. 그 외에 『대동공보(大東共報)』도 대략 보고 들은 적이 있을 것이다.

피고 안중근은 피고 네 명 중에 두목이다. 조부는 안인수라 하여 진해(鎭海)

군수를 지낸 적이 있고, 부친은 안태훈이라 불리는 진사였다. 재산도 상당히 많아 안중근 자신이 말하는 바에 의하면, 예전에는 천 석, 지금도 수백 석의 토지가 있다고 하며, 두 동생이 말하는 바에 의하면, 현재 풍년이면 백 석, 흉년에는 사오십 석이라 한다. 좌우간 황해도 신천에서 이름있는 집안이다. 그 지위는 양반에 속하지 않는다고 해도, 메이지 27년 동학당이 일어나자 부친인 안태훈은 관찰사의 명을 받아 이를 토벌하여 명성이 높다. 그의 일가족은 일찍부터 프랑스의 천주교에 귀의하여 그 신앙이 두텁다. 안중근이 세례를 받은 것이 열일곱 살 때라는 것은 그와 그의 두 동생이 진술한 바이다. 집에 남아 있는 재산이 있었기 때문에 형제 셋은 모두 교육을 받았으며, 두 동생은 중등교육까지 마쳤다. 그러나 안중근은 정식으로 학업을 받지 않았다. 이런 집에 태어났으면서도 단지 경서와 『통감(通鑑)』 제9권까지 그리고 한역 『만국역사(萬國歷史)』와 『조선역사(朝鮮歷史)』를 읽었을 뿐이라고 한다. 그리고 한국의 『대한매일신문』 『황성신문』 『제국신문』, 샌프란시스코의 『공립신보』, 블라디보스토크의 『대동공보』 등에 의해 정치사상을 함양했다. 진남포로 이사한 후 배일연사인 서북학회(西北學會)의 안창호의 연설을 듣고 크게 감동한 바 있다는 것은 그의 두 동생이 진술한 바이다. 또 진남포에서 다른 사람과 석탄상을 경영했지만 실패하고 많은 빚을 지게 되었다. 기질이 강직하여 일마다 부모형제와 의견이 맞지 않았다고 하는 것은 안중근 자신과 동생들이 진술하는 바이며, 처자에 대해서도 극히 냉정하고, 자기를 믿는 힘과 선입관이 강해서 쉽게 다른 사람의 말을 용납하지 않는다. 앞에서 언급한 신문과 안창호 등의 연설에 의해 한번 정치사상이 주입되자, 형제처자를 버리고 고향을 떠나 배일파가 모여 있는 북한과 러시아령으로 가서 점진파 또는 급진파와 어울려, 처음에는 교육사업을 일으키려 했으나 뜻을 이루지 못하고 의병에 몸을 던져 방종무뢰한 무리에 끼게 된 것이다.

피고, 특히 안중근과 우덕순의 이번 범죄는, 자기의 분수역량과 자국의 영고성쇠와 그 유래에 대한 정당한 지식의 결핍으로부터 생긴 오해와, 다른 사람, 더구나 이토 공의 인격과 일본의 국시선언 및 열국 교섭과 국제법규 자체에 대한 지식의 결핍으로부터 생긴 오해로부터, 어리석고 잘난 체하는 배일신문(排日新聞)과 논객의 말을 맹종한 결과, 한국의 은인인 이토 공을 원수로 생각하여 그의 과거의 시정에 대해 복수하려 한 것이 바로 그 동기이다. 피고, 특히 안중근과 우덕순은 지사인인 또는 우국지사로 자임하지만, 그 뜻만 공연히 거대하지 실제로는 이에 미치지 못한다. 스스로 영웅이라 자부하여 나폴레옹에 비교하기도 하고 혹은 이토 공과 동등한 인물이라고 주장하지만, 사람들로부터 금품을 강탈하고 무전취식하는 등을 평범한 일상사로 생각하는 자들이다. 또한 천하를 방랑하며 피고가 한국의 이천만 인민을 대표한다고 큰소리치는 것처럼 자신의 지위와 분수를 깨닫지 못함도 심한 자들이다. 한국의 국운이 부진함은 그 유래한 바 깊다. 한번 한국사를 읽으면 책을 던지고 탄식할 바가 많지만, 지금은 이를 일일이 열거할 시간이 없다. 한국에 대한 일본의 국시는 한국의 독립을 공인하고 이를 옹호하는 데 있다. 이 사실은 메이지 6년 12월 27일의 일한수교조약에서 처음으로 선언됐다. 그리고 메이지 27년 8월에는 두 차례의 조약에 의해 내정을 개혁하고 그 독립과 자유를 승인했다. 메이지 32년에 대한국국제(大韓國國制)를 공포하여 '대한제국(大韓帝國)'으로 국호를 개정한 것도 모두 우리 일본의 우의였다. 그 밖의 일러협상과 일영동맹의 취지에서도 우리 제국의 국시는 일정하며, 우리 일본의 선언 및 조약은 실로 세계 열강이 알고 있고 승인한 바이다. 불행하게도 일본과 러시아 사이에 간극이 생기자, 메이지 37년 2월 23일 한국의 독립을 보증한다는 5개조의 조약이 체결됐다. 이에 의하면 일본은 한국의 독립을 보장하고, 한국은 일본의 충언을 용납한다는 조항이 있다. 그후에 나온 일한보호조약은 바로 이 5개조 조약의 취지를 이행하여, 우리 일본의 충언을 받아들여 성립된 것이라는 사실은 털끝만큼의 의심도 용납할 여지가 없다. 일본 제국이 병력으로 조약을 강요한 것은 아니다. 한국이 충언에 응했을 따름이다. 이토 공이 초대 통감으로 부임하여 역시 이 국시에 일치하는 정치를 시행했다는 것에 대해서는 이견이 없다. 이토 공은 일본 건국사상 대인물이다. 단맛 쓴맛 다 보고 일본을 오늘날에 이르게 한 인물이다. 더욱더 원숙하고 노련해져 자진해서 동포의 화육(化育)을 위해 몸을 아끼지 않고 고생을 참아가며, 한국에 와서 한국을 위해 온 힘을 다한 성의는 식자(識者) 모두가 시인하는 바이다. 지금에 와서 이런 찬사를 누차 논할 필요는 없다. 공이 한국에 있어서 한국인의 오해를 피하기 위해 한 연설이 대단히 많다. 그 중 한두 가지 예를 들면, 메이지 41년 6월 19일 이토 공은 그의 관저에 원로 및 요직에 있는 사람 다수를 모아 놓고, 공의 시정에 동심으로 협력하게 하려는 마음으로 한 연설에서 말하기를 '나는 한국을 이끌고 돕는 것을 목적으로 삼고 있지, 감히 한국의 멸망을 바라는 사람이 아니다. 예컨대 폭도 같은 무리들에 대해 나도 그들의 참뜻에는 처음부터 많은 동정을 표하는 바이지만, 그들은 단지 나라의 멸망에 대해 분개하는 것에 머물며, 아직 한국을 구하는 길을 모르는 자들이다. 만일 오늘 폭도들로 하여금 그들의 뜻을 성취하게 한다면, 그 결과는 오히려 한국의 멸망을 초래하는 데 불과한 것이 아니겠는가. 즉 한국을 생각하고 한국을 위해 온 힘을 다하는 것에 대해 말한다면, 나의 의도와 그들의 의지는 털끝만큼도 다른 점이 없다. 다만 그 수단을 달리할 뿐이다'라고 했고, 또 '지사인인은 몸을 희생하여 대사를 성취한다. 나는 한국을 위해 지사인인으로서 자임하는 사람이다. 옛날에 자산(子産)이 정(鄭)나라를 다스리자 처음에는 이에 반대하는 자가 많았지만, 후에는 정나라 사람들 모두가 말하기를 우리에게 옷과 밥을 주는 사람은 자산이라고 했다. 나는 자산의 마음으로 한국에 임하는 사람이다. 나의 현 정책에 대해 오늘은 그 잘잘못을 따지는 자가 있지만, 훗날 분명히 그 잘못을 깨달을 때가 있을 것이다'라고 연설했다. 또한 지난봄에 공은 한황제(韓皇帝)를 따라 남쪽의 부산에서부터 북쪽의 의주(義州)까지 순시했는데, 시간에 따라 기회가 있을 때마다 사람들을 만나 품고 있던 생각을 털어놓고 사람들의 오해를 없애려고 연설한 일이 있다. 1월 12일 대구의 이사관 관사에서 군수, 양반, 유생 등을 모아 놓고 한 연설에서는 '만약에 한 나라를 멸망시키려고 하는 정책을 숨기고 그 나라에 임하여 정치를 하는 자가 있다면, 어떻게 국민의 교육을 장려하고 산업을 진흥시키며, 특히 그 나라의 임금으로 하여금 덕을 닦게 하여 국민의 마음을 안심시키는 수단을 취하겠는가. 나는 통감으로서 이 나라에 와서 성실과 성의로 주변국과의 교의(交誼)를 중히 여겨, 성명(聖明)하신 우리 군주의 주변국에 대한 우애의 예려(叡慮)를 한국 상하에 관철하려고 노력하고 있다. 여러분들이 다시 한번 깊이 생각해 보면 의심의 여지가 없을 것이다'라고 했다. 또한 1월 하순에 평양에서 한 연설에서는 한국의 국력을 통계적으로 보여주어 청중을 크게 감동시킨 바 있는데, 그 결론에서 '요컨대 일본이 한국에 임하여 보호하고자 하는 취지는 한국의 국력을 발전시키려는 데 벗어나지 않는다. 현재의 국력이 앞에서 진술한 바와 같이 미약한 이상, 여러분들이 국가를 사랑하고, … 상호 제휴하여 한국의 국력발전을 도모하기를 간절히 바라는 바이다'라고 했다. 4월 24일 한국 관광단이 도쿄(東京)에 도착하자, 공은 동양협회의 여러 사람들이 모인 자리에서 일한 양국의 관계에 대해 설명하며 연설하기를 '원래 본관은 오늘까지 삼 년 반 동안 대명(大命)을 받들어 일한 양국을 위해 성심성 의껏 있는 힘을 다해 진력봉공(盡力奉公)했으니 죽어도 안심하고 저승을 찾아 갈 수 있을 것이다'라고 했다. 요컨대 피고들의 자타에 대한 무지로, 이토 공 이 일본의 국시에 반하여 동양의 평화를 어지럽게 한다는 것은, 실로 일소(一 笑)에 부치지도 못할 일이다.

피고가 결의를 하기에 이른 것은 이토 공에 대해 사욕이 있는 것이 아니라, 사 람으로서 생명을 빼앗는 것은 하지 못할 일이지만, 동양평화와 한국의 독립을 위해서는 그를 죽이지 않을 수 없었다고 한다. 이를 위해 부모형제도 버린 것 이다. 현재 안중근의 안중에 부모도 처자도 형제도 없다고 하는 것은 피고가 진술한 바이다. 범죄와 범죄방지관념과 심리 중에서 방지관념을 억압하고 살 인하기로 결의한 것이니, 미리 음모한 살인이라 하지 않을 수 없다. 이런 결의 는 블라디보스토크에서 출발하기 전에 순식간에 한 것인데, 안중근은 삼 년 전부터 살해할 생각이 있었다고 하나, 안중근이 정대호에게 부탁하여 그의 처 자를 만주(滿洲)로 오게 하려 한 것은 음력 8월의 일이다. 이토 공이 만주로 온 다는 풍문이 도쿄에서 만주로 처음으로 보도된 것은 10월 6일발 전보로, 『만 주일일신문(滿洲日日新聞)』과 『요동신보(遼東新報)』에 같이 도쿄발 전보라 하 여 게재된 것이었다. 러시아 하얼빈의 신문에 처음으로 보도된 것은 러시아력 으로 10월 7일, 즉 일본력으로는 10월 20일로, 실제로 공표된 것은 10월 중순 경이었다. 안중근은 블라디보스토크를 출발하기 이틀 전에 그곳으로 왔는데, 블라디보스토크의 대동공보사에서 이토 공이 만주로 온다는 풍문을 들었다고 하니, 공표 후의 일이다. 안중근이 어떤 경로를 통해 블라디보스토크로 왔는 지, 또 오랫동안 블라디보스토크에 거주했었는지는 권모술수가 있는 안중근의 진술이라 쉽게 판단할 수 없지만, 그다지 피고의 범죄와는 관계가 없으므로 깊 이 추궁하지는 않겠다. 이번 살해사건에 대해 안중근과 우덕순 사이에 공모가 있었다는 것은 그들의 자백, 이강에게 보내는 편지, 두 사람이 지은 노래, 그리고 총알을 나눠 가진 점 등의 사실이 보여주는 것처럼 긴 말이 필요없다. 하지만 유동하와 조도선이 공모했다는 증거에 대해서는 대략 설명을 해야겠다. 두 사람의 성격으로 보면 공모하기에는 걸맞지 않은 것 같다. 또 두 사람을 끌어들이는 데 있어서도, 처음에 용무를 위한 통역이라고 한 것은 사실인 것 같다. 또한 조도선은 러시아력으로 10월 9일 그의 처를 일크츠크에서 맞이하려고 전보를 친 일이 있다. 같은 달 10일 밤 안중근과 우덕순이 편지를 쓸 때 유동하와 조도선에게 보여주지 않았던 점 등은 두 사람에게는 유리한 증거이다. 그렇다고 해도 안중근과 우덕순이 실제로 대사를 결행함에는 그 밖의 다른 조수를 필요로 하는 사정이 있었다. 11일의 『원동보』에 이토 공이 도착하는 시간은 밝혀져 있지 않았다. 이 점을 확실히 해 둘 필요가 있다. 즉 안중근은 하얼빈역 외에서 대사를 결행하기 위해 열차가 교차하는 기회를 이용하려고 했다. 따라서 그 시간을 알기 위해 하얼빈과 지야이지스고 간에 통신 연락이 필요했던 것이다. 유동하와 조도선의 이름을 이강에게 보내는 편지에 표기한 것과 '조(曺)' 자 아래 '우(友)' 자를 특별히 부기한 것, 그리고 '유동하를 데려왔다. 이후의 일은 본사로 통지하겠다'라고 한 것은 보통 관계가 아닌 것이다. 또한 음력 11일의 지야이지스고와 하얼빈 간의 왕복 전보는 일종의 은어 전보로, 약속이 없었다면 그 내용을 파악하지 못할 성질의 것이었다. 하물며 유동하가 이토 공에 관한 은어 전보였다고 분명히 말했다는 점에 있어서는 더욱 그렇다. 유동하는 안중근의 명의로 유진율로부터 백 루블을 사취하려고 했는데, 안중근이 살아 돌아오게 되면 즉시 발각될 것으로, 가령 그날 돈을 받아 가지고 포브라니치나야로 도망간다고 해도 훗날 안중근이 살아 돌아오면 큰일날 것은 분명한 것이었다. 그 밖에 유동하는, 11일 아침 사 루블을 받아 그 돈으로 전보를 친 사실, 10일 조도선이 있는 곳으로 가기 전에 셋이 이별의 의미로 사진촬영을 한 사실, 안중근이 그에게 가방을 준 사실, 그리고 편지 두 통을 맡아 가지고 있던 사실 등에 비추어 볼 때 11일 지야이지스고로 가기 전에 공모한 것이라 하지 않을 수 없다. 조도선과의 공모는 언제 성립했냐 하면, 우덕순의 진술 중, 안중근이 지야이지스고로 가던 도중에 자신의 진의(眞意)를 조도선에게 누설한 일이 있다고 했는데, 이는 사실이다. 또한 정대호를 맞이한다는 것은 조도선이 보기에도 원래부터 불확실한 일이었다. 정대호와 면식이 없는 우덕순을 동행한 사실과 25일 안중근이 둘을 남기고 하얼빈으로 돌아간 사실에 비추어 보아도, 가족이나 정대호를 맞이한다는 것이 사실이 아님을 알아차릴 수 있다. 유동하로부터 온 전보를 조도선의 통역에 의한 내용으로 이해한다면 정대호를 맞이할 이유는 없다. 만약 '블라디보스토크에서 25일 온다'는 회답이었다는 조도선의 말이 사실이라면, 25일 안중근과 함께 하얼빈으로 돌아가지 않으면 안 되었다. 우덕순은 또 조도선이 갖고 있던 권총은 안중근이 준 것이라는 말을 들었다고 했다. 원래 담력이 약한 조도선 같은 자가 평소에 권총을 휴대하고 있었다는 것은 그 인물에 부합하지 않는 것이다. 조도선은 또 전보를 친 후 안중근으로부터 일본 대관을 저격할 것이라는 말을 들었다고 한다. 이 역시 전혀 근거 없는 사실이라고는 할 수 없다. 러시아 관헌의 조사에 의하면, 하얼빈에서 오는 제3 열차와 관성자에서 오는 제4 열차가 교차하여 정차하자 세 사람은 열차를 돌아보며 눈에 익혀 두었던 것 같다. 러시아력으로 13일 날이 밝을 무렵 조도선이 일어나서 변소에 가고, 이어서 우덕순도 일어나서 용변을 이유로 밖으로 나가려 했다. 그후 둘 다 잠들지 않았고, 휴대하던 총기에 조도선이 총알 다섯 발을 장전했다는 사실에 비추어 봐도 처음부터 끝까지 속아서 이용됐다고 추측할 수는 없다. 또 체포된 후 러시아 관헌과의 문답, 특히 조도선이 '도망가게 해 달라. 돈을 주겠다. 은혜는 평생 잊지 않겠다'라고 말한 사실에 비추어 봐도 공모했다고 단정하기에 어려움이 없다. 조도선이 공모한 시기는 지야이지스고로 가던 도중에서부터 안중근이 하얼빈으로 돌아올 때까지의 사이라고 단정할 수 있다고 믿는다. 유동하와 같은 자가 공모하게 됐다는 사실은 이해하기 어렵겠지만, 이익을 주어 매수하여 만일의 경우에는 안중근과 우덕순이 책임지고 화를 끼치지 않게 하겠다고 하거나, 한국인의 일반적인 배일사상을 고취하면, 그같은 자라도 부화뇌동하여 수족으로 이용할 수 있는 것이다. 그는 이런 유혹에 충분히 걸릴 만한 자다. 안중근과 우덕순은 만약 사실이 드러나도 다른 사람에게 화를 끼칠 말은 절대로 하지 말자고 서로 굳게 약속한 것이다 안중근이 조도선과 유동하의 사정을 직접 말하지 않은 것은 이 때문으로, 그 화를 미치지 않게 하기로 보증한 데 따른 것이다. 요컨대 안중근은 그 약속을 지키는 사람이지만, 우덕순은 의지가 박약하고 실행력이 부족해서 다른 사람의 사정을 입 밖에 내게 된 것이다.

안중근과 우덕순은 10월 8일 오전 여덟시 오십오분 블라디보스토크를 출발하여 삼등 우편열차로 소왕령에 이르러, 거기서부터는 이등으로 바꿔 타고 하얼빈에 도착했다. 열차를 바꿔 탄 이유는 포브라니치나야에는 세관이 있어서 삼등 승객의 조사가 엄중하기 때문에 발각될 것을 염려했기 때문이다. 도중에 유동하를 동반하고 9일 오후 아홉시 하얼빈에 도착하여 김성백의 집에서 숙박하고, 10일 조도선을 데리고 와서 통역을 맡아 줄 것을 부탁하고, 11일 오전 아홉시 지야이지스고로 향했다. 안중근이 지야이지스고에서 하얼빈으로 되돌아간 이유는, 러시아력으로 9월 11일 유동하가 보낸 전보는 이튿날 아침, 즉 12일 아침에 이토 공이 도착한다는 내용이었는데, 지야이지스고에서는 새벽에 통과하는 기차가 없어서 큰 불안을 느꼈기 때문이었다. 안중근이 지야이지스고에서 하얼빈으로 되돌아간 이유는 부족한 여비를 마련할 목적이었다고 하나, 결행을 눈앞에 두고 여분의 금전이 무슨 소용이 있겠는가. 이는 빠져 나가려고 꾸며 대는 말에 불과하다. 또 셋이 한 곳에 있기보다는 서로 분산해서 있는 것이 유리하다는 의견을 갖고 있었다는 것은, 안중근이 일단 자술한 바이다. 또 안중근이 우덕순, 조도선과 이별할 때 '하얼빈의 상황에 따라 다시 돌아올 테니, 그대들은 기회가 있으면 이곳에서 결행하라'고 말해 두었다는 것은 안중근과 우덕순의 진술을 종합해 보면 명백하다. 안중근은 하얼빈으로 돌아가 그 준비 계획이 틀렸다는 것을 알고 유동하를 나무라기까지 했으나, 그 착오로 인해 오히려 좋은 기회를 얻게 된 것이다. 러시아력으로 9월 13일 아침 하얼빈 정거장 구내에는 일본인의 자유입장을 허락하고 있었다. 일본인과 유사한 한국인과 일본인을 구별할 수 없었기 때문에, 안중근은 활개를 치며 환영인의 주위로 가서 이토 공을 저격하여 마침내 살해하게 된 것이다. 당시의 상황에 대한 러시아 재무장관의 증언은 대체로 믿을 만한 것이다. 안중근이 사용한 총기는 정교한 브라우닝식 칠연발 권총으로, 총알 한 발이 남아 장전돼 있었다. 피고는 권총을 다루는 데 있어서는 노련한 자로, 빗나간 총알이 한 발도 없었다. 세 발이 이토 공에게 명중했는데, 피고가 필살을 기한 가공할 십자 모양이 새겨진 총알은 인체의 견부(堅部)와 접촉하면서 납과 니켈 껍질의 분리를 촉성(促成)하는 효과를 가져와 상처를 크게 했으며, 폐를 관통한 두 발의 총알은 흉강(胸腔) 내에서 대출혈을 일으켜 십수분 만에 절명케 했다. 어느 증인의 말에 의하면, 이토 공은 자기를 쏜 흉한(兇漢)이 한국인이라는 말을 듣고, '어리석은 놈'이라고 했다지만 사실은 그렇지 않다. 이토 공은 흉한의 국적 취조 결과를 기다리지 못하고 서거(逝去)하신 것이다. 이토 공을 저격한 그 외의 결과로 공과 피고의 사이에 있었던 가와카미 총영사가 다른 총알 한 발에 의해 좌상박(左上膊)에 부상을 당한 것은, 관계자의 증언과 감정에 의한 것으로 긴 말이 필요없다. 피고는 공작이라고 생각한 선두에 있던 사람에게 총구를 향하여 네 발을 발사한 후, 혹시 공작이 반대 방향에 있을지도 모른다고 생각하여 한 치의 착오도 없게 하려고 방향을 바꿔 세 발을 발사했다. 그래서 그 총알은 모리와 다나카 두 사람을 부상당하게 한 것이다. 그 부상은 감정과 같아 별로 열거할 필요가 없다. 남은 한 발은 플랫폼에 있었다는데, 십자 모양이 새겨진 부분에 옷감의 털이 끼어 있었다. 이는 러시아 관헌으로부터 송치돼 왔는데, 이 역시 증거물로 제출된 것이다. 이 탄환이 바로 나카무라와 무로다 두 사람의 바지를 관통한 탄환일 것이다. 우덕순과 조도선은 지야이지스고에서 결행하려고 했는데, 12일 밤 이후 13일 이토 공이 탄 열차가 통과할 때는 물론 그 후에도 경계가 엄중하여 용변을 이유로 밖으로 나가려 했지만 성공하지 못했다. 그리하여 온갖 장애를 뚫고 대사를 결행하려고 했던 우덕순도 아무런 수단도 시도하지 못했던 것이다. 내막을 살펴보면, 전에 안중근이 나눠 준 십자 모양이 새겨진 탄환을 브라우닝 칠연발총에 장전하고, 또 탄환 중 한 발이 위쪽 총신 안에 장전되어 있어서 안전핀을 내리고 검지 손가락으로 방아쇠를 당기기만 하면 즉시 연속으로 발사할 수 있었지만, 끝내 발사할 기회가 없었다. 조도선도 역시 브라우닝 오연발총에 총알 다섯 발을 장전했으면서도 원한을 품은 채 체포되어 그 목적을 달성하지 못했다. 유동하는 어떻게 가담했냐 하면 통신 연락원이 되어 안중근을 하얼빈역으로 오게 한 후, 다시 지야이지스고로 가지 못하게 함으로써 오히려 하얼빈에서 흉행의 기회를 얻게 한 것이다. 만약 안중근으로 하여금 지야이지스고에 있게 했다면, 이토 공의 생명을 빼앗지 못했을 것이다. 그 결과에 비추어 볼 때 유동하의 행위가 방조임은 논할 여지가 없다. 조도선의 가담이라 함은, 같이 실행을 하려고 하다가 우덕순과 같은 상황으로 인해 기수(旣遂)에 이르지 못하고 예비에 머문 것이다.

다음은 본건의 법률론적인 문제에 대해 논고하겠다.

본 사건을 취급하는 데 있어서 본 법원의 관할이 합당한지, 또 그 수속이 적법한지 아닌지는 그 선결문제이다. 이 문제가 부정된다면 더이상 실체법상의 유죄 무죄의 여부와 형의 종류 및 정도를 논할 여지가 없다. 또한 이 문제의 성격은 소송 당사자의 주장을 취할 것이 아니라, 실로 재판소의 직권 조사의 사항에 속하는 것이다.

본인은 본건이 본 법원의 관할이라는 것을 분명히 밝히려고 한다. 그 이유는 다음과 같다.

하얼빈은 청국 영토로서 동청철도 부속지인 동시에 공개지이다. 청국에 대해 치외법권을 갖는 각국은 이 지역에서 자국의 신민에 대한 법적 권리를 갖는다. 일본 및 한국이 청국에 있어서 각 자국민에 대한 치외법권을 갖는 것은 조약상 명료하다. 따라서 러시아 또는 청국에 본 사건의 재판권이 없음은 역시 명료하다. 하얼빈 주재 제국 총영사는 메이지 32년 3월 법률 70호와 메이지 33년 4월 칙령 제153호에 의해 일본신민을 관할한다. 단지 이 조약만이라면 일본 관헌에서 외국인인 한국신민을 관할할 수는 없지만, 메이지 38년 11월 17일 일한 보호협약 제1조에 의해 한국 외에 있는 한국신민의 보호는 제국 관헌이 행하게 돼 있었다. 조약의 성질과 효력이 있는 것이 제국에 있어서 법의 근원의 하나로 인정된 학설 및 실례가 있으면, 이 일한협약에 의한 제국 총영사의 직무 관할에 관한 법령은 확충된 효력을 갖기 때문에, 총영사가 일본신민 외에 한국신민도 관할하는 것은 당연하다. 따라서 소송법상 이번 피고사건이 하얼빈 제국 총영사의 관할에 속한다는 것도 역시 명백하다. 다시, 메이지 41년 법률 제52호 제3조는 외무대신에게 영사 재판권의 관할 이전에 대한 명령권을 승인했다. 따라서 본건이 메이지 42년 10월 27일의 외무대신의 발령에 의해 본 법원의 관할에 속함은 이론(異論)의 여지가 없다. 또 이 날짜로 본 법원에 관할이 이송된 후, 법원의 수속법인 메이지 41년 9월 22일 칙령 제213호 관동주(關東洲) 재판사무취급령(裁判事務取扱令)에 따라 시행한 수속은 합법한 것이다. 이 법령에 의하면, 중죄 사건은 군이 예심을 경유할 필요가 없다는 것은 동 제73조에 명기한 바이다. 본건에 있어서 피해자, 범인, 범죄의 장소, 그 방법 등은 세상의 이목을 집중시켰지만, 그 사실은 간단하여 검찰관이 당연히 강제력을 가할 수밖에 없었던 현행범이었다. 조사 결과 즉시 공판을 청구한 것은 본국에서 시행되는 형사소송법에는 어긋나지만, 어떤 위법이 되는 것은 아니다. 요컨대 관할이 다르기 때문이다. 또한 공소를 받을 수 없다는 논의는 여지가 없음을 밝혀 두는 바이다.

다음으로 피보호국 신민에 대한 보호국 관헌의 관할 및 수속은 명확하지만, 그 적용될 실체법이 어느 것인지에 대해서는 논의의 여지가 있다. 반대설을 가정해 보면, 일본 관헌이라도 한국신민에 대해서는 한국법을 적용해야 한다고 할 수 있다. 왜냐하면 일한보호협약 제2조에 '일본은 한국의 다른 나라에 대한 조약을 집행할 책임이 있다'고 했다. 또 광무(光武) 3년인 1899년 9월 10일의 청한통상조약 제5관, 즉 '한국신민에게는 한국법을 적용한다'는 명문에 비추어 볼 때, 본건에 적용할 실체법은 한국법, 즉 『형법대전(刑法大全)』이 아니면 안 된다고 할 수 있다. 그러나 본인은 이에 반대하여, 과거와 현재의 보호협약에 있어서의 소위 '보호'는 그 형식과 실질 모두가 제국법에 준거해야 할 것이라고 믿는다. 왜냐하면 한국이 청국에 대해 권리만을 소유할 때 청국에는 아무런 부담이 생기지 않기 때문이다. 이 범위 내에서 한국의 치외법권에 대한 내용은 일한보호협약에 의해 자연히 변경돼야 하는 것이다. 또 일본은 협약의 정신에 따라, 외국에서는 한국신민도 보호협약 아래 있는 준일본인으로서 제국의 법령에 따라야 할 것이라고 해석하는 것이 마땅하다. 한국민의 신분 능력에 속한 법률관계는 일본 법령 제3조에 의해 그 내용은 한국 법령에 따라야 할 것이지만, 법리상으로 보면 '사람의 신분 능력은 그 본국법에 따른다'는 제국법령에 준거해야 한다. 따라서 본건과 같은 범죄 및 형벌 관계에 있어서 한국인에게 적용돼야 할 것은 다름 아닌 제국형법이다. 제국형법의 적용에 있어서도 논의가 있을 것이다. 혹은 특별적용, 즉 형법 제2조와 제3조 제2항의 '보호주의로써 열거한 때에 한한다'는 설도 없지는 않지만, 본인은 모두 적용할 것을 주장하는 바이다. 즉 보호협약의 정통해석으로, 청국에 있는 한국인은 일본신민에 준하여 각 법령이 정하는 범죄 모두를 형법에 의해 논해야 할 것이라고 믿는 바이다.

증거에 의해 앞에서 드러나 인정된 안중근의 행위, 즉 확정된 살의를 가지고 행동한 행위는 몇 가지의 행위를 포함하고 있다. 즉 이토 공에 대한 첫번째 행위의 결과로 이토 공에 대한 살인기수와 가와카미 총영사에 대한 살인미수를 낳았고, 일말의 실수를 범하지 않기 위해 다시 발사한 두번째 행위에 의해 모리 야스지로 씨와 다나카 세이지로 씨에게 명중하는 등의 살인미수를 낳게 되었다. 살인기수 사실에 대해서는 형법 제199조가, 살인미수 사실에 대해서는 동 제203조, 제43조, 제4조가 적용될 것으로, 모두 네 개의 범죄가 해당되므로 동 제45조 이하의 병합죄의 규정을 적용해야 할 것이다. 우덕순과 조도선의 행위에 대해서는 형법 제201조를, 유동하에 대해서는 동 제199조, 제62조, 제63조를 적용할 것이다. 이와 같이 각 조항의 적용례는 규정될지라도 일본 신형법의 특색에 의해 형의 범위가 확대되어, 특히 제199조의 죄는 위로는 극형에서부터 아래로는 3년 이상의 징역에 이를 수 있으므로, 형의 종류 및 범위에 있어서의 형량의 결정에 대한 논의가 생긴다. 본인의 양정(量定)에 관한 의견은 다음과 같다.

형법의 학술 이론으로 볼 때 새로운 학설이라고 할 수 있는 것이 있다. 자칭 신파(新派)라 부르며 종래의 정통학파를 구파(舊派)라 부른다. 신파의 학설에 의하면 '생물은 유전과 순응에 의해 활동을 하지, 자아독립의 힘에 의해 방향을 결정하지는 않는다. 인간은 모든 종(種)의 힘의 집점(集點)이다. 참으로 바람과 물에 따라 움직이는 부평초와 같다. 사람이 선과 악을 행하는 것도 그렇지 않을 수 없는 약속, 즉 원인력이 있기 때문이다. 사람은 자기의 생각으로 의식주를 해결하는 것이 아니다. 의식주를 해결하지 않을 수 없게 돼 있기 때문에 해결하는 것이다. 마찬가지로 범죄는 스스로 좋아서 행하는 것이 아니다. 인체에 내재된 모든 원인이 모여, 마침내 사람으로 하여금 그렇게 행동하지 않을 수 없게 하는 것이다. 즉 의사는 자유롭지 못하다. 따라서 사람에게는 책임이 없으니 형을 가할 이유도 없다. 그러나 인간사회는 질서를 유지하고, 그 발전의 필요상 맹수와 마찬가지로 범인을 방치할 수 없기 때문에 그 위해(危害)에 대해 방위하지 않을 수 없다. 즉 방위가 있다. 종래의 법률에서는, 형벌을 사용하는 데 있어서 어떤 방위의 수단을 사용할 것인가는 범인의 위험성의 크고 작음에 의해 결정됐었다. 그러나 교화하고 개선시킬 수 있으며 재범의 우려가 없는 자는 선량한 사람이다. 이에 대해서는 방위수단을 가할 필요가 없다. 법률상 일정한 형을 가해야 할 때라도, 이를 감등(減等)하고 더 나아가서는 형의 집행을 유예(猶豫)해야 한다' 라고 말한다. 이 학설은 현재 독일의 리스트 교수의, 정통학설에 기초를 세운 독일 종래의 형법을 폐지하고 신규 형법을 제정하자는 새로운 안이다. 그러나 리스트 교수의 학설은 다만 형법가뿐만이 아니라 철학자, 심리학자, 종교가, 그리고 정치가 등의 반대에 부딪혀, 오늘날 독일에 있어서의 형법 정정안도 종래의 정통학설에 따라 기안됐다. 따라서 리스트 교수의 개인적인 안으로 우리 제국의 형법을 해석하려고 하는 것은 나무에 대나무를 접목시키는 것과 같은 생각이다. 정통학파의 주장에 의하면 사람은 자아의 본체이다. 자아는 그 의사에 따라 자기 활동의 방향을 결정할 능력을 가지며, 취사선택의 자유도 갖고 있다. 즉 의사는 자유롭다. 이렇게 자유를 가지고 각종 행위를 하니 책임도 따르게 된다. 즉 범죄에 대해서는 형벌이 생긴다. 형벌은 그 행위가 악행임을 자각시키기 위해 가하는 악보(惡報)이다. 이 악보는 앞으로 생길지도 모를 범인에 대한 예방을 목적으로 하는 것이 아니라, 과거에 행한 행위에 대한 법률적 응보이다. 응보의 정도는 우선 질서 파괴의 크고 작음에 따라, 정의가 허락하는 범위 내에서 피고인의 성격과 범죄 동기를 참작한 후 결정해야 한다. 시험삼아 신파의 학설로 본건을 연구해 보자. 피고의 성격이 처음부터 악하고 위험한 것은 아니었다. 그 지혜와 통찰의 부족함으로 인해 자타에 대해 정확한 판단을 하지 못하고, 독아자존(獨我自尊)의 견지에서 편협한 관찰을 한 결과 망상을 일으켜 생각이 완고해진 것이다. 그렇게 완고해진 것은 한국의 과거와 현재의 상태에서 유래한 것이다. 따라서 조금이라도 피고를 질책하며 악하다고 할 것이 아니라, 오히려 가련하게 생각해야 할 것이다. 피고에 대한 처분은 수양과 개선을 추구함에 있다. 그러므로 살인기수죄에 대해서는 적어도 자유형을 가해야 마땅하다고 잘라 말할 수 있다. 그러나 본인이 믿는 정통학파의 견지에서 보면, 본건의 피고에 대해서는 특별한 사정이 없는 한 법률의 위엄을 분명히 밝히고, 그 악행에 대한 응보임을 피고와 제삼자에게 보여주어 질서를 유지하는 것이 당연하다고 믿는다. 논리상으로 보더라도 살인이 사람의 도리를 해친다는 것은 긴 말이 필요 없는 것이다. 그러나 신파의 학설은 범인의 성격과 동기에 중점을 두어 형벌을 가볍게 하는 폐해가 있다. 이는 대단히 잘못된 일이다. 회복되지 못할 생명의 보호는 실로 불충분한 논리이고, 살인이 공공의 안녕을 해친다는 것은 원래 범인의 성격과 동기에 의해 측정할 문제가 아니다. 그 해(害)는 객관적인 것이다. '어떤 행위든지 동기가 아름답기만 하다면 그 행위를 용서하라'는 설이 생길지도 모르겠다. 현재 어떤 윤리가 또는 정치가 중에서도 전거(典據)를 찾을 수 없는 것은 아니지만, 이는 세상의 도덕과 인심을 파괴하고 사람의 생명을 가볍게 생각하는 결과를 낳을 수도 있다. 본건의 범죄 동기는 말로는 정치와 관계를 갖고 있다고 하지만 결코 정치범은 아니다. 왜냐하면 이토 공이 현재 통감이 아니라는 것은 피고도 잘 아는 사실이다. 또한 피고가 갖고 있는 생각으로는, 이토 공이 과거 통감 시절에 한 시정에 의해 국권이 침해당하고 또 친구들이 처형당한 것을 복수하여 그 비적(匪賊)과 같은 행위를 천하에 알리려는 데 있지, 현 제도에 대해 직접 개혁을 하려고 한 것은 아니었다. 이는 피고가 자인하는 바이다. 이토 공의 사망으로 인해 일한협약이 폐기될 리 없으며, 일본이 현상을 유지하여 당초부터 시행해 온 방침에 따라 한국을 도와 일으키고 있는 것을 보더라도, 그가 정치범이 아니라는 것은 명백하다. 대체로 정치범이라 함은 정치상의 효과를 얻을 목적으로, 객관적으로 정치상의 질서를 파괴하는 자를 말한다. 피고 안중근은 이토 공을 살해함으로써 자국에 대한 의무를 다했다고 하나, 이에 의해 한국의 국위를 선양하고 국권회복에 진일보했다고는 말할 수 없다. 본인은 피고, 특히 안중근과 우덕순의 생각에 의심이 간다. 피고 안중근은 삼 년 전에 진남포를 떠났다. 고향을 떠나기 전에는 석탄상을 경영했지만 실패했으며, 고향에 있기가 거북하여 처자와 형제를 버리고 북한 또는 러시아령 등지로 떠돌아다녔다. 그는 일상생활을 영위해 나갈 직업이 없었다. 처음에는 한국인에 대한 교육사업을 하려 했으나, 아무것도 가진 것이 없고 동조자도 없어서 그 뜻을 이루지 못했다. 그리고는 과격파와 어울리게 되어 각지로 방랑하다가 나중에 의병에 투신했는데, 이도 역시 오합지졸이어서 패배로 끝을 맺었다. 가족을 대할 면목이 없어서, 작년 음력 4월 초순 그의 두 동생에게 보낸 서신에 '작년에 유럽을 유람하고 블라디보스토크로 돌아왔는데, 근일 중에 다시 파리를 거쳐 로마로 갈 생각이다'라고 하여 마치 개선이라도 한 것처럼 말했다. 이 유럽행에 대한 서신의 내용도 사실 무근임은 피고가 자인하는 바이며, 두 동생 역시 형이 가족을 대할 면목이 없어서 거짓말했을 것이라고 말했다. 또한 이번에 피고가 하얼빈으로 올 때, 여

피고
안중근은
사이비
정치범에
불과하다.

"피고는 형제 처자와

오랜 친구에 대해

보통 수단으로는 면목이 없는

처지에 있었기 때문에

그 위신을 세우기 위해

공연히 대사를 기도함에

이르지 않았을까 한다."

──검찰관 미조부치

비가 부족하여 국가를 위한 일이라 칭하고 블라디보스토크에서 이석산으로부터 백 루블을 강탈했다고 하는데, 만일 이 말대로라면, 방랑생활 중 같은 수법으로 양민들에게 국가를 위한 일이라 칭하여 강탈하는 일은 흔히 있는 일이었을 것이라고 생각하지 않을 수 없다. 이와 같이 피고는 형제 처자와 오랜 친구에 대해 보통 수단으로는 면목이 없는 처지에 있었기 때문에, 그 위신을 세우기 위해 공연히 대사를 기도함에 이르지 않았을까 하는 생각이 드는데, 이렇게 생각하는 것이 마땅치는 않더라도 무리는 아닐 것이다. 우덕순도 같은 점에서 단죄할 수 있다. 블라디보스토크의 그의 숙소에는 현재 칠 루블의 숙박비가 밀려 있다. 이런 인물들이 천하에 국가를 자기 혼자 책임지고 세우겠다고 하는 것은 실로 우스꽝스러운 일이라 하지 않을 수 없다. 만약 그것이 진심에서 우러나온 것이라면 과대망상에 걸린 미친 사람임을 면치 못할 것이다. 정치국가라는 이름은 크고도 아름답다. 사람의 동정을 끌 만하다. 정치범과 비슷하지만 결코 같지 않은 이런 살인범은 종종 극도의 실의(失意)와 영락(零落)에서 생겨난다. 질서유지라는 측면에서 보면, 한국에서는 본건과 같은 암살은 역사상 매우 드문 일이다. 한국의 역사에는 예로부터 당쟁이 있어서 서로 살생을 행해 왔지만, 이는 한 당파가 정권을 획득한 후에 반대당을 살상하는 것이었지, 일개 필부가 결연히 국가를 위한다고 칭하여 살인했던 적은 없었다. 그러나 근래에 이르러 이런 종류의 암살이 유행하게 됐다. 그 첫번째는 메이지 17년에 서재필(徐載弼) 등이 민영익(閔泳翊)을 죽이려다 미수에 그친 사건이 있었고, 다음으로 메이지 26년에 홍종우(洪鍾宇)가 상하이에서 김옥균(金玉均)을 살해한 예가 있었다. 그 밖에 박영효(朴泳孝)에 대한 살인미수, 김학우(金鶴羽)에 대한 살인기수, 이용익(李容翊)에 대한 살인미수, 우범선(禹範善)에 대한 살인기수, 이근택(李根澤)에 대한 살인미수, 박용화(朴鏞和)에 대한 살인미수, 그리고 지난 메이지 41년 샌프란시스코(桑港)에서 스티븐스에 대한 장인환(張仁煥) 등의 살인기수의 예 등 모두 십여 건에 달한다. 그런데 이상하게도 이들 범인 중 한 사람도 중형을 받은 사람이 없고, 심지어 아직도 범인을 밝혀내지 못한 사건도 있다. 이런 까닭에 불령도배(不逞徒輩)는 살인사건을 그다지 중시하지 않고, 때와 장소와 방법에 따라서는 발각되지 않고 면할 수 있다고 생각하며, 발각돼도 중형을 반지 않을 뿐만 이니라, 운이 좋으면 상이나 상금을 받을 수 있다는 감상을 갖기에 이른 것이다. 이번 안중근 등의 이토 공 살해도 이와 같은 전례에 의해 저지른 것으로, 특히 스티븐스를 살해한 장인환이 유기 25년의 금고형을 받는 데 그쳤다는 것은 안중근 등이 익히 알고 있는 것으로 좋은 본보기가 되었다고 할 수 있다. 작년에 이재명(李在明)이 이완용을 살해하려다 미수에 그친 것이 안중근을 본보기로 한 것이라 함은, 그가 안중근을 친구라고 주장한 사실에 비추어 볼 때 자명한 것이다. 이와 같이 사이비 정치범에 의해 유능한 사람의 생명이 파괴되는 것은 사람의 도리에 비추어 보더라도 크나큰 불상사이다. 따라서 국법이 존재하는 이상 형의 응보적인 본질을 발휘하여 본건이 가장 흉악한 사건임을 알리지 않으면 안 될 것이다. 다만, 유동하에 대해서는 어린 나이로 안중근에게 유혹됐다는 특별한 사정이 있으니 가급적 감형하는 것이 마땅하다고 믿는다. 따라서 본인의 구형은, 첫째 안중근에 대해서는 사형, 둘째 우덕순과 조도선에 대해서는 예비의 극형, 즉 징역 2년, 셋째 유동하는 본 형을 3년 이상의 징역으로 하고, 법률 종범(從犯)의 감형, 즉 형법 제62조와 제71조 그리고 제63조 제3항에 의해 형기 이분의 일을 감등하여 1년 6월 이상의 징역에 처해야 하지만, 정상작량(情狀酌量)의 여지가 있으므로 형법 제66조와 제67조에 의해 최단기인 징역 1년 6월에 처해 주기 바라며, 또 범죄에 사용했거나 사용하려고 했던 권총에 대해서는 형법 제19조 제2항에 의해 처리하고, 이에 대해 각각 언도 있기 바란다.

변호인은 변론 준비를 위해 연기 신청을 했다. 이에 검찰관은 변호인의 연기 신청에 대해 이의없다는 뜻의 의견을 표했다. 재판장은 변호인의 신청에 의해 변론을 연기하여 다음 재판 날짜를 오는 12일 오전 아홉시로 지정하고, 그날 그 시간에 출정할 뜻을 명하고 폐정했다. 메이지 43년 2월 10일. 관동도독부 지방법원. 서기 와타나베 료이치. 재판장 마나베 주조.

안중근 외 3명 제5회 공판시말서. 피고 안응칠이라 하는 안중근 외 3명. 위 살인피고사건에 대해 메이지 43년 2월 12일 오전 아홉시 관동도독부 지방법원 형사법정에서 재판장 마나베 주조 출석, 검찰관 미조부치 다카오, 서기 와타나베 료이치 입회하에 통역촉탁 소노키 스에요시 통역으로 심판을 공개하다. 피고인은 모두 신체의 구속을 받지 않고 출정하며, 변호인으로 미즈노 기치다로와 가마다 세이지가 출두했다. 재판장은 전회에 계속해서 심리할 뜻을 알리고,

가마다 변호사 재판장님, 본 변호인은 본건의 변론을 함에 앞서 우선 재판장님께 한 마디 감사의 말씀을 전하고, 또 한 가지 희망사항을 말씀 드리려고 합니다.

첫째, 관동주 재판사무취급령에 의하면 본국의 형사소송법과는 다소 그 취지가 달라, 중죄사건이라도 반드시 변호인을 두지 않으면 안 된다는 강제적 규정은 보이지 않습니다. 그러나 재판장님께서는 본건을 위해 특별히 두 명의 변호인을 관선(官選)하실 뿐만 아니라, 제1회 공판 개정 이래 무엇이든지 피고 등이 말하고자 하는 바를 충분히 들어 주셨습니다. 이에 있어서 변호인은 믿습니다. 재판장님께서 본건의 심리에 대해 얼마나 세밀한 주의를 기울여 주시는지, 이 공평하고도 정중한 심리에 대해 피고 네 명을 대신해서 깊이 감사하는 바입니다. 둘째, 그러나 변호인은 본건에 대해 아직 한 가지 더 주의를 기울일 것이 있다고 생각합니다. 본래 이 사건은 우리 제국의 원훈(元勳)이고 또 한편으로는 세계의 위대한 인물이라 할 이토 공을 암살한 사건인데, 이 비보(悲報)가 한번 전해지자 일본 제국의 상하(上下) 신민들은 물론 세계 열국을 놀라게 하고 있으니, 저는 이 흉포(凶暴)한 작자를 어떤 극형에 처해도 아직 남음이 있을 줄 믿습니다. 지금 이 공판이 열린다는 소식을 듣고, 세상 사람들이 공판의 결과에 대해 얼마나 크고 비상한 결의를 가지고 관망하고 있는지는 실로 예상키 어려울 것입니다. 그러나 사건은 검찰관의 기소장을 검토해 보면 명백한 것처럼, 참으로 단순한 하나의 살인사건에 불과합니다. 법률이 살인죄라는 형벌법규를 세우고 보호하려는 사회의 이익은, 실로 개인의 생명 그 자체입니다. 소위 생명이란 피해자의 지위나 그 밖의 남녀노소 등에 의한 구별이 없는 것입니다. 바꾸어 말하면 원훈(元勳)이나 공작이나 법익의 분량 그 자체에는 아무런 영향을 주지 않는다는 것입니다. 생각해 보면, 지금으로부터 이십 년 전 어떤 외국 귀인이 일본을 유람할 때, 시가 현(滋賀縣) 오즈(大津)에서 갑자기 흉한이 뛰쳐나와 그 귀인에게 칼을 휘둘렀던 대사건이 있었습니다. 당시 일본의 상하 신민들이 얼마나 전율했는지는 이루 다 표현하기 어려울 것입니다. 황공하게도 황제께서 친히 거가(車駕)로 교토(京都)에 행차하셨는데, 그때 대관들은 정책상 그 흉한의 소행을 황실에 대한 범죄와 동일하게 취급하려고 해서 국론이 들끓는 등 사법권이 행정권으로 인해 위기에 처할 뻔했습니다. 그러나 다행히 강직한 사법관이 있어서 그 냉정한 두뇌와 자신의 목숨을 걸고 사법권을 위해 싸운 끝에 그 신성함을 밝힌 것은, 지금까지도 우리 사법 역사상 혁혁히 그 이름을 남기고 있습니다. 다소 비유가 맞지 않을지는 모르지만 이야기하고자 하는 바는 같습니다. 원컨대 오늘까지 본건에 대해 재판장님께서 보여주신 공평한 처사가 유종의 미를 맺기를 간절히 바라 마지않는 바입니다.

이제부터 본 변호인은 본론으로 들어가겠습니다. 본건에 대해서는 우선 선결문제로서 본 사건과 실체적 형벌법과의 관계, 즉 소위 국제 형법상의 문제에 대해 비견(卑見)을 피력하고자 합니다.

본건의 범죄는 러시아 동청철도회사(東淸鐵道會社)의 부속지인 하얼빈에서 일어났는데, 이 땅은 물론 청국의 영토입니다. 러시아는 단지 철도 수비라는 명목으로 행정 경찰권을 가지고 있는 것뿐이고, 재판권에 대해 말한다면 검찰관의 논고와 같이 열국이 서로 영사 재판권을 가지고 있는 개방지입니다. 다음으로 피고들은 모두 그 국적이 한국에 있습니다. 그러므로 본건에 대해 어떤 실체법이 적용돼야 하는가는 매우 흥미있는 문제일 뿐만 아니라, 본 사건을 재판하는 데도 실로 중요한 논점이 된다고 생각합니다. 변호인은 본건의 흉보(凶報)를 듣고, 특히 본건의 변호를 맡은 이후 이 사건과 관련하여 여러가지 논점에 접하게 됐는데, 그 중에서도 각별히 주의를 기울인 것은 제국형법 제3조의 규정, 즉 '본 법은 제국 외에 있어서 다음에 기재한 죄를 범한 제국신민에게 이를 적용함. 제국 외에서 제국신민에게 전항의 죄를 범한 외국인에 대해서도 또한 동일함' 이라는 조항입니다. 이 조항과 현재 피고들이 관동도독부 감옥에 수감돼 있는 사실로 미루어 볼 때, 본건은 당연히 제국형법으로 처벌할 수 있는 것입니다. 변호인은 이런 견해를 한편으로는 이유있는 것으로 인정하지만, 검찰관의 논고는 형사소송법상의 '피고인의 소재지' 라는 의미를 잘못 해석하는 것뿐만 아니라, 실로 일청통상조약(日淸通商條約)을 무시한 폭론이라는 것을 발견했습니다. 형사소송법상의 '피고인의 소재지' 라는 의미에 대해 학자들 사이에 다소 이견이 없지는 않지만, 정설에 의하면, 소위 소재지라는 것은 임의의 거처를 말하는 것이며 피고 등과 같이 강제적 권력의 결과로 인해 뤼순(旅順) 감옥에 머물 수밖에 없는 형편을 의미하지는 않는 것으로, 변호인 역시 이 설을 믿고 있습니다. 뿐만 아니라 메이지 29년 7월 21일 체결된 일청통상항해조약(日淸通商航海條約)에 의거하면, 그 제22조에 '청국에서 범죄의 피고가 된 일본국 신민은, 일본국의 법률에 의해 일본국 관리가 이를 심리하여 그것이 유죄라고 인정된 때 이를 처벌함'이라고 밝혔으며, 외국인에 대해 일본이 재판권을 행사하는 것은 인정돼 있지 않습니다. 이러고 보니 검찰관의 논고가 맞지 않다는 것을 알 수 있으리라고 봅니다. 요약하면 이 문제는 이런 피상적인 이론을 가지고 해결할 수 있는 것이 아닙니다. 그렇다면 실로 이 문제를 해결지을 수 있는 근거를 어디서 찾을 것인지, 변호인은 먼저 한청간의 조약 관계에 대해 연구해 보려 합니다. 광무 3년 9월 11일 체결된 한청통상조약(韓淸通商條約)의 명문은 명약관화합니다. 즉 '中國民人在韓國者如有犯法之事中國領事館按照中國律令審辨, 韓國民人在中國者如有犯法之事韓國領事館按照韓國律令審辨(한국에서 중국 인민이 범죄를 저질렀을 때에는 중국 영사관에서 이를 관할하여 중국의 법률로 다스리고, 중국에서 한국 인민이 범죄를 저질렀을 때에는 한국 영사관에서 이를 관할하여 한국의 법률로 다스린다)'라고 했으므로, 한국인이 청국 영토에서 범죄를 저지른 경우에 적용될 실체적 형벌법은 한국법인 것이 명백합니다. 한청조약(韓淸條約)의 관계에서 살펴본 법론으로는 이상과 같습니다. 다만 여기서 문제가 되는 것은 그후 일한 양국간에 체결된 협약, 즉 광무 9년의 소위 보호조약이 앞서의 한청통상조약에 어떤 영향을 주었는가 하는 것으로, 이는 본 문제에 대한 논쟁을 결정짓는 분기점입니다. 피고 안중근이 이번의 범행을 감히 하게 된 주원인은, 이토 공이 광무 9년 한국 상하의 의사를 무시하고 병력을 믿고 강제로 일한협약을 체결시켰기 때문이라고 하는데, 지금 또다시 피고들의 재판석상에서 이 협약의 해석 문제가 대두하게 된 것은 실로 이상한 현상이라 하지 않을 수 없습니다. 피고들 또한 감개무량할 줄로 압니다. 변호인은 우선 문제의 쟁점을 명확히 하기 위해 해당 협약 중 관계조항을 낭독해 보겠습니다. '메이지 38년 11월 17일 체결. 일한협약. 제1조, 일본정부는 재도쿄(在東京) 외무성에 의해 금후 한국의 외국에 대한 관계 및 사무를 관리 지휘하고자, 일본국의 재경(在京) 대표자 및 영사는 외국에 있는 한국신민과 그 이익을 보호할 것.' 즉 이 협약의 정신이란, 일본이 한국의 독립을 유지하기 위해 한국이 부강해질 때까지 외국에 있는 한국신민과 그 이익을 보호한다는 소위 외교의 위임이 바로 그것입니다. 검찰관이 본건에 대해 일본형법의 적용을 주장하는 근거는, 방금 변호인이 낭독한 일한협약 제1조에 의해 한국이 외국에 대해 가지고 있는 권리, 예컨대 재판권 같은 것을 일본정부가 대신 행사하기로 돼 있기 때문에, 바꾸어 말하면 외국에 머물고 있는 한국인은 형벌법상 일본인과 같이 일본제국의 법권에 복종하게 된다는 것입니다. 즉 그 결과로써 외국에 있는 한국인에 대해서는, 다만 형법 제3조의 소위 보호주의의 규정에만 그치는 것이 아니라, 형법법전 전체에 미친다는 논지입니다. 하지만 변호인으로서는, 이상의 검찰관의 논고가 한국이 외국에 대해 가지고 있는 영사 재판권을 제국이 대행하는 이유의 설명으로서는 충분하다고 생각하지만, 한걸음 더 나아가서 이번 경우에 적용할 실체적 형벌법이 제국형법이라는 논거로서는 심히 불충분하다고 생각합니다. 일한협약의 정신은 앞서 변호인이 설명한 바와 같지만, 이를 좀더 법률적으로 말한다면, 제국은 한국의 위임을 받아 한국의 권리와 이익을 보호하는 셈이 된 것인데, 이로 인해 한국의 대외적 권력, 즉 주권의 일부가 소멸되는 것은 아닙니다. 사법상의 용어로 말한다면 일종의 대리관계에 지나지 않는 것으로, 이를 형벌법규에 맞추어 본다면 한국이 자국의 이익을 보호하기 위해 형벌의 제재를 가할 필요가 있다고 하는 것, 즉 한국이 가지고 있는 법익 자체에 대해 일본 제국의 관헌이 보호해 주는 것입니다. 시험삼아 현재의 일한 양국의 형법을 대조해 보면, 한국형법은 자국의 질서유지상 사형으로 처벌할 것을 요구하는 법익에 대해 일본형법은 불과 1년의 금고에 지나지 않는다고 하는 것이 있는가 하면, 제국형법이 큰 엄벌에 처할 것이라도 한국형법은 불문에 부치거나 또는 아주 관대한 형벌을 내리는 경우도 있습니다. 이 차이는 양국의 공공질서가 서로 일치하지 않는 결과로 별로 이상하게 생각할 것도 아니지만, 이런 경우에 더욱 일본형법을 적용한다면 실로 한국의 법익을 보호할 수 있을까 하는 문제에 대해, 변호인은 긴 말이 필요치 않다고 생각합니다. 검찰관은 일한 협약 제1조의 규정이 단지 영사 재판만 위임한 것이 아니라, 재외(在外) 한국 신민으로 하여금 일본의 형법에 매이게 하는 것까지 뜻하는 것이라고 논하는데, 협약의 정신은 누차 거듭 말한 것과 같이 한국이 어차피 장래에 갖게 될 고유한 권리의 실행을 위임한 것이지, 형벌법의 제정까지 위임한 것은 아닙니다. 만일 이런 논지가 용인된다면, 이는 소위 외교위임이라는 정도를 초월하여 입법권의 위임이라고 하지 않을 수 없는데, 과연 이 협약이 거기까지 뜻할까요. 그러므로 본건에 대해서는 광무 9년의 일한협약 규정과 메이지 42년의 법률 제52호의 결과 관동도독부 지방법원이 한청통상항해조약에 인정된 한국의 영사재판권을 대행함에 그쳐야 하며, 본건에 적용할 형벌법은 물론 한국형법이어야 할 것으로 믿는 바입니다.

이상 논한 바에 따라 본건에 대해서는 결국 한국형법으로 재판해야 할 것이라고 생각하는데, 그렇다면 동법(同法)이 실로 피고 등을 처벌할 규정을 가지고 있는지 없는지가 최후의 문제일 것입니다.

형벌법의 효과에 대해서는 예로부터 여러가지 견해가 있습니다. 한국형법은 우리 일본의 구형법과 같아서, 섭외적 형벌법규가 없다는 것은 그 형법 자체에 비추어 볼 때 명료한 것입니다. 즉 한국형법이 국외에 있어서의 범죄를 도외시하고 있다면, 본건에 대해 벌할 규정이 없다는 결론이 나오고 맙니다. 피고 등과 같이 대낮에 공연히 이런 대죄를 감히 범한 자들에게 아무런 제재를 가하지 못하게 된다는 것이, 실로 국법상 완전한 것인지 아닌지 변호인 또한 이견이 없지는 않습니다. 그러나 이는 입법상의 문제이고 본건의 제재와는 아무런 관계가 없는 것입니다. 혹자는 변호인에게, 한국이 청국 영토에서 이미 영사 재판권을 가지고 있는 이상 형법상으로 보면 일종의 영토의 연장으로 간주해도 되기 때문에 한국형법을 적용해도 된다며 그렇게 말하라고 하지만, 이는 재판의 관할권 문제와 형법의 효력 문제를 구별하지 않은 논지라고 생각합니다. 재판권이 있는 곳은 반드시 국법이 미치는 곳이라는 논지가 성립한다면 모르지만, 그렇지 않기 때문에 현재의 관동주처럼 제국이 재판권을 가지고 있음에도 불구하고, 제국형법은 당연히 이 땅에 효력을 갖지 않고 특별히 이를 시행할 법규를 기다려서 비로소 시행되는 것입니다. 한마디로 말하자면, 변호인은 입법상의 문제로 보면 피고 등을 처벌하기를 원하지만, 법의 불비(不備)로 인해 어쩔 수 없이 무죄라는 변론을 하지 않을 수 없는 처지입니다.

이제부터 변호인은 사실의 인정론(認定論)에 대해 연구해 보겠습니다. 우선 본 변론이 안중근과 우덕순 두 사람과는 전혀 관계가 없다는 것을 밝혀 둡니다. 명백히 말하자면 그들은 전부터 가지고 있던 사상에서 이토 공 살해를 결심하고 블라디보스토크로 간 이래로 주도면밀한 사상과 음모를 가지고 본건의 범행을 하게 된 것인데, 이는 그들에 대한 일체의 기록과 아울러 증거물에 의해 아주 명백하여 따로 언급할 여지가 없습니다. 이와 반대로 조도선과 유동하 두 사람에 대한 부분에 있어서는, 검찰관의 논고와 같이 두 사람이 이토 공 살해의 계획을 알고 이에 가담한 것인지, 그렇지 않은 것인지 의심의 여지가 있는 문제입니다. 먼저 그들의 성격에 대해서는 그저께 검찰관으로부터 상세한 논고가 있었는데, 변호인이 일반적으로 이를 관찰해 본 결과 대략 동감하는 바입니다. 즉 조도선과 유동하 두 사람에게 정치적 사상이란 것은 전혀 없으며, 특히 국적만은 한국에 두고 있지만 오래전부터 러시아령에서 방랑하는 등 자기의 모국에 대한 생각은 전혀 없고, 일정한 식견은 물론 교육도 거의 받은 적이 없다 해도 무방하니, 간단히 말하자면 줏대없는 자라고나 할 수 있을 것입니다. 이와는 반대로 주모자 안중근은 비록 잘못됐다 하더라도, 정치적인 일식견(一識見) 위에서 이 대범죄를 결행할 결심을 가지고 실로 할 수 있는 한 세심한 주의를 다하여 이 계획이 다른 곳에 누설되지 않도록 노력해 왔는데, 이를 보더라도 조도선과 유동하 두 사람이 얼마나 의지가 박약하여 능히 대사를 같이 의논하지 못할 무능한 사람들이었으며, 대사를 알리고 관계를 맺으려 해도 그러지 못할 상태였다는 것을 알 수 있습니다. 특히 유동하와 같은 자는 재판장님의 심문에 대답하기를 '빨리 집으로 보내 주십시오'라고 하지 않았습니까. 이 어린애 같은 한마디에 대해서는 실로 변호인이 천만 마디를 늘어놓고 변론을 할지라도 아직 남음이 있으리라고 생각합니다. 피고의 이런 태도는 결코 상상도 못할 기발한 생각을 즐기기 때문에 그런 것이 아니라, 실로 그의 진면목이 나타난 것입니다. 이 무서운 대죄에 동참한 자가 과연 이런 태도로 나올 수 있을까요. 검찰관은 피고들의 의지가 박약한 까닭에 쉽사리 타인의 권유에 빠지기 쉬운 인물이라는 전제 아래서, 그들이 피고 안중근의 선동에 응한 것이라는 결론에 도달했습니다. 그런데 본건은 비록 피고 안중근의 그릇된 사상에서 나온 것이라 할지라도, 어쨌든 정치적 견지에서 일어난 범죄입니다. 피고들이 이번 일이 정치적인 사건이라는 생각을 조금이라도 가지고 있었다면, 변호인의 관찰에 일단 이유가 붙을 것입니다. 정치적인 사건임은 물론 모국의 흥폐(興廢)와 관련된 사건임에도 불구하고 자기에게 직접 관계되는 일이라고는 전혀 깨닫지 못하는 자에게, 안중근이 비록 소진(蘇秦)이나 장의(張儀)와 같은 변(辯)을 늘어놓는다고 해도, 아무런 효과가 없지 않겠습니까.

"처벌법이
없으니
안중근은
무죄가
아닌가."

"본건의 경우에 적용될

실체적 형벌법은 한국법인 것이

명백하나, 한국형법은 섭외적

형벌법규가 없으므로,

법의 불비로 인해 어쩔 수 없이

무죄라고 변론하지 않을 수

없는 처지입니다."

——국선변호사 가마다

변호인은 좀더 자세하게 개별적으로 유동하부터 살펴 보겠습니다. 검찰관의 논거에 의하면 유동하가 그의 주소인 러시아령 포브라니치나야에서 하얼빈으로 오게 된 것은 전적으로 안중근에게 속아서인 것으로 돼 있습니다. 즉 안중근은 블라디보스토크를 출발한 후 도중에서 일단 포브라니치나야역에 하차하여 피고 유동하의 집을 방문했습니다. 그리고 그의 부친에게는, 이번에 자기 가족이 친구 정대호와 함께 하얼빈으로 오게 돼서 마중 나가는 길인데, 자기는 러시아 말을 몰라서 여러모로 불편하니 가능하면 유동하를 같이 가게 해 달라고 부탁했습니다. 그 결과 유동하는 부친의 허락으로 안중근과 동행하게 된 것입니다. 그런데 검찰관은 더욱 생각을 진전시켜 피고 안중근이 하얼빈에 도착하여 지야이지스고로 출발할 때까지의 사이에 두 사람간에 범행의 절차에 대한 모의가 있었다고 판단하고 있습니다. 이에 변호인은 검찰관이 이런 판단을 내린 근거에 대해 한 마디 하고자 합니다.

첫째, 안중근이 지야이지스고로 출발할 당시 그는 아직 이토 공이 하얼빈에 도착하는 날짜를 확실히 알지 못했기 때문에, 그 날짜를 확실히 알기 위해서는 반드시 러시아어에 능통한 조수가 필요했습니다. 이 적임자는 그때의 형편으로 보아 피고 유동하 외에는 없었던 것입니다. 이미 유동하를 조수로 쓰려고 결심한 것이라면, 피고 안중근은 적어도 지야이지스고를 떠나기 전에 유동하에게 사정을 밝혔으리라는 것이 한 가지 이유일 것입니다. 그 당시의 형편으로 보아 과연 안중근이 조수의 필요와 유동하가 적임자라는 것을 생각하고 있었는지는 모르지만, 이 한 가지 사실을 가지고 즉시 유동하에게 범죄사실을 밝혔을 것이라는 이유는 되지 않습니다. 조수로 하여금 시킨 일이란, 단지 이토 공이 하얼빈에 도착하는 일시를 알아보게 한 것뿐입니다. 이만한 일을 부탁하기 위해 반드시 자기의 생각을 알려 주지 않으면 안 될 필요가 어디 있는지, 변호인은 이에 대해 긴 말이 필요 없다고 생각합니다.

둘째, 검찰관은 또 첫번째 이유에서 '하얼빈과 지야이지스고 간의 통신연락의 필요상'에 의해 공모 사실을 인정할 만한 이유가 있다고 하나, 이 논거에 대해서는 앞의 '첫째'에서 말한 변호인의 변박만으로도 충분하다고 믿습니다. 뿐만 아니라 유동하는 이미 검찰관의 제3회 신문에서, 안중근이 지야이지스고로 출발할 때 '나는 이번에 가족을 마중 온 것인데, 우연히 일본 대관 이토 공이 하얼빈으로 온다는 소식을 듣게 됐다. 그런데 나는 이토 공과는 전부터 서로 아는 사이이며 은혜를 입은 일도 있고 해서, 다행히 이 기회에 공을 만나려고 한다. 혹시라도 만날 기회를 놓치면 안 되니, 내가 지야이지스고로 간 다음 공이 도착하는 시각을 알기 위해 너에게 전보를 치면, 전보를 받는 즉시 공작이 하얼빈에 도착하는 시각을 알아보고 회답하라'고 부탁했다고 진술하지 않았습니까. 검찰관의 논고와 같이 비록 통신연락의 필요가 있었다 해도, 유동하의 진술과 같이 앞서 말한 이유 정도면 충분하지, 무엇하러 의지박약한 유동하에게 대사를 알릴 필요가 있겠습니까.

셋째, 검찰관은 피고 유동하로부터 압수한 서한, 즉 안중근이 범행 당일 숙소를 나오면서 유동하에게 부쳐 달라고 부탁한 블라디보스토크 대동공보사 이강에게 보내는 서면에 '오늘 이후의 일은 유동하에게서 연락이 올 것이다' 라는 내용이 기재돼 있다고 했습니다. 그리고 이를 전제로 피고도 공모했다는 증거라고 논단(論斷)했습니다. 그러나 검찰관이 증거로 채택한 편지를 낭독해 보면 다음과 같습니다.

삼가 말씀 드립니다.
이 달 9일 오후 여덟시 이곳에 도착하여 김성백 씨 집에 머물고 있습니다.『원동보』를 보니 이(伊)씨는 이 달 12일 관성자를 떠날 예정인데, 러시아 철도총국에서 마련한 특별열차에 탑승하여 그날 오전 열한시 하얼빈에 도착할 모양입니다. 우리들은 조도선 씨와 함께 저의 가족을 마중하러 관성자로 간다고 하고, 함께 관성자에서 십수 리 앞에 있는 모 정거장에서 때를 기다려 거기서 아주 대사를 결행할 작정이니, 그리 아시기 바랍니다. 일의 성패 여부는 하늘에 달려 있으나, 다행히 동포의 선도(善禱)에 힘입어 성공하기를 간절히 바랄 뿐입니다. 그리고 이곳에서 김성백 씨로부터 돈 오십 원을 빌렸으니, 속히 갚아주시기를 천만 번 부탁 드립니다. 대한독립만세.
9월 11일 오전 여덟시. 안응칠 우덕순
블라디보스토크 대동공보사 이강 귀하
추신 — 포브라니치나야에서 유동하와 함께 이곳에 도착했습니다. 앞으로의 일은 본사로 통지하겠습니다.

이상 낭독했습니다만, 편지 내용을 어느 모로 뜯어봐도 검찰관의 논고와 같이 소위 '유동하가 이후의 일을 통지할 것'이라는 내용은 기재돼 있지 않습니다. 그렇다면 이는 견강부회(牽强附會)라고 볼 수밖에 없을 것입니다.

넷째, 안중근이 지야이지스고에 도착한 후 피고 유동하에게 보낸 전보에 대한 유동하의 회답은 일종의 암호전보로 보는 것이 타당할 것입니다. 피고 유동하가 정말 사정을 몰랐다면 어째서 이런 암호전보를 칠 필요가 있었겠습니까. 이는 사전에 사정을 알고 있었다고 추정하기에 충분한 증거일 것입니다. 그 전보를 번역해 보면 '그는 내일 아침 이곳으로 온다'라는 것인데, 검찰관이 이를 논거로 한 것은 '그'라는 문자를 왜 '이토 공'이라고 쓰지 않았나 하는 것입니다. 피고 유동하의 변명에 의하면, 앞서 언급한 '셋째'에서 변호인이 설명한 바와 같습니다. 즉 '유동하는 안중근이 하얼빈을 출발하기 전에 이토 공이 하얼빈에 도착하는 일시를 알아보기로 미리 약속하지 않았는가'와 '이 전보는 유동하가 안중근과의 약속에 의해 친 전보가 아닌가', 그리고 '많은 비용을 들여 가며 이토 공이란 문자를 사용할 필요와 책임이 있었다'는 것들을 들어 논거로 삼는 검찰관의 주장을 공평하다고 볼 수 있습니까.

다섯째, 검찰관은 또, 피고 안중근이 일을 결행하기에는 하얼빈이 부적당하기 때문에 지야이지스고를 선택하여 그곳으로 떠나자, 피고 유동하는 블라디보스토크에 있는 대동공보사로 전보를 치면 돈이 온다는 말을 안중근으로부터 들어서 알고, 악의를 가지고 그 신문사에 안중근의 명의로 전보를 쳐서 노화(露貨) 백 루블을 보내라고 한 일이 있었는데, 피고 유동하가 안중근과 또다시 만날 수 있게 되리라고 예상했더라면 이런 대담한 짓을 하지는 않았을 것이라고 논고했습니다. 즉 피고 유동하는 안중근이 지야이지스고로 출발하기 전에 이토 공 살해에 대한 얘기를 듣고, 안중근과는 또다시 만날 날이 없을 것을 확신했기 때문에 전보를 쳐서 백 루블의 돈을 사취하려 했으니, 피고가 사정을 알고 있었다는 사실을 추정하기에 충분하다고 논단했습니다. 그러나 이 전보는 검찰관이 논고한 것과 같이 피고 유동하가 정말로 사취하려고 친 것인지, 그것부터 의문이라 하지 않을 수 없습니다. 왜냐하면 안중근이 지야이지스고를 떠나기 전에 피고 유동하를 시켜 당시 숙박하고 있던 집 주인 김성백에게 돈을 융통해 달라고 부탁한 사실이 있습니다. 그때 피고 유동하가 안중근에게 후에 어떻게 갚을 것이냐고 물으니, 안중근이 대동공보사에 청구하면 된다고 해서 그 관계를 알게 된 것입니다. 이런 관계와 전보의 일시를 종합해 본다면, 피고 유동하는 어쩌면 안중근의 설명에 대한 진위를 알아보기 위해 친 것이라고 추정할 수도 있습니다. 그런데 한걸음 양보하여 만약 피고가 악의를 가지고 전보를 쳤다고 할지라도, 검찰관의 논고와 같이 안중근이 또다시 하얼빈으로 돌아온다고 해 봤자 유동하는 안중근과는 헤어져 그의 주소인 포브라니치아냐로 돌아가고, 또 안중근은 블라디보스토크로 돌아갈 사람이었습니다. 이 점으로 보면 피고의 악의를 추측할 증거로서는 아무 가치가 없는 것입니다.

여섯째, 끝으로 안중근이 본건 범행을 하게 된 그날, 위의 '셋째'에서 언급한 대동공보사로 보내는 편지를 부탁할 때, 피고 유동하에게 '이 편지는 나중에 하얼빈역 방면에서 총소리를 들은 후에 발송해 달라'는 말을 했는데, 검찰관은 이를 가지고 피고 유동하가 사정을 알고 있었다고 단정했습니다. 하지만 참으로 이 점은, 안중근이 이토 공을 살해했다는 결과에서부터 생각해 보면 다소 의심을 품지 않을 수 없습니다. 한 번 더 생각해 보면, 만일 실제로 그 전에 유동하에게 이토 공 살해의 결심을 알렸다면 그렇게 말할 필요가 있었겠습니까. 오히려 노골적으로 나의 이후의 일을 확인하고 발신하라고 명백히 명령했을 것이 아닙니까. 더구나 이런 경우에 비록 피고 유동하가 안중근의 결심을 알고 있었다고 하더라도, 그 전으로 소급하여 피고의 악의를 추측할 수는 없는 것입니다. 따라서 이 점은 비록 검찰관의 논고를 받아들인다 하더라도, 피고 유동하는 단지 안중근이 이토 공을 살해할 것을 알고 범행 후의 보도를 맡았다는 것뿐이지, 범죄 그 자체를 방조했다는 증거는 되지 않습니다.

일곱째, 검찰관은 이상 변박한 외에 피고 유동하가 안중근, 우덕순과 함께 하얼빈에 도착한 후 사진촬영을 한 것을 가지고 최후의 결별을 뜻하는 것이라고 논하고, 또 하얼빈 정거장에서 안중근이 피고 유동하에게 돈 사 루블을 준 것을 가지고 유동하가 사정을 미리 알고 있었다고 운운하지만, 그것은 지나친 신경과민적인 견해라고 하지 않을 수 없습니다.

이상은 검찰관이 피고 유동하가 사정을 알았다는 주장을 하려고 제시한 논거에 대한 변호인의 비견에 불과합니다. 즉 피고가 사정을 알고 안중근을 위해 이토 공 살해의 방조를 했다는 증거로 보기에는 너무나 불충분하다는 것을 단

언해 마지않습니다. 뿐만 아니라 변호인은 더욱 피고 유동하가 사정을 몰랐다고 하는 사실을 인정하기에 아주 유력하다고 믿는 이유를 발견할 수 있습니다. 변호인은 학식이 얕아서 일반적인 한국인의 성격을 연구할 영광을 갖지는 못했습니다. 만약 검찰관이 연구한 것처럼, 본래부터 한국인은 어렸을 때는 간지(奸智)가 많고 성장해서는 망령을 부리기 쉬워, 피고 유동하도 역시 이런 성격을 가지고 있는 자라고 가정한다면, 검찰관이 피고에게 아주 불리한 증거라고 제시한 소위 은어 전보에 그는 왜 자기의 본명을 쓰는, 그런 위험한 짓을 했겠습니까. 피고는 본건 범죄의 공범자로서 하얼빈에서 체포된 이후 최근까지도 검찰관의 취조에서 유강로라는 위명을 댄 실례가 있지 않았습니까. 만일 피고가 위에서 언급한 전보를 발송할 때 이렇게 위험하다는 것을 정말로 알았다면 비록 예리한 사람이 아니더라도 주의했을 것은 물론인데, 상술한 것과 같이 위명을 사용한 그가 그런 섣부른 짓은 하지 않았을 것이 아닙니까. 다음으로 또하나 유리한 증거라고 볼 수 있는 것은, 현재 본 법원에서 압송한 증거물에도 있는 것이지만, 안중근과 우덕순 두 사람은 하얼빈을 출발해서 목적지인 지야이지스고로 가기 전날 밤, 숙소였던 김성백의 집에서 그들이 이번 범행을 하게 된 심정에 대해 열혈비처(熱血悲悽)의 글을 늘어놓은 시가(詩歌)를 짓고 있었는데, 피고 유동하가 돌아와 그들 옆으로 가서 그 시가를 보려 하자, 안중근이 엄한 낯빛으로 피고를 나무랐던 사실을 검찰관도 인정하지 않았습니까. 피고들간에 서로 범행의 공모가 있었다면, 안중근은 오히려 기뻐하며 이 시문을 피고에게 보여줬을 것이 아니겠습니까. 따라서 안중근이 피고를 엄하게 나무랐다는 이 한 가지 사실만으로도, 피고는 선의였다는 것이 증명되고도 남을 것입니다.

다음으로 피고 조도선에 대한 검찰관의 사실의 인정론은 유동하의 경우와 마찬가지입니다. 즉 안중근과 우덕순이 협의한 후 지야이지스고로 출발할 때, 유동하와 동행하기는 불가능한 까닭에 다른 사람 중 러시아 말을 아는 조수를 얻기 위해 당시 하얼빈에 머물고 있던 피고 조도선을 쓰기로 결정했습니다. 하지만 그의 사정을 모르니 그에게 사실을 쉽사리 이야기하는 것은 위험하다고 보고, 우선 안중근의 가족을 마중 나간다는 명목하에 동행을 부탁했으며,

하얼빈을 떠나 지야이지스고에 도착하기까지의 동안에 열차 안에서 안중근은 비로소 진의를 말하며, 가지고 있던 권총 한 자루와 탄환을 주어 함께 이토 공 살해를 공모했다고 하는데, 이제 이 사실을 인정한 근거를 살펴보겠습니다.

첫째, 피고 조도선은 안중근, 우덕순과 함께 안중근의 가족과 정대호의 일행을 마중 나가기 위해 10월 24일 하얼빈을 떠나 지야이지스고에 도착했습니다. 그런데 그날 오후 하얼빈에 있는 유동하로부터 전보가 왔는데, 피고는 러시아 말만 할 수 있을 뿐이지 러시아 글은 해석하지 못하기 때문에 그 전보를 충분히 번역하지 못했으나, 때마침 부근에 사는 러시아인에게 물어서 '내일 블라디보스토크에서 온다'로 이해했다고 합니다. 다음날인 25일 안중근은 우덕순과 피고를 남겨 두고 지야이지스고를 출발하여 하얼빈으로 떠났는데도, 피고는 26일 러시아 관헌에 체포될 때까지 그저 우덕순과 같이 지야이지스고에 머물러 있었다는 것은 피고가 진술한 바입니다. 만약 피고가 끝까지 안중근의 가족을 마중 나가기 위한 것이었다고 한다면, 안중근의 가족이 피고가 진술하는 것과 같이 유동하의 전보에 의해 블라디보스토크를 거쳐 그곳에 도착할 것이 명백한 사실인 이상, 25일 안중근이 출발할 때 동행하여 지야이지스고를 떠났을 것입니다. 그런데 그렇게 하지 않고 그대로 그곳에 머문 것은, 이전부터 피고들은 지야이지스고를 일을 단행할 장소로 결정했지만, 그곳의 형세를 보아 자신들의 세력을 두 곳에 나누어 배치하는 것이 상책인 것을 알고, 안중근은 하얼빈으로 되돌아가기로 한 것입니다. 즉 피고 조도선이 유동하의 전보 도착 후 그대로 지야이지스고에 머물렀다는 한 가지 사실을 볼 때, 피고가 공모했다는 사실을 미루어 짐작할 수 있다는 것입니다. 그러나 변호인으로 하여금 말하게 한다면, 유동하의 전보문에 대해서는, 검찰관의 설명과 같이 러시아인의 도움에 의해 피고 조도선이 '블라디보스토크에서 내일 이곳에 온다'고 번역한 것이라고 하지만, 안중근이 그 전보문이 틀린 것이라는 주장을 한 결과, 그들은 정말 블라디보스토크에서 오는지가 의심이 되어, 안중근의 제의로 그가 먼저 하얼빈으로 가서 진위를 알아보고, 여비가 떨어져 그것도 조달할 겸 그곳을 떠났다는 것은 각 피고들의 진술이 서로 일치하는 것입니다. 그러므로 피고 조도선은 시종 안중근의 가족을 마중하는 것이 유일한 목적이라고 생각하고, 전보 도착 후 우덕순과 함께 지야이지스고에 머물 필요가 없다고 생각한 것이 명백합니다. 즉 비록 전보의 의미를 검찰관의 논고와 같이 이해했다 할지라도, 그들은 가족들이 블라디보스토크를 거쳐 오지는 않을 것이라고 믿었기 때문에 안중근이 지야이지스고를 떠날 무렵에는 당연히 의문사항이었으며, 또 여비가 모자랐기 때문에 그곳에 머물 수밖에 없었다고 믿습니다.

둘째, 검찰관은 피고 조도선과 같은 인물이 체포될 당시에 탄환을 장전한 권총을 소지하고 있었다는 사실을 들어, 이를 그의 공모를 추정할 수 있는 이유 중 하나라고 했습니다. 실로 우리 일본인의 내지(內地) 생활에 비추어 본다면, 이 사실은 큰 의심의 이유가 된다고 생각합니다. 그러나 한번 만주 땅을 밟고 러시아령을 배회해 본 사람의 일반적 상황에 비추어 본다면, 조금도 의심할 이유가 없을 것입니다. 지금도 변호인은 매일같이 이런 경험에 부딪치고 있습니다. 원컨대 모든 사실에 대해 허심탄회한 판단을 내려 주시기 바라는 바입니다.

셋째, 피고가 안중근과 함께 지야이지스고에 도착했을 때, 관성자발 열차는 그 역에서 피고가 탄 하얼빈발 열차와 교차했습니다. 그때 피고들이 정거장 구내에 들어갈 때 열차를 가로질러 일직선으로 걸어간 것에 대해, 지야이지스고역에서 근무하는 동청철도회사의 직원은 아주 단거리임에도 불구하고 아주 멀리 우회하여 일부러 관성자발 열차를 돌아봤다고 진술했는데, 이 진술 또한 피고에게 불리한 증거로 채택 논고됐습니다. 그런데 이 사실이 피고 조도선의 제의에서 나온 행위라면 몰라도, 동행자인 안중근이 이토 공 살해의 기회를 살피기 위해 자진해서 돌아보기에 동행자인 피고 조도선도 역시 무의식적으로 그 뒤를 따라갔다고 한다면, 아무런 의심할 점은 없을 것입니다.

넷째, 검찰관은 또 피고에 대한 제3회 신문조서를 들어, 피고의 악의를 가장 잘 알 수 있는 증거라고 논단했습니다. 이 신문조서에 의하면, 피고는 안중근 등과 지야이지스고에 도착했을 때 안중근과 우덕순 두 사람으로부터 이토 공 살해의 전말을 듣게 됐다는 일종의 자백을 하고 있는데, 이 자백을 전적으로 신용할 수 있는 것인지 아닌지에 대해 변호인으로서는 매우 의심스러운 점이 있습니다. 우선 이 제3회 신문조서라는 것을 낭독해 보면, 피고는 그 첫머리에서 여태까지 여러가지 사실을 은폐하고 있었다며, 이제 진실을 말하겠다고 합니다. 그 진술은 다음과 같습니다.

"저는 여러가지로 생각해 봤는데, 어제 진술한 것 가운데 틀린 것이 있었습니다. 내가 안중근, 우덕순과 함께 지야이지스고로 갔을 때, 안중근은 나에게 전보를 치라고 했습니다. 내가 '여기서 어떻게 전보를 칠 수 있느냐' 고 물었더니, 안중근은 그래도 치라고 했습니다. 그리고는 안중근은 전보 보낼 집의 주소가 적힌 쪽지를 호주머니에서 꺼내 직접 전보를 쳤습니다. 그 전보는 '지야이지스고에 도착했다. 일이 있으면 전보를 치라' 는 내용이었습니다. 그 전보를 친 후 안중근은 '이번에 내가 이곳에 온 이유는 일본의 대신을 죽이기 위해서이다' 라고 말하는 것이었습니다. 나는 그 소리를 듣고 깜짝 놀랐습니다. 원래 나는 안중근과 우덕순이 정대호를 마중하러 가는데 통역을 부탁하며 동행해 달라고 해서 간 것인데, 안중근으로부터 이런 소리를 들으니 '속았구나' 하는 생각이 들어서 그날 밤엔 잠도 자지 못했습니다. 안중근이 전보를 친 후 하얼빈에 있는 유동하로부터 '블라디보스토크에서 떠났다' 라는 회답이 왔습니다. 그래서 나는 면할 수 있을 것이라고 생각했는데, 그만 안중근은 하얼빈으로 되돌아가고 나와 우덕순 둘이 찻집에서 묵게 됐습니다. 그후 우덕순은 나에게 몇 시쯤 기차가 도착하는지 알아보고 오라고 했습니다. 알아봤더니 여섯시에 온다고 하기에, 나는 큰일을 일으키지 않기 위해 우덕순에게는 기차가 다섯시에 온다고 거짓말을 했습니다. 그랬더니 우덕순은 다섯시 전부터 일어나서 기차가 도착하지나 않았나 알아보고 오라는 것이었습니다. 그래서 나는 일어나서 문을 열려고 하니까, 러시아 헌병이 지키고 서 있다가 어디 가냐고 묻기에, 변소에 간다고 했더니, 변소는 집 안에 있지 않느냐면서 거기서 일을 보라는 것이었습니다. 그래서 우덕순에게는 기차는 벌써 지나갔으니 잠이나 자라고 거짓말하고, 같이 누워 자다가 일곱시나 돼서 일어났습니다. 나는 안중근으로부터 일본 대신을 죽인다는 소리를 들었기 때문에 그런 짓을 하지 못하게 하기 위해, 기차가 오면 그 기적 소리라도 들을까 봐 지하실 같은 곳으로 우덕순을 데리고 가서 잤습니다. 13일 정오경에는 창춘에서 하얼빈 쪽으로 가는 기차가 지야이지스고에 도착하니, 나는 그 기차를 타고 도망가려던 차였습니다. 그런데 열두시 전에 하얼빈에서 '일본의 대신이 살해당했다' 는 전보가 지야이지스고에 왔다는 소문을 들었습니다. 이것이 사실이고 나는 정말 속았던 것입니다."

이상 낭독한 조서에 기재된 것에 의하면 조서 전문은 거의 다 어린애를 속인 것과 같은 글만 늘어놓았습니다. 지금 그 일례를 든다면 우덕순이 이토 공이 탑승한 특별열차의 도착시간을 알아보라는 것에 대해 여섯시에 도착한다는 말을 듣고, 만일 우덕순에게 사실대로 말하면 큰일나겠기에 다섯시라고 거짓말을 했다는데, 이는 상식적으로 생각해 봐도 우스운 일입니다. 피고가 오늘 이 공판정에 선 태도로 봐도, 그는 본건의 공범자로서 체포되어 지금 자신의 재판이 벌어지고 있다는 사실을 망각하고 있는 것 같습니다. 변호인이 그의 심리상태를 알고 있어서 하는 말인데, 그는 단지 이토 공을 살해한 안중근과 동행했다는 이유로 여기까지 끌려온 것인 줄로만 알고 있는 것 같습니다. 말하자면 이 조서는 그의 천박한 생각, 즉 어떻게 하면 하루라도 빨리 구류라는 괴로운 지경에서 벗어날 수 있을까 하는 생각에서 검찰관의 비위를 거스르지 않고, 그렇다고 해서 자기에게 불리하지도 않은 진술을 한 것이라고 볼 수밖에 없습니다. 또 법률적 관념에서 이를 논구(論究)해 보면, 피고의 자백을 단죄하는 데 있어서의 유일한 증거로 삼는 것은 법이 금지하는 바입니다. 즉 자백이라는 것은, 그 자백을 믿을 수 있는 증거가 있을 때 비로소 단죄의 자료가 되는 것입니다. 이런데도 불구하고 피고의 자백을 신용할 만한 이유가 과연 있을는지요. 어린애 장난과 같은 진술임은 이미 변호인이 설명한 바 아닙니까.

다섯째, 검찰관이 논고한 다섯번째 논거는 본건에 대해 러시아 관헌이 모은 기록 중 지야이지스고역에서 근무하는 헌병 세민에 대한 조서입니다. 이 조서에 의하면 안중근이 하얼빈에서 이토 공을 살해한 당일 헌병 세민은 상관의 명령으로 지야이지스고에서 피고 조도선과 우덕순을 체포했는데, 그가 '안중근이 이토 공을 살해한 사건과 관련하여 당신네 두 사람을 혐의자로 체포한다'라고 말했더니, 피고 두 사람은 그에게 '우리는 이토 공을 살해하기 위해 여기까지 왔다. 어제 친구 한 사람이 하얼빈으로 돌아간 것도 역시 같은 목적으로, 즉 오늘 이토 공을 죽인 사람이 바로 그 친구이다'라고 말했다고 기록돼 있습니다. 이 조서에 의하면 피고 조도선의 범행 의사를 인정하는 데는 얼핏 보면 충분한 것처럼 보입니다. 그러나 변호인은 이 조서 역시 심히 의심쩍다고 단언하는 바입니다. 그 의심스러운 부분은 다음과 같습니다. 첫째, 피고 조도선이 이런 호언장담을 능히 할 만한 인물이라고 믿을 수 있을까요. 둘째, 조서에 의하면 피고 조도선과 우덕순 두 사람이 위와 같이 말했다고 했습니다. 그런데 불행히도 피고 우덕순은 러시아 말을 못 하지 않습니까. 셋째, 또 그 조서 끝에, 피고 조도선은 그 헌병에게 자기를 좀 도망가게 해 달라고 간절히 하소연하며, 만일 그렇게 해주면 돈을 주겠다는 비겁한 부탁을 했다고 기록돼 있습니다. 이 말을 처음의 그 호언장담과 비교해 본다면 너무나 대조적이지 않습니까. 변호인은 러시아 관헌의 조서가 위조라고는 생각하지 않습니다. 그렇다고 절대적으로 그 기록을 신용할 용기도 없습니다. 만일 피고가 정말 이 대사건에 가담했고 또 이런 호언장담을 했다면, 안중근과 같이 비록 오해라고 할지라도 일종의 식견을 가지고 자신의 생명을 내던진 사람이라고 보지 않을 수 없습니다. 하지만 그를 훌륭한 사람으로 보지는 못하겠습니다. 원래 러시아 관헌에서 작성한 본건 기록은 비단 헌병 세민의 조서뿐만 아니라, 다른 것도 앞뒤가 맞지 않는 것이 많습니다. 그 현저한 일례를 든다면, 현재 안중근이 이토 공을 저격한 장소에 대해 일본 관헌의 조서에는 한결같이 당시 러시아 군대의 중앙으로 돌진하여 거기서 저격했다고 밝혔고, 검찰관 또한 이를 주장하고 있습니다. 그런데 이에 대한 러시아 관헌의 기록은 시종 이 사실을 부정하여, 발포자는 일본인 환영단 속에서 나왔다고 고집하고 있습니다. 이 한 가지 사실을 보더라도 러시아 관헌의 기록에는 전혀 신뢰를 가질 수 없습니다.

여섯째, 끝으로 검찰관은 안중근이 블라디보스토크 대동공보사 이강에게 보낸 편지에 피고 조도선과 함께 채가구로 남행한다는 것을 기재함에 있어서 '조우도선(曹友道先)'이라고 쓴 것을 들어, 피고 조도선과 안중근이 특별한 관계인 것처럼 논고하고 있습니다. 그러나 문장 중에 피고 조도선의 이름을 쓸 때 '조우도선'이라고 쓰는 것은 보통 일반인이 사용하는 경어이지, 단지 '벗 우(友)'자 한 자가 있다고 해서 특별히 절친한 관계가 있다고 속단하는 것은 그릇된 일이라고 볼 수밖에 없습니다. 더구나 검찰관의 논고에 의한 것이지만, 이 편지는 안중근이 피고 조도선에게 아직 그 심중을 말하기 이전의 것이라고 인정한 것이 명백함에는 더 말할 나위가 없는 것입니다.

이상 논한 바에 의하면, 검찰관이 피고 조도선의 유죄 증거로 제시한 것은 가히 귀를 기울일 만한 것이 없습니다. 뿐만 아니라 변호인은 피고 조도선에 대해서도 유동하와 마찬가지로 본 범죄 행위에 가담하지 않았다는 반증을 들 수 있습니다. 피고는 러시아 말을 알고 있으니, 지야이지스고역에 도착해서 본건 범죄행위를 공모했다면, 역원에게 충분히 그 형세를 알아볼 방법이 있었을 것입니다. 또 그때 이토 공이 보통열차가 아니고 특별열차로 통과한다는 것을 들어서 알고 있었다는 것은 기록상 명백한 것입니다. 검찰관은 피고 등이 지야이지스고역을 선정한 이유를 열차가 그 역에서 교차하는 기회를 이용하기 위해서였다고 논단했습니다. 그런데 열차의 교차가 하루에 한 번씩 보통열차에 한해서 행해진다는 것은 피고 조도선도 잘 알고 있었을 것입니다. 즉 이토 공이 탑승하고 있던 특별열차는 지야이지스고역에서 다른 열차와 교차하지 않는다는 것을 아는 이상, 그 역에서 일을 실행하는 것이 불가능하다는 것은 명백한 사실입니다. 이런 사실로 볼 때, 만약 피고가 공모했다면 즉시 다른 피고들에게 이런 사실을 알리지 않으면 안 되었을 것입니다. 그런데 이런 사실을 알리지 않고 무심코 그 역에 있었던 피고의 심리로 보아 능히 작량(酌量)할 수 있으리라고 봅니다. 더욱 유리한 증거라고 할 수 있는 것은 압수된 증거물에 의해 명백한 것처럼, 피고는 안중근과 함께 이토 공 살해사건에 가담하는 한편 일크츠크에 있는 자신의 처를 불러오게 하려고 편지를 띄운 사실이 있습니다. 만일 피고가 본건에 가담한 것이라면, 무엇하러 자신의 처를 불러오려고 했는지 그 이유를 헤아리기가 어렵습니다. 뿐만 아니라 피고 조도선의 기소사실은 유동하와는 달리, 본건에 가담한 정도가 단지 그 사정을 알고 러시아어의 통역에 임한 것뿐만 아니라, 우덕순과 함께 적극적으로 이토 공 살해의 실행정범(實行正犯)이 되려고 했다는 것입니다. 검찰관이 인정한 바와 같이 실없는 피고 조도선이 자기의 목숨을 걸고서까지 이 범행에 가담하려고 했다는 논고는 받아들일 것도 못 된다고 믿습니다.

마지막으로 피고 유동하의 행위가 살인 방조죄를 구성하는지 아닌지도 아직 쟁점이 되고 있습니다. 검찰관의 논고에 의하면, 10월 24일 지야이지스고역에서 안중근이 이토 공의 하얼빈 도착시간을 물어본 전보에 대해, 피고가 '내일 이곳에 온다' 라는 회답을 보냈기 때문에 안중근은 하얼빈으로 돌아왔습니다. 만약 피고가 이 전보를 치지 않았더라면, 안중근은 그대로 지야이지스고에 머물러 있었을 것입니다. 또 안중근이 그대로 지야이지스고에 머물러 있었더라면, 지야이지스고에서는 피고 등이 범행을 하려고 해도 도저히 할 수 없었을 것이니, 결국 본 사건이 일어나지 않았을 것입니다. 이 점으로 보아 피고의 행위는 살인 방조죄를 구성할 것이라는 것입니다. 그러나 대체로 공범, 특히 종범(從犯)의 개념은 종범의 행위와 정범(正犯)의 행위 사이에 직접적인 인과관계를 필요로 합니다. 비록 자기의 과실로 일어난 행위가 행여나 타인의 범죄 실행을 돕게 된다고 하더라도, 종범이라고는 할 수 없습니다. 피고가 위와 같은 전보를 친 것은 사실이지만, 원래 이 전보는 피고의 착오에서 나온 것입니다. 전보문에 소위 내일, 즉 10월 25일 이토 공이 하얼빈에 도착한다고 한 것은 전혀 피고가 잘못 들은 것이고, 또 이 전보로 인해 안중근이 하얼빈으로 돌아오리라는 것은 피고로서는 전혀 의외의 일이었습니다. 오늘의 결과로 볼 때 안중근이 유명하게 된 것은 피고 유동하의 의지가 아니라, 실로 우연의 결과인 것입니다. 바꾸어 말하면, 유동하의 착오가 안중근에게는 오히려 이익이 된 것뿐이지, 그 전보의 인과관계라는 것은 인정하지 못하겠습니다. 이런 점에서 말한다면, 유동하의 행위는 비록 사정을 알았다고 할지라도 종범이 될 수는 없는 것입니다.

이때 재판장은 정오가 되어 일단 퇴정할 뜻을 알리고 폐정했다.

당일 오후 한시 동일한 장소에서 동일한 재판장, 검찰관, 서기 입회하에 통역촉탁 소노키 스에요시 통역으로 재판을 속개하다. 피고인은 모두 신체의 구속을 받지 않고 출정하며, 변호인으로 미즈노 기치타로와 가마다 세이지가 출두했다. 재판장은 오전에 계속해서 변론할 것을 명하다.

미즈노 변호사 본건은 일본 영토 밖에서 보호국 신민인 한국인에 의해 일어난 사건인데, 피해자가 이토 공이기 때문에 일본에 있어서는 흥국(興國) 제일 원훈을 잃었다는 비통과, 세계에 있어서는 일대의 위인을 잃었다는 놀람 속에서, 본건의 진행 양상은 세계 방방곡곡에 퍼져 여러가지 뜬소문과 속론이 들려오고 있습니다. 그런데 재판장님께서 이 세계의 주시 속에서 본건을 심리함에 있어서 극히 근엄하고도 친절하게 다스리는 모습을 보고, 저희 변호인들은 단지 피고인을 대신해서 감사할 뿐만 아니라, 우리 법조사회의 영예로 알고 축

복해 마지않습니다. 본 변호인도 본건에 대해서는 일본형법을 적용할 것이 아니라, 한국형법을 적용해야 할 것이라고 생각합니다. 그러나 한국형법의 결함은 이 중대사건을 망라하여 처벌할 만한 정당한 조항이 없기 때문에, 오히려 무죄라고 할 수밖에 없다는 것 또한 전 변호인과 의견이 같을 것입니다. 그러나 법률에 대한 견해는 사람들마다 자기의 의견이 있는 것이기 때문에, 본 변호인은 다른 변호인의 의견으로 정확한 해답을 얻었다고 해서 만족할 수는 없습니다. 따라서 더욱 몇 걸음 양보하여, 검찰관의 논고와 같이 일본형법을 적용할 것이라는 가정하에서는 본 사건에 대해 어떤 형벌을 내려야 할 것인지 소위 형의 양정(量定)에 관해 소신을 피력하고자 하는 바입니다.

형벌의 양정에 기본이 되는 형벌주의에 대해서는 검찰관으로부터 신파와 구파의 학설을 들었습니다. 그런데 신파는 세계 학자들 사이에서 배척을 받아 대부분 몰락하고 있는 실정이라고 들었습니다. 변호인은 학자가 아니므로 세계의 추세에 대해서는 말할 줄도 모릅니다. 이에 대한 강평은 학자들에게 맡겨야 하지만, 모든 일에는 절대선(絶對善)이라는 것도 없고 또 영원한 악이라는 것도 없으므로, 시대의 추이는 필요에 따라 시비가 갈린다고 생각합니다. 학설에 있어서도 각각 장단점이 있을 것이지만, 변호인은 인간이 어떤 주위의 사정에도 구속되지 않고 완전한 자아에 의해서만 행동한다는 것은 도저히 믿을 수 없습니다. 특히 세계 어느 나라의 형법전을 보더라도, 검찰관의 논고와 같이 절대적 복수주의(復讐主義)에 기인하는 것은 아직 발견할 수 없습니다. 원래 형벌법규가 필요한 이유는 국가사회의 안녕과 질서를 유지하고 공공복리를 보호할 필요에서 존재하는 것인데, 그 목적은 사회에서 범죄라는 것을 근절하는 것, 즉 형사법이 필요없게 만드는 것이 종국의 목적인 것은 명백한 사실일 것입니다. 이 목적을 달성하기 위해 필요한 수단은, 세상이 인정하는 것과 같이 첫째, 범죄자로 하여금 또다시 죄를 지을 생각이 안 나게 하는 것, 즉 개과천선하기 위한 징계지도(懲戒指導)를 할 것과 둘째, 일반사회에 범죄에 따르는 형벌의 고통을 보여줌으로써 경종을 울려 더욱 동종의 범죄를 범하지 않도록 방지하는 것으로, 이 두 가지는 형벌 목적의 진가라고 생각합니다. 이와 같이 형벌법규 존재의 필요성에서 고찰해 보면 신파와 구파의 우열방지주의

(優劣防止主義)와 보복주의(報復主義)에 대한 이해는 비교적 명쾌하리라고 생각합니다.

변호인은, 입법에 관한 시비 논의는 본건에 대한 형의 양정에 아무런 실익이 없을 줄 믿고, 일본형법은 어떤 주의에 기초를 둔 것인지 한번 알아봐야 할 것이라고 생각합니다. 검찰관의 논고와 같이 우리나라 형법이 만약 절대적 보복주의에 기인한 것이라면, 예컨대 '눈에는 눈으로 귀에는 귀로'라는 격으로, 사람을 죽인 자에게는 무조건 사형에 처한다고 정한다면 보복으로는 완전하다고 하겠습니다. 물론 이럴 경우에 정상작량이란 것은 하등의 필요가 없을 것입니다. 그런데 우리 형법은 일개 범죄에 과할 수 있는 형벌의 범위가 극히 광범위하여, 재판장으로 하여금 각 범인에 대해 충분히 형의 양정을 할 수 있도록 권한을 부여할 뿐만 아니라 작량감등의 규정까지 있습니다. 게다가 집행유예라는 감면의 규정까지 있지 않습니까. 이것으로 미루어 본다면, 우리 형법의 주의가 소위 보복주의가 아니라, 재판장으로 하여금 범죄방지에 뜻을 가지도록 하려는 것이 명료하다고 생각합니다.

이상 설명한 우리나라의 형법주의로 미루어 볼 때, 검찰관이 요구하는 사형은 참으로 합당한 것일까요. 만약 우리나라의 형법주의가 본 변호인이 설명한 바와 같다면, 이 형법으로 사형을 요구할 만한 것은, 범죄의 그 범정(犯情)이 극악비도(極惡非道)하여 도저히 형법을 가지고는 개과천선의 희망이 없으므로 극형을 가함으로써 비로소 사회를 경계(警戒)하고 동종의 범죄가 또다시 일어나지 않게 할 수 있는 경우에만 사형에 처할 것인데, 이는 어쩔 수 없어서 그렇게 하는 것이라고 믿습니다. 그러나 본건과 같이 자객이 만사를 무릅쓰고 범죄를 행하려 한 경우에는 자신의 죽음은 이미 각오한 것이므로, 피고에게 사형을 내린다 할지라도 훗날 또다시 사회에 일어날 자객에 대해 아무런 위협도 되지 않을 것입니다. 더구나 피고가 이번의 범행을 하게 된 이유가 검찰관의 논고와 같이 세계 대세를 알고 있지 못한 소위 무지 때문이라면, 지식이 있는 자는 일깨워서 충분히 개과천선할 수 있을 것이 아닙니까. 참으로 개과천선의 희망이 있고 사회에 경종을 울리는 효과가 없는데도 극형을 내리는 것은, 우리나라 형법의 취지상 도저히 허용할 수 없는 논리라는 것은 극히 명료하다고 확신합니다.

우리 형법 제199조는 살인죄에 대해 가볍게는 3년의 징역에서부터 무겁게는 사형이라는 극형까지 재판장의 자유심증(自由心證)에 의해 각 피고사건에 대한 범죄의 형상, 범행의 동기, 피고인의 신분과 성격 등 주위의 사정을 참작하여 적당한 과형(科刑)을 양정할 수 있게 만든 것입니다. 추상적으로 살인죄라는 것에 대해 상상한다면 실로 천차만별입니다. 또 각 범인의 신분과 품성을 말하자면 위로는 재상, 학자, 부호로부터 아래로는 문전걸식하는 거지에까지 이르고, 그 범죄의 형상을 보면 조용히 잠자는 것처럼 눈 감게 하는 범죄가 있는가 하면, 너무나 참혹해서 바로 쳐다볼 수 없을 정도로 끔찍한 것도 있습니다. 특히 주의해야 할 범죄의 동기를 보면, 국가의 희생이 되려는 참된 마음을 가지고 하는 것도 있고, 일신일가(一身一家)의 사욕을 채우려는 비열한 마음으로 하는 것도 있습니다. 또한 사욕을 위한 것에도 여러가지가 있는데, 재산이 많고 지위가 높음에도 불구하고 불로불사(不老不死)의 사욕을 채우기 위해 하는 것도 있고, 처자 형제가 같이 한 그릇의 밥을 얻기 위해, 즉 호구지책상 어쩔 수 없이 하는 것도 있습니다. 우리 형법이 살인죄에 있어서 3년의 징역에서부터 사형의 극형까지 광범한 범위를 정한 것은 참으로 이유있는 것이라고 생각합니다. 지금 피고의 사건에 이를 비추어 본다면, 그의 가문은 검찰관이 논고한 바와 같이 그 지방에서는 명문입니다. 피고는 조부로부터 교육을 받아『통감』제8권까지 읽었고, 종교에 대한 신앙심 또한 깊습니다. 게다가 검찰관에 대한 그의 답변하는 태도를 보면, 그는 한국인으로서는 학식있는 사람으로 보아도 좋을 것입니다. 이처럼 신분도 상스럽거나 천하지 않고, 또 그 품성도 결코 악하지 않다는 것을 추측할 수 있습니다. 그리고 비록 그 범죄의 동기가 오해에서 나왔다 할지라도, 이토 공을 죽이지 않으면 한국은 독립할 수 없다는 조국에 대한 참된 정성에서 비롯됐다는 것은 의심할 여지가 없습니다. 검찰관은 피고의 행위가 정치적인 범죄가 아니라, 단지 한국에 대한 오욕을 씻고 살해된 친구의 원한을 풀기 위한 것이므로 동정할 점이 없다고 논고했지만, 그 행위가 정치적이든 아니든 피고의 성격과 동정을 좌우할 것은 아니라고 봅니다. 피고의 생각으로는, 일본과 한국, 아니 전 동양의 오늘의 사태는 오로지 이토 공의 시정 방침에서 발생한 것이며, 이후에도 역시 마찬가지로 이 대세력은 실로 오대양을 능가할 것이고, 누구도 이에 반항할 정치적 역량을 갖지 못했다고 믿고 있습니다. 또한 피고는, 이토 공이 살해되면 자신은 일본과 조선의 의사(義士)가 될 뿐만 아니라, 조약의 개선과 동양의 평화를 마침내 기대할 수 있다고 생각하고 있었던 것입니다. 더욱 몇 걸음 양보하여 검찰관의 논고와 같다 하더라도, 만고(萬古)의 국욕을 씻고 동포의 살육에 보복하려고 일신(一身)을 잊고 분개한 것이라면, 그 심정에 대해서는 충분히 동정할 가치가 있다고 생각합니다. 특히 검찰관은 피고의 심정을 의심하여, 피고가 상업에 실패하고 처음으로 정치에 뜻을 둔 것과 형제들에게는 구미(歐美)를 여행했다고 거짓으로 연락한 것, 그리고 이석산으로부터 본건에 필요한 여비를 강탈한 것을 들어, 방랑생활 삼 년 만에 궁여지책격으로 국가를 위한다는 미명하에 이번의 범행을 연출하게 되었다고 했습니다. 하지만 상업에 실패하고 정치에 뜻을 두었다는 것에 대해 말하자면, 원래 상업이란 교활한 지혜가 있는 사람이 아니고는 성공하기 어려운 것이니, 의기에 찬 피고가 이에 실패하는 것은 오히려 당연한 일이고, 또 정치에 마음을 돌린 것은 자연스럽게 피고의 소질에 적합한 곳으로 나아간 것으로 볼 수 있습니다. 따라서 피고의 심사에는 아무런 거리낌이 없을 줄 압니다. 다음으로 아우에게 거짓 편지를 보냈다고 한 사실에 대해서는, 그 실정을 미루어 헤아린다면 실로 가련하기 그지없다고 하겠습니다. 피고는 자백한 바와 같이 형제 처자를 버리고 의병으로서 국권회복에 온 힘을 다하고 있지 않았습니까. 이 의병이라는 것은 한국의 현 상황에 있어서 소위 적입니다. 이 일이 관헌에 발각되는 날에는 비단 피고뿐만 아니라 그의 가족들까지 고통을 받을 염려가 있지 않겠습니까. 비록 국가를 위한 일이라고 하지만, 흘러가는 세월 속에서 한밤중에 꿈에서 깨어나 고향에 있는 늙으신 부모와 가족들 생각에 젖는 것은 실로 인지상정입니다. 피고가 몇 번 지나간 고난과 장차 올 희망을 말하며 가정의 따뜻한 위로를 받고 싶어하고, 또 가족과 이별 후의 소식을 듣고 싶어하는 것은 능히 헤아릴 수 있는 사정이라고 생각합니다. 그런데 피고는 이 참을 수 없는 마음속 깊은 근심을 겨우 구미 여행이라는 거짓에 부쳐 가족의 소식을 알아보려 했으니, 그 심중의 비참함은 참으로 동정을 금치 못할 것입니다. 이를 단지 하나의 거짓이라고 말해 버리고, 또 심사가 상스럽고 천박하다고 의심하려는 것은 피상적 견해이며 실로 참혹하기 그지없다고 생각합니다. 특히 이석산으로부터 돈을

"피고의 행동이
조국에 대한
충정에서
나온 것은
분명하다."

"비록 피고의 범행동기가

오해에서 나왔다 할지라도,

그것이 이토 공을 죽이지 않으면

한국은 독립할 수 없다는

조국에 대한 참된 정성에서

비롯됐다는 것은 의심할

여지가 없습니다."

—국선변호사 미즈노

강탈했다는 것도 역시 피상적 견해라고 생각합니다. 블라디보스토크에서의 보고에 의하더라도 이석산이라는 사람은 없습니다. 없는 사람으로부터 어떻게 강탈할 수 있으며, 또 백 원이나 이백 원쯤은 강탈하지 않아도 전별금(餞別金)이나 운동비로 피고에게 보내 줄 곳이 얼마든지 있다는 것은 『대동공보』의 이강에게 보내려던 편지나 유동하가 유진율에게 친 전보를 보더라도 명백한 것입니다. 따라서 이 돈은 이석산으로부터 나온 것이 아니라, 동지들로부터 갹출한 돈일 것은 추측하기 어렵지 않은 것입니다. 그런데 피고가 왜 이와 같은 허위 진술을 했는지 미루어 헤아려 본다면, 비록 자기가 강도라는 오명을 쓴다 할지라도, 동지의 이름을 늘어놓아 후에 근심이나 고통을 초래한다면 의리상 할 일이 아니라는 의협심에서 나온 것임은 의심을 품지 못할 것입니다. 끝으로 피고가 방랑 끝에 궁여지책으로 국가를 위한다는 미명하에 이번 범행을 저질렀다는 것에 대해서는, 그랬을 것도 같지만 피고가 동지간에 두터운 신용을 가지고 있었다는 것은 이강에게 보내려던 편지로나 유동하와 조도선이 그의 일을 기쁜 마음으로 해준 것으로 보아도 분명합니다. 또 고향에는 상당한 재산도 있었고 처자를 불러와서 가족의 정을 누릴 수도 있었기 때문에, 하늘 아래 홀로 외로워서 몸둘 자리가 없을 만큼 궁핍했다는 것은 너무 무리한 추리라고 봅니다. 이러한 증거가 없다면 예컨대 연경(燕京)을 떠난 경가(輕軻)도 박랑사(博浪沙)의 장양(張良)도 다 같이 나라와 군주에게 보답한다는 미명하에 감히 거사를 결행했다는 비웃음을 받겠지만, 변호인은 이같이 생각할 용기가 없습니다. 요컨대 피고의 행위가 비록 세계 대세에 어두워 오해에서 나온 것이라 하지만, 국가를 위한 일편단심과 동포를 위한 참된 정성에서 일신일가를 버리고 이 일을 행했다고 볼 수밖에 없습니다. 이 무지와 오해에 대해 불쌍한 점은 있으나 증오할 점은 조금도 없으니, 오히려 가르쳐 줄 것이지 징계할 이유는 결코 없으리라고 믿습니다. 우리나라 형법 제199조의 범위에서 형의 양정을 하신다면, 요컨대 가볍게 징역 3년에 처한다면 충분하다고 생각합니다. 변호인의 요구는 실로 징역 3년입니다.

그러나 변호인은 피고에 대해 가벼운 징역 3년의 처형으로는 만족할 수 없습니다. 할 수 있는 한 더욱 작량감경(酌量減輕)의 여지가 있다고 생각합니다. 이토 공이 노구(老軀)를 이끌고 한국에 온 이래 정성을 다하여 한국을 돕는 데

노력해 온 것은 안팎에서 모두 인정하는 바이며, 피고의 이번 범행이 비단 일본에게만 손실을 끼친 것이 아니라, 그의 조국에도 역시 심대한 화를 끼쳤다는 것은 더 말할 나위가 없습니다. 피고가 무지하여 돌이킬 수 없는 이런 잘못을 저지른 것은 참으로 안타까운 일이지만, 이같은 잘못을 하게 된, 즉 피고가 오해를 하게 된 원인에 대해 고찰해 보면, 여러가지 불쌍히 여겨 살피지 않을 수 없는 사정이 존재하리라고 생각합니다. 피고의 가문은 전에도 말한 것과 같이 지방의 명문이지만, 그가 받은 교육은 『통감』 제8권까지에만 이를 뿐이니, 이것으로써 세계의 대세를 알지 못할 것은 당연합니다. 이렇게 피고의 교육 수준이 심히 낮은 까닭은 한국의 교육제도가 아직 다 갖춰지지 못하여 불완전하기 때문입니다. 만약 피고가 일본이나 그 밖의 문명한 나라에서 태어났다면 훌륭한 교육을 받았을 것입니다. 그랬다면 이런 오해도 없었을 것입니다. 그러나 한국의 현 상황은 어떠합니까. 그 국력은 참으로 어쩔 수 없지만, 외교의 전권은 모두 일본에 위임돼 있고 사법권까지도 모두 일본인의 손에 의해 처리되고 있지 않습니까. 처지를 바꾸어 우리가 한국인이라고 생각해 본다면, 원통하고 슬픈 심정을 금할 수 없으리라는 것은 인지상정이 아니겠습니까. 일본은 지성으로 한국 보호의 임무를 가지고 있으며, 이토 공도 역시 정성을 다하여 한국을 도와 계발하고자 노력하고 계셨지만, 일본과 한국에는 아직 국경이 존재하고 있습니다. 그러므로 영욕(榮辱)을 같이할 수는 없을 것입니다. 한국민으로 하여금 일본을 한국과 같이 여기게 하는 것은 오늘날의 상황으로는 무리한 것입니다. 또 이토 공과 피고 사이에는 국적이라는 건널 수 없는 강이 있습니다. 마치 계모와 생모가 아무래도 다른 점이 있는 것과 같이, 즉 계모가 비록 자애(慈愛)의 마음을 가지고 그 자식을 대해 주더라도, 자식은 오히려 사악해도 생모를 따르는 것이 인지상정입니다. 공의 정성이 피고들에게까지 미치지 못한 것은 어쩔 수 없는 것이라고 생각합니다. 이와 같이 교육의 불완전과 일한간의 국경의 구분 등 주변의 사정이 이번 사건의 중대한 오해를 초래한 원인이 됐다는 견해가 틀리지 않는 한, 이상의 제도와 국경을 철폐하는 것이 일한 양국에 있어서 필요함과 동시에, 이번 사건의 모든 책임을 피고에게 부담시키려는 것은 무리한 주문이며, 오히려 제도와 국경에 더 큰 책임이 있을 줄 압니다. 특히 외국인 중에는 신문, 잡지, 연설 등으로 일한 양국간의 친교를 소원하게 하려고 소위 배일사상의 고취에 힘쓰고 있는 자가 많지 않습니까. 이런 환경 속에 있는 피고가 깊은 미궁에 빠지게 된 심정은 불쌍히 여겨 살펴도 남음이 있으리라고 믿습니다.

변호인이 기억하기로는 나라의 운명이 몹시 흔들려 어려웠을 때 의견충돌과 오해로 인해 권력을 가지고 있던 인사에게 자객이 일어난 예는 참으로 많습니다. 일본의 유신 전 쇄국의 꿈이 아직 깨지지 않았던 당시의 형편은 오늘날 한국의 상황과 흡사했습니다. 사카이(堺)사건과 생맥(生麥)사건도 있었습니다만, 특히 이번 사건과 아주 흡사하다고 볼 수 있는 것은 사쿠라다(櫻田) 문 밖에서 미도(水戶)와 무사(浪士)들이 대로(大老) 이이 나오스케(井伊直弼)를 살해한 사건입니다. 이이 대로는 세계 대세로 미루어 보아 쇄국양이(鎖國攘夷)는 도저히 불가능하여 개국진취(開國進取) 외에는 길이 없다는 것을 알고, 맹렬히 세론을 배척하여 여러 외국과 통상조약을 체결하려고 했던 것입니다. 무사들은 외국의 압박 때문에 통상을 하는 것은 나라의 체면에 관련된다는 일편의 감정으로, 세계 대세도 분별하지 못하고 제멋대로 존왕양이(尊王攘夷)의 주장을 부르짖으며 일대의 위인을 사쿠라다몬가이에서 거꾸러뜨리고야 말았습니다. 당시에는 세계의 대세를 상세히 알고 있는 사람이 없어서 국내 모든 사람들이 그 무사들에게 동정한 것이 사실입니다. 시대와 세상이 진보한 오늘에 와서 그 무사들이 세계 대세에 어두워서 일대의 위인을 죽이고 대사를 그르친 것은 인정하지만, 그들이 일신을 버리고 군국을 위한 정성에서 이런 일을 했다는 소위 나라에 충성하는 단심에 대해서는 많은 동정을 사고 있지 않습니까. 특히 이들 무사들이 부른 시가(詩歌)는 지금도 사람들의 입에 회자되어 전해 오며, 또 그 의기는 확실히 국민의 모범이 된 것으로 믿고 있습니다. 이런 무사들을 본건의 피고와 비교해 본다면 어떤 차이가 있겠습니까. 무지한 결과 대사를 그르친 것은 같습니다. 그러나 당시 일본의 소위 존왕양이당(黨)의 주장은 통상을 하는 것은 국위를 손상하는 것이라는 단순한 감정론이었지, 그다지 국가존망의 대사건은 아니었습니다. 그렇다면 한국의 현상황은 어떻습니까. 외교, 군사, 사법 등 어떤 권한도 일본에 위임되지 않은 것이 없으며, 대황제(大皇帝)는 퇴위당하고 황태자는 일본에 계시게 됐습니다. 피고의 오해와 같이 만약 일본이 한국을 도울 성의가 없다면, 한국의 국사는 위기에 빠지지 않겠습니까. 피고는 실로 국가의 존망이 달린 중요한 시기라고 믿었던 것입니다. 똑같이 일을 그르쳤다고 할지라도 사태를 생각해 보면 피고에게 동정할 점이 더 많이 있다고 볼 수 있을 것입니다. 또 이를 양자(兩者)의 의기로 보면, 만세일계(萬世一系)의 성천자(聖天子)를 봉대(奉戴)한 일본 신민과, 이조 삼백 년, 그나마 동인 서인으로 나누어 서로간에 살생하고 관리는 다투어 가렴주구(苛斂誅求)를 일삼으며 수회능욕(收賄凌辱)이 가는 곳마다 뻗치지 않은 곳이 없는 한국 신민과는 그 국시의 경중을 동일하게 논할 수는 없습니다. 하지만 한국 신민인 피고가 나라에 충성하려는 정성에 있어서 일본의 지사에 뒤지지 않는 것이 있을 테니, 역시 동정을 기울임에 인색할 수 없을 것이라고 생각합니다.

이제 변호인은 유신 후의 일본 자객에 대한 처분과 본건을 비교해 보고자 합니다. 변호인의 기억에 남아 있는 것으로는 오구보(大久保) 공을 살해한 시마다 이치로(島田一郎), 이다가키(板垣) 공을 살해한 아이바라(相原某), 모리(森) 문부대신을 살해한 니시노 후미타로(西野文太郎), 오쿠마(大隈) 백작을 저격한 구루지마(來島恒喜), 또 바칸(馬關)사건의 고야먀 오노스게(小山六之助), 오즈사건의 쓰다 산조(津田三藏), 근래에 와서는 정우회(政友會)의 우두머리 호시(星)를 살해한 이니와 소타로(伊庭想太郎) 등입니다. 이 중 사형에 처해진 사람은 시마다 이치로뿐입니다. 당시의 재판은 참고 자료도 되지 않습니다. 앞서 언급한 사건 중 세상을 떠들썩하게 하고 국가에 해악을 끼친 것으로 보면 본건도 세계를 떠들썩하게 하고 한국과 일본에 심대한 손해를 끼친 것은 물론이지만, 바칸사건에 비한다면 대사건이라고 볼 수는 없습니다. 바칸사건은 일청전쟁 중에 십만의 생명을 죽이고 겨우 강화조약을 체결하려는 대단히 중요한 때에 일개 소한(小漢)인 고야마(小山)가 일으킨 대사건으로, 이로 인해 삼군(三軍)에 명을 전하여 일시 휴전하지 않을 수 없었습니다. 또 오즈사건에 비교해 봐도 실로 말조차 꺼낼 수 없을 것입니다. 이 사건은 당시 성가(聖駕)가 친히 오즈까지 임하신 전무후무한 사건으로, 상하(上下) 신민의 놀람도 놀람이려니와 국가의 존망과 관련된 대사건이었습니다. 이 두 사건의 흉한 고야마와 쓰다도 극형을 면했습니다. 비록 이 두 범인은 법률상 살인미수였기 때문에 극형을 가하지 않았다고 말할지도 모르지만, 최근에 호시를 살해한 이니와 같은 자는 살인기수임에도 불구하고 사형에서 한 단계 감등되었습니다. 원래 이니와가 호시를 살해한 이유는 참으로 어이가 없어서 말도 안 나오는 것입니다. 본건이 피고가 믿고 있는 대로라면, 수백 수천의 언론이나 재판으로는 도저히 개선될 희망이 없었기 때문에 일신을 버리고 자객이 되는 단 한 가지 길밖에 없었겠지만, 이니와사건은 이니와가 믿고 있는 것과 같은 부정비의(不正非義)가 호시에게 있었을지라도 이를 바로잡아 줄 정당하고 충분한 국가기관이 존재하며 또 충분히 바로잡고 사실을 밝힐 수 있었음에도 불구하고, 정당한 수단을 쓰지 않고 하필이면 광포한 칼에 호소하지 않았습니까. 그런데 당시의 재판, 즉 최근의 일본 문명 재판은 이니와가 오로지 일신의 사욕을 버리고 국가를 위해 그랬다는 점을 동정하여 사형에서 한 단계 감하지 않았습니까. 이 사건과 본건을 비교한다면 피고에 대해서는 몇 배 더 불쌍히 여겨 헤아릴 만한 사정이 존재한다는 것은 명백한 것이라고 생각합니다.

또 한국에 있어서 종래의 자객 사건과 비교해 본다면, 변호인은 각 자객의 범행 사정과 그 처분 등에 대해 자세히는 모르지만, 민영익을 살해하려고 했던 서재필부터 최근에 이완용을 살해하려고 했던 이재명까지 전후 통틀어 열두 건에 이르고 있습니다. 그런데 그 중 사형을 받은 자는 한 명도 없는 것 같습니다. 뿐만 아니라 김옥균을 살해한 홍종우 같은 자는 그 일 때문에 오늘에 와서는 더 안락한 생활을 하고 있는 것 같습니다. 또 최근에 샌프란시스코에서 스티븐스를 죽인 장인환은 미국 재판소에서 징역 25년의 처분을 받고 현재 공소 중이라는 소문을 들었습니다. 물론 범행의 상태와 재판을 하는 국가의 국정(國情)에 의해서도 형벌에 차등은 있겠지만, 그 사건이 사욕을 위해 일어난 것이 아니라 국가를 위하려는 뜻에 의해 일어난 것이라면, 동정하는 것은 당연한 것이라 생각합니다. 말하자면 사건의 시비나 해악의 정도는 둘째로 치고, 소위 자객이 대개 그 군국을 위하고 동포를 생각하는 심정에 대해서는 누구든지 동정하며, 또 그 처분도 무겁게 내리지 않는다는 것은 각국의 정례라고 해도 과언이 아닐 것입니다. 변호인은 지금까지 말씀드린 일반 자객과의 비교와 본건의 특수한 사정을 고려해 볼 때, 작량감경의 여지가 충분히 있다고 확신하는 바입니다.

검찰관은 종래 한국의 자객에 대한 형벌이 아주 가벼웠기 때문에 본건과 이재명 등의 자객이 계속해서 발생한 것이며, 그러므로 앞으로는 이런 일이 발생하지 않게 하기 위해 피고에게 극형을 내리지 않으면 안 된다고 논고하셨습니다. 하지만 자객 사건은 결코 형벌이 무겁다는 것을 두려워하는 성질의 범죄가 아니므로, 피고에게 사형을 내린다고 할지라도 전혀 검찰관의 희망은 달성되지 못할 것입니다. 그렇지 않아도 한국인은 일본이 한국민을 인도하고 도와주는 보호가 과연 공평하고 친절한지 의심을 갖고 있는데, 일본국이 미증유의 유례없는 극형으로써 피고를 처벌한다면 한국민은 더욱 커다란 의혹과 분노 그리고 분한을 품게 되어 오히려 본건과 같은 흉사가 계속해서 발생하게 되지나 않을까 심히 걱정되는 바입니다. 더구나 일한 양국의 친교를 상하게 하려고 부심하는 무리들이 적지 않다는 것도 사실입니다. 피고가 무지하고 미혹하여 집착한 결과 대사를 그르친 것은 참으로 유감이지만, 몸을 바쳐서 나라에 보답하려는 의기는 오히려 장하다고 할 수 있겠습니다. 한국을 도와 계발하는 것이 일본의 국시라고 한다면, 이 감탄할 의기를 잘 인도하여 그 무지를 교육시키고 계발하면, 한국의 향후 백 년 동안은 안심할 수 있을 줄 믿습니다. 이것으로써 변호인은 일본의 대한책(對韓策)에 있어서도 피고를 중형에 처하는 것은 정책을 아주 그르치는 것이며, 실로 한국을 생각하는 것이 아니라고 생각합니다.

끝으로 변호인은 죽은 이토 공이 피고에 대해 과연 중형을 원할지, 그렇지 않으면 관대한 형벌을 희망할지를 생각해 봐야 할 것이라고 생각합니다. 공작이 처음으로 조슈(長州)의 추(萩)로서 세상의 거친 파도 속에 뛰어들게 된 때는 미국 군함의 검은 연기에 도쿠가와(德川) 막부가 삼백 년의 깊은 잠에서 깨어난 직후로, 일본의 상하는 가마 속 같이 뒤끓고 있었습니다. 그 당시 공작은 실로 존왕양이의 급선봉이었습니다. 오늘에 와서 돌이켜 보면 세계 대세에 어둡고 소위 그 무지하고 미혹하여 집착함은 참으로 가련하다고 하겠지만, 오늘의 일본의 원훈은 모두 존왕양이당이었다고 해도 좋을 것입니다. 공작은 당시 선각자인 국로(國老) 사카이 조라구(酒井長樂)가 개국진취의 대책(大策)을 주창하는 것을 보고 히사사카(久坂玄瑞) 외 여섯 명과 함께 그를 암살하고자 기도했지만 사카이(酒井)가 알게 되어 결국은 성사시키지 못한 적이 있습니다. 또한 그후 공작은 지금의 이노우에(井上) 후작 등과 함께 시나카와(品川)에 있는 영국 공사관에 불을 지르기도 했습니다. 그후 영국에 한 번 갔다 온 뒤로는 뚜렷하게 과거의 잘못을 뉘우치고 개국진취의 천자의 정책을 보좌하여 일본의 제일 원훈이 되셨지만, 장년 시절의 일은 피고의 짓과 똑같았습니다. 영국 공사관에 불을 질렀을 때 다행히 경찰이나 기타 제도가 불완전했기 때문에 공작과 동지들이 체포되는 일은 없었지만, 만일 그때 발각되어 체포됐다면 공작의 오늘날의 흥업(興業)과 명성을 어떻게 얻을 수 있었겠습니까. 일대의 위인도 공연히 일개의 과격한 젊은이로 끝을 맺어 피고와 같은 경우가 됐을 것입니다. 이런 경로를 걸어왔기 때문에, 즉 자랑스러운 일이나 부끄러운 일이나 모두 충분히 경험해 본 공작이기 때문에 피고의 오늘의 경우를 보신다면 아마도 만곡(萬斛)의 뜨거운 눈물로 동정하리라고 믿습니다. 이에 대해 보복적 중형을 내리는 것은 생각지도 못할 것입니다. 특히 공작이 도량(度量)이 매우 넓고 동정심이 풍부했다는 것은 세상의 정평이었습니다. 공작이 위로 한 분의 신임을 얻어 조정(朝廷)에서 헌정의 실시를 준비하고 있는 동안 야(野)에서는 민권자유론(民權自由論)이 하늘을 찌를 듯한 기세로 퍼지고 있었으며, 관권과 민권의 충돌은 맹렬하기 그지없었습니다. 민권론의 중견인 자유당의 무사들 중 비수를 품고 공작을 저격한 자가 얼마나 많았습니까. 그 참혹했던 보안조례(保安條例)로 인해 하룻밤에 삼백여 유지를 제도(帝都)에서 찾아 겨우 진압한 당시의 일을 회상해 보면, 자유당과 공작은 불구대천의 원수라고 해도 좋을 것입니다. 그런데 세상이 한번 변하고 나니, 공작은 여러 해 동안 깊은 원수였던 자유당을 중심으로 하는 정우회의 총재가 되어 옛날에 자기에게 비수를 품었던 그들을 거느리며 아무런 의심도 하지 않았습니다. 그 넓디넓은 도량은 상상하기 어려울 것입니다. 또 경찰관도 논증한 것과 같이 공작이 통감의 관저에 한국의 귀빈들을 초대한 석상에서 연설을 한 적이 있었습니다. 그 연설에서 공작은 '폭도도 나도 다 같이 한국을 생각하며 걱정하는 정성에 있어서는 같지만, 그들은 한국을 구하는 데 있어서 수단을 잘못 사용하고 있는 것으로, 그 뜻은 동정할 만하니 조금도 미워할 바는 없다'고 했습니다. 공작이 정의(情宜)에 통하고 동정이 많으신 것은 이 연설로도 명백합니다. 이렇게 도량이 넓고 동정심이 깊은 공작이 피고에 대해 자기에게 끼친 범행의 보복으로 최고의 중형을 내리라고 할 것이라고는 도저히 상상하기 어려운 것이며, 특별히 관대한 형벌을 희망하는 것이 실로 공작의 본의일 것이라고 생각됩니다. 만약 불행히 극형에 처해지는 일이 있다면 공작은 지하에서 눈물을 흘리실 것입니다. 재판장님, 변호인은 또 생각합니다. 이토 공이 앞서 여러 번 말한 것과 같은 주의와 동정을 가지고 있음에도 불구하고 이를 헤아려 짐작하지 않고 피고에게 중형을 내린다면, 본건의 재판으로 인해 공작의 도량을 작게 만들고 또 공작의 한국에 대한 정성을 의심사게 만들지는 않을까요. 만일 그렇게 한다면, 그것은 서거한 공작을 경모하는 길이 아니라는 것을 유의하시기 바라는 바입니다.

요컨대 형벌의 주의에서 생각하든지 우리 형법의 위치에서 보든지, 피고에 대해서는 가볍게 처분하는 것이 지당하다고 믿을 뿐입니다. 또한 그 사정을 깊이 살펴보면 크게 작량할 여지가 있으며, 정책상으로나 공작의 희망으로써 보더라도 중형을 내릴 이유가 존재하지 않는다고 확신합니다. 그런데 피고에게 동서고금에 유례없는 중형을 과하게 된다면, 본건의 결과에 끊임없이 주목하고 있는 세상 사람들이 '일본의 재판은 안팎으로 그 죄를 두세 배나 늘린다'는 의심을 품을 염려가 있을 뿐만 아니라, 재판장님께서 현재 일본의 일부에서 떠드는 일종의 적개심에서 일어난 극단적 감정의 속론에 움직인 것이라는 비난을 받아도 아무런 변명의 여지가 없지 않을까 우려됩니다. 그러므로 변호인은 피고에 대해서는 형법 제199조와 제166조에 의해 법이 허락하는 한도에서 극히 가볍게 처단하기를 희망합니다. 이상 말씀 드린 것은 안중근에 대한 것이지만, 이 변론은 곧 우덕순의 사건에도 동일합니다. 그에게도 가벼운 처분을 희망하고 있습니다. 연령으로나 마음으로나 어린애인 유동하와 어리석고 못난 조도선에 대해서는 재판장님의 공정한 판단에 맡기고, 본인이 따로 일일이 말할 필요가 없다고 생각합니다. 아무쪼록 현찰(賢察)하시기를 바라는 바입니다.

재판장 변호인으로부터 이미 상세한 변론이 있었지만, 피고들이 마지막으로 할 말이 있으면 진술하라.

유동하 나는 이토와 그 밖의 일본인을 모욕하는 따위의 말을 한 적이 없다. 본건에 대해서는 전혀 아무런 관계도 없다고 생각하는데, 검찰관의 논고를 듣고 나니 매우 유감스럽다. 예컨대 나는 아니 땐 굴뚝에 연기가 난다는 생각이 든다.

조도선 나는 본건에 대해 아무런 관계가 없지만, 안중근으로부터 이야기를 듣고 나도 가담한 것 같이 돼 있으니, 이것은 나의 우매한 소치로 별로 할 말이 없다.

우덕순 이토는 일본과 한국 사이에 장벽을 만든 사람이다. 내가 이 장벽을 없애 버리려고 한 것은 내가 전부터 갖고 있던 생각이었기 때문에 본 사건에 가담했던 것이다. 그 밖에 별로 할 말은 없다. 그러나 이후에는 일본 천황의 뜻에 따라 한국인과 일본인을 균등하게 취급하고, 또 한국의 보호를 확실히 해주기 바라고 있다.

안중근 나는 검찰관의 논고를 듣고 나서 검찰관이 나를 오해하고 있다고 생각한다. 예컨대 하얼빈에서 검찰관이 올해로 다섯 살 난 나의 아이에게 내 사진을 보여주며 '이 사람이 네 아버지냐'고 물었더니 그렇다고 대답했다고 말했는데, 그 아이는 내가 고국을 떠날 때 두 살이었는데 그후 만난 적도 없는 나의 얼굴을 알고 있을 까닭이 없다. 이 일로만 미루어 봐도 검찰관의 심문이 얼마나 엉성한지, 또 얼마나 사실과 다른지를 알 수 있다고 생각한다. 나의 이번 거사는 개인적으로 한 것이 아니고 한일 관계와 관련해서 결행한 것이다. 그런데 사건 심리에 있어서 재판장을 비롯하여 변호인과 통역까지 일본인만으로 구성하고 있다. 나는 한국에서 변호인이 와 있으니 이 사람에게 변호를 허가하는 것이 지당하다고 생각한다. 또 변론 등도 그 요지만을 통역해서 들려 주기 때문에 나는 불공평하다고 생각한다. 또 다른 사람이 봐도 이 재판은 편파적이라는 비방을 면할 수 없을 것이라 생각한다.

검찰관이나 변호인의 변론을 들어 보면, 모두 이토가 통감으로서 시행한 시정방침은 완전무결한 것이며 내가 오해하고 있다고 하지만, 이는 부당하다. 나는 오해하고 있는 것이 아니라 오히려 너무 잘 알고 있다고 생각하기 때문에 이토가 통감으로서 시행한 시정방침의 대요를 말하겠다. 1895년의 5개조 보호조약에 대한 것이다. 이 조약은 황제를 비롯하여 한국국민 모두가 보호를 희망했던 것은 아니다. 그런데 이토는 한국 상하의 신민과 황제의 희망으로 조약을 체결한다고 말하며 일진회(一進會)를 사주하여 그들을 운동원으로 만들고, 황제의 옥새와 총리대신의 부서가 없는데도 각 대신을 돈으로 속여 조약을 체결했기 때문에, 이토의 정책에 대해 당시 뜻있는 사람들은 크게 분개하여 유생 등은 황제에게 상주(上奏)하고 이토에게 건의했다. 러일전쟁에 대한 일본 천황의 선전조칙에는 동양의 평화를 유지하고 한국의 독립을 공고히 한다는 말이 있었기 때문에 한국의 인민들은 신뢰하며 일본과 더불어 동양에 설것을 희망하고 있었지만, 이토의 정책은 이와 반대되는 것이었기 때문에 각처에서 의병이 일어났던 것이다. 그래서 가장 먼저 최익현이 그 방책을 냈다가 송병준에 의해 잡혀서 쓰시마에서 구금돼 있던 중 사망했다. 그래서 제2의 의병이 일어났다. 그후에도 방책을 냈지만 이토의 시정방침이 변경되지 않았다. 그래서 당시 황제의 밀사로 이상설이 헤이그의 평화회의에 가서 호소하기를, 5개조의 조약은 이토가 병력으로 체결한 것이니 만국공법에 따라 처분해 달라고 했다. 그러나 당시 그 회의에 물의가 있었기 때문에 그 일은 성사되지 않았다. 그래서 이토는 한밤중에 칼을 뽑아 들고 황제를 협박해서 7개조의 조약을 체결시켜 황제를 폐위시켰고, 일본으로 사죄사(謝罪使)를 보내게 되었다. 이런 상태였기 때문에 경성 부근의 상하 인민들은 분개하여 그 중에 할복한 사람도 있었지만, 인민과 군인들은 손에 닿는 대로 무기를 들고 일본 군대와 싸워 '경성의 변'이 일어났던 것이다. 그후 십수만의 의병이 일어났기 때문에 태황제께서 조칙을 내리셨는데, 나라의 위급존망(危急存亡)에 즈음하여 수수방관하는 것은 국민된 자로서의 도리가 아니라는 것이었다. 그래서 국민들은 점점 격분하여 오늘날까지 일본군과 싸우고 있으며 아직도 수습되지 않았다. 이로 인해 십만 이상의 한국민이 학살됐다. 그들 모두가 국사에 힘쓰다가 죽었다면 본래 생각대로 된 것이지만, 모두 이토 때문에 학살된 것으로, 심한 사람은 머리를 노끈으로 꿰뚫는 등 사회를 위협하며 잔학무도하게 죽었다. 이 때문에 의병 장교도 적지 않게 전사했다. 이토의 정책이 이와 같이 한 명을 죽이면 열 명, 열명을 죽이면 백 명의 의병이 일어나는 상황이 되어, 시정방침을 개선하지 않으면 한국의 보호는 안 되는 동시에 한일간의 전쟁은 영원히 끊이지 않을 것이라고 생각한다.

이토 그는 영웅이 아니다. 간웅(奸雄)으로 간사한 꾀가 뛰어나기 때문에 그 간사한 꾀로 '한국의 개명(開明)은 날로 달로 나아가고 있다'고 신문에 신게 했다. 또 일본 천황과 일본정부에 '한국은 원만히 다스려 날로 달로 진보하고 있다'고 속이고 있었기 때문에 한국동포는 모두 그의 죄악을 미워하고 그를 죽이고 싶은 마음을 갖고 있었다. 사람은 누구나 삶을 즐기고 싶어하지 않는 자

"나 안중근을 국제법에 의해 포로로 대우하라."

가 없으며 죽음을 좋아하지 않는다. 그뿐 아니라 한국민은 십수 년 동안 도탄의 괴로움에 울고 있기 때문에 평화를 희망함은 일본국민보다도 한층 깊은 것이다. 게다가 나는 지금까지 일본의 군인, 상인, 도덕가, 기타 여러 계급의 사람과 만나 이야기한 적이 있다. 이제 그 이야기를 하겠다.

군인과의 이야기는, 내가 한국에 수비대로 와 있는 군인에게 '이같이 해외에 와 있는데 본국에 부모 처자가 있을 것이 아닌가. 그러니 분명히 꿈속에서도 그들의 일은 잊혀지지 않아 괴로울 것이다'라고 위로했더니, 그 군인은 '본국에 처자가 있지만 국가의 명령으로 파견돼 있으니, 사사로운 정으로는 그런 일이 견디기 어렵지만 어쩔 수 없다'라며 울며 말했다. 그래서 나는 '그러면 동양이 평화롭고 한일간에 아무 일 없기만 하면 수비대로 올 필요가 없을 것이 아니냐'라고 물으니, '그렇다. 개인적으로는 싸움을 좋아하지 않지만 필요가 있으면 싸우지 않으면 안 된다'라고 말했다. 그래서 나는 '수비대로 온 이상 쉽사리 귀국할 수 없겠다'라고 했더니, 그 군인은 '일본에는 간신이 있어서 평화를 어지럽게 하기 때문에 우리들도 마음에 없는 이런 곳에 와 있는 것이다. 이토 따위를 혼자서는 죽일 수 없지만 죽이고 싶은 생각이다'라고 울면서 이야기했다. 그리고 농부와의 이야기는, 그 농부가 한국에 왔다는 당시에 만나서 한 이야기이다. 그가 말하기를 '한국은 농업에 적합하고 수확도 많다고 해서 왔는데, 도처에서 의병이 일어나 안심하고 일을 할 수가 없다. 또 본국으로 돌아가려고 해도 이전에는 일본도 좋았지만 지금은 전쟁 때문에 그 재원을 얻는 데 급급하여 농민들에게 세금을 많이 부과하기 때문에 농업은 하기 힘들다는 이야기를 들었다. 그렇다고 해서 한국에 있자니 이와 같아 우리들은 몸둘 곳이 없다'라고 한탄하며 호소했다. 다음으로 상인과의 이야기를 말하겠다. 한국은 일본 제작품의 수요가 많다고 듣고 왔는데 앞의 농부의 이야기와 같이 도처에 의병이 있고 교통이 두절되어 살 수가 없다며, 이토를 없애지 않으면 상업도 할 수 없으니 자기 한 사람의 힘으로 되는 일이라면 죽이고는 싶지만, 어떻든 평화로워지기만을 기다릴 수밖에 없다고 말하고 있었다. 마지막으로 도덕가의 이야기라는 것은 예수교 전도사의 이야기이다. 나는 먼저 그 자에게 말을 걸어 '이렇게 무고한 사람을 학살하는 일본인이 전도가 되겠는가'라고 물으니, 그는 '도덕에는 나와 남의 구별이 없다. 학살하는 사람은 참으로 불쌍한 자이다. 천제(天帝)의 힘으로 개선시키는 수밖에 없으니, 그들을 불쌍히 여겨 달라'고 말했다.

이 사람들의 이야기에 의해서도 일본인이 동양의 평화를 희망하고 있는 동시에 얼마나 간신 이토를 미워하고 있는지를 알 수 있다. 일본인에게도 이런데 하물며 한국인에게는 친척이나 친구를 죽인 이토를 미워하지 않을 까닭이 없다. 내가 이토를 죽인 이유는 이토가 있으면 동양의 평화를 어지럽게 하고 한일간이 멀어지게 되기 때문에 한국의 의병 중장의 자격으로 죄인을 처단한 것이다. 그리고 나는 한일 양국이 더 친밀해지고, 또 평화롭게 다스려지면 나아가서 오대주에도 모범이 돼 줄 것을 희망하고 있었다. 결코 나는 오해하고 죽인 것은 아니다. 나의 목적을 달성할 기회를 얻기 위해 한 것이다. 따라서 이제라도 이토가 그 시정방침을 그르치고 있었다는 것을 일본 천황이 들었다면 반드시 나를 가상히 여길 것이라고 생각한다. 오늘 이후 일본 천황의 뜻에 따라 한국에 대한 시정방침을 개선한다면 한일간의 평화는 만세에 유지될 것이다. 나는 그것을 희망하고 있다.

변호인의 말에 의하면, 광무 3년에 체결된 조약에 의해 한국민은 청국 내에서 치외법권을 가지니 본건은 한국의 형법대전에 의해 다스려져야 할 것이며, 한국형법에 의하면 처벌할 규정이 없다고 했는데, 이는 부당하며 어리석은 논리라고 생각한다. 오늘날 인간은 모두 법에 따라 생활하고 있는데, 현실적으로 사람을 죽인 자가 벌을 받지 않고 살아 남을 도리는 없는 것이다. 그렇다면 나는 어떤 법에 의해 처벌돼야 하는가의 문제가 남아 있는데, 이에 대해 나는 한국의 의병이며 지금은 적군의 포로가 돼 있으니 당연히 만국공법에 의해 처리돼야 할 것이라고 생각한다.

재판장은 이것으로써 심리를 모두 마칠 것을 알리고, 판결은 오는 14일 오전 열시에 언도하니 출정하라는 뜻을 명하고 폐정했다. 메이지 43년 2월 12일 관동도독부 지방법원. 서기 와타나베 료이치. 재판장 마나베 주조.

안중근 외 3명 제6회 공판시말서. 피고 안응칠이라 하는 안중근 외 3명. 위 살인피고사건에 대해 메이지 43년 2월 14일 오전 열시 관동도독부 지방법원 형사법정에서 재판장 마나베 주조 출석, 검찰관 미조부치 다카오, 서기 와타나베 료이치 입회하에 통역촉탁 소노키 스에요시 통역으로 심판을 공개하다. 피고인은 모두 신체의 구속을 받지 않고 출정하며, 변호인으로 미즈노 기치타로와 가마다 세이지가 출두했다. 재판장은 전회에 계속해서 재판할 뜻을 알리고,

재판장 한국 평안도 진남포(鎭南浦), 무직, 서른두 살, 안응칠이라 하는 안중근. 한국 경성(京城) 동서(東署) 동대문(東大門) 내 양사동(養士洞), 연초상, 서른네 살, 우연준이라 하는 우덕순. 한국 함경남도 홍원군(洪原郡) 경포면(景浦面), 세탁업, 서른여덟 살, 조도선. 한국 함경남도 원산(元山), 무직, 열아홉 살, 유강로라 하는 유동하. 이 네 명에 대한 살인 피고사건에 대해 본 법원은 심리를 마치고 다음과 같이 판결한다.

주문

피고 안중근을 사형에 처한다. 피고 우덕순을 징역 3년에 처한다. 피고 조도선과 유동하를 각각 징역 1년 6월에 처한다. 압수물 중 피고 안중근의 소유이던 권총 1정, 사용하지 않은 탄환 1발, 탄창 2개, 탄환 7발(검영특 제1호의 1, 2, 5, 6)과 피고 우덕순의 소유이던 권총 1정(탄환 16발 포함, 검영특 제1호의 17)은 몰수하고, 그 외의 것은 각 소유자에게 돌려주기로 한다.

이유

피고 안중근은 메이지 42년 10월 26일 오전 아홉시가 조금 지난 시각에, 러시아 동청철도 하얼빈 정거장 내에서 추밀원 의장 공작 이토 히로부미와 그 수행원을 살해할 의사를 가지고 그들을 겨누어 그가 소유하고 있던 권총(검영특 제1호의 1)을 연사(連射)하여, 그 중 세 발은 공작에 맞아 사망에 이르게 하고, 또 수행원인 하얼빈 총영사 가와카미 도시히코, 궁내 대신 비서관 모리 야스지로, 남만주철도주식회사 이사 다나카 세이지로 이렇게 세 사람에게도 각각 한 발씩을 명중시켜 팔과 다리 또는 가슴에 총상을 입혔으나, 이 세 명에 대해서는 피고의 목적을 이루지 못했다.

피고 우덕순은 앞서 언급한 피고 안중근이 이토 히로부미를 살해하려는 목적을 알고, 그 범행을 방조할 의사를 가지고 메이지 42년 10월 21일 그의 소유인 권총(검영특 제1호의 17)과 탄환 수발을 범죄에 사용할 목적으로 휴대한 채, 피고 안중근과 함께 러시아 블라디보스토크 사덕(斯德)을 출발하여 하얼빈으로 왔다. 또한 같은 달 24일 함께 남행하여 지야이지스고로 가서, 그 역에서 공작이 지나가기를 기다리며 범죄를 결행하기에 적당한지 아닌지를 알아보기 위해 이튿날인 25일까지 그 역의 형세를 살펴보며 안중근의 범죄 예비에 가담했다.

"피고
안중근을
사형에
처한다."

"피고가 이토 공을 살해한 행위는

그 결의가 개인적인 원한에서

나온 것이 아니라고 하더라도,

치밀한 계획 끝에 감행한 것이므로

살인죄에 대한 극형을 과하는 것이

지당하다고 믿고,

피고 안중근을 사형에 처한다."

──재판장 마나베

피고 조도선과 유동하는 앞의 피고 우덕순과 동일한 의사를 가지고 있었다. 조도선은 앞서 언급한 지야이지스고역을 살펴보려는 안중근, 우덕순과 하얼빈에서부터 동행하여 오던 도중 또는 지야이지스고역에서 그들을 위해 러시아어의 통역을 맡았고, 유동하는 안중근이 같은 달 24일 지야이지스고역에서 공작의 도착 여부를 묻는 전보에 대해, 하얼빈에서 '내일 아침에 온다'라는 회답을 보내어 안중근을 다음날인 25일 하얼빈으로 오게 함으로써, 안중근의 범죄 예비에 가담했다. 이상의 사실은 다음의 이유로 그 증빙이 충분하다고 인정한다.

피고 안중근은 메이지 42년 10월 26일 하얼빈 정거장에 도착한 이토 공과 그 수행원을 살해할 목적을 가지고, 그 정거장에서 러시아 군대 앞을 통과하는 일행 중 선두에 선 사람을 공작이라고 생각하고, 그의 오른쪽 뒤편에서 그를 향해 권총을 연사하고, 또다시 방향을 바꿔 뒤쪽에서 수행하는 사람을 향해 계속해서 발사하던 도중 체포됐음을 자인했다.

러시아 동청철도 경찰서장 직무대리 니키호로프는 러시아력으로 10월 13일 오전 아홉시 반경 이토 공이 수행원과 함께 군대의 오른쪽 끝을 향해 걸어가고 있을 때, 군대의 후방에서 공작 일행과 나란히 걸어가고 있었다. 그때 일본인 군중에서 한 사람의 흉한이 뛰어나와 권총을 발사하는 것을 보고, 그는 재빨리 뛰어나가 흉한을 잡았다고 진술한 바 있다.(러시아 국경 지방 재판소 시심 판사 스토라조프가 작성한 신문조서에 기재)

러시아 재무장관 부국장 리요프는 하얼빈 정거장에서 이토 공과 러시아 재무장관 코코흐체프를 수행하던 중, 공작이 군대 앞을 지나 시민들 앞에 이르러 방향을 바꿔 걸음을 돌리자, 그도 공작을 따라가려고 했다. 그때 몇 발의 총소리를 듣고 즉시 뒤를 돌아보니, 일본인 같은 한 사람이 공작 등을 겨누고 발사하는 것을 보았다고 진술한 바 있다.(위의 판사가 작성한 신문조서에 기재된 내용)

하얼빈 총영사 가와카미 도시히코는 다음과 같이 진술했다. '10월 26일 오전 아홉시 이토 공이 탑승한 특별열차가 하얼빈역에 도착하여 러시아 재무장관이 공작을 맞이하기 위해 열차 안으로 들어가 약 이십오 분간 환담을 나눈 뒤, 공작이 재무장관과 함께 플랫폼으로 나와 정렬한 러시아 군대 앞을 지나 외국 대표자 몇 명과 악수를 나누고, 다시 군대 쪽을 향해 방향을 돌려 두세 걸음 걸어가고 있었다. 그때 갑자기 총소리가 들려 그가 뒤돌아보니, 한 흉한이 총을 쏘고 있었다. 이때 그는 공작의 오른쪽 뒤편에서 일 보 정도 떨어져 걷고 있었는데, 마침 공작과 흉한의 중간에 있었기 때문에 오른손에 한 발을 맞아 부상을 당했다고 진술한 바 있다.(검찰관이 작성한 신문조서에 기재된 내용)

식부관(式部官) 후루야 히사즈나는 10월 26일 오전 아홉시 이토 공을 따라 하얼빈에 도착했다. 공작이 러시아 재무장관과 함께 정렬한 러시아의 군대 앞을 지나 외국 영사들과 인사를 나누고 돌아서서 몇 걸음 옮겼을 때, 양복을 입은 한 사내가 나타나서 공작을 겨누고 권총을 세 발쯤 발사하고, 다시 이어서 수행원들을 향해 세 발 정도를 발사했다. 증인은, 당시 공작과 흉한과의 거리는 겨우 한 칸 정도밖에 안 됐기 때문에 공작은 그 자리에서 부상당했다고 진술한 바 있다.(검찰관이 작성한 신문조서에 기재된 내용)

시의(侍醫) 고야마 젠은 이토 공을 수행하여 하얼빈 정거장에 도착한 후, 러시아 군대 전면을 지나던 중 마치 폭죽 같은 소리를 들었는데, 이와 동시에 공작이 부상당한 것을 발견하고 즉시 쫓아가서 간호했다고 진술한 바 있다.(검찰관이 작성한 신문조서에 기재된 내용)

궁내 대신 비서관 모리 야스지로는 다음과 같이 증언했다. 증인이 이토 공을 수행하여 하얼빈 정거장에 도착한 후, 공작이 러시아 재무장관과 함께 정렬한 러시아 군대 앞을 지나 각국 대표자와 악수를 나누고 다시 군대의 전면으로 돌아서서 몇 걸음 걸어갔을 때, 갑자기 양복을 입고 사냥모자를 쓴 자가 군중 속에서 나타나 공작의 배후에 다가와서 가와카미 총영사의 오른쪽에서 권총으로 공작의 오른쪽을 향해 몇 발 쐈다. 수행원은 즉시 이 급변을 알고 공작을 열차 내로 모시고 가서 그 부상을 치료했다. 그리고 증인도 그때 왼쪽 어깨에 관통상을 입었고, 가와카미 총영사와 다나카 이사도 역시 부상당했다고 진술한 바 있다.(도쿄 지방 재판소 검사가 작성한 청취서에 기재된 내용)

남만주철도주식회사 이사 다나카 세이지로는, 이토 공의 수행원으로 참가하여 하얼빈 정거장에 도착해서 하차했더니, 공작은 외국 대표자들이 있는 곳에서 악수를 나누고 돌아서서 다시 러시아 군대 앞으로 나아갔는데, 그때 한 사람이 나와 총을 쏘는 것을 보았다. 그때 증인은 공작보다 훨씬 뒤에 있어서 흉한과의 거리도 네다섯 칸 떨어져 있었는데, 흉한은 다시 총구를 돌려 증인을 향해 발사하여, 증인은 다리에 부상을 당하고 쓰러졌다고 진술한 바 있다.(검찰관이 작성한 신문조서에 기재된 내용)

이런 진술을 참조하면 앞서 언급한 피고의 자백은 추호도 의심할 여지가 없을 뿐만 아니라, 피고는 압수된 검영특 제1호의 1, 2, 5, 6인 권총(번호 제262336호)과 탄환 그리고 탄창은 자신의 소유로 당시 피고가 예비 휴대한 것임을 자백했다. 또 러시아 국경 지방 시번 재판소 판사 스토라조프가 작성한 검사 조서에는 제262336호 브라우닝식 권총을 분해 검사한 결과, 일곱 발의 탄환을 장전할 수 있는 그 탄창은 비어 있었지만 총구 안에 한 발의 탄환이 장전돼 있어 그 총신은 화약연기로 검게 그을려 있었다고 기재돼 있고, 또 압수한 탄피 일곱 개(검영특 제1호의 3)가 있었던 것으로 미루어 볼 때 피고가 당시 발사한 탄환의 수는 일곱 발이라는 것이 명백하다. 그런데 그 중 세 발이 이토 공에 명중하여 사망했다는 사실은 다음의 진술에 의해 알 수 있다.

러시아 재무장관 코코흐체프는, 이토 공이 저격당한 후 치료의 효과도 없이 끝내 훙거(薨去)한 소식을 접했을 때는, 다소 틀릴 수는 있지만 공작이 역에 도착한 후 사십 분이 채 지나지 않았을 무렵이었다고 진술한 바 있다.(러시아 국경 지방 시번 재판소 판사 스토라조프가 작성한 신문조서에 기재된 내용) 그리고 식부관 후루야와 시의 고야마는 모두 공작이 저격당한 후 얼마 안 돼서 훙거했다고 진술한 바 있다.(기존의 각 신문조서에 기재된 내용) 또한 시의 고야마는 공작의 부상은 다음과 같다고 진술했다. 즉 '첫번째 탄환은 우상박(右上膊) 중앙 외면(外面)으로부터 사입(射入)되어 오른쪽 가슴 옆으로부터 수평으로 양폐를 관통하고 좌폐에 박혔고, 두번째 탄환은 오른쪽 관절 뒤쪽의 외부로부터 사입되어 오른쪽 가슴 옆으로부터 흉복(胸腹)을 관통하고 왼쪽 갈비뼈 아래 박혔으며, 세번째 탄환은 우상박 중앙 외면을 스치고 지나가 상복부(上腹部) 중앙에 사입되어 복근 속에 박혔다. 이 세 군데의 총상으로, 즉 첫번째와 두번째의 총상이 내출혈로 인한 허탈(虛脫)을 초래해 치명적인 사인이 됐다'고 감정한 바에 의해 이를 확인할 수 있다.

나머지 네 발 중 세 발도 역시 유효하게 발사되어 가와카미 총영사, 모리 비서관, 다나카 이사 등 세 명에게 각각 총상을 입혔는데, 이는 다음의 진술에 의해 명백하다.

육군 삼등 군의관 쇼오토쿠 히로카의 감정서에는 가와카미 총영사의 부상이 우상박 골절 관통 총상과 우흉벽(右胸壁) 찰과 총상으로 치료일수 약 삼 개월을 요한다는 내용이 기재돼 있다. 그리고 시의 고야마는 모리 비서관의 총상에 대해 좌상박 중앙을 뒤쪽으로 관통하고 다시 왼쪽 등 부분의 연부(軟部)를 관통한 총상으로 치료일수 약 일 개월을 요한다고 감정했다.(기존 신문조서에 기재된 내용) 또한 의학박사 오미의 감정서(메이지 42년 11월 22일 작성)에는 다나카 이사의 총상은 왼쪽 다리 안쪽 복사뼈 아래쪽 일 센티미터의 부위에서 외후방(外後方)을 향해 바깥쪽 복사뼈 아래쪽 이 센티미터의 부위로 관통한 총상으로 치료일수는 이후 삼사 주를 요한다고 기재돼 있다.

이렇듯 각 피해자들의 진술을 참조하면 명백하다.

피고 우덕순은 음력 9월 7일 러시아 블라디보스토크 사덕에서 피고 안중근으로부터 이토 공을 만주 순시 도중에 살해하려 한다는 결의를 듣고, 이를 실행하기 위해 같이 하얼빈 지방으로 가자는 말에 즉시 찬동하여 동행을 허락했다. 그는 살해하는 데 사용할 목적으로 미리 준비한 권총(검영특 제1의 17)을 가지고 안중근과 함께 이튿날인 8일 블라디보스토크 사덕을 출발하여 하얼빈에 도착했으며, 또 11일 통역으로 피고 조도선을 데리고 안중근과 같이 남행하여 지야이지스고역에 머물렀다는 사실을 자백했다. 이 사실은 피고 안중근이 전부 시인했을 뿐만 아니라, 피고 조도선도 역시 안중근으로부터 러시아어 통역을 맡아 달라는 부탁을 받아 승낙하고 안중근, 우덕순 두 사람과 함께 음력 9월 11일 하얼빈을 떠나 지야이지스고역으로 왔다고 자백했다. 또 피고 유동하도 음력 9월 8일 피고 안중근으로부터 하얼빈으로 가서 러시아어 통역을 해달라는 부탁을 받고, 포브라니치나야를 출발하여 안중근과 우덕순 두 사람과 함께 9일 하얼빈에 도착하여, 친척인 한국인 김성백의 집에 세 사람이 함께 숙박했으며, 안중근과 우덕순은 피고 조도선을 데리고 11일 하얼빈을 출발하여 남행했다는 사실을 진술함으로써 명백하다. 그런데 피고 등이 지야이지스고에서 그 목적을 실행할 예비로서 같이 지야이지스고역의 정황을 살펴본 사실은 다음의 사실로 알 수 있다.

피고 안중근이 관성자역에서 이토 공이 오기를 기다려 일을 결행하고자 했지만, 여비가 부족했기 때문에 우선 열차가 서로 교차하는 가장 가까운 역인 지야이지스고에 내려서 거기서 하루 묵고 하얼빈으로 돌아간 사실과, 지야이지스고로 가던 도중 탄두에 십자형 절흔(截痕)이 있는 탄환 대여섯 발을 우덕순에게 나눠 준 사실을 자백했다. 그리고 피고 우덕순에 대한 제2회 신문조서(검찰관의 작성) 기록 중에는, 피고 안중근이 세 명씩이나 지야이지스고에 있을 필요가 없다고 해서, 11일 자기들을 그곳에 두고 혼자 하얼빈으로 출발했다는 진술이 있다. 또한 지야이지스고 정거장의 하사 세민에 의하면 다음과 같다. 러시아력으로 10월 11일 정오에 세 명의 한국인이 제3열차로 지야이지스고역에 도착해서, 그에게 이 역에서 교차하는 열차가 있느냐고 묻기에, 그가 마침 관성자에서 제4열차가 도착한다고 알려 줬다. 그러나 그 세 명은 제4열차에 옮겨 타지 않고 그 옆을 우회하여 다시 플랫폼에 돌아왔고, 결국에는 지야이지스고에 남아서 저녁때가 되도록 세 명 모두가 정거장 플랫폼을 산보하고, 그날 밤은 그 역에서 숙박했다. 다음날인 12일 열차가 교차하기 한 시간 전에 그들 모두 정거장 플랫폼으로 나와서 제3, 제4열차를 가로질러 가서 잠시 서로 상의한 후, 동행자 중 한 사람을 제4열차에 태워 보냈다.(러시아 국경 지방 시번 재판소 판사 스트라조프가 작성한 조서에 기재된 내용)

이를 종합하면 역시 명백하다 하지 않을 수 없을 것이다. 피고 조도선은 안중근과 우덕순이 범죄를 예비하고 있었다는 것을 몰랐다고 항변하지만, 피고 조도선에 대한 제3회 신문조서(검찰관 작성)에는 11일 지야이지스고에 도착한 후 그날 오후 유동하에게 전보를 칠 때 안중근으로부터 이토 공 살해 목적을 들었다는 진술이 기록돼 있기 때문에, 단지 이 진술에만 의하더라도 피고 안중근과 우덕순이 범행을 할 것을 알고 그 역의 상황을 살펴보는 데 반은 방조했다는 것을 인정할 수 있다. 뿐만 아니라 피고 우덕순에 대한 제2회 신문조서(검찰관 작성)에는, 안중근은 이미 지야이지스고로 가는 기차 안에서 그 목적을 조도선에게 말했다는 진술이 기록돼 있으니, 피고 조도선은 지야이지스고에 도착하기 전에 안중근의 목적이 무엇인지를 알고 안중근과 우덕순의 예비 행위에 가담했다고 인정하는 것이다.

피고 유동하는 음력 9월 11일 안중근 일행 세 명이 지야이지스고를 향해 하얼빈을 출발할 때, 안중근으로부터 이토 공 도착에 관한 것을 전신(電信)으로 통지해 달라는 부탁을 받고, 이를 승낙했다. 그날 오후 안중근으로부터 '지야이지스고에서 기다린다. 만약 하얼빈에 오면 알려라' 라는 전보를 받은 피고는 그날 밤 그곳의 사람들로부터 들은 바에 의해 안중근에게 '내일 아침에 온다' 라고 회답을 보냈는데, 이로 인해 다음날인 12일 오후 안중근이 하얼빈으로 돌아왔다는 사실을 자백했다. 피고 안중근도 역시 지야이지스고에서 유동하의 회답을 받았기 때문에 하얼빈으로 돌아왔다고 진술했기 때문에 그 자백은 충분히 신용할 수 있다. 유동하도 앞서 언급한 조도선과 동일한 항변을 했다. 하지만 피고 유동하는, 9월 10일 밤 김성백의 집에서 안중근과 우덕순이 그와 한 방에 있을 때, 블라디보스토크 대동공보사 이강에게 보내는 서한을 보았는데, 그때 그 봉투에 러시아어로 표서를 해달라는 부탁을 받았다는 사실을 인정했고, 또 다음날 안중근이 떠나기 전에 그 서한(검영 제1호의 11)을 우편으로 부쳐 발송해 달라는 부탁을 받고 안중근으로부터 그 서한을 받았다(검찰관 작성 제3회 신문조서 기재)고 진술했다. 또한 압수한 검영특 제1호의 11인 서한에는 '이씨라는 자가 이번달 12일 관성자발 러시아 철도 총무국 특송의 특별열차에 탑승하여 그날 오후 열한시 하얼빈에 도착할 듯하니, 저희들은 조우도선(曹友道先) 씨와 함께 저의 가족을 마중하기 위해 관성자로 간다고 하고, 관성자에서 기십여 리 떨어진 모 정거장에서 이를 기다려 일을 행할 작정이니 그렇게 알고 있기 바랍니다. … 일의 성패 여부는 하늘에 달려 있으니, 다행히 동포의 선도에 힘입어 성사되기를 간절히 바랍니다. … 대한독립만만세' 라는 내용이 씌어 있다. 이에 의하면 유동하는, 이미 10일 밤 피고 안중근과 우덕순이 이토 공을 살해할 목적을 가지고 다음날 남행할 것이라는 사실을 알고, 앞에서 언급한 바와 같이 떠나기 전에 공의 도착 여부를 통지할 것을 약속하고 안중근에게 회답을 보낸 것이 명확하므로, 안중근의 범행을 방조할 의사가 있었다는 것이 인정된다.

이상 인정한 피고들의 범죄 사실에 대해 법률을 적용하는 데 있어서, 우선 본건에 대해 본 법원이 법률상 정당한 관할권이 있다는 것을 설명하지 않으면 안된다. 본건의 범죄지와 피고인의 체포지는 모두 청국 영토이지만 동시에 이곳은 러시아 동청철도의 부속지이고 러시아 정부의 행정치하에 있다. 그러나 본건 기록에 첨부된 러시아 정부가 회송한 러시아 국경 지방 재판소 형사소송 기

"나는 죽어서도 마땅히 조국 의 독립 을 위해 싸울 것이다."

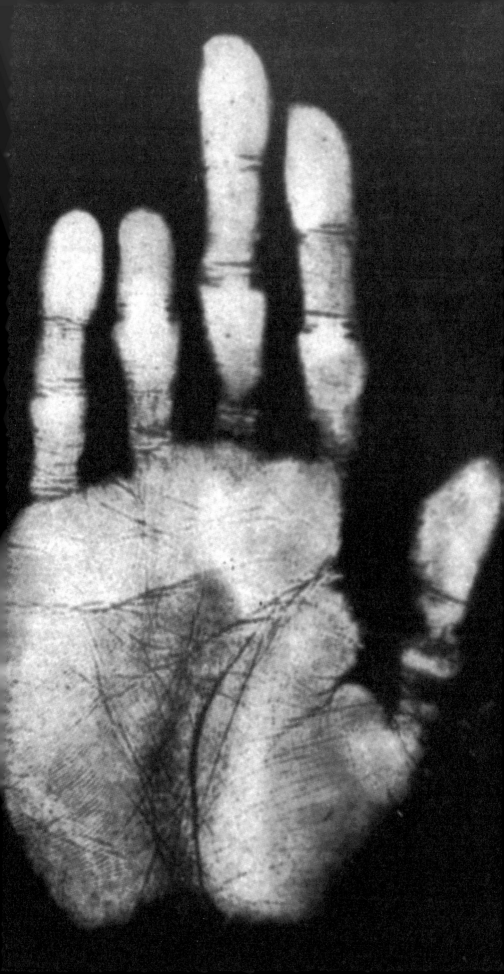

록에 의하면, 러시아 관헌은 피고를 체포한 후 즉시 피고를 심문하고 신속하게 증거물을 수집했고, 당일 피고 등이 모두 한국국적을 가지고 있는 것이 명백하므로 러시아 재판에 회부할 것이 아니라는 결정을 내렸다. 따라서 메이지 38년 11월 17일 체결된 일한협약 제1조에 의하면, 일본정부는 재(在)도쿄 외무성에서 이후 한국의 외국에 대한 관계와 사무를 관리, 지휘할 것과 일본국 외교 대표자와 영사는 외국에 있는 한국의 신민과 그 이익을 보호할 것을 명했다. 또 광무 3년 9월 11일 체결된 한청통상조약 제5관에는 한국은 청국 내에 있어서 치외법권을 가지고 있다고 명기돼 있으므로, 위 범죄지와 체포지를 관할하는 하얼빈 제국 영사관은 메이지 32년 법률 제70호 영사관의 직무에 관한 법률이 규정하는 바에 의해 본건 피고 등의 범죄를 심판할 권한이 있다고 할 수 있다. 그러나 메이지 41년 법률 제52호 제3조에는, 만주 영사관의 관할에 속하는 형사사건에 대해 국교상 필요할 경우 외무대신이 관동도독부 지방법원으로 하여금 그 재판을 하도록 명할 수 있다고 규정돼 있다. 외무대신은 이 규정에 의거하여 메이지 42년 10월 27일 본 법원에 본건에 대한 재판을 하라고 명했다. 따라서 그 명은 적법한 것이며, 이에 따라 본 법원에 본건의 관할권이 있는 것도 역시 명백하다.

피고의 변호인은, 일본정부가 일한협약 제1조에 의해 외국에 있는 한국신민을 보호하는 것은 한국정부의 위임을 받고 하는 것이기 때문에, 영사관은 한국신민이 범한 범죄를 처벌함에 있어서 한국정부가 제정한 법을 적용할 것이지 제국형법을 적용할 것이 아니라고 논하고 있다. 하지만 일한협약 제1조의 취지는, 일본정부는 그 신민에 대해 갖고 있는 공권력 사용에 있어서 균등하게 한국신민도 보호해야 한다는 해석에 의해 공권력 사용의 일부에 속하는 형사법을 적용하는 것이다. 이 적용에 있어서 한국신민을 제국신민과 동등한 지위에 놓고, 그 범죄에 대해 제국형법을 적용 처단하는 것은 이 협약의 본뜻에 가장 잘 부합하는 것이라 하지 않을 수 없다. 그러므로 본 법원은 본건의 범죄에 제국형법의 규정을 적용할 것이지, 한국법을 적용할 것은 아니라고 판정한다.

피고 안중근이 이토 공을 살해한 행위는 제국형법 제199조, 즉 '사람을 죽인 자는 사형 또는 무기 또는 3년 이상의 징역에 처함'이라는 것에 해당하며, 가와카미 총영사, 모리 비서관, 다나카 이사를 살해하려다 목적을 이루지 못한

각 행위는 동법 제43조, 제44조, 제199조, 제203조, 제68조에 해당하여 모두 네 개의 살인죄가 병합됐다고 본다. 그런데 그 중 피고가 이토 공을 살해한 행위는 그 결의가 개인적인 원한에서 나온 것이 아니라고 하더라도, 치밀한 계획 끝에 엄숙한 경호를 뚫고 많은 저명인사(著名人士)들이 모인 장소에서 감행한 것이므로, 이에 살인죄에 대한 극형을 과하는 것이 지당하다고 믿고 그 행위에 의해 피고 안중근을 사형에 처하는 것이다. 그러나 이 하나의 죄에 대해서만 사형에 처하며, 제국형법 제46조 제1항의 규정에 의해 다른 세 건의 살인미수 죄에 대해서는 그 형을 과하지 않는다.

피고 우덕순, 조도선, 유동하는 모두 피고 안중근의 이토 공 살해행위에 방조했으므로 제국형법 제62조 제1항, 제63조에 의하여 동법 제199조의 형에 비추어 감경하기로 한다. 그러므로 동법 제68조의 규정에 의해 감경한 형기 범위 내에서, 피고 우덕순은 징역 3년에 처하고 피고 조도선과 유동하는 우덕순에 비해 각 범상(犯狀)이 가벼우므로 최단기인 1년 6월의 징역에 처하기로 한다.

압수품 중 피고 안중근이 범행에 사용한 권총 1정과 사용하지 않은 탄환 1발, 탄창 2개, 탄환 7발(검영특 제1호의 1, 2, 5, 6)과 피고 우덕순이 범죄에 사용하려고 했던 권총 1정, 탄환 16발(검영특 제1호의 17)은 각 피고의 것이므로(각 피고의 자인에 의해 확인함) 제국형법 제19조 제2호에 의해 이를 몰수하고, 그 밖의 압수품은 관동주 재판사무취급령 제67조와 제국 형사소송법 제202조에 의해 각 소유자에게 환부하도록 한다.

이상의 이유에 의거하여 주문과 같이 판결한다.

재판장은 이 판결에 대해 오 일 내에 항소할 수 있음과, 판결의 정본(正本)·등본(謄本)·초본(抄本)을 청구할 수 있다는 뜻을 알리고 폐정했다. 메이지 43년 2월 14일 관동도독부 지방법원. 서기 와타나베 료이치. 재판장 마나베 주조.

그러나
안중근 전쟁은 끝나지 않았다

부록 1

한 영국 신문기자의 안중근 공판 참관기

"그는 영웅의 왕관을 손에 들고 늠름하게 법정을 떠났다"
A Japanese "Cause Célèbre"

A JAPANESE "CAUSE CÉLÈBRE"
THE TRIAL OF PRINCE ITO'S MURDERER. By Charles Morrimer.

"AN," THE MURDERER

"RYU," AN ACCOMPLICE

The Japanese, when they tried Prince Ito's murderer, stood in a blaze of light—all eyes fixed on them. They knew it perfectly well. The case proved even more than a *cause célèbre*; it proved a test case—and Japan's modern civilization was as much on trial as any of the prisoners.

Small wonder, then, that the Japanese authorities took the greatest pains with every detail. The Public Prosecutor and his staff spent three months collecting evidence, examining witnesses, checking and re-checking motives. There was a searching preliminary examination conducted soon after the tragedy—and conducted with such calmness and impartiality as to show how strong Japanese official self-control must be to resist the greatest stress of natural excitement. The prisoner had every possible advantage which the law allowed; he was warmly housed, decently fed, humanely treated, in spite of certain scurrilous newspaper hints as to the application of knouts and thumbscrews. His friends sent him an English lawyer from Shanghai—Mr. J. C. E. Douglas, the brilliant son of Admiral Sir Archibald Douglas—and the prisoner was permitted to speak with his foreign counsel through an interpreter. "Give my friends my deepest salutations and thanks. Until now I thought they had forgotten me," was his first remark. Like all anarchists and political assassins, who rise for five minutes to a world-wide celebrity, his greatest dread was to sink into obscurity—to slip out of the people's mind.

An's trial did not begin till nine o'clock in the morning of February 7, and it took place in the one town of the Far East which the Japanese must have chosen had they deliberately wished to heighten the dramatic effects of the case—Port Arthur. In a building neither large nor small, neither imposing nor yet insignificant, situated on the bleakest side of the bleakest hill in that famous fortress town, the Court assembled. Judge, Public Prosecutor, and interpreters sat together at one long table, their backs to the wall, two attendants on either side of them, the bar before which the prisoners stood to answer questions directly in front, and to the right, the stools for the soldier guards to the left, the prisoner's bench close beside them, and finally—on the other side of the barrier—the space reserved for the general public.

A Prussian Court must have served as model—not unnaturally, since it is from the German Criminal Code that the Japanese have copied their own. Nevertheless, certain little differences easily distinguished the copy from the original. The lawyers, for instance, wore gowns and head-pieces something like those of French advocates—and spoilt the effect of their costume by the common Japanese trick of shedding their shoes in the Robing-Room and appearing in felt slippers. No man in the world, not the most eminent or the most eloquent, appears impressive when he shuffles to a seat; it is difficult for him even to keep his dignity when he further complicates the position by carrying his papers in a blue cotton handkerchief. Still, on the whole, these lapses are insignificant, and they did not seriously disturb the formality of an assembly whose very stenographers and interpreters were in uniform.

An, the assassin, and his three accomplices were conveyed from prison to court in a dingy, springless old "Black Maria." They entered

"U," AN ACCOMPLICE

the court-room and took their places on the prisoners' bench in an absolute silence; the placid Oriental public was much too well-behaved to express either approbation or disapprobation. Had they attempted to do so, they would have been promptly corrected by a special officer in uniform. This official was instructed to let nothing pass which might mar the propriety of an historical episode, and he meant to carry out his instructions to the letter—so rigidly, in fact, that when one non-Japanese gentleman so far forgot himself as to cross his legs he was immediately gravely reprimanded and told to restore the unruly member to the floor.

The Public Prosecutor officially opened the case with a summary of the tragedy, preferring the charge of murder in the first degree against An, and attempt at murder against two of his companions, U and So, who tried to kill Prince Ito at Tsaichiakao Station, but were frustrated by the Russian railway-guards—and of complicity in the crime against Ryu, who conducted secret correspondence for the others. As he told his story, weaving the net of evidence round one or the other of them, these four sat utterly stolid. An, especially, looked almost bored—while the people stared at him. "Let me speak, let me explain," was his constant demand; "I have

many things to say." They did let him speak when the right time came, and he straightway began a patriotic harangue. Unconscious of surroundings, careless of the effect his words might produce upon his audience, he told how Korea had been oppressed, and Prince Ito was the man who had oppressed her. "Unless we put an end to Prince Ito's career, our country will be ruined for ever," seemed to be the opinion of all the Koreans he met—even of the farmers and simple village folk. Curiously enough none of these grumblers blamed the Japanese, none raged against their occupation of the land. It was all Ito—Ito's intrigues, Ito's schemes, Ito's ambitions. Who stirred up discord, and was the cause of the risings against the Japanese? Ito. Who intercepted memorials from the Koreans to the Emperor of Japan? Ito again. If one listened to An, Ito was an unscrupulous tyrant destroying the liberties of Korea.

Here the Judge did an unusual thing—almost an unprecedented thing—showing how tenderly reverent the Japanese feel towards their heroes. The memory of the murdered statesman is very dear to them, and it may not be smirched. "If you go on further in this way," said he severely, "we shall have to dismiss the audience." But An ignored the warning deliberately, or through stress of excitement, and his words poured out now like a stream. What else could the Judge do, then, but carry out his threat. He gave the sign. The obedient audience slipped out quietly as it was told, and An was left pouring out the torrent of his forbidden eloquence to the bare walls and the unsympathetic ears of

the lawyers, the interpreters, and the other prisoners. Next day the spectators were all allowed to come back again and hear the Public Prosecutor sum up the case. As far as possible, the Authorities desired to have everything open and above board—no closed doors unless absolute necessity demanded it.

The evidence showed that the assassination of Prince Ito was not the deep-laid plot we thought at first, for searching investigation failed to uncover the hornet's nest of plotters in Korea undermining Japan's schemes. Every Korean may be a discontent at heart; it is certain there is not an organised discontent. The nature of the murderer and of the circumstances make it practically certain that he was not instigated to the crime by anyone, and if he told anyone about his plot, it was only one of his fellow-prisoners, a man called U. The other two, So and Ryu, only had vague hints of what was going on. So had to be admitted into the conspiracy, if conspiracy it may rightly be called, because he spoke Russian. But An never entirely trusted him, and he gave as his ingenuous reason for his doubt that So had "lived in Russian territory for thirteen years." So was therefore plainly a tool—a tool without character. As for Ryu, he was a mere boy, young and uneducated, only fit to post letters, and rather bungling about this small share in the plot. An was the one strong man, and the only place he showed weakness—it was not of character but of judgment—was in trusting U, who incriminated his comrades in the end because he was nothing but a poor indecisive fellow who could not even stick to one employment, but was a locksmith one day, a bill-collector another, and a peddler of cigarettes the third.

The result of the trial was, of course, a foregone conclusion. There was no way of proving An innocent; all that could be hoped by the defence was a mitigation of sentence. There was but one argument, even for this, and that was mistaken motives. "Pity these men who have been born in a country inflamed by mistaken ideas, barren of education," said Mr. Mizuno in his eloquent speech; "or if you can neither pity nor forgive, then remember that to exact their lives will not be to carry out the object of Japanese criminal law—namely, to deter others from the commission of crime."

On Monday, February 14, the prisoner took their last long journey in the "Black Maria" to the Court, and were brought in to hear their sentences. An got the death penalty, as was expected, in spite of the quaint plea put in by one of the lawyers that a sentence like this would be displeasing to the murdered Prince. U got three years' imprisonment with hard labour, So and Ryu eighteen months' each.

The way each man received the verdict was characteristic. Poor Ryu whined plaintively. So appeared little better. U got back the remnants of his self-control at the last, and blamed nobody, while An openly professed his delight. His only fear through all the speeches for the defence was that the Court might be induced to let him go free. He was ready for martyrdom, ready, nay, eager, to "give up the dear habit of living." He had the hero's crown almost within his grasp, and he left the Court proudly. Has this *cause célèbre*, so beautifully conducted, so wisely judged, ended as a score for the murderer and his misguided fellow-patriots after all?

THE JAPANESE BLACK MARIA waiting outside the Court at Port Arthur for the murderer of Prince Ito.

A SCENE AT THE TRIAL: The crowd waiting to see the accused brought in. The empty bench is for the prisoners.

"SO," AN ACCOMPLICE

"그는 영웅의 왕관을 손에 들고 늠름하게 법정을 떠났다"*

찰스 모리머

일본인들은 이토 히로부미 공작의 살해범을 법정에 세움에 있어서 전 세계의 이목이 그들에게 집중되어 있다는 사실을 잘 알고 있었다. 그들은 이 재판이 단순히 한 '유명한 재판 사건' 이상이라는 것도 잘 알고 있었다. 이는 이 암살 사건에 연루된 범죄자들에 대한 재판일 뿐만 아니라, 일본의 현대 문명이 재판을 받는 하나의 시험 케이스이기 때문이었다.

이런 이유에서 일본정부 당국이 이 재판의 진행에 아주 세세한 부분까지 대단한 주의와 준비를 했다는 사실은 놀랄 일이 아니다. 담당 검사와 실무자들은 그간 증거의 수집, 목격자들의 조사, 그리고 살해동기의 점검과 재점검에 석 달을 소비했다. 그 비극이 일어난 직후 이미 현장조사가 있었으며, 이 조사는 이 엄청난 사건이 가져오는 어쩔 수 없는 흥분에 대처하는 일본정부 당국의 자제력이 얼마나 강한가를 보여주기라도 하듯이 조용하게 그리고 공정하게 진행되었다. 소문내기 좋아하는 신문에서는, 피고인에게 태형(笞刑)이나 손톱제거와 같은 혹독한 고문이 가해졌다는 보도를 하기도 했지만, 실제로는 이와 달리 법이 허락하는 범위 내에서 최대한의 자비가 베풀어졌다. 그에게는 난방이 잘된 감방과 비교적 좋은 식사가 제공되었으며, 그는 인간적인 대우와 심문을 받았다. 주범인 안중근의 동지들은 그를 변호하기 위해 상하이로부터 영국인 변호사 더글라스(J. C. F. Douglas)*를 선임하여 보냈는데, 이 변호사는 그 유명한 영국 해군제독 아치발드 더글라스(Archibald Douglas) 경의 아들이기도 하다. 피고는 통역을 통해 이 외국인 변호사와 이야기할 수 있도록 허락되었다. 그가 외국인 변호사에게 한 첫 마디는 다음과 같다. "나의 동지들에게 감사의 말과 안부를 전해 주시오. 지금까지 나는 동지들이 나를 잊어버린 줄로 생각했다오." 무대 위에 올라 잠시 반짝 세계적인 명사가 되었다가 사라지는 모든 폭력적 무정부주의자들과 정치적 암살범들이 그렇듯이, 이 피고인이 두려워하는 것도 사람들의 마음에서 멀어지고 망각 속으로 가라앉는 것이었다.

재판은 2월 7일 오전 아홉시가 지나서야 시작되었다. 그리고 이 재판이 열린 곳은 극동의 한

---

* 영국의 화보 신문 『더 그래픽(The Graphic)』의 찰스 모리머(Charles Morrimer) 기자가 1910년 2월 7일경부터 14일경까지 약 팔구 일간 중국 뤼순에서 열린 안중근 공판을 참관하고서 사진과 함께 4월 16일자에 소개한 기사 전문으로, 원제목은 「일본식의 한 '유명한 재판 사건' ─이토 공작 살해범 재판 참관기」이다.

도시 포트 아서(Port Arthur)*로서, 일본이 이 사건의 극적 효과를 높이기 위해 신중하게 의도적으로 선택한 곳이었다. 이 유명한 요새로 된 작은 도시의 황량하기 그지없는 언덕배기에 위치한, 크지도 않고 작지도 않은, 위압적이지도 않고 초라하지도 않은 한 건물 안에 마련된 법정에는, 판사, 검사, 그리고 통역을 담당한 사람들이 그들의 등을 벽 쪽으로 향한 채 긴 테이블에 함께 앉아 있었으며, 두 명의 수행원이 그들 양쪽에 앉아 있었다. 이들 앞에 죄수들이 서서 이들의 질문에 직접 대답하도록 되어 있으며, 그 뒤에는 변호인들을 위한 좌석이 오른쪽에 마련되어 있었다. 왼쪽에는 경비 헌병들이 앉을 등받침이 없는 걸상들, 그리고 이들 바로 옆에는 죄수들이 앉을 긴 의자가 놓여 있었다. 그리고 칸막이를 사이에 두고 그 뒤로 일반인들의 방청석이 마련되어 있었다.

여러 모로 보아 이 재판은 독일 법정을 모델로 삼아 진행되었다. 그도 그럴 것이 일본의 형법은 독일의 형법을 그대로 베낀 것이기에 어쩌면 당연한 일이었다. 그러나 자세히 들여다보면 원본과 카피 사이에는 분명 약간의 차이는 있었다. 예를 들어 법관들은 프랑스 판사들처럼 가운을 입었고 머리에는 모자 비슷한 것을 썼는데, 이런 의상이 가져오는 서양식 위엄은 의상실에서 옷을 갈아입고 구태여 구두를 벗어 놓고 게다를 신고 등장함으로써 상당 부분 깨졌다. 그 사람이 제아무리 유명하고 뛰어난 사람일지라 하더라도, 신발을 질질 끌고 걸어간다면 결코 좋은 인상을 줄 수는 없다. 더구나 관련 기록서류를 푸른 무명 보자기에 싸서 들고 다닌다면 위엄과 권위는 떨어질 수밖에 없다. 그러나 전체적으로 보아 이런 정도의 차이는 미미한 것이며, 속기사들과 통역사들조차 제복을 입고 있는 이 법정의 엄숙한 분위기를 심각하게 훼손시키는 것은 물론 아니었다.

암살범 안중근과 공범자 세 명은 낡고 더럽고 딱딱한 죄수 호송차에 실려 감옥에서 법정에 도착했다. 이들은 법정에 들어서자 자기들을 위해 마련된 긴 의자에 앉았다. 법정에 무거운 정적이 감돌았다. 조용한 동양인 방청객들은 너무나 얌전한 나머지 이 사건에 대해 옹호하거나 비난

---

* 더글라스(J. C. F. Douglas): 안중근의 재판 관할법원이 결정되면서, 안중근은 뤼순 감옥으로 면회 온 두 동생을 통해 변호사를 선임토록 했다. 선임된 변호사는 상하이 주재 영국인 변호사 더글라스와 블라디보스토크 주재 러시아인 변호사 미하일로프, 그리고 한국인 변호사 안병찬이었다. 변호사 선임은 러시아 지역 독립운동가들이 『대동공보(大東共報)』를 중심으로 전개하여, 당시 『대동공보』의 발행인이었던 미하일로프를 상하이로 보내 저명한 영국인 변호사 더글라스를 만나 안중근 일행의 변론을 의뢰한 것이다. 그 밖에도 안중근의 의로운 거사가 세계에 알려지면서 여러 나라의 변호사들이 변론을 맡겠다고 나섰으나, 일제 당국은 처음에 허락했던 변호사 선임을 갑자기 번복하여, 일본인 출신 관선변호사 두 명으로 대체하고 말았다.
* 포트 아서(Port Arthur): 중국 뤼순의 영어식 별칭.

하는 등의 어떤 의견도 표시하지 않았다. 만약에 누군가가 그런 시도를 했다면 제복을 입은 헌병에 의해 즉시 제재를 받았을 것이다. 이 특별한 법정 경비원에게는 이 역사적인 재판의 권위와 공정성을 훼손하는 어떤 행위도 용납해서는 안 된다는 엄격한 지시가 내려져 있었으며, 경비원들은 이 지시를 글자 그대로 엄격하게 실행했다. 방청객들 가운데 일본인이 아닌 어떤 사람이 앉아 있다가 무심코 다리를 꼬자, 그는 즉시 엄중한 질책을 받고 방청석 밖으로 끌려 나갔다.

사건담당 검사는 우선 이 비극적 사건의 개요를 설명함으로써 재판을 시작했다. 그는 안중근에 대해서는 일급 살인죄를, 그리고 그의 동료이자 공범으로 체포된 다른 두 사람인 우씨와 조씨에게는 살인미수 혐의를 적용하였다. 이 두 사람은 앞서 이토 공작을 지야이지스고 역에서 살해하려고 했지만 러시아 철도 경비원들 때문에 계획을 포기해야만 했다. 그리고 또 한 사람의 공범 유씨는 이들과 은밀한 접촉을 하고 서신을 전달한 혐의로 기소되었다.* 검사가 그간 준비된 빈틈없는 증거의 그물을 가지고 이들 하나하나의 범죄행위를 엮어 가는 동안, 이 네 사람은 매우 무덤덤하게 앉아 있었다. 특히 안중근에게 사람들의 시선이 집중되어 있었지만 그는 지루하다는 듯한 표정이었다. 그의 일관된 요구는, "나에게도 말할 기회를 주시오. 나도 말 좀 합시다. 나에게도 할 말이 많소"였다. 드디어 검사의 사건설명이 끝나고 안중근에게 말할 기회가 주어지자 그의 입에서는 즉시 애국적 열변이 터져 나왔다. 법정의 분위기나 사정을 전혀 의식하지 않고, 그와 같은 발언이 청중들에게 과연 어떤 효과를 가져올 것인가에 대해서는 아랑곳없이, 어떻게 한국이 그 동안 일본에 의해 억압을 받았는지와 그 억압의 주인공이 바로 이토 공작임을 열변을 토하듯 말했다. "이토 공작이 있는 한 나의 조국은 영구히 멸망할 것이오." 그의 말은 그가 만나 본 모든 한국인의 의견이며, 심지어 한국의 농부와 시골에 사는 사람들의 의견인 듯했다. 신기한 사실은 이들 가운데 아무도 정작 일본인들 전체를 비난하거나 일본인들이 자기 나라의 국토를 점령하고 있다는 사실에 대해서는 분노를 터뜨리지 않았다는 것이다. 이 모든 불행이 이토 공작 때문이고, 이토 공작의 음모요, 이토 공작의 책략이요, 이토 공작의 야심 때문이라는 것이었다. 이 불화를 가져온 사람도 이토요, 일본인들에 대한 봉기의 원인도 이토요, 한국이 일본 천황에게 보낸 국서(國書)를 중간에서 가로챈 사람도 이토였다는 것이다. 안중근의 주장을 경청하다 보면 이토 히로부미야말로 한국의 자유를 말살한 무자비한 독재자일 뿐이다.

그런데 여기서 판사는, 지금까지 이런 유의 재판에서는 선례가 없던 이상한 행동을 했다. 그

---

* 우씨는 우덕순(禹德淳), 조씨는 조도선(曺道先), 유씨는 유동하(劉東夏)를 각각 가리킨다.

것은 일반 일본인들이 그들의 영웅에 대해 느끼는 존경심이 얼마나 대단한지 보여준다. 살해당한 일본의 정치가에 대한 기억은 일본인들에는 고귀한 것이며, 이는 결코 더럽혀질 수 없는 것이었다. 판사는 엄숙하게 안중근에게 말했다. "당신이 이런 발언을 계속한다면, 우리는 이 법정에서 방청객들을 모두 퇴장시킬 수밖에 없소." 그러나 안중근은 이 경고를 의도적으로 묵살하는 것인지 아니면 너무 흥분해서 그런지, 막힘없이 강물처럼 말을 이어 갔다. 할 수 없이 판사는 자신이 경고한 대로 할 수밖에 다른 도리가 없었다. 그는 법정 경비 헌병들에게 방청객 모두의 퇴장을 명하였다. 방청객들은 명령대로 조용하게 법정에서 빠져나갔다. 그러나 안중근은 텅 빈 법정의 벽과 아무런 감정을 보이지 않는 법관들과 통역인들, 그리고 함께 기소된 공범들의 귀에 금지된 연설을 폭포처럼 쏟아냈다. 다음 날에는 방청객들의 입장이 다시 허용되었으며 이 자리에서 검사는 사건의 전모를 요약했다. 일본정부 당국은 이 암살 사건의 전모를 부득이한 경우를 제외하고는 가능한 한 만천하에 공개하기를 원하고 있었다.

드러난 증거에 의하면, 이토 공작의 암살사건은 사람들이 생각했던 것처럼 사전에 엄청난 규모의 음모가 있었던 것은 아님이 분명했다. 그간 진행된 철저한 수사와 심문에도 불구하고 일본 당국은, 현재 진행되고 있는 한국에 대한 일본정부의 정책을 무너뜨리려는 한국인 불순분자들을 이번 사건을 계기로 뿌리째 들어내려던 계획에 실패했다. 현재 한국인들은 가슴속에 불만이 가득한 듯하다. 그러나 그 불만이 어떤 조직적인 것은 못 되는 것 또한 분명하다. 지금까지 드러난 암살범의 성격이나 주변상황으로 보아 이 암살은 어느 누구의 사주에 의한 것이 아님이 분명하며, 그가 자신의 계획을 거사 이전에 누구에게 알려준 사람이 있다면 그 사람은 현재 공범으로 체포되어 재판을 받고 있는 우씨 한 사람뿐이었다. 우씨 이외의 조씨와 유씨라는 다른 두 공범들조차도 막연하게 무슨 일이 진행되고 있다는 감만 가지고 있었다. 조씨가 이 음모에(이 사건을 과연 음모라고 말하는 것이 옳은 일인지도 확실하지 않지만) 가담하게 된 것은 순전히 그가 러시아어를 하는 사람이었기 때문이었다. 안중근은 처음부터 이 조씨를 신뢰하지 않았다. 그것은 "조씨가 이미 한국을 떠나 러시아 영토에서 십삼 년을 살고 있었기 때문"이라고 안중근은 그 불신의 이유를 밝혔다. 고로 공범 조씨는 단순한 도구에 불과한 사람이었다. 공범 유씨는 단지 소년에 불과했다. 학교에도 다니지 못한 어린 소년으로 그저 편지 전달하는 일에나 적합한 인물이었으며, 이 일마저도 제대로 해낼 수 없어 보이는 소년이었다. 안중근은 강인한 성격을 가진 사람이었다. 그가 약점을 보인 곳은 그의 성격이 아니라 공범 우씨를 신뢰한 그의 판단력이었다. 우씨는 가난하고 우유부단한 사람으로서 열쇠공, 수금원, 담배장수 등 안 해 본 일이 없는,

어떤 한 가지 직업에 오래 붙어 있지 못하는 그런 인물로, 그는 결국 동지들을 사건에 말려들게 하고 말았다.

이 재판은 이미 결말이 난 사건이었다. 안중근의 무죄를 증명한다는 일은 처음부터 불가능했다. 변호인 측에서 바랄 수 있는 것이 있었다면 형량을 줄여 보는 일뿐이었다. 모든 범죄의 변호에서 가능하듯이, 이 사건의 변호에서도 한 가지 사용할 수 있는 논리가 있었다. 그것은 '잘못된 동기론' 이었다. 일본인 변호사 미즈노는 다음과 같은 변론을 전개했다. "재판장님, 교육도 받지 못했고 잘못된 사상으로 불타고 있는 나라에서 태어난 이 사람들에게 동정심을 보여주시기 바랍니다. 정 동정도 할 수 없고 용서도 할 수 없다면 이 사람들의 생명을 빼앗는다는 것이 결코 대일본제국의 형법정신을 실현시키는 일이 아니라는 사실을 상기해 주십시오. 다시 말해서 형사처벌의 목적은 다른 사람들이 같은 범죄를 또 저지르는 일이 없도록 하는 데 있다는 형법의 기본정신 말입니다."

2월 14일 월요일, 마침내 이 죄수들은 선고를 받기 위해 검은색 죄수 호송차에 실려 법정에 도착했다. 예상한 대로 안중근에게는 사형이 언도되었다. 살해당한 이토 공작도 이와 같은 극형은 결코 바라는 바가 아닐 것이라는 한 변호인의 탄원도 있었지만 묵살되었다. 우씨에게는 삼년 징역에 중노동이, 조씨와 유씨에게는 각각 십팔 개월의 징역형이 선고되었다.

형을 선고받은 피고들의 모습은 각자 특색이 있었다. 나이 어린 유씨는 가련하게 울먹였다. 조씨는 좀 나았다. 우씨는 잃었던 침착성을 되찾은 듯 아무도 원망하지 않았다. 안중근은 기뻐하는 모습이 역력했다. 그가 재판을 받는 동안 법정에서 자신의 정당성을 주장하는 열변을 토하면서 두려워한 것이 하나 있었다면, 그것은 혹시라도 이 법정이 오히려 자기를 무죄방면하지나 않을까 하는 의심이었다. 그는 이미 순교자가 될 준비가 되어 있었다. 준비 정도가 아니고 기꺼이, 아니 열렬히, 자신의 귀중한 삶을 포기하고 싶어했다. 그는 마침내 영웅의 왕관을 손에 들고 늠름하게 법정을 떠났다. 일본정부가 그처럼 공들여 완벽하게 진행하고 현명하게 처리한, 이 세상을 떠들썩하게 만든 일본식의 한 '유명한 재판 사건' 은 결국 암살자 안중근과 그를 따라 범행에 잘못 인도된 애국동지들의 승리로 끝난 것이 아닐까.

번역 - 이창국(중앙대 영어교육학과 명예교수)

A Japanese "Cause Célèbre"
The Trial of Prince Ito's Murderer

By Charles Morrimer

The Japanese, when they tried Prince Ito's murderer, stood in a blaze of light—all eyes fixed on them. They knew it perfectly well. The case proved even more than a *cause célèbre*; it proved a test case—and Japan's modern civilization was as much on trial as any of the prisoners.

Small wonder, then, that the Japanese authorities took the greatest pains with every detail. The Public Prosecutor and his staff spent three months collecting evidence, examining witnesses, checking and re-checking motives. There was a searching preliminary examination conducted soon after the tragedy—and conducted with such calmness and impartiality as to show how strong Japanese official self control must be to resist the greatest stress of natural excitement. The prisoner had every possible advantage which the law allowed; he was warmly housed, decently fed, humanely treated, in spite of certain scurrilous newspaper hints as to the application of knouts and thumbscrews. His friends sent him an English lawyer from Shanghai—Mr. J. C. F. Douglas, the brilliant son of Admiral Sir Archibald Douglas—and the prisoner was permitted to speak with his foreign counsel through an interpreter. "Give my friends my deepest salutations and thanks. Until now I thought they had forgotten me." was his first remark. Like all anarchists and political assassins, who rise for five minutes to a world-wide celebrity, his greatest dread was to sink into obscurity—to slip out of the people's mind.

An's trial did not begin till nine o'clock in the morning of February 7, and it took place in the one town of the Far East which the Japanese must have chosen had they deliberately wished to heighten the dramatic effects of the case—Port Arthur. In a building neither large nor small, neither imposing nor yet insignificant, situated on the bleakest side of the bleakest hill in that famous fortress town, the Court assembled. Judge, Public Prosecutor, and interpreters sat together at one long table, their backs to the wall, two attendants on either side of them, the bar before which the prisoners stood to answer questions directly in front, the seats for the lawyers beyond that and to the right, the stools for the soldier guards to the left, the prisoner's bench close beside them, and finally—on the other side of the barrier—the space reserved for the general public.

A Prussian Court must have served as model—not unnaturally, since it is from the German Criminal Code that the Japanese have copied their own. Nevertheless, certain little differences easily distinguished the copy from the original. The lawyers, for instance, wore gowns and head-pieces something like those of French advocates—and spoilt the effect of their costume by the common Japanese trick of shedding their shoes in the Robing-Room and appearing in felt slippers. No man in the world, not the most eminent or the most eloquent, appears impressive when he shuffles to a seat; it is difficult for him even to keep his dignity when he further complicates the position by carrying his papers in a blue cotton handkerchief. Still, on the whole, these lapses are insignificant, and they did not seriously disturb the formality of an assembly whose very stenographers and interpreters were in uniform.

An, the assassin, and his three accomplices were conveyed from prison to court in a dingy, springless old "Black Maria." They entered the court-room and took their places on the prisoners' bench in an absolute silence; the placid Oriental public was much too well behaved to express either approbation or disapprobation. Had they attempted to do so, they would have been promptly corrected by a special officer in uniform. This official was instructed to let nothing pass which might mar the propriety of an historical episode, and he meant to carry out his instructions to the letter—so rigidly, indeed, that when one non-Japanese gentleman so far forgot himself as to cross his legs he was immediately gravely reprimanded and told to restore the unruly member to the floor.

The Public Prosecutor officially opened the case with a summary of the tragedy, preferring the charge of murder in the first degree against An, and attempt at murder against two of his companions, U and So, who tried to kill Prince Ito at Tsaichiakao Staion, but were frustrated by the Russian railway-guards—and of complicity in the crime against Ryu, who conducted secret correspondence for the others. As he told his story, weaving the net of evidence round one or the other of them, these four sat utterly stolid. An, especially, looked almost bored—while the people stared at him. "Let me speak, let me explain," was his constant demand; "I have many things to say." They did let him speak when the right time came, and he straightway began a patriotic harangue. Unconscious of surroundings, careless of the effect his words might produce upon his audience, he told how Korea had been oppressed, and Prince Ito was the man who had oppressed her. "Unless we put an end to Prince Ito's career, our country will be ruined for ever" seemed to be the opinion of all the Koreans he met—even of the farmers and simple village folk. Curiously enough none of these grumblers blamed the Japanese, none raged against their occupation of the land. It was all Ito—Ito's intrigues, Ito's scheme, Ito's ambitions. Who stirred up discord, and was the cause of the risings against the Japanese? Ito. Who intercepted memorials from the Koreans to the Emperor of Japan? Ito again. If one listened to An, Ito was an unscrupulous tyrant destroying the liberties of Korea.

Here the Judge did an unusual thing—almost an unprecedented thing—showing how tenderly reverent the Japanese feel towards their heroes. The memory of the murdered statesman is very dear to them, and it may not be smirched. "If you go on further in this way" said he severely, "we shall have to dismiss the audience" But An ignored the warning deliberately, or through stress of excitement, and his words poured out now like a stream. What else could the Judge do, then, but carry out his threat. He gave the sign. The obedient audience slipped out quietly as it was told, and An was left pouring out the torrent of his forbidden eloquence to the bare walls and the unsympathetic ears of the lawyers, the interpreters, and the other prisoners. Next day the spectators were all allowed to come back again and hear the Public Prosecutor sum up the case. As far as possible, the Authorities desired to have everything open and above board—no closed doors unless absolute necessity demanded it.

The evidence showed that the assassination of Prince Ito was not the deeplaid plot we thought at first, for searching investigation failed to uncover the hornet's nest of plotters in Korea undermining Japan's schemes. Every Korean may be a discontent at heart; it is certain there is not an organised discontent. The nature of the murderer and of the circumstances make it practically certain that he was not instigated to the crime by anyone, and if he told anyone about his plot, it was only one of his fellow-prisoners, a man called U. The other two, So and Ryu, only had vague hints of what was going on. So had to be admitted into the conspiracy, if conspiracy it may rightly be called, because he spoke Russian. But An never entirely trusted him, and he gave as his ingenuous reason for his doubt that So had "lived in Russian territory for thirteen years." So was therefore plainly a tool—a tool without character. As for Ryu, he was a mere boy, young and uneducated, only fit to post letters, and rather bungling about this small share in the plot. An was the one strong man, and the only place he showed weakness—it was not of character but of judgment—was in trusting U, who incriminated his comrades in the end because he was nothing but a poor indecisive fellow who could not even stick to one employment, but was a locksmith one day, a billcollector another, and a peddler of cigarettes the third.

The result of the trial was, of course, a foregone conclusion. There was no way of proving An innocent; all that could be hoped by the defence was a mitigation of sentence. There was but one argument, even for this, and that was mistaken motives, "Pity these men who have been born in a country inflamed by mistaken ideas, barren of education" said Mr. Mizumo in his eloquent speech; "or if you can neither pity nor forgive, then remember that to exact their lives will not be to carry out the object of Japanese criminal law—namely, to deter others from the commission of crime."

On Monday, February 14, the prisoners took their last long journey in the "Black Maria" to the Court, and were brought in to hear their sentences. An got the death penalty, as was expected, in spite of the quaint plea put in by one of the lawyers that a sentence like this would be displeasing to the murdered Prince. U got three years' imprisonment with hard labour, So and Ryu eighteen months' each.

The way each man received the verdict was characteristic. Poor Ryu whined plaintively. So appeared little better. U got back the remnants of his self-control at the last, and blamed nobody, while An openly professed his delight. His only fear through all the speeches for the defence was that the Court might be induced to let him go free. He was ready for martyrdom, ready, nay, eager, to "give up the dear habit of living." He had the hero's crown almost within his grasp, and he left the Court proudly. Has this *cause célèbre*, so beautifully conducted, so wisely judged, ended as a score for the murderer and his misguided fellow-patriots after all?

The Graphic, April 16, 1910

부록 2

사진으로 보는 안중근의 흔적들

1, 3, 4. 청계동 풍경. 1번과 4번 사진의 검은 옷을 입은 키 큰 사람이 빌헬름 신부다.
2. 안 의사의 청계동 집 앞 정자. 그 앞에 '부자나무'라 불리던 당산목(堂山木)과
작은 연당(蓮塘)이 자리하고 있다.

3

4

청계동 풍경

천봉산 자락에서 호연지기를 기르다

안중근의 가족은 1884년 황해도 해주를 떠나 신천군(信川郡) 두라면(斗羅面)에 위치한 천봉산(天峰山)
자락의 청계동(淸溪洞)으로 이사와 십여 년간 이곳에서 살았다. 삼면이 병풍처럼 산으로 둘러싸인 이곳은,
지형은 험준하나 기름진 논밭이 있고 산수 경치가 아름다운 마을이었다.

안중근은 이곳에서 유년기와 청년기를 보내며 글공부는 물론 활쏘기, 말타기, 사격술 등을 익혔고,
프랑스인 빌헬름(N. J. M. Wilhelm) 신부로부터 세례를 받고 독실한 천주교인으로 신앙심을 키워 나갔다.

5

6

7

안중근의 가족과 집안

위대한 인물을
낳고 기르고 가르친 이들

안중근의 가문은 해주에서 대대로 세력과 명망을
이어 온 집안으로, 조부 안인수(安仁壽)가
미곡상 경영으로 막대한 재화를 축적하면서
해주, 봉산, 연안 일대에 대토지를 소유하여,
황해도에서 두세번째 가는 부자가 되었다.
진해현감을 지낸 안인수는 슬하에 육남삼녀를
두었는데, 그 중 셋째인 안중근의 부친
안태훈(安泰勳)은 재주와 지혜가 뛰어나 어려서부터
'선동(仙童)'이라 불렸고, 성균진사를 지냈다.

8

9

5. 조모 고씨(高氏, 가운데)와 두 아우 공근(恭根, 왼쪽), 정근(定根, 오른쪽).
6. 부친 안태훈(가운데)과 두 아우 정근(왼쪽), 공근(오른쪽).
7. 모친 조마리아.
8. 안 의사의 가족들. 청계동 집 앞마당에서.
9. 안 의사의 가족들. 앞줄 왼쪽부터 사촌 경근(敬根), 조모 고씨, 부친 안태훈, 사촌 봉근(奉根).
뒷줄 왼쪽부터 숙부 안태건(安泰健), 안태순(安泰純), 안태민(安泰敏).

10

11

10, 12. 청계동 집 앞마당에서 열린
결혼식 잔치(p.379 아래), 그리고 그날
초대되어 식사하고 있는 니바우어 신부,
베버 총아빠스, 포겔 원장신부,
빌헬름 신부(위, 왼쪽부터).
11. 안 의사의 가족들이 기거하고 있는
청계동 집의 내부.

12

13

청계동에서의 신앙생활

빌헬름 신부의 선교 그리고 안중근 일가의 포교

부친 안태훈 형제들은 독실한 천주교 신자로 청계동에 상당한 규모의 성당을 세우고,
1898년 4월 빌헬름 신부를 초빙하여 성당을 맡겼다. 이 성당은 황해도에서 두번째로 큰 성당으로
황해도 포교사업의 지휘부와 같은 역할을 담당했다. 안태훈 일가의 헌신적인 지원으로
교세는 날로 확장되어, 1902년에는 영세 신자가 천이백 명에 달했다.
안중근은 1897년 1월 빌헬름 신부로부터 세례를 받은 이래 1910년 순국하기까지
십삼 년 동안 독실한 천주교인으로 살았으며, 빌헬름 신부는
안중근의 신앙적 아버지이자 그의 훌륭한 교사 역할을 해주었다.

14

15

16

17

13. 청계동 성당 앞에 모인 마을 신도들과 빌헬름 신부(가운데 뒤쪽 신부복을 입은 사람).
14. 청계동의 한 농가에서 장죽을 물고 있는 신부들. 왼쪽부터 포겔, 빌헬름, 니바우어.
15. 빌헬름 신부.
16. 마을 사람들에게 교리를 강론하는 빌헬름 신부.
17. 청계동의 신도들과 빌헬름 신부(가운데 뒤쪽에 안경과 모자를 쓴 사람).

단지동맹과 의거

피의 결의를 나누고 마침내 의거를 성사시키다

1907년 8월 조국을 떠나 블라디보스토크로 간 안중근은 그곳 한인사회에서 적극적인 애국계몽운동을 펼쳤고,
이후 새로이 창설된 연합의병부대의 우영장(右營將, 의병참모중장)을 맡아 국내진입작전을 감행했다.
또한 1908년 2월 26일 블라디보스토크에서 창간된 일간지 「해조신문(海朝新聞)」에 실린 「인심이 단합하여야
국권을 흥복하겠다」는 논설 구절을 읽고 깊이 감복하여 「기서(寄書)」라는 글을 기고하여 민족의 '단합'을 주장하였다.
이후 1909년 3월 크라스키노에서 구국동지 열한 명과 함께 '동의단지회(同義斷指會)'를 결성하고
단지동맹(斷指同盟)을 결행한 그는, 그 해 10월 26일 하얼빈 역에서 마침내 동양평화의 교란자 이토 히로부미를
처단했다.

19

20

18. 안중근이 1908년 3월 21일 「해조신문」에 기고한 「기서」.
19. 안 의사와 단지동맹을 맺은 황병길(黃秉吉, 뒷줄 오른쪽)과 백규삼(白奎三, 뒷줄 왼쪽),
그리고 의병전쟁에 함께 가담하면서 의형제를 맺은 엄인섭(嚴仁燮, 앞줄 오른쪽).
20. 의거 사흘 전인 1909년 10월 23일 하얼빈의 한 중국인 사진관에서 우덕순(禹德淳, 가운데),
유동하(劉東夏, 오른쪽)와 함께.

21

21. 의거 직후 체포되어 '안응칠(安應七)'이라고 적힌 수형 리본을 임시로 단 안 의사.
22. 의거 직후 체포되어 뒤로 수갑이 채워지고 사슬에 묶인 안 의사.

23

24

25

"우덕순 그대가
거사를 성공하지 못하면
내가 꼭 성공할 것이요,
만일 내가 성공하지 못하면
그대가 반드시
성공해야 할 것이다."
ㅡ「안응칠 역사」

23~25. 의거 직후 공범으로 체포된 우덕순(위 왼쪽),
조도선(위 오른쪽), 유동하(아래),
26. 의거에 관계되어 체포된 열두 명.
김성옥, 김형재, 김여수, 탁공규, 장수명, 김택신,
방서섬, 장서우, 김성엽, 홍시준, 이진옥, 정대호.
(위에서 아래로, 왼쪽에서 오른쪽으로)

27

28

안중근 전쟁 그리고 순국

"나는 동양의 평화를 위해 이토를 쏘았다"

안중근은 의거 직후부터 순국하기까지 조금의 흔들림 없이 법정투쟁을 벌여 나갔다.
다섯 달 동안의 투쟁은 한국과 일본 그리고 세계를 놀라게 한 '안중근의 전쟁'이었고,
그는 의연하게 최후를 맞이했다.

29

27. 여섯 차례에 걸쳐 공판이 열린 뤼순 관동도독부 지방법원 법정.
안중근과 그의 동지들이 피고인석에 들어서기 전 풍경으로, 방청석에는 수많은 인파가 몰려들었다.
28. 안중근 사건을 담당하던 재판관들.
29. 피고인석에 자리한 안중근, 우덕순, 조도선, 유동하.(오른쪽부터)

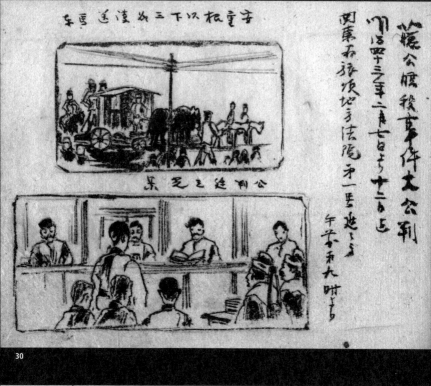

30

31

30-33.『만주일일신문(滿洲日日新聞)』에 그려진 안중근 공판 광경 삽화.
고마쓰 모토코(小松元콤)가 그린 안중근 공판 광경으로, 『만주일일신문』에 삽화로 게재되었다. "이토(伊藤) 공 암살사건 대공판"이라는 제목으로 "1910년 2월 7일 1회 공판부터 12일 4회 공판까지 관동뤼순지방법원 제1호 법정에서"라고 적혀 있다.

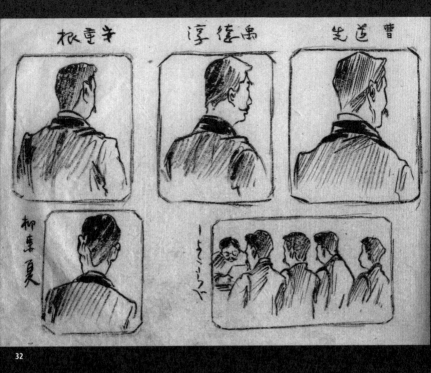

32

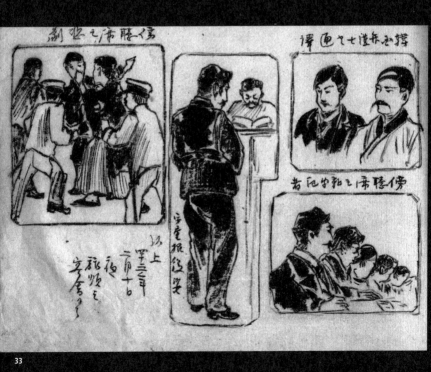

33

이 그림에는 마차로 호송되는 안중근, 공판정의 모습, 조도선·우덕순·안중근·유동하의 뒷모습, 소노키 스에요시 통역, 마나베 주조 재판장, 미조부치 다카오 검찰관, 와타나베 료이치 서기, 미즈노 기치다로, 가마다 세이지 변호인, 제니 더글라스 변호사, 한국인 변호사와 통역, 방청석의 기자, 안중근의 뒷모습, 방청석의 실랑이 등 재판에 참여했던 일본측과 안중근 관련 인물들이 이름과 함께 그려져 있다. 고마츠 모토코가 방청석에 앉아 그림을 그렸기 때문에 재판관들은 앞모습, 안중근 등 피고인들은 뒷모습으로 기록되어 있다.

35

36

34. 안 의사가 공판을 받았던 뤼순 관동도독부 지방법원.
35, 36. 감옥과 법원을 오가며 안 의사를 호송하는 마차.
37. 쇠사슬에 묶인 채 꿇어앉혀진 안 의사.

37

"내가 죽은 뒤에 나의 뼈를 하얼빈 공원 곁에 묻어 두었다가,
우리 국권이 회복되거든 고국으로 반장해다오.
나는 천국에 가서도 또한 마땅히 우리나라의 회복을 위해
힘쓸 것이다. 너희들은 돌아가서 동포들에게
각각 모두 나라의 책임을 지고 국민 된 의무를 다하여,
마음을 같이하고 힘을 합하여 공로를 세우고 업을 이루도록
일러다오. 대한독립의 소리가 천국에 들려오면,
나는 마땅히 춤추며 만세를 부를 것이다."
— 안 의사의 유언

根重榮し

断切を指名無てじさ約盟の殺暗りよ氷古は人韓
りなのもしせ影撮を手右るあ慣舊のるす

39

40

38. 일본에서 제작된 안 의사의 사진엽서.
"이토 공을 암살한 안중근. 한국인들은 예로부터 암살의 맹약(盟約)으로
무명지를 자르는 관습이 있다"라는 문구가 적혀 있다.
39, 40. 최후의 고해성사를 위해 뤼순 감옥에 면회온 빌헬름 신부가 배석한 자리에서,
두 아우 정근, 공근에게 유언을 전하는 안 의사.

부록 3

안중근의 옥중 유묵

1910년 2-3월, 뤼순 감옥에서 남긴 글씨 마흔여섯 점

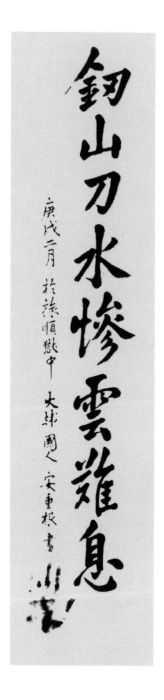

검산도수(釰山刀水)

종이에 먹. 102×30cm. 1910. 2.

釰山刀水 慘雲難息
庚戌二月 於旅順獄中 大韓國人 安重根 書
산이 검 같고 물이 칼 같아,
처참한 구름은 쉬어 가기 어렵다.
경술년 2월 뤼순 감옥에서 대한국인 안중근 씀.

* '釰'은 '劍'과 같은 뜻의 글자이다.

담박명지(澹泊明志)

종이에 먹. 135.6×32.3cm. 1910. 2.

澹泊明志 寧靜致遠
庚戌二月 於旅順獄中 大韓國人 安重根 書
욕심 없이 마음이 깨끗해야 뜻을 밝게 가질 수 있고,
마음이 편안하고 고요해야 원대한 포부를 이룬다.
경술년 2월 뤼순 감옥에서 대한국인 안중근 씀.

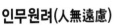

인무원려(人無遠慮)

135.8×33.5cm. 1910. 2.

人無遠慮 難成大業
庚戌二月 於旅順獄中 大韓國人 安重根 書
사람이 멀리 생각하지 않으면 큰일을 이루기 어렵다.
경술년 2월 뤼순 감옥에서 대한국인 안중근 씀.

인무원려(人無遠慮)

종이에 먹. 149.3×38.5cm. 1910. 3.

人無遠慮 必有近憂
庚戌三月 於旅順獄中 大韓國人 安重根 書
사람이 멀리 생각하지 않으면 가까운 곳에
근심이 생긴다.
경술년 3월 뤼순 감옥에서 대한국인 안중근 씀.

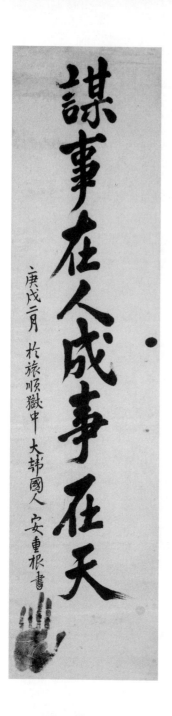

모사재인(謀事在人)

종이에 먹. 136.3×34cm. 1910. 2.

謀事在人 成事在天
庚戌二月 於旅順獄中 大韓國人 安重根 書
일을 도모하는 것은 사람에 달려 있고,
그 일을 이루는 것은 하늘에 달려 있다.
경술년 2월 뤼순 감옥에서 대한국인 안중근 씀.

천여불수(天與不受)

종이에 먹. 136.8×32.2cm. 1910. 2.

天與不受 反受其殃耳
庚戌二月 於旅順獄中 大韓國人 安重根 書
하늘이 주는데도 받지 않으면,
도리어 그 재앙을 받을 뿐이다.
경술년 2월 뤼순 감옥에서 대한국인 안중근 씀.

일출노소혜(日出露消兮)

1910. 2.

日出露消兮 正合運理 日盈必昃兮 不覺其兆
庚戌二月 旅順監獄在監中 大韓國人 安重根 書
해가 뜨면 이슬이 사라지니 천지의 이치에 부합되도다.
해가 차면 반드시 기우니 그 징조를 깨닫지 못하는도다.
경술년 2월 뤼순 감옥에 갇혀 있는 대한국인 안중근 씀.

인류사회(人類社會)

1910. 2.

贈淸淵檢察官
人類社會 代表重任
庚戌二月 於旅順獄中 大韓國人 安重根 謹拜
미조부치 검찰관에게 드림.
인류사회에서 세계의 지도층 인사는 책임이 막중하다.
경술년 2월 뤼순 감옥에서 대한국인 안중근 삼가 드림.

독립(獨立)
종이에 먹. 31.8×66.2cm. 1910. 2.

獨立
庚戌二月 於旅順獄中 大韓國人 安重根 書
독립.
경술년 2월 뤼순 감옥에서 대한국인 안중근 씀.

인지당(仁智堂)
종이에 먹. 37.6×67cm. 1910. 2.

仁智堂
庚戌二月 於旅順獄中 大韓國人 安重根 書
인지당.
경술년 2월 뤼순 감옥에서 대한국인 안중근 씀.

백세청풍(百世淸風)
종이에 먹. 34×69cm. 1910. 2.

百世淸風
庚戌二月 於旅順獄中 大韓國人 安重根 書
백 세대에 걸쳐 부는 맑은 바람.
경술년 2월 뤼순 감옥에서 대한국인 안중근 씀.

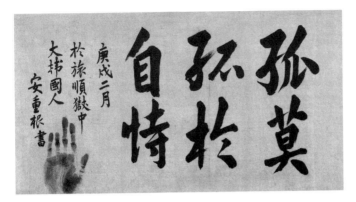

고막고(孤莫孤)

종이에 먹. 39.8×75.3cm. 1910. 2.

孤莫孤於自恃
庚戌二月 於旅順獄中 大韓國人 安重根 書
스스로 잘난 체하는 것보다 더 외로운 것은 없다.
경술년 2월 뤼순 감옥에서 대한국인 안중근 씀.

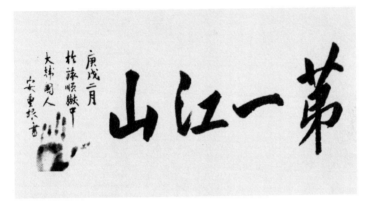

제일강산(第一江山)

종이에 먹. 38.6×96.7cm. 1910. 2.

第一江山
庚戌二月 於旅順獄中 大韓國人 安重根 書
경치가 좋기로 첫째갈 만한 곳.
경술년 2월 뤼순 감옥에서 대한국인 안중근 씀.

사군천리(思君千里)

종이에 먹. 138×33.5cm. 1910. 2.

思君千里 望眼欲穿 以表寸誠 幸勿負情
庚戌二月 於旅順獄中 大韓國人 安重根 謹拜
천 리 멀리서 님을 그리니 바라보는 눈이 뚫어질 것 같네.
이로써 작은 정성을 표시하니 행여 정을 저버리지 마소서.
경술년 2월 뤼순 감옥에서 대한국인 안중근 드림.

오로봉위필(五老峯爲筆)

종이에 먹. 138.4×31.8cm. 1910. 2.

五老峯爲筆 三湘作硯池 靑天一丈紙 寫我腹中詩
庚戌二月 於旅順獄中 大韓國人 安重根 書
오로봉五老峯을 붓으로 삼고 삼상三湘의 물로 벼루를 삼아,
푸른 하늘만 한 종이 한 장에 내 마음속에 담긴 시를 쓰네.
경술년 2월 뤼순 감옥에서 대한국인 안중근 씀.

백인당(百忍堂)

종이에 먹. 137.4×33.2cm. 1910. 2.

百忍堂中有泰和
庚戌二月 於旅順獄中 大韓國人 安重根 書
백 번 참는 집안에는 태평泰平과 화목和睦이 깃든다.
경술년 2월 뤼순 감옥에서 대한국인 안중근 씀.

연년세세(年年歲歲)

비단에 먹. 109.3×41cm. 1910. 3.

年年歲歲花相似 歲歲年年人不同
庚戌三月 於旅順獄中 大韓國人 安重根 書
해마다 피는 꽃은 비슷하지만,
해마다 만나는 사람들은 같지 않네.
경술년 3월 뤼순 감옥에서 대한국인 안중근 씀.

욕보동양(欲保東洋)

종이에 먹. 136.3×34cm. 1910. 3.

欲保東洋 先改政略 時過失機 追悔何及
庚戌三月 於旅順獄中 大韓國人 安重根 書
동양을 보전하려면 먼저 정략부터 고쳐야 한다.
때가 지나 기회를 놓치면 후회해도 소용이 없다.
경술년 3월 뤼순 감옥에서 대한국인 안중근 씀.

동양대세(東洋大勢)

종이에 먹. 138.5×36cm. 1910. 3.

東洋大勢思杳玄 有志男兒豈安眠
和局未成猶慷慨 政略不改眞可憐
庚戌三月 於旅順獄中 大韓國人 安應七
동양의 대세를 생각해 보면 아득하고 어두우니
뜻을 품은 남아가 어찌 편안히 잠을 이룰 수 있으랴.
평화로운 시국을 아직 이루지 못해 더욱 원통하고 슬픈데,
정략도 고치지 않으니 참으로 가련하구나.
경술년 3월 뤼순 감옥에서 대한국인 안응칠.

국가안위(國家安危)

종이에 먹. 149.3×38.5cm. 1910. 3.

贈安岡檢察官
國家安危 勞心焦思
庚戌三月 於旅順獄中 大韓國人 安重根 謹拜
야스오카 세이시로 검찰관에게 드림.
국가의 안위安危를 위하여 마음을 쓰며 애를 태운다.
경술년 3월 뤼순 감옥에서 대한국인 안중근 삼가 드림.

＊ 안중근이 뤼순 옥중에서 자신을 취조한, 당시 뤼순 법원의 검찰관
  야스오카 세이시로安岡靜四郎 검찰관에게 써 준 것이다.

약육강식(弱肉强食)

1910. 3.

弱肉强食 風塵時代
약한 나라를 강한 나라가 침략하는 어지러운 시대.
경술년 3월 뤼순 감옥에서 대한국인 안중근 씀.

견리사의(見利思義)

종이에 먹. 140.8×30.6cm. 1910. 3.

見利思義 見危授命
庚戌三月 於旅順獄中 大韓國人 安重根 書
이로움을 보면 정의를 생각하고,
위태로움을 보면 목숨을 바친다.
경술년 3월 뤼순 감옥에서 대한국인 안중근 씀.

일일부독서(一日不讀書)

종이에 먹. 148.4×35.2cm. 1910. 3.

一日不讀書 口中生荊棘
庚戌三月 於旅順獄中 大韓國人 安重根 書
하루라도 글을 읽지 않으면 입안에 가시가 돋친다.
경술년 3월 뤼순 감옥에서 대한국인 안중근 씀.

장부수사(丈夫雖死)

135.4×31.7cm. 1910. 3.

贈猛警視
丈夫雖死心如鐵 義士臨危氣似雲
庚戌三月 於旅順獄中 大韓國人 安重根 謹拜
용맹스런 경시에게 드림.
장부는 비록 죽을지라도 마음이 쇠처럼 강해야 하고,
의사義士는 위태로움을 당했을지라도 기개가 구름
같아야 한다.
경술년 3월 뤼순 감옥에서 대한국인 안중근 드림.

언어무비보살(言語無非菩薩)

1910. 3.

言語無非菩薩 手段舉皆虎狼
말은 보살 아닌 것이 없건만,
하는 짓은 모두 사납고 간특하다.
경술년 3월 뤼순 감옥에서 대한국인 안중근 씀.

박학어문(博學於文)

종이에 먹. 137.4×33cm. 1910. 3.

博學於文 約之以禮
庚戌三月 於旅順獄中 大韓國人 安重根 書
널리 글을 배우고 예법으로 몸을 단속하라.
경술년 3월 뤼순 감옥에서 대한국인 안중근 씀.

민이호학(敏而好學)

종이에 먹. 136.3×32.5cm. 1910. 3.

敏而好學 不恥下問
庚戌三月 於旅順獄中 大韓國人 安重根 書
민첩하게 배우기를 좋아하고
아랫사람에게 묻는 것을 부끄러워하지 마라.
경술년 3월 뤼순 감옥에서 대한국인 안중근 씀.

용공난용(庸工難用)

종이에 먹. 137.4×33.4cm. 1910. 3.

庸工難用連抱奇材

庚戌三月 於旅順獄中 大韓國人 安重根 書

기술이 부족한 목수는 아름드리 기이한 재목을
다루기 어렵다.

경술년 3월 뤼순 감옥에서 대한국인 안중근 씀.

언충신(言忠信)

종이에 먹. 137.3×34.2cm. 1910. 3.

言忠信 行篤敬 蠻邦可行

庚戌三月 於旅順獄中 大韓國人 安重根 書

말이 충성스럽고 신의가 있으며 행실이 착실하고
공손하면, 오랑캐 나라에서도 행할 수 있다.

경술년 3월 뤼순 감옥에서 대한국인 안중근 씀.

등고자비(登高自卑)

비단에 먹. 112.2×33cm. 1910. 3.

登高自卑 行遠自邇
庚戌三月 於旅順獄中 大韓國人 安重根 書
높은 곳에 오를 때는 반드시 낮은 곳에서 시작해야 하고,
먼 곳에 갈 때는 반드시 가까운 곳에서 시작해야 한다.
경술년 3월 뤼순 감옥에서 대한국인 안중근 씀.

임적선진(臨敵先進)

비단에 먹. 137.5×34cm. 1910. 3.

臨敵先進 爲將義務
庚戌三月 於旅順獄中 大韓國人 安重根 謹拜
적을 만나면 먼저 나아가는 것은 장수 된 자의 의무이다.
경술년 3월 뤼순 감옥에서 대한국인 안중근 삼가 드림.

위국헌신(爲國獻身)

비단에 먹. 140.5×36.5cm. 1910. 3.

爲國獻身 軍人本分
庚戌三月 於旅順獄中 大韓國人 安重根 謹拜
나라를 위하여 몸을 바치는 것은 군인의 본분이다.
경술년 3월 뤼순 감옥에서 대한국인 안중근 삼가 드림.

* 안중근이 뤼순 감옥에서 공판정을 오갈 때마다 경호를 담당했던
  간수 일본군 헌병 지바 도시치干葉十七에게 써 준 것으로 전한다.

지사인인(志士仁人)

종이에 먹. 149.3×37.8cm. 1910. 3.

志士仁人 殺身成仁
庚戌三月 於旅順獄中 大韓國人 安重根 書
뜻 있는 선비와 어진 사람은
자기의 몸을 희생하여 인仁을 이룬다.
경술년 3월 뤼순 감옥에서 대한국인 안중근 씀.

불인자(不仁者)

종이에 먹. 135×32.5cm. 1910. 3.

不仁者不可以久處約
庚戌三月 於旅順獄中 大韓國人 安重根 書
어질지 않은 사람은 오랫동안 곤궁에 처하지 못한다.
경술년 3월 뤼순 감옥에서 대한국인 안중근 씀.

천당지복(天堂之福)

종이에 먹. 136.2×33.2cm. 1910. 3.

天堂之福 永遠之樂
庚戌三月 於旅順獄中 大韓國人 安重根 書
천당의 복은 영원한 즐거움이다.
경술년 3월 뤼순 감옥에서 대한국인 안중근 씀.

치악의악식자(恥惡衣惡食者)

1910. 3.

恥惡衣惡食者 不足與議
庚戌三月 於旅順獄中 大韓國人 安重根 書
허름한 옷과 거친 음식을 부끄러워하는 사람과는 더불어
의논할 수 없다.
경술년 3월 뤼순 감옥에서 대한국인 안중근 씀.

계신호(戒愼乎)

종이에 먹. 134.3×31.4cm. 1910. 3.

戒愼乎其所不睹
庚戌三月 於旅順獄中 大韓國人 安重根 書
남이 보지 않는 곳에서 경계하고 삼가라.
경술년 3월 뤼순 감옥에서 대한국인 안중근 씀.

극락(極樂)
종이에 먹. 33.4×68.2cm. 1910. 3.

極樂
庚戌三月 於旅順獄中 大韓國人 安重根 書
극락.
경술년 3월 뤼순 감옥에서 대한국인 안중근 씀.

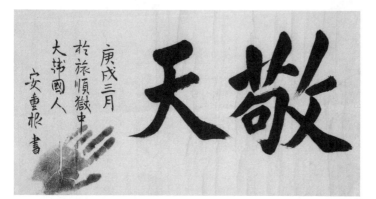

경천(敬天)
종이에 먹. 34×65.3cm. 1910. 3.

敬天
庚戌三月 於旅順獄中 大韓國人 安重根 書
하늘을 공경하라.
경술년 3월 뤼순 감옥에서 대한국인 안중근 씀.

인내(忍耐)
종이에 먹. 26.8×72.1cm. 1910. 3.

忍耐
庚戌三月 於旅順獄中 大韓國人 安重根 書
인내.
경술년 3월 뤼순 감옥에서 대한국인 안중근 씀.

운재(雲齋)

종이에 먹. 32.8×67.8cm. 1910. 3.

雲齋
庚戌三月 於旅順獄中 大韓國人 安重根 書
운재.
경술년 3월 뤼순 감옥에서 대한국인 안중근 씀.

청초당(靑草塘)

종이에 먹. 33.2×66.3cm. 1910. 3.

靑草塘
庚戌三月 於旅順獄中 大韓國人 安重根 書
청초당.
경술년 3월 뤼순 감옥에서 대한국인 안중근 씀.

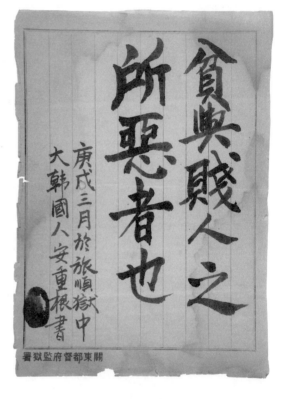

빈여천(貧與賤)

종이에 먹. 205×55cm. 1910. 3.

貧與賤 人之所惡者也
庚戌三月 於旅順獄中 大韓國人 安重根 書
가난함과 천함은 사람들이 싫어하는 것이다.
경술년 3월 뤼순 감옥에서 대한국인 안중근 씀.

빈여천(貧與賤)

종이에 먹. 26.5×19.3cm. 1910. 3.

貧與賤 人之所惡者也
庚戌三月 於旅順獄中 大韓國人 安重根 書
가난함과 천함은 사람들이 싫어하는 것이다.
경술년 3월 뤼순 감옥에서 대한국인 안중근 씀.

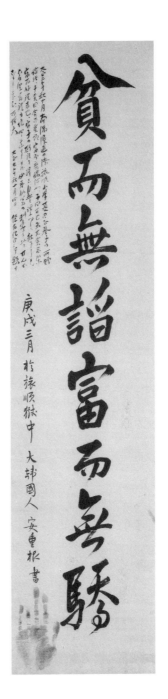

세한연후(歲寒然後)

종이에 먹. 133.2×30.3cm. 1910. 3.

歲寒然後 知松栢之不彫
庚戌三月 於旅順獄中 大韓國人 安重根 書
날씨가 추워진 뒤에야
소나무와 잣나무가 시들지 않음을 안다.
경술년 3월 뤼순 감옥에서 대한국인 안중근 씀.

빈이무첨(貧而無諂)

종이에 먹. 137×32cm. 1910. 3.

貧而無諂 富而無驕
庚戌三月 於旅順獄中 大韓國人 安重根 書
가난하되 아첨함이 없으며, 부유하되 교만함이 없다.
경술년 3월 뤼순 감옥에서 대한국인 안중근 씀.